AF633922

Oliver Precht

Heidegger

Zur Selbst- und Fremdbestimmung seiner Philosophie

Meiner

Meinen Eltern

Bibliographische Information der Deutschen Nationalbibliothek

Die Deutsche Nationalbibliothek verzeichnet diese Publikation in der Deutschen Nationalbibliographie; detaillierte bibliographische Daten sind im Internet über ‹http://portal.dnb.de› abrufbar.

ISBN 978-3-7873-3810-8
ISBN eBook 978-3-7873-3811-5

Die vorliegende Arbeit wurde von der Philosophischen Fakultät der Ludwig-Maximilians-Universität München als Inaugural-Dissertation zur Erlangung des Doktorgrades angenommen.

© Felix Meiner Verlag Hamburg 2020. Alle Rechte vorbehalten. Dies gilt auch für Vervielfältigungen, Übertragungen, Mikroverfilmungen und die Einspeicherung und Verarbeitung in elektronischen Systemen, soweit es nicht §§ 53, 54 UrhG ausdrücklich gestatten. Satz: mittelstadt 21, Vogtsburg-Burkheim. Druck und Bindung: Druckhaus Nomos, Sinzheim. Werkdruckpapier: alterungsbeständig nach ANSI-Norm resp. DIN-ISO 9706, hergestellt aus 100 % chlorfrei gebleichtem Zellstoff. Printed in Germany.

INHALT

I.
ZUR FRAGE NACH DEM MENSCHEN

Seit drei- oder vierhundert Jahren überfluten die Einwohner Europas die anderen Teile der Welt und veröffentlichen sie unablässig neue Sammlungen von Reisebeschreibungen und Berichten – dennoch bin ich überzeugt, dass wir keine anderen Menschen als allein die Europäer kennen; außerdem hat es angesichts der lächerlichen Vorurteile, die selbst unter den Gelehrten nicht ausgestorben sind, den Anschein, dass jeder unter der hochtrabenden Bezeichnung ›Studium des Menschen‹ kaum mehr als die Menschen seines Landes studiert. Die Einzelnen mögen noch soviel hin- und herreisen, die Philosophie scheint es, geht nicht auf Reisen, deshalb auch ist die Philosophie jedes Volkes wenig geeignet für ein anderes.

Jean-Jacques Rousseau

1. Prolog: Leeres Schweifen

›Was ist Philosophie?‹ – eine Frage, der man sich auf äußerst unterschiedliche Weisen nähern kann. Man kann versuchen, die Philosophie soziologisch zu erklären, etwa als bürgerliche Institution zur Verhinderung von kritischem Denken. Man kann versuchen, sie psychologisch zu erklären, etwa als Dispositiv zur Unterdrückung des Unbewussten. Und neben vielen weiteren möglichen Zugangsweisen kann man auch versuchen, die Frage philosophisch zu beantworten. Dann wird die Beschäftigung mit der Frage nicht länger von den Problemstellungen und den Zielsetzungen der Soziologie oder der Psychologie, sondern vielmehr von der Sache der Philosophie selbst bestimmt. Was diese Sache ist, steht aber gerade infrage. In einer philosophischen Auseinandersetzung fällt die Frage ›Was ist Philosophie?‹ also unmittelbar mit der Frage nach der Sache der Philosophie zusammen. Die ›Selbstbestimmung‹ der Philosophie geht von dem aus, was es zu bestimmen gilt.

In dieser formalen, man möchte sagen formalistischen Radikalität wirkt die Frage leer und nichtssagend. Sie scheint sich vor den konkreten philosophischen Problemen zu drücken. Sie scheint sich der philosophischen Maxime ›zu den Sachen selbst‹ zu entziehen. Sie scheint sich dem kategorischen Imperativ zu verweigern. Sie scheint sich vor ihrer Verantwortung in der Welt zu drücken. Kurz gesagt: Sie scheint zu allgemeinen, beliebigen und verantwortungslosen Ausschweifungen über die Philosophie einzuladen, zu einem »leeren Schweifen«, einem »devanear«, wie es der portugiesische Dichter Fernando Pessoa in seinem *Buch der Unruhe* so treffend bezeichnet hat.

Wenn Pessoa, der »Dichter des Verbums ›sein‹«,[1] von einem »leeren Schweifen« spricht, beschreibt er keineswegs, wie es zunächst scheinen mag, nur einen Spaziergang am Strand oder irgendein anderes Geschehen auf der Welt. Das »leere Schweifen« bezeichnet vielmehr sein eigenes Schreiben, ein Schreiben, das auf eine Erfahrung der Unruhe zurückgeht, die sich erst im Schreiben klären muss, um wirklich erfahren zu sein: ein leeres Kreisen um sich selbst. Die Erfahrung der Unruhe, aus der das Schreiben hervorgeht, muss erst geschrieben werden, um wirklich erfahren zu sein. Nur in der Dichtung, im »devanear«, im leeren Schweifen, klärt sich der Nebel, in den sie gehüllt ist. Und diese Klärung bedeutet zunächst eine Weltflucht, eine Flucht vor der Verantwortung: »Einfluss auf die Außenwelt zu haben, Dinge zu verändern, Seiendes zu versetzen, die Leute zu beeinflussen – all das erschien mir stets von nebelhafterer Substanz zu sein als mein leeres Schweifen« (Pessoa 2015: 126).[2]

Auch Heideggers Philosophie, der Gegenstand der folgenden Untersuchung, behauptet von sich, auf eine beunruhigende Erfahrung zurückzugehen, auf ein selbst noch vernebeltes ›Staunen‹, ein θαυμάζειν, das sich nur im eigenen Philosophieren klären lasse. Auch sie muss sich zu diesem Zweck von der Welt abwenden (um ihr dabei auf vielfältige und verhängnisvolle Weise verhaftet zu bleiben), denn ihre Sache, die das Philosophieren »in die Unruhe trieb und in ihr erhielt« (SZ:2),[3] sei nicht von dieser Welt. Wie der Dichter, so schreibt auch der selbsternannte ›Denker des Verbums sein‹, um diese Unruhe aufzuklären. Nur was schreibt er, wenn die Sache seiner Philosophie kein Ding von dieser Welt sein soll, nichts Vorliegendes oder Vorgegebenes? Was hat seine Philosophie zu sagen, wenn sie »keine Geschichte erzählen« soll (SZ:6; vgl. 63:17; 20:203), keine Geschichte von den Dingen in der Welt?

2. Worum es geht

Unabhängig davon, ob sie ihre eigene Theorie oder Praxis reflektiert und einen expliziten Begriff ihrer selbst ausbildet, hat jede Philosophie immer schon eine Antwort auf die Frage gegeben, worum es ihr geht. Sie bestimmte sich immer schon selbst, indem sie ihre ›Sache‹ bestimmte. Philosophieren heißt (in einem bisweilen nur vagen und impliziten Sinn) geklärt zu haben, ›worum es geht‹, also: 1.) worin das zentrale philosophische Problem besteht und 2.) worin der Zweck besteht, der in der Auseinandersetzung mit diesem Problem verfolgt wird. Diese Selbstbestimmung der Philosophie erzählt keine Geschichte, auch nicht von sich selbst. Sie ist keine nachträgliche Reflexion darüber, was im eigenen Philosophieren geschieht.

Die Frage, ›worum es geht‹, muss dabei nicht selbst das zentrale philosophische Problem ausmachen, und die Selbstbestimmung muss auch nicht den Zweck darstellen, der mit dem jeweils eigenen Philosophieren verfolgt wird. Eine solche Radikalisierung des Problems der Selbstbestimmung, eine solche scheinbar vollkommene und vollkommen leere Selbstbezüglichkeit ergibt sich erst aus einer bestimmten, radikalen Antwort auf diese Frage. Diese Antwort hat Heideggers Philosophie gegeben – und zugleich nicht gegeben. Um sie sichtbar zu machen – denn sie lässt sich Heideggers Texten nicht ohne Weiteres entnehmen, ja sie widerspricht sogar der expliziten Antwort, der ›Lehre‹, wenn man so will –, bedarf es einer Reihe von methodischen Vorkehrungen. Es gilt, das zentrale philosophische Problem – die Selbstbestimmung der Philosophie – begrifflich zu entfalten. Gerade die vermeintlich leere und nichtssagende Frage, worum es geht, bedarf einer strengen Begrifflichkeit. Schon die geringste Abweichung in Bezug auf die Sache führt zu einer Verschiebung der Perspektive auf Heideggers gesamte Philosophie.

Man mag den Anspruch dieser Arbeit, die Sache von Heideggers Philosophie, abweichend von seiner Lehre (neu) zu bestimmen und sie dadurch in einem neuen Licht erscheinen zu lassen, angesichts des umfangreichen Werks und der nicht minder umfangreichen Literatur, die sich in den letzten achtzig Jahren zu den unterschiedlichen Aspekten dieses Denkens angesammelt hat, für ein vermessenes oder gar überflüssiges Unterfangen halten. Auf die Frage, worum es Heideggers Philosophie geht, scheinen zahlreiche Stellen aus seinem Werk eine hinreichende Antwort zu liefern. Auch in der Heidegger-Literatur herrscht über die Frage nach der Sache von Heideggers Denken – ganz im Gegensatz zu der schwierigen Frage nach Heideggers Verhältnis zum Nationalsozialismus, die eine fast unüberschaubare Debatte hervorgebracht hat – weitreichendes Einverständnis. Und das, obwohl diese Frage auf das Engste mit der anderen, viel diskutierten Frage nach dem Verhältnis von Philosophie und Politik verbunden ist.

Es lässt sich nicht leugnen, dass Heidegger selbst die Frage nach der Sache seiner Philosophie, die er für ein wichtiges, ja sogar für das entscheidende philosophische Problem gehalten hat,[4] auf eine ausgesprochen eindeutige Weise beantwortet hat. Auf eine so eindeutige Weise, dass die meisten Interpret_innen kein Bedürfnis verspürten, diese Frage erneut zu stellen und ich mich dem Verdacht nicht entziehen kann, dass er mit dieser zur Schau gestellten Entschiedenheit ein bestimmtes, unausgesprochenes Interesse verfolgte.

Das ›Interesse‹ einer Philosophie, also die Tatsache, dass es ihr ›um etwas geht‹, bezeichnet Heidegger als ihre ›Sorge‹. Ich gebe demselben Begriff einen anderen, romanischen Namen, jedoch nicht weil ich der weitverbreiteten Meinung bin, man könne dem verfänglichen Einfluss von Heideggers Begrifflichkeit schon dadurch entkommen, dass man sein Denken mit einer neuen Nomenklatur versieht. Der andere Name soll vielmehr darauf hinweisen, dass meine Arbeit sich für dasselbe Grundproblem interessiert wie Heideggers Philosophie, dabei allerdings ein anderes, diametral entgegengesetztes Interesse verfolgt (nämlich das Interesse von Heideggers Philosophie explizit zu machen), dass also, kurz gesagt, die Sache von Heideggers Philosophie nicht die meine ist.

Die Frage nach dem Interesse oder der Sorge und somit nach der ›Sache‹ ist für Heideggers Philosophie von entscheidender Bedeutung. In dem Moment, in dem Heideggers Denken endgültig eine Eigenständigkeit gegenüber dem Denken seines ›Meisters‹ Edmund Husserl gewinnt, geht es um nichts anderes. Bereits in der wichtigen ersten Marburger Vorlesung *Einführung in die phänomenologische Forschung* betont Heidegger, Husserls Philosophie sei von einer »Sorge« um theoretische Erkenntnis getragen und »beruhige« sich deshalb bei der »Gewissheit« (17:286; vgl. 20:247).[5] Diese ›Beruhigung‹ bei der ›Gewissheit‹, die Heidegger für ausgesprochen ›unphilosophisch‹ hält,[6] lasse sich darauf zurückführen, dass für Husserl die Sache des Denkens nicht zur Frage wird: »Das phänomenologische Prinzip ›Zu den Sachen selbst‹ hat eine ganz bestimmte Auslegung erfahren. ›Zu den Sachen selbst‹ heißt: zu ihnen, sofern sie als Thema einer Wissenschaft in Frage kommen« (17:274). Husserls Philosophie bestimme sich und ihre Sache demnach nicht selbst, sondern lasse sich von außen bestimmen, von der unhinterfragt übernommenen Tradition und von dem, was Heidegger als »positive Wissenschaften« bezeichnet. Wenn man hingegen die Sorge oder das Interesse und somit das philosophische Problem der Selbstbestimmung explizit mache, »dann ist auch ein Zugang zu dem eröffnet, was wir als die spezifische Unruhe einer Sorge bezeichnen« (17:61). Dieses Argument (und nur dieses, denn alle weitere Kritik an Husserl ist in diesem Argument fundiert) markiert den Punkt, an dem der ›Schüler‹ sich von der Autorität seines ›Meisters‹ und der philosophischen Tradition löst und sich auf den Weg einer Radikalisierung der Frage der Selbstbestimmung begibt.[7] Ab diesem Punkt geht Heideggers Philosophie allein und kennt keine ›Einflüsse‹ mehr (weder von Aristoteles noch von Kant, weder von Hölderlin noch von Nietzsche), zumindest nicht in Bezug auf das, worum es geht.[8] Ganz am Ende dieses Weges der Radikalisierung, in einem späten Text mit dem Titel *Zur Frage nach der Bestimmung des Denkens*, fasst Heidegger den für seine ganze Philosophie entscheidenden Grundgedanken noch einmal zusammen: »Die Forderung an das Denken, ›zu den Sachen selbst‹ zurückzukehren, hat erst dann ihren Sinn und einen verlässlichen Anhalt, wenn zuvor gefragt wird, welches denn die Sache des Denkens sei und woher sie ihre Bestimmung empfange« (16:632; vgl. 98:152).

3. Zur ›Sache‹

Die zahlreichen Stellen, an denen sich Heidegger über die Sache seiner Philosophie ausspricht, stimmen alle darin überein, dass es ihr um den ›Sinn‹ oder um die ›Wahrheit‹ des Seins gehe.[9] Die nicht minder zahlreichen Stellen, an denen er sich dazu äußert, woher seine Philosophie »ihre Bestimmung empfange«, vermögen hingegen in Erstaunen zu versetzen. Wie kann Heidegger schreiben, die Philosophie werde von ihrer Sache »in Anspruch genommen« (16:620), ja sogar »bedrängt« (11:53)? Wie kann Heidegger behaupten, dass nicht die Philosophie ihre Sache bestimme, sondern vielmehr umgekehrt von ihrer Sache ihre »Bestimmung empfange« (14:47)? Wie kann er seine Philosophie gar als ein »Gehorchen« (97:9) charakterisieren, das sich dem »Diktat der Wahrheit des Seins« (5:328) unterwerfe? Mündet die radikale Selbstbestimmung tatsächlich in eine Fremdbestimmung, gar in eine Hörigkeit? Oder kann es sein, dass Heideggers emphatisch präsentierte Unterwerfung unter die ›Wahrheit des Seins‹ nicht der Wahrheit entspricht? Kann es sein, dass Heideggers Philosophie doch eine Geschichte erzählt – keine Geschichte von den Dingen in der Welt, sondern von ihrer Selbstbestimmung?

Auch die folgende Untersuchung geht also auf ein Staunen zurück, auf ein Staunen, in dem das Frageloseste – dass es Heideggers Philosophie um die Wahrheit des Seins gehe – plötzlich fragwürdig wird. Auf ein Staunen, das die Frage eröffnet, ob die häufig wiederholte explizite Selbstbestimmung, die ich im Folgenden als ›Selbstpräsentation‹ bezeichne, womöglich nicht mit der systematisch notwendigen, aber nur implizit gegebenen Selbstbestimmung von Heideggers Philosophie zusammenfällt. Die systematisch notwendige Selbstbestimmung einer Philosophie bezeichne ich allgemein als ›Selbstverortung‹. Im Fall von Heideggers Philosophie, die, so die Hauptthese meiner Untersuchung, nicht die ›Wahrheit des Seins‹, sondern ihr eigenes Sein zu ihrer Sache macht, nimmt diese Selbstverortung eine besondere Form an, die ich in Anlehnung an Heideggers eigenen Sprachgebrauch als ›Selbsterörterung‹ bezeichne. Ob Heideggers Philosophie diese Erörterung wirklich ›selbst‹ vollzieht oder ob sie lediglich ein Produkt meiner ›eigenen‹ Auslegung ist, lässt sich nur in der Durchführung entscheiden.

Die Selbstpräsentation von Heideggers Philosophie in Zweifel zu ziehen bedeutet keineswegs, sie zu ignorieren. Es bedeutet auch nicht, sie nur gegenüber einer anderen These abzuwägen. Es gilt vielmehr, diese Selbstpräsentation zu verstehen und ihre systematische Notwendigkeit begreiflich zu machen. Es gilt, sie aus der Selbsterörterung heraus zu erklären. Es gilt zu erklären, warum Heideggers Philosophie, gerade weil es ihr um ihr eigenes Sein geht, behaupten muss, es gehe ihr um die Wahrheit des Seins. Eine von der Selbstpräsentation abweichende These über die Sache und die Selbstbestimmung von Heideggers Philosophie kann nur dann überzeugen, wenn sie ihr nicht einfach widerspricht, sondern zugleich erklären kann, zu welchem Zweck Heidegger seine Philosophie so präsentiert.

Der Sinn von Heideggers Selbstpräsentation – seiner Philosophie gehe es um die Wahrheit des Seins – lässt sich ausgehend von einem Hinweis begreifen, den Emmanuel Levinas in seinem Hauptwerk *Totalité et infini* gibt. Heideggers Erklärung, dass es seiner Philosophie um die Wahrheit des Seins gehe, »erlaubt«, so Levinas, »das Begreifen, die Beherrschung des Seienden«.[10] Heideggers Philosophie, der es um ihr eigenes Sein geht, will das Seiende aneignen und beherrschen: »Es gilt, […] alles und jedes im Philosophieren auch schon in uns und zu uns selbst [zu] verwandeln« (26:285). Dieses Ziel lässt sich nur durch eine Politik erreichen, die ich, weil sie in der Sache von Heideggers Philosophie begründet ist, als ›philosophische Politik‹ bezeichne.

Es liegt in der Sache von Heideggers Philosophie zu behaupten, das, worum es ihr zu tun ist, sei eine von diesem Denken selbst radikal geschiedene Sache, ein Anderes, dem es sich zu unterwerfen gelte: die Wahrheit des Seins. Es gelte, so die Selbstpräsentation von Heideggers Philosophie, vor dem Erscheinen des ›Phänomens‹ zurückzutreten (vgl. exemplarisch: 9:189), genauer gesagt vor dem Erscheinen selbst, das sich nur zeige, indem es sich nicht zeige und dessen Auftreten nicht selbst wieder nur ein bloßes Phänomen darstelle, sondern ein Ereignis, das die Welt in einem ganz neuen Licht erscheinen lasse. Die Haltung, die diese Philosophie gegenüber ihrer vermeintlichen Sache einzunehmen vorgibt, präsentiert sie als ein respektvolles, demütiges, ehrfürchtiges, dankbares und lernendes Zuhören, das »die Dinge einfach nur sein lässt«, um es in den Worten eines einflussreichen Apologeten auszudrücken (Richardson 1963: 20). Das Einnehmen dieser Pose, das ich als ›phänomenologische Geste‹ bezeichne, ist das Kernstück der philosophischen Politik.

4. Philosophische Politik

Ihre Politik verfolgt Heideggers Philosophie in erster Linie mit ihrer Lehre, mit dem Werk im engeren Sinn, also mit den in der sogenannten *Gesamtausgabe* vereinten Texten, aber auch mit den Briefen und mit allen anderen überlieferten Äußerungen: Heideggers Schaffen geht ganz in dieser philosophischen Politik auf. So etwas wie ›esoterische‹ Äußerungen, in denen sich seine Philosophie unmittelbar über ihre wahre Sache ausspricht, gibt es nicht. Ebenso wenig gibt es Texte, die sich mit verschiedenen Botschaften an verschiedene Adressaten richten. Dass Heideggers Philosophie eine Politik verfolgt, macht sie also nicht zu einer Politischen Philosophie in dem strengen Sinn, den etwa Leo Strauss mit diesem Wort verbinden würde.

Neben den überlieferten Äußerungen, die man zu seiner ›philosophischen Lehre‹ zählt, sind aber auch die im engeren Sinne politischen Aktivitäten, insbesondere das ›Engagement‹ für den Nationalsozialismus, Teil der philosophischen Politik. All das, was gewöhnlich unter dem Titel ›Heidegger und der Nationalsozialismus‹ verhandelt wird, muss ausgehend von der Frage der philosophischen Politik, die in der Sache seiner Philosophie begründet liegt, (neu) verstanden werden. Ebenso müssen sich Heideggers antisemitische Äußerungen, sein vermeintliches Schweigen zum Holocaust und nicht zuletzt die Entscheidung, die sogenannten *Schwarzen Hefte* zu veröffentlichen, aus dieser Perspektive erklären lassen. Die philosophische Politik und ihren Sinn sichtbar zu machen, ist das Herzstück der folgenden Untersuchung.

Obwohl der volle Sinn dieser Politik erst am Ende der Untersuchung begreiflich wird, so lässt sich an dieser Stelle zumindest schon ihr letzter Grund angeben: Wenn Heideggers Philosophie sich von der Welt abwendet, um sie schließlich anzueignen und zu beherrschen, dann liegt darin nichts anderes als der radikalste Versuch, die oder den Anderen, die oder der die Welt mit anderen Augen sehen lässt, vollkommen auszustreichen. Dieser Versuch hebt das Verhältnis zu Anderen keineswegs auf, sondern reduziert es auf ein bloßes Bedürfnis nach der Anerkennung des Eigenen – des eigenen Seins und das heißt, der eigenen, aneignenden Auslegung der Welt – durch die oder den Anderen. Dieses Bedürfnis nach Anerkennung ist der letzte Grund für Heideggers philosophische Politik: für die ›Lehre‹, für das ›politische Engagement‹ und für die ›Editionspolitik‹.

5. Anerkennung

Die These, dass Heideggers Philosophie von einem Bedürfnis nach Anerkennung getragen wird, meint mehr und anderes als die Behauptung, dass der Mensch Martin Heidegger als Philosoph und als Professor anerkannt werden wollte. Die Anerkennung, die ihm von seinen ›unphilosophischen‹ Mitmenschen entgegengebracht wurde, mag dem Philosophen zwar Freude und Genugtuung bereitet haben, entscheidend für seine Philosophie war sie jedoch nicht. Es geht Heideggers Philosophie nicht um ihren Autor, nicht um das ›Seiende‹ (um in Heideggers Begrifflichkeit zu sprechen), das diese Philosophie hervorbrachte, sondern um ihr eigenes Sein, um ihre aneignende Auslegung des Menschen und der Geschichte, in der sie sich realisiert. Das Bedürfnis nach Anerkennung, das seine Philosophie trägt, zielt auf die Anerkennung durch zukünftige Philosophen. Da für Heidegger, wie zu zeigen sein wird, die Philosophie das Wesen des Menschen ausmacht und daher alle Menschen Philosophen werden können und sollen, erstreckt sich dieses Bedürfnis nach Anerkennung jedoch potentiell auf alle Menschen. Und genau aus diesem Grund kennt Heideggers Text und seine philosophische Politik im Allgemeinen keine unterschiedlichen Adressaten.

Weil Heideggers Philosophie nach Anerkennung verlangt, muss sie wollen, dass sich die alltäglichen, ›uneigentlichen‹ und ›unphilosophischen‹ Menschen allesamt in Philosophen verwandeln. Sie muss wollen, dass alle Menschen gleichermaßen Philosophen werden, allerdings nur in einem ganz bestimmten Sinn von Philosophie: in einem Sinn, den Heideggers Philosophie vorgibt und präsentiert – in dem Sinn, wie sie sich scheinbar selbst bestimmt. Heideggers Philosophie muss also wollen, dass es den Menschen um die Wahrheit des Seins geht, um eine Wahrheit, die ihnen nur durch Heideggers eigene Philosophie zugänglich werden kann (am Schluss der Untersuchung wird sich zeigen, dass die ›Wahrheit des Seins‹ mit Heideggers Philosophie identisch ist). Die Menschen sollen zu ›Philosophen‹ und das heißt in Wahrheit, sie sollen zu Anhängern von Heideggers Lehre, sie sollen zu seiner Gefolgschaft werden. Den ›zukünftigen Philosophen‹ soll es um die präsentierte Sache von Heideggers Philosophie gehen – für sie soll das Philosophieren das sein, als was Heideggers Philosophie sich präsentiert: ein demütiges Sichbestimmenlassen von der ›Sache‹, radikale Fremdbestimmung statt radikaler Selbstbestimmung.

Diejenigen, die sich aufgrund der natürlichen Ungleichheit zwischen den Menschen nicht unmittelbar Heideggers Gefolgschaft anschließen, sollen sich zumindest in einem abgeleiteten, ›uneigentlichen‹ Sinn um die präsentierte Sache von Heideggers Philosophie sorgen. Sie sollen Heideggers Philosophie und ihre Gefolgschaft zumindest als etwas Edles und Vornehmes ansehen, als etwas, das sie zwar selbst nicht verstehen, vor dem sie aber Ehrfurcht und Respekt empfinden. Die aus Heideggers Perspektive

›unwesentlichen‹ und ›uneigentlichen‹ Menschen sollen durch ihre alltägliche und unphilosophische ›Sorge‹ um das ›tägliche Brot‹ die existenzielle Grundlage für die existenziale ›Sorge‹ der Philosophie sichern. Getragen werden soll ihre Sorge von einem Glauben, einem Glauben an einen zukünftigen Gott, der sich als ein Glaube an Heideggers Philosophie entpuppen wird.

In der radikalen Selbstbestimmung von Heideggers Philosophie tritt das Grundproblem zutage, das im Bedürfnis nach Anerkennung verborgen liegt. Auch wenn es auf die Freiheit des Anderen abzielt, läuft es stets Gefahr, den Anderen auf das Eigene zu reduzieren, ihn zu beherrschen und ihm eine Rolle in der eigenen Welt zuzuweisen – eine Gefahr, der die Philosophie nur durch ein selbstkritisches Verhältnis zu diesem Bedürfnis entkommen kann.

Die Behauptung, mit der Anerkennung werde stillschweigend ein Verhältnis von Herrschaft und Gehorsam eingerichtet, mag zunächst verwundern, steht sie doch im Widerspruch zu der weitverbreiteten Annahme, das Streben nach Anerkennung ziele »nicht auf *Subordination*«, sondern »auf *Koordination*« ab, auf eine »Wechselwirkung durch Freiheit« (Fichte [1794] 1971a: 307f.) und eine in dieser Wechselwirkung sich realisierende Gleichheit. Kein Individuum könne »das andere anerkennen, wenn nicht beide sich gegenseitig anerkennen: und keines kann das andere behandeln als ein freies Wesen, wenn nicht beide sich gegenseitig so behandeln« (Fichte [1796/97] 1971b: 44).

Tatsächlich ist die moderne Vorstellung der Anerkennung unlösbar mit der Idee der Gleichheit verbunden: Anerkennung setzt Gleichheit voraus und erzeugt sie zugleich – in einem Prozess, der oft als Kampf um Anerkennung beschrieben wurde, als Kampf zwischen Ungleichen. Wenn die Philosophen der Moderne der Meinung waren, dass die Gleichheit und die damit verbundene Anerkennung die Grundlage für eine gewisse, bürgerliche Freiheit darstellen, sahen sie zugleich die mit dieser Idee einhergehende Gefahr, alle Menschen auf dieses Gleiche zu reduzieren: eine Gefahr für eine andere Freiheit, für die Freiheit, anders zu sein. So sehr sie die Gleichheit und die wechselseitige Anerkennung als politisches Prinzip bejahten, so sehr sie der Meinung waren, dass diese Gleichheit die Voraussetzung für eine politische Freiheit sei, so sehr war ihnen bewusst, dass es immer einen geben musste, der bestimmt, worin diese Gleichheit besteht, einen ›Philosoph‹, der durch diese verborgene Herrschaft gleicher war als die anderen und dadurch Gefahr lief, die menschliche Existenz auf diese Sphäre der Gleichheit zu reduzieren. Weil Rousseau die Möglichkeit der Ungleichheit, der Alterität, die Möglichkeit von Existenzweisen, die nicht in dieser Gleichheit aufgehen, bewahren wollte, warnte er in seinem *Diskurs über die Ungleichheit* vor dem »soziablen Menschen«, der »nur in der Meinung der Anderen zu leben« weiß. Es sollte sowohl innerhalb als auch außerhalb der auf Gleichheit und wechselseitige Anerkennung gegründeten Gesellschaft noch andere Existenzweisen geben können – zum Beispiel seine eigene oder die der »Wilden«, die nicht an der wechselseitigen Anerkennung teilhaben – denn der Wilde lebe »in sich selbst« und sei auf die Anerkennung und die Gleichheit, kurz gesagt, auf die Gesellschaft, nicht angewiesen (Rousseau [1755] 2008: 269).

In der deutschen Tradition der Anerkennungslehre, die mit Fichtes Zurückweisung von Rousseaus zweitem *Discours* in seiner Schrift über die *Bestimmung des Gelehrten* einsetzt und später von Heidegger zu ihren letzten Konsequenzen getrieben wird, blieb die Warnung vor einer Entgrenzung der Sphäre der Gleichheit ungehört. Durch eine eigenwillige Aufnahme der Lehren Kants ist der Mensch für Fichte dazu »*bestimmt*, in der Gesellschaft zu leben; er ist kein ganzer vollendeter Mensch und widerspricht sich selbst, wenn er isoliert lebt« (Fichte [1794] 1971a: 306). Und auch Hegel schreibt wenige Jahre später: »Der Mensch wird notwendig anerkannt und ist notwendig anerkennend. […] Als Anerkennen ist er selbst die Bewegung und diese Bewegung hebt eben seinen Naturzustand auf: Er ist Anerkennen« (Hegel [1806/07] 1969: 206; vgl. [1807] 1986b: 145). Doch wenn der Mensch nichts anderes sein soll als Anerkennen, nichts anderes als ein Mitglied der (bürgerlichen) Gesellschaft und wenn der Philosoph, oder, mit Fichte gesprochen, der »Gelehrte« bestimmt, worin diese Gleichheit besteht, ist dann nicht die wechselseitige Anerkennung in erster Linie eine Anerkennung dieser Philosophie? Ist diese Tradition dann nicht »genötigt, aus dem Menschen einen Philosophen zu machen, ehe man einen Menschen aus ihm macht« (Rousseau [1755] 2008: 57)?

Indem sie die Anerkennung zur Bedingung für das Menschsein macht, macht sie tatsächlich aus dem Menschen einen Philosophen, aber gerade keinen »Selbstdenker«, wie Kant es fordert, sondern einen »sklavisch nachahmenden« Anhänger einer Lehre (L:449).[11] Der Mensch soll anerkennen, dass er seinem Wesen nach politisch ist und sein soll und dass die Politik ihrem Wesen nach Gleichheit ist und sein soll. Der Mensch, der als »Anerkennen« seinem Wesen nach über den Naturzustand hinaus sei, habe sich immer schon auf den teleologischen Weg seiner Gattungsgeschichte begeben, dessen τέλος Fichte als die *»völlige Gleichheit aller ihrer Mitglieder«* bezeichnet. Die wichtigste Aufgabe des Gelehrten bestehe dabei in der *»obersten Aufsicht über den wirklichen Fortgang des Menschengeschlechtes im allgemeinen«* und in der *»steten Beförderung dieses Fortganges«* (Fichte [1794] 1971: 328).

Bei Heidegger scheint dieser »Fortgang« bereits vollendet und die Totalisierung jener auf Gleichheit beruhenden politischen Freiheit ›immer schon‹ vorausgesetzt zu sein. Der Prozess des »Sichbefreiens« ist für Heidegger einerseits mit der menschlichen Existenz identisch, er ist *»Bedingung der Möglichkeit«* (31:303; vgl. 26:238; 29/30:28) und als solche immer schon abgeschlossen, andererseits aber setzt das Sichbefreien ›Entschlossenheit‹ und somit Philosophie voraus, ist gar das »Zentrale [...], was Philosophie als Philosophieren leisten kann« (3:285; vgl. 29/30:224). Wenn Freiheit bedeutet, »in seinem Anderen bei sich selbst [zu] sein« (Hegel [1830] 1986a: 84), dann ist die vollkommene Freiheit die Ausstreichung des Anderen. Heideggers ›Dasein‹ hat den Anderen ›immer schon‹ anerkannt, hat ihn immer schon einer aneignenden Auslegung unterzogen und zu einer Möglichkeit der eigenen Existenz gemacht. Der Andere kann nur im eigenen Licht erscheinen, ausgehend von der ›Wahrheit des Seins‹ verstanden werden, die Heideggers Philosophie als ihr anderes präsentieren muss, weil sie mit ihrem eigenen Sein identisch ist: Er ›ist‹ nur, insofern er angeeignet ist.

Die Philosophie hat hier keinen Prozess der »Vervollkommnung der Gattung« mehr zu überwachen (Fichte [1794] 1971: 307), sie wahrt und bewahrt nur noch entschlossen das ›Sein des Daseins‹, das gerade darin besteht, dass es ihm um sein ›eigenes Sein‹ geht. Verlegt man das Geschehen der wechselseitigen Anerkennung aus der Geschichte in die Natur des Menschen, dann ist der Andere ›immer schon‹ mit da und muss nicht mehr eigens anerkannt werden. Die rechtliche und moralische Anerkennung (die uneigentliche ›Fürsorge‹) bezieht sich für Heidegger nicht auf das Wesen des Menschen, sie bezieht sich nur auf den Menschen als Seiendes und nicht als Dasein. Die ›eigentliche‹ Sorge um den Anderen ziele hingegen darauf ab, dass der Andere die ›Wahrheit des Seins‹ anerkenne. Die Menschen sollen anerkennen, dass sie sich ›immer schon‹ wechselseitig anerkannt haben, dass sie sich ›immer schon‹ wechselseitig als ›Dasein‹ verstanden haben, dass es ihnen ›immer schon‹ um ihr eigenes Sein ging und dass dieses eigene Sein dasselbe sei wie die ›Wahrheit des Seins‹. Indem sie das anerkennen, sollen sie zu Philosophen werden, sollen sie anerkennen, dass sie ›immer schon‹ Philosophen waren, Philosophen in dem Sinn, den Heidegger ihnen präsentiert: Sie sollen Anhänger von Heideggers Lehre werden.

Wie Rousseau betont, besteht für den soziablen Menschen die Gefahr der gesellschaftlichen Existenz, der wechselseitigen Anerkennung, darin, sich ganz in der Meinung des Anderen zu verlieren, durch die gleichmachende Kraft der öffentlichen Meinung das Eigene zu verlieren. Für den Philosophen besteht eine nicht minder große Gefahr darin, den Anderen auf das Eigene zu reduzieren, den Anderen nur in dem Sinne ›sein‹ zu lassen, den die eigene Philosophie dem Wort ›Sein‹ verliehen hat. In dem Moment, in dem die Philosophie die Sphäre der Meinung entgrenzt, immunisiert sie sich auch gegen die Meinung des Anderen. Wenn der Andere nur noch ›anerkannt‹ wird, wenn er nur noch als ›Vernunftwesen‹ oder als ›Dasein‹ begegnen kann, dann kann er die Philosophie, die dieses Gleiche bestimmt hat, nicht mehr infrage stellen. Wenn die Sphäre des Politischen gleichzeitig eingeebnet und entgrenzt wird, wenn die Menschen ›immer schon‹ in einer Öffentlichkeit leben, die dann nur noch als undifferenziertes und unbedeutendes ›Gerede‹ erscheinen kann, dann ist die Meinung des Anderen ›immer schon‹ gleichgültig. Wenn die Menschen schon ihrer Natur nach Philosophen sind, dann sind auch das Erstaunen und die Abkehr von der Meinung vorgezeichnet, dann ist auch der Sinn von Philosophie bereits vorgegeben und der Andere kann diesen Sinn weder als Bürger noch als vermeintlicher ›Philosoph‹ infrage stellen. Er kann ihn nur durch seine ›unphilosophische‹ oder durch seine ›philosophische‹ Sorge anerkennen.

Da Heideggers Philosophie keine andere Beziehung zum Anderen kennt als eine Herrschaft, die sich in sklavischer Anerkennung realisiert, ist sie von ihrer Gefolgschaft ebenso abhängig wie diese von ihr. Die doppelte und hierarchische ›Anerkennung‹ durch die künftigen Philosophen und die alltäglichen Menschen ist der Endzweck von Heideggers ›philosophischer Politik‹, die schon deswegen keine Politische Philosophie sein kann, weil für Heidegger in der entscheidenden Hinsicht über das Politische ›immer schon‹ entschieden wurde.[12]

6. Vom Historikerstreit zum Philosophenstreit

Ich verwende den Ausdruck ›philosophische Politik‹ (der noch weiterer Klärung bedarf) auch, um einer verirrten, aber aufschlussreichen Ausprägung der Debatte um das ›Verhältnis von Heideggers Philosophie und dem Nationalsozialismus‹ und damit um das ›Verhältnis von Philosophie und Politik‹ im Allgemeinen zu entgehen. In dieser wirkmächtigen Ausprägung der ausufernden Debatte um Heideggers ›Engagement‹ werden Philosophie und Politik als zwei voneinander getrennte oder zumindest prinzipiell trennbare Sphären vorgestellt, die sich in einem bestimmten Moment (beispielsweise im Ereignis des ›Engagements‹) miteinander verbinden. Dieser Moment wird entweder so begriffen, dass die Politik plötzlich in die Sphäre der Philosophie eindringt oder so, dass die Philosophie plötzlich (also naiv und unvorbereitet) in die Sphäre der Politik hinaustritt – ein Schema, das der Bedeutung und der Komplexität der Frage nicht gerecht werden kann.

Kaum eine Frage der deutschen Geschichte und schon gar nicht der deutschen Philosophiegeschichte hat in der jüngeren Vergangenheit eine vergleichbare Debatte hervorgebracht wie das Problem ›Heidegger und der Nationalsozialismus‹. In der Frage nach Heideggers ›Engagement‹ scheint sich die gesamte öffentliche Auseinandersetzung mit der deutschen Geschichte des 20. Jahrhunderts zu kristallisieren. Nicht zu Unrecht wirft Emmanuel Faye die Frage auf, ob »aus dem Historikerstreit von 1986 mittlerweile ein ›Philosophenstreit‹ geworden« sei (Faye 2009: 458).

Fast scheint es, als wollte die eine Seite ›den Deutschen‹ in der Gestalt von Heideggers Philosophie Absolution erteilen, während die andere Seite ›das Abendland‹ in Form ›der Philosophie‹ (ein ›abendländisches Erbe‹, ohne welches der Begriff einer universalen Schuld seinen Sinn verlieren würde und das vor Heideggers Denken gerettet werden soll) schadlos halten wollte. Entweder, so legt es der Philosophenstreit nahe, wird Heideggers unschuldiges Denken von der Politik, von einer aggressiven Ideologie infiltriert oder es macht sich schuldig, indem es die unschuldige Philosophie verrät, indem es sich mit der Politik einlässt und aufhört, reine Philosophie zu sein. Entweder wirft Heideggers Engagement einen »Schatten« auf sein »Werk« (Habermas 1988: 14), oder Heideggers Werk wirft einen ›Schatten‹ auf ›die Philosophie‹ – der Stellenwert von Heideggers Denken respektive der Stellenwert der Philosophie, ihre Würde und ihre Bedeutung, sorgen allerdings dafür, dass sie nicht ›diskreditiert‹ werden können oder sollen. So unterschiedlich die Positionen und Interessen in diesem ›Philosophenstreit‹ sein mögen, das Schema der zwei Sphären bleibt meist der *common ground* – ebenso wie das Schema für die ›Verbindung‹ oder den ›Kontakt‹ zwischen diesen beiden Sphären: die Vorstellung einer ›Kontamination‹ der ansonsten reinen Philosophie (vgl. Precht 2016). Ist es nicht bemerkenswert, dass sich Heideggers Selbstauslegung und die apologetische Auslegung seiner Gefolgschaft ebenso auf dieses Schema berufen können wie seine ärgsten Feinde? Hätte nicht Heidegger selbst behaupten können, dass seine Philosophie vom Nationalsozialismus ›kontaminiert‹, dass sie, wie Faye es formuliert, »von einem Malstrom« mitgerissen wurde (Faye 2009: 11)?

7. Kontamination und Dekontamination

Ausgehend vom Schema der Kontamination der Philosophie lassen sich drei weit verbreitete Strategien in der Debatte um Heideggers ›Engagement‹ unterscheiden. Eine extreme Strategie, die durch die Veröffentlichung der sogenannten *Schwarzen Hefte* in jüngster Zeit an Popularität eingebüßt hat, besteht in der vollständigen Verneinung der Kontamination: in der Behauptung, Heideggers Philosophie sei von der Sphäre des Politischen, von »jeder ursprünglichen und wesentlichen Kontamination« (Derrida 1988d: 18), gänzlich unberührt. Es ist die Strategie der Selbstpräsentation und der philosophischen Politik. Eine Strategie, die Ernst Nolte auf den Punkt bringt, wenn er behauptet, »dass Heidegger offenbar niemals auch nur versucht gewesen ist [...], seine ›großen Begriffe‹ – wie Seinsvergessenheit oder Vollendung der Metaphysik – mit ›den Juden‹ zu verknüpfen. Insofern war er das gerade Gegenteil von Adolf Hitler, und er wäre es sogar dann gewesen, wenn er gelegentlich gesagt hätte, er habe keine Sympathie für Juden, oder die Juden in Amerika arbeiteten gegen ihn« (Nolte 1992: 290f.).

Die diametral entgegengesetzte Position besteht in der Behauptung einer vollständigen Kontamination von Heideggers Philosophie, in der Behauptung, Heideggers Denken habe sich vollständig »in den Dienst der Rechtfertigung und Verbreitung des Nationalsozialismus und seiner Fundamente« gestellt (Faye 2009: 12), in der Behauptung also, Heideggers Denken habe den Nationalsozialismus in die Philosophie eingeführt (wie es der Titel des einflussreichen Werks von Emmanuel Faye will). Diese beiden Positionen stellen die Grenzfälle für das Schema der Kontamination dar. In beiden Fällen hat die Kontamination ›eigentlich‹ nie stattgefunden. Einmal hat sie nicht stattgefunden, weil Heideggers Philosophie vollkommen rein geblieben ist, das andere Mal ist die Kontamination so vollkommen, dass es keine Philosophie mehr gibt, die hätte kontaminiert werden können: so vollkommen, dass nur noch von einer nationalsozialistischen Ideologie die Rede sein kann, weil Heidegger sein Werk »in seiner Gesamtheit in den Dienst des nationalsozialistischen Staates« (Faye 2009: 296) gestellt habe, weil »seine Lehre nicht auf einen philosophischen, sondern auf einen politischen Zweck abzielt« (274). Die aus dieser Position resultierende, karikaturhafte Darstellung, der zufolge Heideggers Spätphilosophie der Verzweiflung eines unverbesserlichen Nationalsozialisten entspringt, der nach dem Krieg sehnsüchtig die Rückkehr des Dritten Reichs erwartet, lässt sich weniger aus dem Gegenstand als vielmehr aus dem Interesse jener Untersuchung erklären. Denn in Fayes Augen fand eben doch eine Kontamination statt: Nicht Heideggers Denken wurde kontaminiert, sondern die ›reine Philosophie‹, oder ›die Metaphysik‹ (2009: 11ff., 16, 23, 128, 233), worunter er eine Cartesianisch-Husserlianische Vorstellung von Philosophie versteht, der es um »die Wahrheit« gehe, was für ihn dasselbe heißt wie »rationale Gewissheit« (2009: 358).[13] Die laute Anklage von

Heideggers Philosophie dient hier also der Dekontamination einer »reinen Philosophie«, die sich selbst von jeglicher Verstrickung in die Geschichte freizusprechen sucht.

Zwischen diesen beiden Extrempositionen eröffnet sich schließlich eine ganz neue Möglichkeit der Apologie: die Behauptung einer partiellen und reversiblen Kontamination. Dieser Vorstellung gemäß werden die zunächst ›neutralen theoretischen Einsichten‹ zu einem bestimmten Zeitpunkt von einer politischen Ideologie kontaminiert. Die Ideologie »befällt« die Philosophie zunächst ganz punktuell, zugleich »kon-taminiert« sie aber, »berührt anderes mit« (Trawny 2014a: 12).[14] Insbesondere könne sich dann rückwirkend zeigen, dass diese Kontamination bereits »angelegt« gewesen sei (Schwan 1965: 101), dass wichtige Begriffe in Heideggers Philosophie immer schon ›politisierbar‹ gewesen seien (Grosser 2011: 235ff.), dass einzelne »Motive« des Denkens sich notwendigerweise der Gefahr des »Irrens« aussetzen mussten (de Beistegui 1998: 5), weil sie »für verschiedene politische Konkretisierungen« offen gewesen seien (Zaborowski 2010: 176), oder dass Heideggers Philosophie schon seit ihren ersten Anfängen, durch ihre Einflüsse und die Sozialisation des Philosophen zum Nationalsozialismus bzw. Antisemitismus ›disponiert‹ gewesen sei (Mehring 2016b: 187). Ganz egal wie viele ›Passagen‹, ›Begriffe‹, ›Theoreme‹ oder ›Motive‹ von den verschiedenen Formen der Kontamination ›betroffen‹ sein sollen, setzt diese Vorstellung immer die Möglichkeit einer reinen Philosophie voraus, die sich durch einen Prozess der ›Dekontamination‹, der ›Epuration‹ oder ›Denazifizierung‹ wiederherstellen ließe. Sie setzt voraus, dass es einen reinen Kern von Heideggers Philosophie gibt, dass das ›Engagement‹ nicht in ihrer Sache lag, dass Heideggers Philosophie ›unpolitisch‹ war und nur von der politischen Ideologie der Person Martin Heidegger kontaminiert wurde. Die folgende Untersuchung zeigt hingegen wie das ›Engagement‹ nicht in einzelnen Aspekten dieser Philosophie, sondern in ihrer Sache selbst ›angelegt‹ ist.

8. Die Ordnung der Fragen

Allen drei Strategien ist gemein, dass sie die Frage nach dem ›Verhältnis von Philosophie und Politik‹ zur ersten Frage machen, aus der sich etwas über die Frage nach Heideggers Philosophie und somit nach ihrer Sache ausmachen lassen soll. Die Frage nach dem ›Engagement‹ soll zeigen, was Heideggers Philosophie wirklich ist, worum es ihr im Kern zu tun ist. Ich denke, dass sich in dieser Ordnung der Fragen eine vorgeblich kritische, tatsächlich aber bequeme und zuweilen auch apologetische Haltung ausspricht. Wer meint, Heideggers Philosophie aus dem nationalsozialistischen ›Engagement‹ oder aus den antisemitischen Äußerungen ihres Urhebers erklären zu können, muss sich nicht mit der schwierigsten Frage herumschlagen: Liegen dieses ›Engagement‹ und diese Äußerungen in der Sache von Heideggers Philosophie begründet? Und wer diese Frage nicht stellt, läuft immer Gefahr, sich zum Erfüllungsgehilfen einer philosophischen Politik zu machen, für die es wesentlich ist, ihre wahre Sache zu verbergen. Wem die ›phänomenologische Geste‹, die in jedem der bisher erschienenen Bände der sogenannten *Gesamtausgabe* klar erkennbar ist, in keiner Weise fragwürdig erscheint, muss eine unkritische Grundhaltung gegenüber Heideggers Philosophie unterstellt werden. Wer sich nie fragt, welche Intention sich hinter dieser pathetischen Selbstpräsentation verbirgt, wer glaubt, die »Grundbewegung von Heideggers Denken« ließe sich »als ›responsiv‹ bezeichnen« (Trawny 2016: 109), der verhält sich zur Lehre, nicht aber zu der Philosophie, die mit dieser Lehre ein bestimmtes Interesse verfolgt. Wer eine oberflächliche, dekontaminierende Kritik inszeniert, lässt den Kern einer Philosophie intakt, die dem Nationalsozialismus jubelnd in die Arme gelaufen ist.

Anstatt von außen über sie zu urteilen, anstatt aus dem ›Engagement‹ auf die Philosophie zu schließen, gilt es, das ›Engagement‹ aus der Philosophie zu erklären. Und dazu genügt es nicht, einzelne kontaminierte ›Begriffe‹, ›Gedanken‹, ›Motive‹ oder ›Theoreme‹ auszumachen. Eine derartige Praxis würde gerade die Vorstellung eines reinen, unpolitischen Kerns der Philosophie reproduzieren, einer Essenz, die von den ›kontaminierten‹ und akzidentiellen Aspekten bereinigt werden kann.

Es geht also darum, Heideggers philosophische Politik aus der Sache zu erklären – allerdings aus der Sache gemäß der Selbstverortung, die diese Politik notwendig macht und nicht gemäß der Selbstpräsentation, in der diese Politik aufgeht. Wer sich auf letztere beruft, reproduziert fast unweigerlich die phänomenologische Geste und damit die gesamte philosophische Politik und ihre spezifische Apologetik. Wenn Heideggers Philosophie sich wirklich in einem »Zurücktreten vor dem Seienden« (9:189) ihrer Sache nähert, die von ihr selbst radikal verschieden sei und zu der sie ein ›responsives‹ Verhältnis unterhalte (Trawny 2010: 109), dann kann sie auch um diese Sache »herumirren« (25:2). Wenn sie zwar weiß, dass ihre Sache dieses andere (die ›Wahrheit des Seins‹) ist, nicht aber, ›was‹ sie ist, wenn sie in ihrem Zurücktreten vor dem Seienden darauf angewiesen ist, dass und als was sich das Seiende von selbst zeigt, dass und als was sich dieses ›Sich-selbst-zeigen‹ offenbart, wenn sie kurz gesagt ihre Sache weder begreifen noch befragen kann, dann kann sie sich auch von ihr täuschen und ›in die Irre führen lassen‹. 1967 schreibt Heidegger in seiner Vorbemerkung zu den *Wegmarken*: »Wer sich auf den Weg des Denkens begibt, weiß am wenigsten von dem, was als die bestimmende Sache ihn – gleichsam hinterrücks über ihn weg – zu ihr bewegt« (9:IX). In diesem Satz findet sich die Erklärung für den viel zitierten Grundsatz der Apologetik: »Wer groß *denkt*, muss groß irren« (97:179). Gemäß ihrer Selbstauslegung begeht Heideggers Philosophie keinen Irrtum und macht keine Fehler, sie geht vielmehr in die »Irre«, weil sie von ihrer Sache dorthin geführt wird.[15] Weil sie sich von ihrer Sache bestimmen lasse, anstatt sie umgekehrt selbst zu bestimmen, liege der ›Grund‹ oder besser gesagt die ›Unergründlichkeit‹ des Irrens in der Sache selbst. Diese Selbstpräsentation ist, wie es zu betonen gilt, keineswegs eine bloß nachträgliche Rechtfertigung des ›Engagements‹. Die These, dass die Philosophie »unterwegs in die Irre« (9:197) sei, findet sich schon vor dem ›Engagement‹. Nicht nur aus der Perspektive der Selbstpräsentation, sondern auch vom Standpunkt der Selbstverortung aus lässt sich sagen, dass Heideggers Philosophie in die Irre führt – allerdings in einem ganz anderen Sinn, der am Ende des zweiten Teils dieser Arbeit verständlich werden wird.

9. Editionspolitik

Das richtige Verständnis des Problems ›Heidegger und der Nationalsozialismus‹ hängt keineswegs von einzelnen neu veröffentlichten Äußerungen ab. Der ›Fall Heidegger‹ ist längst bekannt, kein neues Material wird Wesentliches hinzufügen können. Auch die Veröffentlichung der sogenannten *Schwarzen Hefte* hat daran nichts geändert. Erstaunlicher als die berüchtigten, antisemitischen Passagen dieser *Hefte* war das Erstaunen, das sie bei vielen Interpret_innen hervorgerufen haben. Erstaunlicher als die Tatsache, dass Heidegger eine Reihe von unsäglichen antisemitischen Stereotypen reproduzierte, ist, genauer gesagt, die Tatsache, dass viele Interpret_innen das für unmöglich hielten, für unvereinbar mit seiner Philosophie. Es ist erstaunlicher, weil Heidegger das Wesentliche, das Material, das es erlaubt, sich über seine Philosophie und ihre Politik Klarheit zu verschaffen, keineswegs versteckte: Er verbarg es vielmehr, indem er es präsentierte und veröffentlichte (vgl. Cohen-Halimi und Cohen 2016). Genauso wie Heidegger es immer von der Sache seines Denkens behauptete, tritt das Erscheinen hinter der Erscheinung zurück. Nur dass die Sache eine andere ist. Eine Sache nämlich, die nur erscheint, indem sie sich als etwas anderes präsentiert.

Das Herzstück dieser Präsentation stellt zweifelsfrei die auf 102 Bände angelegte, sogenannte *Gesamtausgabe* dar. Dass diese Ausgabe ›letzter Hand‹ in höchstem Maße unvollständig, intransparent und unzuverlässig ist, kann nicht überraschen: Von Heidegger geplant, steht sie ganz im Zeichen einer philosophischen Politik, der es gerade nicht um die Wahrheit (des Seins) geht. Weitaus schwieriger zu verstehen ist jedoch, warum eine beachtliche Zahl von Bänden in diese Sammlung aufgenommen wurde, die zwar von den Herausgeber_innen gerne als ›heimliche Hauptwerke‹ beworben werden, tatsächlich aber philosophisch weitgehend wertlose, konfus oder gar nicht komponierte und äußerst repetitive Konvolute darstellen (etwa die Bände 66, 69–71, 73, 76). Bedenkt man wiederum, wie viel Sorgfalt Heidegger (und seine Apologet_innen) darauf verwandte, sein Werk als eine »Philosophie im Werden« zu präsentieren, die von ihrer Sache auf immer neue »Wege« (manchmal auch auf »Holzwege« oder auf »Abwege«, die in die »Irre« gehen) geführt werde, dann verlieren diese »Einblicke« in die »Werkstatt des Denkens« schnell an Befremdlichkeit – und an Unschuld. Noch schwerer zu begreifen ist schließlich die Veröffentlichung der sogenannten *Schwarzen Hefte*: Einerseits reihen sie sich zwar in die Liste der eben erwähnten Konvolute ein, andererseits bieten sie aber auch jene vieldiskutierten Einlassungen zu im engeren Sinne politischen Themen, die dem Ansehen von Heideggers Philosophie nur schaden konnten.[16]

Die Frage ist in der Tat nicht leicht zu beantworten, erst recht nicht aus einer Perspektive, die behauptet, Heideggers Philosophie sei von einem Bedürfnis nach Anerkennung getragen. Warum haben die berüchtigten antisemitischen Stellen Eingang in die Gesamtausgabe gefunden, wenn Heidegger sie ohne Weiteres hätte streichen und vernichten können? Ich denke, er hat sie nicht gestrichen, weil seine Philosophie nach einer Form von Anerkennung strebt, die diese Dinge für bedeutungslos hält: Wenn das Denken irrte, dann irrte es groß, weil es von seiner Sache in die Irre geführt wurde. Wenn der Denker irrte, dann tat es nichts zur Sache. Seine Philosophie sollte anerkannt werden, *obwohl* der Philosoph ein Nationalsozialist war: Der Philosoph soll sich nicht verstecken müssen, weil sein Nazismus in Anbetracht seiner Philosophie bedeutungslos ist. Die vollkommene Anerkennung der Philosophie sollte das Leben des Philosophen überstrahlen.[17] Der vollkommene Triumph seiner Philosophie würde darin bestehen, dass man in Zukunft *en pleine connaissance de cause* über Heideggers Leben so denken würde, wie er das Leben von Aristoteles gesehen hat: Er »wurde geboren, arbeitete und starb. Wenden wir uns also seinem Denken zu« (Arendt [1969] 1992: 184). Das in Rede stehende Bedürfnis nach Anerkennung verlangte gerade nicht in erster Linie nach einer Anerkennung der Persönlichkeit und der Lebensgeschichte des Philosophen. Nur indirekt sollte er anerkannt werden, als jemand der sein Leben ganz in den Dienst der Philosophie gestellt hatte – wann immer er dies nicht getan hatte, sollte es sich um zu vernachlässigende »Entgleisungen« handeln (an Marcuse, 20.1.1948: 137).

In der Gesamtausgabe sollten zu diesem Zweck zunächst die von Heidegger selbst »bearbeiteten« Vorlesungen und die zu Lebzeiten veröffentlichten Schriften erscheinen, um die Aufnahme der zunehmend obskuren und philosophisch unbedeutenden, unveröffentlichten Texte vorzubereiten. Bis zum Zeitpunkt der Veröffentlichung der *Schwarzen Hefte*, so das Kalkül Heideggers, sollte die ›innere Größe und Wahrheit dieser Bewegung‹ (nämlich des ›Denkweges‹ seiner Philosophie) so allgemein anerkannt sein, dass ihre vermeintlich äußeren Umstände, die Verstrickung mit der Lebensgeschichte des Philosophen und dadurch mit der Weltgeschichte des 20. Jahrhunderts zugleich hingenommen und ignoriert würden. So lässt sich der ›letzte Wille‹ des Philosophen grob zusammenfassen.

Nicht nur die Auswahl, auch die Anordnung und die Reihenfolge des Erscheinens der Bände folgen einem politischen, genauer gesagt, einem pädagogischen Zweck. Allerdings denke ich nicht, dass es sich beim Fortgang der *Gesamtausgabe* um eine »esoterische Vertiefung« handelt, um einen »Initiationsgang«, der zu einem esoterischen Zentrum, zu einem ›Adyton‹ führt, um schließlich in einer letzten »politisch-pädagogischen Wendung« die exoterische Präsentation und Verbreitung dieser esoterischen Lehre vorzubereiten (Mehring 2016a: 277),[18] sondern ganz im Gegenteil um eine Bewegung, die vom Zentrum des Denkens in seine Peripherie führt, bis an seine Außengrenzen und nicht selten darüber hinaus.

10. Selbsterörterung

Unabhängig davon, wie man zu der sogenannten *Gesamtausgabe* steht, unabhängig davon, ob man sie für einen »international scandal of scholarship« hält oder nicht (Kisiel 1995: 315; vgl. auch Meyer 2016: 306),[19] muss man keineswegs das Erscheinen einer vollständigen, unverfälschten oder gar historisch-kritischen Ausgabe abwarten, um sich ein Bild von Heideggers Philosophie und ihrer Politik zu machen. Die *Gesamtausgabe* zeigt zwar nicht alles, sie zeigt das Wesentliche aber besser, als jede kritische Ausgabe es könnte: Sie zeigt die Sache von Heideggers Philosophie, indem sie sie verbirgt und dadurch zugleich preisgibt. Es bedarf also keines neuen Materials, es bedarf einer neuen Perspektive auf das bereits vorhandene.

Die hier unternommene Verschiebung der Perspektive eröffnet einen neuen Blick auf die Gesamtausgabe, sie ermöglicht die

Lösung der zentralen interpretatorischen Fragen, sie erlaubt, zahlreiche begriffliche Verschiebungen und gedankliche Fortschritte zusammenzuführen und die systematischen und chronologischen Zusammenhänge aus einem gemeinsamen Grund zu begreifen: Sie rückt Heideggers Philosophie insgesamt in ein neues Licht.

Um den Wechsel der Perspektive – von der Selbstpräsentation zur Selbstverortung – nachvollziehbar zu machen, muss das Problem der Selbstbestimmung von Heideggers Philosophie begrifflich weiter entfaltet werden. Die Beziehung, die Heideggers Philosophie zu ihrer präsentierten und zu ihrer systematisch notwendigen Sache unterhält, lässt sich nur ausgehend von der für alles Folgende zentralen Unterscheidung zwischen dem ›Thema‹ und der ›Sache‹ der Philosophie verständlich machen. Unter dem ›Thema‹ verstehe ich das, was in der philosophischen Auslegung den Raum für die Selbstverortung abgibt. Indem eine Philosophie ihr Thema auslegt, bestimmt sie sich selbst, denn die Auslegung des Themas ist an der Sache der Philosophie orientiert: Es wird ›auf die Sache hin‹ ausgelegt. Wenn sie ihre Sache nicht selbst bestimmt, sondern sie von außen übernommen hat, dann ist ihr auch der Raum, in dem sie sich verortet, in einem bestimmten Sinn vorgegeben. Diesen vorgegebenen Raum gilt es dann zu ›entdecken‹, genauso wie den Ort, der ihr darin zugedacht ist. Eine Philosophie, die sich dem Imperativ ›zu den Sachen selbst‹ unterwirft, ohne die Frage nach ihrer Sache zum ersten und höchsten Problem zu machen, nimmt einen ihr zugedachten Platz in einem vorgegebenen und von ihr ›entdeckten‹ Raum ein. Indem sie diesen Platz einnimmt und sich selbst verortet, macht sie sich die Sache zu eigen, die ihr zunächst nur von außen vorgegeben ist und durch die Selbstbestimmung angeeignet werden muss.

Andere Philosophien nach diesem Schema zu begreifen ist Teil der Selbstverortung von Heideggers Philosophie: Sie will sich damit nicht nur von ihnen abgrenzen, um ihre Eigenheit und Überlegenheit zu betonen, sie will erklären, warum sie zu kurz greifen und ihrem eigenen philosophischen Interesse nicht gerecht werden. Denn Heideggers Philosophie unterhält ein ganz eigenes Verhältnis zu ihrer Sache und zu ihrem Thema: Sie gibt sich ihre Sache (ihr eigenes Sein) selbst vor und legt ihr Thema auf sich selbst hin aus. Das Thema wird durch eine ›voraussetzungslose‹ Interpretation angeeignet und der daraus resultierende Raum wird nicht ›entdeckt‹, sondern in der aneignenden Auslegung ›erschlossen‹. Anstatt ihren Ort in einem vorgegebenen Raum zu entdecken, erschließt Heideggers Philosophie den umliegenden Raum, ausgehend von einem Punkt, der erst in der Erschließung zum Ort der Philosophie wird, zum zentralen und höchsten Punkt der erschlossenen Landschaft. Diese radikale Form der Selbstverortung nenne ich die ›Selbsterörterung‹ von Heideggers Philosophie.[20]

Auf der Ebene der Selbstpräsentation stellt sich diese vermeintliche ›Voraussetzungslosigkeit‹ freilich in einem ganz anderen Licht dar: Gemäß der Selbstpräsentation eignet sich diese Auslegung das Thema gerade nicht an, sondern befreit es von den Voraussetzungen der Tradition und erlaubt so der Philosophie, den ihr (von der Wahrheit des Seins) zugedachten Ort zu ›entdecken‹, der von der bisherigen Philosophie ›verdeckt‹ wurde. Auf der Ebene der Selbstauslegung scheint Heideggers Philosophie ihr Thema also sachgerecht auszulegen und ihre Sache wahrheitsgemäß zu bestimmen. Die Bestimmung der Sache und somit die Auslegung des Themas scheinen sich rein an der ›Wahrheit des Seins‹ zu orientieren.

In dem Moment, in dem sich Heideggers Philosophie von der bisherigen Philosophie lossagt, um sich in radikalerer Weise der Frage nach der Sache der Philosophie zuzuwenden, besteht die Abgrenzung zur Tradition keineswegs darin, ein neues Thema zu finden. In dem Moment, in dem das Projekt der ›Fundamentalontologie‹ im Sinne einer ›Daseinsanalyse‹ (zwei Begriffe, die für die Selbstpräsentation und ihre phänomenologische Geste zentral sind)[21] Kontur zu gewinnen beginnt, steht die menschliche Existenz im Zentrum: »Im Thema steht der Mensch« (31:1). Auf den ersten Blick scheint Heideggers Philosophie hier also das Erbe Kants anzutreten, für den sich die zentralen Fragen der Philosophie auf die Frage ›Was ist der Mensch?‹ zurückführen lassen. Doch selbst auf der Ebene der Selbstpräsentation findet sich ein klarer Hinweis darauf, dass der Eindruck der Nähe zum traditionellen Projekt einer philosophischen Anthropologie täuscht: Ihrer eigenen Aussage nach steht für die »Daseinsanalyse« nicht die Frage ›Was?‹, sondern ›Wer ist der Mensch?‹ im Zentrum (34:76; vgl. 24:169), da die Wahrheit des Seins nicht nur ein theoretisches Verstehen, sondern zugleich eine praktische Verwandlung des Menschen erfordere.

Um die Haltung, die Heideggers Philosophie zu ihrem Thema, der menschlichen Existenz, einnimmt, begreiflich zu machen, muss sie demnach sowohl von dem ›traditionellen‹ Projekt einer ›philosophischen Anthropologie‹ als auch von der Selbstpräsentation und Selbstauslegung im Sinne einer ›fundamentalontologischen Daseinsanalyse‹ abgegrenzt werden.

11. Philosophische Anthropologie

Aus der Perspektive von Heideggers Philosophie erscheint die Haltung, die Kants Philosophie zu ihrem Thema, zur menschlichen Existenz, einnimmt, als genuin unphilosophisch. Kants Auslegung des Themas sei zwar nicht empirisch, etwa soziologisch oder psychologisch, das Thema werde vielmehr rein philosophisch ausgelegt – also ausschließlich an der Sache seiner Philosophie orientiert, ihre Sache falle allerdings einerseits mit dem Thema zusammen (für Heidegger ein Wesensmerkmal der Wissenschaft) und sei andererseits, zumindest gemäß Heideggers Interpretation dieser Zusammenhänge, nicht aus einem radikalen Fragen nach der Sache der Philosophie gewonnen, sondern ›von außen‹ vorgegeben. Kants Philosophie erscheint in dieser Perspektive als bloße Selbstverortung, die sich nicht zur Selbsterörterung ›befreit‹, sondern sich vorgeben lasse, worin das ›Sein des Menschen‹ besteht. Sie orientiere ihre Auslegung der menschlichen Existenz an einem von der Tradition übernommenen Menschenbild. In der hier entwickelten Begrifflichkeit gesprochen lässt sich Kants Philosophie demnach den Raum für ihre Selbstverortung vorgeben – sie ›entdeckt‹ diesen Raum, anstatt ihn zu ›erschließen‹.

Die ›Entdeckung‹ dieses vorgegebenen Raumes ist allerdings von den »Expeditionen« (Lévi-Strauss [1955] 1978: 9) der empirischen Anthropologie durchaus verschieden (vgl. 27:121). Dass Kant bekanntermaßen keinerlei Interesse an Reisen hatte, ist kein Zufall. Man kann sich die empirische und die philosophische Anthropolog_in so vorstellen wie den materialistischen und den idealistischen Philosophen in Althussers Gleichnis:

> Stellen wir uns zwei Philosophen und zwei Züge vor.
>
> Der idealistische Philosoph begibt sich zum Bahnhof Saint Charles (Marseille), um nach Lyon zu fahren. Er weiß, woher der Zug kommt (um seinen ›Ursprung‹, wenn man so will) und kennt sein Ziel: Lyon – Paris. Er kennt also *ohne jeden Zweifel* Ursprung und Ziel der Strecke.
>
> Der materialistische Philosoph weiß nicht, in welche Richtung die Züge fahren: Woher kommen wir? Wohin gehen wir? Er ist, wenn man so will. Sieht er einen Zug kommen, springt er einfach auf, in voller Fahrt, wie im amerikanischen Western. Er weiß nicht, dass die Erde rund ist. Er spricht mit den Leuten im Abteil, bis er irgendwo, mitten auf der Strecke oder an einem Provinzbahnhof wieder abspringt.
>
> Der idealistische Philosoph hat nichts dazu gelernt: Er kannte den Weg schon vorher, und vertieft sich während der Reise in *Le Monde* oder seine Korrespondenz.
>
> Der materialistische Philosoph weiß nichts von alledem. Er ist völlig mittellos, hat nicht einmal etwas dabei, um seine Eindrücke zu notieren. Er betrachtet die Landschaft, hört zu, lernt eine Menge Dinge. Er ist ein Mann des ›Hören-Sagens‹, jedoch ausgehend von der *Begegnung*, der Kreuzung oder dem Widerruf von Informationen – lauter intellektuelle Erfahrungen. Er wird zum Autodidakten (die einzig wahre Bildung) und weiß einen Haufen Dinge, die der Idealist niemals wissen wird. Denn der Idealist verachtet alle anderen (seine Mitreisenden), er spricht sie nicht an und steigt in Lyon aus dem Zug: als derselbe Mann, als der er einstieg. (Althusser 2010: 86)

Die philosophische Anthropologie macht keine Erfahrung, ihre Entdeckungen sind keine Begegnungen mit anderen Menschen. Dafür hat sie, im Gegensatz zur empirischen Anthropologie, eine von Beginn an festgelegte Methode, einen vorgezeichneten Weg, auf dem sie ihre Entdeckungen macht. Auch in dem Moment, in dem sie ihre vielleicht wichtigste ›Entdeckung‹ macht, in dem Moment, in dem sie sich selbst in der menschlichen Existenz und in ihrer Geschichte verortet, kennt sie schon »*ohne jeden Zweifel* Ursprung und Ziel« dieser Geschichte.

Unzureichend ist diese philosophische Anthropologie aus der Perspektive von Heideggers Philosophie jedoch nicht etwa, weil sie keine Erfahrungen, keine ›Expeditionen‹ macht, sondern weil hier »ganz abgesehen von der Interpretation des Menschen selbst, ein ganz bestimmter Ansatz des Menschen vor[liegt], nämlich so, wie ihn das Christentum sieht« (31:206). Die Voraussetzung einer bestimmten Vorstellung vom Wesen des Menschen – als ›Kreatur‹ und als ›endliches Vernunftwesen‹ – führe dazu, dass sie ›uns‹ zwar »eine Rolle in der Weltgeschichte zuerteilt«, dieses ›wir‹ aber dabei »nicht zu fassen« bekomme (29/30:115). Der Sinn des ›wir‹ und des geforderten ›Zu-fassen-bekommens‹ wird sich zwar erst am Schluss des zweiten Teils dieser Untersuchung aufklären lassen, doch es zeigt sich schon hier, dass in der Perspektive von Heideggers Philosophie das Problem der philosophischen Anthropologie darin besteht, dass sie eine Voraussetzung macht, die dazu führt, dass ihr ein Ort »zuerteilt« wird. Um in dem Gleichnis von Althusser zu bleiben, liegt das Problem der philosophischen Anthropologie laut Heidegger also nicht darin, dass sie auf ihrer Reise keine Erfahrungen gemacht hat, sondern darin, dass sie überhaupt eine Reise unternommen hat. Heideggers Philosophie verreist nicht, weder ›praktisch‹ noch ›theoretisch‹. Sie bleibt in der Provinz, wo sie die Begegnung mit anderen ›Kulturen‹ gar nicht erst verweigern muss.

12. Ethnologie

»Alle Anthropologie, auch die philosophische hat«, so Heidegger, »den Menschen schon als Menschen gesetzt« (3:230). Einer empirischen Anthropologie steht aber die Möglichkeit einer Begegnung (so selten sie tatsächlich auch vorkommen mag) grundsätzlich offen – die Möglichkeit einer Begegnung, in der die eigenen Grundvoraussetzungen und die daraus resultierende Methode infrage gestellt werden können. Wenn sie sich dazu entscheidet, Ethnologie zu werden und ›Expeditionen‹ zu unternehmen, dann unterwirft sie sich der »Regel der Methode«, die Rousseau für die Ethnologie aufgestellt hat: »Wenn man die Menschen erforschen will, muss man sich in seiner eigenen Umgebung umsehen, will man jedoch den Menschen erforschen, so muss man lernen, seinen Blick in die Ferne zu lenken« (Lévi-Strauss [1962] 1992: 46f.; vgl. Rousseau [1781] 1990: 89). Und dort in der Ferne kann die Anthropolog_in auf mehr als nur neues ›Material‹ stoßen: auf andere Menschen, mit denen sie ein Gespräch auf Augenhöhe führen kann. Das setzt allerdings eine Konzeption von Anthropologie voraus, die auf folgender Prämisse beruht: »Die Verfahren, die die Untersuchung ausmachen, sind *konzeptuell* auf derselben Ebene angesiedelt, wie die untersuchten Verfahren« (Viveiros de Castro 2016: 311) – eine Konzeption, von der Heideggers Philosophie denkbar weit entfernt ist. Auf Reisen zu gehen ist für sie ein sinnloses Unterfangen, da sie schon im Voraus weiß, was ihr dort begegnen wird: eine vorphilosophische und deswegen vorwissenschaftliche Existenzweise, die höchstens zur Bestätigung der eigenen Voraussetzungen und Methodik dienen kann, keinesfalls aber »auf derselben Ebene« angesiedelt ist. In einer für das europäische (Heidegger würde sagen: abendländische) Denken und seinen Ethnozentrismus klassischen Geste begreift er alle Menschen, ob nah oder fern, im Gegensatz von Mythos und Logos. Die Menschen, die noch nicht von der europäischen Kultur ›erweckt‹ worden seien, die nicht auf die ein oder andere Weise am ›Ereignis‹ der griechischen Philosophie teilhaben, seien vom Logos abgeschnitten und befinden sich insgesamt auf der Stufe des Mythos:

> Das mythische Dasein hat und kennt nicht dergleichen wie Wissenschaft, nicht weil die Menschen dieses Daseins hierfür zu unbeholfen oder gar zu dumm wären, sondern weil Wissenschaft überhaupt in solchem Dasein wesensmäßig keinen Sinn hat. Es ist deshalb einer der größten methodischen Irrtümer, die die bisherige Interpretation mythischen Daseins durchherrscht – so die französische Soziologen- und Ethnologenschule –, dass man das mythische Denken in irgendeinem Sinn als Vorform des europäisch-neuzeitlichen wissenschaftlichen Denkens, und zwar der Naturwissenschaft, ansieht und von diesem Leitfaden aus interpretiert. (27:370)

Sicherlich, in anderen, nicht-europäischen Existenzweisen eine Vorform des europäischen wissenschaftlichen Denkens zu erkennen, ihnen eine Protowissenschaft ›zuzuschreiben‹, bedeutet, einen fundamentalen Irrtum zu begehen. Nur liegt dieser Irrtum weniger in der Methode, als vielmehr in der Grundhaltung, die in dieser Zuschreibung zum Ausdruck kommt. Deswegen sollte die Konsequenz aus diesem Irrtum nicht sein, alle anderen Existenzweisen in das undifferenzierte Dunkel eines »mythischen« Daseins zu verbannen, sondern eine Begegnung zu wagen, die eine Infragestellung der eigenen Kategorien von Wissenschaft und Philosophie zulässt.

Heideggers Philosophie hat jedoch kein Interesse daran, den Menschen zu erforschen. Sie hat kein Interesse an einer Begegnung und an einem Gespräch mit den Menschen in der Ferne. Sie wähnt sich »in einem ganz anderen Haus« (12:85) als die Menschen aller anderen Kulturen. Ein Gespräch mit ihnen erscheint sinnlos: Sie bleiben entweder auf ewig in ihrem mythischen Dasein gefangen oder sie fangen an, deutsch zu sprechen.[22] Der Philosophozentrismus dieser Philosophie, der es um ihr eigenes Sein geht, ist zugleich ein Ethnozentrismus. So wie die europäischen Menschen Philosoph_innen werden müssten, genauer gesagt Philosoph_innen nach dem Bilde von Heideggers Philosophie, wollten sie eigentlich existieren, so müssten die Menschen aus anderen Kulturen zunächst europäisch, genauer gesagt deutsch werden. Und wer würde sich ernstlich von einem vermeintlichen »Gespräch mit einem Japaner« vom Gegenteil überzeugen lassen – von einem Gespräch, in dem zwar in großer phänomenologischer Geste vom »Hören der Zusage« gesprochen wird, diese Zusage aber gerade nicht von dem ostasiatischen Gesprächspartner, sondern von der »Sache des Denkens« (12:169) kommt? Ein Gespräch ›von Haus zu Haus‹ hat nie stattgefunden, oder wie Heidegger selbst es ausdrückt: »Die Sprache des Gesprächs war die europäische« (12:101). Weil ein solches Gespräch auch nie gewollt war, »darum ist das Hören der Zusage die eigentliche Gebärde des jetzt nötigen Denkens, nicht das Fragen« (12:169). Erst eine Verschiebung der Perspektive wird den Sinn dessen, was Heidegger mit einem deutschen Wort als ›Gebärde‹ bezeichnet (und hier mit einem romanischen Wort als phänomenologische ›Geste‹ bezeichnet wird), ans Licht bringen können.

13. ›Fundamentalontologie‹ und ›Daseinsanalyse‹

Im Verhältnis zur Idee einer empirischen Anthropologie ist Heideggers Philosophie ethnozentrisch: Sie hat kein Interesse daran, »den Menschen zu erforschen«, den Blick in die Ferne zu richten. Im Verhältnis zur Idee einer philosophischen Anthropologie ist sie hingegen philosophozentrisch: Sie hat kein Interesse am Menschen, so wie er ist. Oder, wie Levinas es einmal formulierte: »Heideggers Philosophie kümmert sich nicht um den Menschen als solchen« ([1949] 2006c: 132).

Unzureichend ist eine ›philosophische‹ Anthropologie aus der

Perspektive von Heideggers Philosophie nicht durch das Thema, das sie wählt, sondern durch die Sache, die sie mit der Interpretation dieses Themas verfolgt. Mit der Forschung der Ethnologie (und mit jeder ›positiven‹ Wissenschaft) hat die ›philosophische‹ Anthropologie in Heideggers Augen gemein, dass das Interpretandum zugleich die Sache ist. Es gehe ihr um den Menschen. Und weil sie ihre Sache und somit sich selbst nicht ›frei‹ bestimmt habe, stehe die ganze Untersuchung unter einer (unphilosophischen) Voraussetzung, die das ›Phänomen‹ verdunkle.[23] Denn unter dem Begriff des ›Menschen‹ verberge sich, wenn man der Selbstpräsentation von Heideggers Philosophie folgt, eine ganze Tradition der Auslegung des Phänomens, die gerade verhindere, »das was sich zeigt, so wie es sich von ihm selbst her zeigt, von ihm selbst her sehen [zu] lassen« (SZ:34). Und das einzige Phänomen, das einzige, was sich im strengsten Sinne des Wortes ›von ihm selbst her‹ zeige, sei die ›Wahrheit des Seins‹, die selbst wiederum ›an‹ etwas erscheine, das Heidegger das ›Dasein‹ nennt, und die darüber hinaus so erscheine, dass sie sich so, wie sie sich von ihr selbst her zeige, gerade nicht ohne Weiteres sehen lasse.

Auf der Ebene der Selbstpräsentation ist das Verhältnis, das Heideggers Philosophie zu ihrem Thema unterhält, eine ›Daseinsanalyse‹. Das Thema bestimme sich demnach aus der Sache: Weil die ›Wahrheit des Seins‹ das zentrale Problem und der Zweck der Untersuchung (der ›Fundamentalontologie‹) sei, müsse sich die Untersuchung dem ›Seienden‹ zuwenden, an dem sich die ›Wahrheit des Seins‹ zeige – indem sie sich nicht zeige. Zu diesem Zweck müsse gezeigt werden, dass die bisherigen Auslegungen die Sache nicht haben sehen lassen, zugleich aber, in einem anderen Sinn, ihren Grund in der Sache selbst haben und die Voraussetzung dafür seien, dass sie sich jetzt sehen lasse – als das, was sich in diesen Auslegungen nicht gezeigt habe.

Auf der Ebene der Selbstverortung stellt sich das Problem hingegen etwas anders dar. Die philosophische Anthropologie ist dann nicht deswegen unphilosophisch, weil sie auf unkritische Weise eine Voraussetzung der Tradition übernimmt, sondern weil sie sich selbst und ihre Sache aus einer Auseinandersetzung mit dem Thema bestimmt und nicht umgekehrt. Der radikale Unterschied zwischen Heideggers Philosophie und einer ›philosophischen‹ Anthropologie liegt darin, dass es Heideggers Philosophie nicht etwa deswegen um ihr eigenes Sein geht, weil es dem Menschen um sein eigenes Sein geht, sondern es umgekehrt dem Menschen in ihrer Auslegung um sein eigenes Sein geht, weil es Heideggers Philosophie um ihr eigenes Sein geht – dass also die ›Selbstverortung‹ von Heideggers Philosophie eine ›Selbsterörterung‹ ist. Das wahre Problem der philosophischen Anthropologie liegt für Heidegger nicht, wie die phänomenologische Geste es scheinen lassen will, darin, dass das Phänomen durch die Selbstbestimmung verstellt wird, sondern darin, dass sie sich überhaupt einem Phänomen zugewandt hat, um sich selbst zu bestimmen.[24] Um die systematisch notwendige Abgrenzung zur philosophischen Anthropologie deutlicher hervortreten zu lassen, gilt es, die Begrifflichkeit der Selbstpräsentation, die Rede von einer ›Fundamentalontologie‹ und einer damit verbundenen ›Daseinsanalyse‹ zu suspendieren.

14. Kant und das Problem der Selbstverortung

Das Werk Kants stellt die entscheidende Herausforderung für Heideggers Frühphilosophie dar. Worum es bei dieser intensiven Auseinandersetzung geht und welchen Zweck Heidegger mit seiner aneignenden Auslegung verfolgt, ist allerdings nicht ohne Weiteres einsichtig. Um ihre Funktion und ihre Stellung innerhalb der Frühphilosophie begreiflich zu machen, ist es unabdingbar, den für Heidegger entscheidenden, aber unausgesprochenen Gegensatz zwischen der Selbsterörterung seiner eigenen Philosophie, die sich als Daseinsanalyse präsentiert und der Selbstverortung von Kants Philosophie, die sich als philosophische Anthropologie präsentiert, herauszustellen. Zu diesem Zweck muss Heideggers interpretatorischer Ansatz in einem ersten Schritt auf Kants kleine, politische Schriften übertragen werden,[25] insbesondere auf einen Text, den Heidegger aus gutem Grund übergangen hat: die »Idee zu einer allgemeinen Geschichte in weltbürgerlicher Absicht«. Um über Sinn oder Unsinn von Heideggers Kant-Lektüre entscheiden zu können, kommt es dabei weniger darauf an, den Verlauf dieser »allgemeinen Geschichte« nachzuzeichnen, als vielmehr ihre Voraussetzungen und ihre »Absicht« herauszustellen.

Für Heidegger besteht das zentrale Problem von Kants Philosophie (tatsächlich handelt es sich dabei nur um Kants Lehre) darin, dass sie sich den Raum für ihre Selbstverortung vorgeben lässt. Das Problem besteht für Heidegger genauer gesagt darin, dass Kants Philosophie eine unphilosophische Voraussetzung mache, wenn sie den Menschen gemäß der Tradition als *animal rationale*, als endliches Vernunftwesen begreift, das »aus so krummem Holze [...] gemacht ist«, dass »nichts ganz Gerades« daraus »gezimmert« werden kann (AG:41). Für Heidegger liegt hier »ein ganz bestimmter Ansatz des Menschen vor, nämlich so, wie ihn das Christentum sieht« – ein Ansatz, der »von vornherein philosophisch nicht notwendig sei« und somit verhindere, dass sich Kants Philosophie radikal selbst bestimme (31:206). Kants Lehre, der Mensch sei ein endliches »Geschöpf«, das durch eine tierische, instinktive und eine vernünftige, oder zumindest vernunftbegabte Seite bestimmt wird, kann er sich nur so erklären, dass darin eine unkritische Übernahme der christlichen Verfälschung eines (selbst unphilosophischen, bloß theoretischen) Menschenbildes der Antike zum Ausdruck kommt. Für Heidegger ist die anthropologische Setzung der kleinen Texte ein rein theoretisches Problem. Aus seiner Perspektive müssen Kants kleine, politische Schriften als periphere Texte erscheinen, als bloße Anwendungen all dessen, was in den ›großen‹ Texten entwickelt wurde.[26] Heidegger kann oder will nicht sehen, dass Kant mit der Unterscheidung zwischen dem Schul- und dem Weltbegriff der Philosophie auf die Zweiteilung seiner Lehre hindeutet, auf den Unterschied zwischen den kleinen und den großen Schriften, dass er diese beiden Teile seiner Lehre in ein Begründungsverhältnis setzt und dadurch einen Hinweis auf die noch fundamentalere Unterscheidung zwischen Lehre und Philosophie gibt.[27]

Wenn Kant die drei Grundfragen der Philosophie, denen er sich in den drei Kritiken widmet, auf die Grundfrage »Was ist der Mensch?« reduziert, dann sieht Heidegger darin einen Beweis dafür, dass es Kants Philosophie im Grunde um die »apriorische und insofern ontologische Umgrenzung der Bestimmtheiten« gehe, »die zum Wesen des menschlichen Daseins gehören«, dass es ihr um die kritische Umgrenzung und Erklärung einer Bestimmung des »menschlichen Daseins« gehe, die »philosophisch nicht notwendig« sei (24:11). Die »Aufklärung dessen, was der Mensch sei«, ist laut Heidegger nicht das Ergebnis, sondern die Voraussetzung der »Bestimmung der letzten Zwecke« (24:10f.), die für Kant das Wesen der Philosophie nach dem Weltbegriffe ausmacht. Heidegger muss deshalb behaupten, dass Philosophie für Kant »im Grunde nur [...] Wissenschaft« sei (24:12). Die Möglichkeit, dass Kants Philosophie mit der Selbstpräsentation als »Wissenschaft von den letzten Zwecken der menschlichen Vernunft« (L:446) eine Absicht verfolgt, die alles andere als wissenschaftlich ist, scheint für Heidegger nicht denkbar zu sein. Er scheint sich, genauer gesagt, nicht vorstellen zu können, dass sich Kants Philosophie als »Wissenschaft« präsentiert, weil sie den Anspruch auf eine für alle Menschen gültige Erkenntnis erhebt, um sich so zur Gesetzgeberin zu erklären.

Wenn Kant seine Philosophie auf jene doppelte Weise – nach dem Schul- und Weltbegriff – präsentiert, dann verfolgt er mit dieser Selbstpräsentation und mit seiner Lehre insgesamt einen bestimmten Zweck. Wenn er den Kern seiner Lehre als eine »Lehre der Weisheit« präsentiert, die »auf die *Nützlichkeit*« gehe, die also den scholastischen Teil seiner Lehre auf die »letzten Zwecke der menschlichen Vernunft« beziehe, dann will er seiner Lehre im Ganzen mit diesem »hohen Begriff« von der Philosophie »*Würde*, d.i. einen absoluten Wert« verleihen (L:446). Diese »Würde« werde ihr jedoch gerade nicht dadurch verliehen, dass sie lediglich eine vorgegebene Bestimmung »aufklärt«, sondern dadurch, dass sie »Gesetzgeberin« sei. Der Philosoph als Lehrer der Weisheit, der »eigentliche Philosoph« sei gerade »nicht Vernunftkünstler, sondern Gesetzgeber« (L:447) – und diese Rolle als Gesetzgeber bestimmt Kant in den kleinen, politischen Schriften, die die scholastischen Schriften, insbesondere die drei Kritiken, auf den »letzten Endzweck« beziehen, indem sie letztere in eine »allgemeine Geschichte« der Menschheit einschreiben.[28]

Wenn Kant diese Geschichte erzählt und wenn er zu diesem Zweck einen bestimmten Begriff vom Menschen ansetzt, so muss diese Setzung nicht einem Glauben an die griechisch-christliche Überlieferung entspringen.[29] Er kann diesen Ansatz und die daraus entwickelte Geschichte als »nützlich« angesehen haben, als nützlich für die Absicht, die er mit seiner Lehre verfolgt. Er kann diesen Ansatz – ebenso wie die Präsentation seiner Philosophie als Wissenschaft – als dienlich für die Würde und das Ansehen der Philosophie, vor allem aber als dienlich für die Sache seiner Philosophie angesehen haben. Es ist mithin nicht ausgemacht, ob die Rede von der »Naturanlage« der Vernunft, die es dem Menschen erlaube, die Grenzen eines rein *»thierischen Daseins«* (AG:36) zu überschreiten, wirklich dem Glauben an eine »teleologische Naturlehre« entspringt, gemäß der alle *»Naturanlagen eines Geschöpfes«* dazu bestimmt seien, *»sich einmal vollständig und zweckmäßig auszuwickeln«* (AG:35). Es ist nicht ausgemacht, ob Kant der »Natur« tatsächlich eine »Absicht« zuschreibt, die dafür sorge, dass die Menschen trotz oder gerade wegen ihrer krummen Veranlagung, eine Gemeinschaft bilden, einen Wald, in dem die Bäume »einen schönen geraden Wuchs bekommen; statt dass die, welche in Freiheit und von einander abgesondert ihre Äste nach Wohlgefallen treiben, krüppelig, schief und krumm wachsen« (AG:40; vgl. P:705). Es ist nicht ausgemacht, ob er mit der Rede von der Naturabsicht nicht die eigene Absicht verdecken will. Ist es wirklich die »Absicht«, das »Gesetz« und der »Plan« der Natur, dass die Menschheit auf eine *»vollkommene bürgerliche Vereinigung in der Menschengattung«* zusteuere (AG:47)? Oder muss Kant einen vermeintlich »verborgenen Plan« der Natur behaupten und gleichsam ›aufdecken‹, weil das Publikum seine Geschichte der Menschheit sonst für eine »bloße Lustreise« (AM:85) oder einen bloßen *»Roman«* (AG:48) – und nichts ist schädlicher als ein Roman (P:733) – halten würde?

Würde der Philosoph den Endzweck einfach selbst setzen, dann würde sein weltbürgerliches Publikum die Geschichte nicht nur für einen Roman halten, es würde seine Philosophie verdächtigen, sich selbst als den Endzweck der Geschichte zu setzen, als die Gesetzgeberin, die diese »vollkommene bürgerliche Vereinigung« nicht einfach aus der Einsicht in die Natur entwickelt, sondern selber setzt, die sich nicht einfach nur vom Lauf der Dinge bestimmen lässt, sondern umgekehrt selbst versucht, den Verlauf der Menschheitsgeschichte zu bestimmen. Kants Philosophie hat ein Interesse daran, sich nicht *»öffentlich als Urheberin«* der Gesetzgebung zu präsentieren (ZF:227). Sie hat ein Interesse daran, sich eine bescheidenere, aber dennoch würdevolle und achtbare Rolle in der und für die Menschheitsgeschichte zuzuschreiben. Und sie hat schließlich ein Interesse daran, nicht sich, sondern die Menschheit als den Endzweck ihrer Geschichte zu setzen.

Der Grund dafür, dass ihr Interesse nicht dem Schicksal der Philosophie, sondern der »Bestimmung des Menschen« (KrV:701) gelte, liege in der ›Natur‹ des Menschen, der sich als einziges Wesen »einen Begriff von Zwecken« und »ein System der Zwecke machen kann« (KU:384) und als solches »den höchsten Zweck selbst in sich« (KU:394) trage. Weil dem Menschen seinem Wesen nach ein Endzweck gegeben sei, der für ihn ein Selbstzweck sei, müsse die Philosophie ihrem Weltbegriffe nach, also insofern sie in weltbürgerlicher Absicht »das betrifft, was jedermann notwendig interessiert« (KrV:701) und was sich jedermann zum Zweck macht, letztlich den Menschen zu ihrem Endzweck haben. Da der Mensch – als die »einzige Art Wesen in der Welt, deren Kausalität teleologisch, d. i. auf Zwecke gerichtet« (KU:394) sei – selbst den »*letzten* Zweck der Natur« (KU:387) darstelle, sei er selbst das τέλος, das die teleologische Betrachtung der Natur und somit der Geschichte allererst möglich mache.

Gemäß dieser Geschichte »zwingt« die Natur den Menschen die längste Zeit zu seinem Besseren, denn sie »weiß besser, was für seine Gattung gut ist« (AG:39). Die Geschichte vollziehe sich sozusagen hinter dem Rücken der einzelnen Menschen, deren Absicht nicht mit der Naturabsicht, die sich auf der Gattungsebene durchsetze, übereinstimmen müsse. Am entscheidenden Punkt jedoch könne sich die Absicht der Natur nicht entgegen oder auch nur hinter dem Rücken der Menschen, sondern nur vermittelt durch sie realisieren. Der »letzte Schritt« (AG:44), die »*Erreichung einer allgemein das Recht verwaltenden bürgerlichen Gesellschaft*«, in der die Menschen sich zum ersten Mal als Gattung zu ihrem Zweck machen, sei den Menschen als Aufgabe anheimgegeben, sie müssen sie also »sich selbst verschaffen« (AG:39).

Der Philosophie komme bei der »Herbeiführung« dieses Zustandes nur eine bescheidene Rolle zu: Sie sei bestenfalls »beförderlich« und auch das »nur sehr von weitem« (AG:45). Nicht die Philosophie im Allgemeinen, sondern genauer gesagt ein »*philosophischer Versuch, die allgemeine Weltgeschichte nach einem Plane der Natur, der auf die vollkommene bürgerliche Vereinigung in der*

Menschengattung abziele, zu bearbeiten, muss als [...] *selbst für diese Naturabsicht beförderlich angesehen werden*« (AG:47). »Beförderlich« sei Kants eigener »philosophischer Versuch« zum einen, insofern er eine »tröstende Aussicht in die Zukunft« (AG:49) gebe, zum anderen, insofern er »die Ehrbegierde der Staatsoberhäupter so wohl, als ihrer Diener [...] auf das einzige Mittel [...], das ihr rühmliches Andenken auf die späteste Zeit bringen kann«, nämlich das Handeln gemäß der philosophischen Einsicht, zu »richten« (AG:50) (im Sinne von ›ausrichten‹) im Stande ist. Beinahe wirkt es so, als würde im entscheidenden Moment der Menschheitsgeschichte der Philosoph selbst die Rolle der Natur übernehmen und die Menschen gegen ihren Willen oder zumindest ohne ihr Wissen zu ihrem Besseren führen. Doch der Philosoph hat kein Interesse in der Öffentlichkeit als der insgeheime, wahre Herrscher zu gelten: dass die »*Philosophen Könige würden, ist nicht zu erwarten, aber auch nicht zu wünschen*« (ZF:228). Dass die Herrschenden bei ihren »Untertanen *(den Philosophen) Belehrung*« suchen, sei hingegen »*sehr ratsam*«, nur sollten sie es im Geheimen tun. Der einzige »geheime Artikel«, den Kant in seinem Entwurf zum ewigen Frieden integriert hat, lautet dementsprechend: »*Die Maximen der Philosophen über die Bedingungen der Möglichkeit des öffentlichen Friedens sollen von den zum Kriege gerüsteten Staaten zu Rate gezogen werden*« (ZF:227).

Freilich ist Kant nicht entgangen, dass der »geheime« Artikel in dem Moment, in dem er ihn veröffentlicht nicht mehr sonderlich geheim ist. »Geheim« ist der Artikel nicht seinem Inhalt, sondern nur seiner Wirkung nach: Wenn die Herrschenden den Rat befolgen, dann werden sie ihre philosophischen Untertanen »stillschweigend« dazu auffordern, sich »*frei und öffentlich*«, also gerade nicht geheim zu äußern (ZF:227). Für die Herrschenden gebe es keinen Grund, den Philosophen zu misstrauen: Die »*Klasse der Philosophen*«, die sich ganz der ›Wissenschaft von den letzten Zwecken der menschlichen Vernunft‹ verschrieben habe, teile das allgemeine Interesse der Menschheit und sei daher der »*Rottierung und Klubbenverbündung unfähig*« und der »Propagande *verdachtlos*« (ZF:228). Als einzige Klasse verfolgten die Philosophen kein eigenes Klasseninteresse, sondern unterwürfen sich ganz der Naturabsicht, das Wesen des Menschen vollständig zu entwickeln.

Diesem letzten Zweck dienten sie, indem sie das Wesen des Menschen durch ihre philosophische Anthropologie ›aufklärten‹ und den anderen Menschen vor Augen führten. Sie dienten ihm ferner, indem sie das Naturgesetz der Menschheitsgeschichte ›aufklärten‹. Und sie dienten ihm nicht zuletzt, indem sie das Sittengesetz ›aufklärten‹.

Die Möglichkeit, dass Kant seine Philosophie lediglich als philosophische Anthropologie präsentiert, die einen ihr vorgegebenen Begriff vom Menschen entwickle und nach der Erkenntnis des Natur- und Sittengesetzes strebe, die Möglichkeit, dass Kant sich nicht als Wissenschaftler, sondern als Gesetzgeber verstand und dass seine Lehre pädagogischen Zwecken dient, ist für Heidegger grundsätzlich ausgeschlossen: Er habe »bei Kant wie bei keinem Denker sonst die unmittelbare Gewissheit: er schwindelt nicht« (25:431). Heidegger ist davon überzeugt, dass er Kants Worten »schlechthin vertrauen« kann (25:431), dass Kants Interesse am Fortschritt der Wissenschaft diesen zwinge, immer alles, was er denkt, öffentlich und wahrhaftig auszusprechen. Und wie könnte es auch anders sein bei einem Philosophen, der behauptet, es sei ein »heiliges, unbedingt gebietendes, durch keine Konvenienzen einzuschränkendes Vernunftgebot: in allen Erklärungen *wahrhaft* (ehrlich) zu sein« (ML:639)?

Nirgendwo sonst findet sich das Verhältnis von Kants Philosophie zur Politik derart verdichtet, wie in der Frage der Lüge, die er in der *Grundlegung zur Metaphysik der Sitten* und in der *Metaphysik der Sitten* verhandelt: Ist es unter bestimmten, politischen Umständen geboten, gegen dieses ›heilige Vernunftgebot‹ zu verstoßen und zu lügen? Kant scheint diese Frage auf eine vollkommen eindeutige, »auf die allerkürzeste und doch untrügliche Art« (GMS:29) zu beantworten, indem er den kategorischen Imperativ auf diesen Fall anwendet. Nichts scheint ihm klarer und deutlicher vor Augen zu liegen, als dass man »zwar die Lüge, aber ein allgemeines Gesetz zu lügen gar nicht wollen könne« (GMS:30). Und auch die Begründung seiner Antwort scheint vollkommen eindeutig zu sein: Es gebe eine ethische Pflicht zur Wahrhaftigkeit, die nicht erst durch ein positives Gesetz, sondern durch die bloße Form des Gesetzes, durch den Begriff der Handlung (als rechtliche und moralische Kategorie) aufgegeben sei (vgl. MS:562–564). Es seien die Fundamente, die Möglichkeitsbedingungen des Rechts und der Politik, die dieses Gesetz diktierten.

Doch wenn die Frage bereits »auf die allerkürzeste und doch untrügliche Art« beantwortet war, welchen Zweck verfolgt Kant dann damit, dieselbe Frage erneut und mit demselben Ergebnis in seinem Artikel »Über ein vermeintes Recht aus Menschenliebe zu lügen« zu verhandeln? Will er damit nur ein formales, vollkommen eindeutiges und allen Menschen von Natur aus offenbares Gesetz in die Köpfe seiner Mitmenschen hämmern? Oder will er vielleicht einen Hinweis geben – einen Hinweis darauf, dass die Frage der Lüge keineswegs nur ›ein‹ Fall, ein beliebiges Beispiel ist, sondern ›der‹ Fall, an dem sich die Frage des Verhältnisses von Philosophie, Ethik und Politik entscheidet und der sich unter Umständen für die »Klasse der Philosophen« anders darstellt als für die »Weltbürger«?

Bereits in der *Metaphysik der Sitten* fügt Kant an der entscheidenden Stelle, in der er behauptet, die Lüge sei die »größte Verletzung der Pflicht des Menschen gegen sich selbst«, auf äußerst zweideutige Weise hinzu: der Mensch, »bloß als moralisches Wesen betrachtet«. Betrachtet sich der Philosoph auch selbst »bloß als moralisches Wesen«? Fragt er sich also nur oder zumindest in erster Linie, was »pflichtmäßig« ist – oder ist für ihn als Gesetzgeber die Frage, was »klüglich« sei (MS:562), nicht fundamentaler? Kann es sein, dass Kant in »weltbürgerlicher Absicht« die unbedingte Wahrhaftigkeit lehrt, ohne dass er sie selbst für seine Philosophie anerkennt? Kann es sein, dass seine Lehre, die auf der Annahme der Wahrhaftigkeit beruht, nicht mit seiner Philosophie identisch ist?

Es ist sicherlich kein Zufall, dass er den deutlichsten Hinweis auf diese Möglichkeit in einer jener vermeintlich kleinen Schriften gibt. Während Kant den ›Fall‹ in der *Grundlegung zur Metaphysik der Sitten* tatsächlich nur der vermeintlichen ›Prüfung‹ des kategorischen Imperativs unterzieht und dadurch zu dem Schluss kommt, dass »jedermann« wahrhaftig sein soll, weil es ein »allgemeines Gesetz« geben soll (GMS:30), so gibt er in der 1797 veröffentlichten Schrift »Über ein vermeintes Recht aus Menschenliebe zu lügen« eine scheinbar nur im Wortlaut abweichende Begründung für jene »formale Pflicht« zur Wahrhaftigkeit: »Die Lüge also, bloß als vorsätzlich unwahre Deklaration gegen einen andern Menschen definiert, bedarf nicht des Zusatzes, dass sie einem anderen schaden müsse; wie die Juristen es zu ihrer Definition verlangen [...]. Denn sie schadet jederzeit einem anderen, wenn gleich nicht einem andern Menschen, doch der Menschheit überhaupt, indem sie die Rechtsquelle unbrauchbar macht« (ML:638). Ob nun jedoch der Philosoph oder das Sittengesetz die letzte Rechtsquelle ist, ob die Einsicht oder die Setzung des Philosophen oder das sich »jedermann« unmittelbar, von sich selbst her zeigende »Faktum« der Vernunft der letzte Grund des Rechts und der Politik sind, darüber lässt sich bei genauer Lektüre der politischen Schriften trefflich streiten. Damit das Sittengesetz zur Quelle des Rechts, zur Quelle der gerechten Gesetze jener vollkommenen bürgerlichen Vereinigung wird, bedarf es jedenfalls der Philosophie, genauer gesagt bedarf es einer philosophischen Lehre, die einen pädagogischen Auftrag verfolgt. Dieser pädagogische Auftrag besteht nicht darin, den Gehalt des Sittengesetzes zu verbreiten: Was die Menschen tun sollen, dass sie beispielsweise nicht lügen sollen, »dazu und hiemit zum Endzweck leuchtet sie [die Vernunft] uns überall hell genug vor« (ZF:230). Wenn es also einer ›Aufklärung‹ des Gesetzes und der Menschen bedarf, so besteht sie nicht in der Entdeckung und der Vermittlung der Einsicht, sondern in der Herausbildung einer Gesinnung und in der Erziehung zu derselben. Der Mensch soll bekanntermaßen nicht nur »pflichtmäßig«, sondern »aus Pflicht, d.i. aus Achtung fürs Gesetz« mit demselben übereinstimmen (KpV:203). Da dieses oberste Gebot der Moral eine »einschränkende Bedingung« für die Politik sei (ZF:229), erzieht der Sittenlehrer seine Mitmenschen zugleich zu guten Bürgern, zu Bürgern, die nicht nur das Sittengesetz, sondern auch die Gesetze ihres Staates »aus Achtung« befolgen.

Während die Vernunft allen Weltbürgern »hell genug« erleuchtet, was zu tun sei, so sei sie umgekehrt »nicht erleuchtet genug, die Reihe der vorherbestimmenden Ursachen zu übersehen, die den glücklichen oder schlimmen Erfolgs aus dem Tun und Lassen der Menschen, nach dem Mechanism der Natur, mit Sicherheit vorher verkündigen (obgleich ihn dem Wunsche gemäß hoffen) lassen« (ZF:229). Aus diesem Grund wiege das oberste Gebot der Moral, »ohne Falsch wie die Tauben« zu sein, mehr als das Gebot der Politik: »Seid klug wie die Schlangen« (ZF:229). Ob diese Einschränkung auch für den Philosophen selbst gelte, ob er auch außerstande sei, den »Mechanism der Natur« zu übersehen, oder ob er nicht vielmehr selbst an »allen diesen« angeblich unübersehbaren »Schlangenwendungen einer unmoralischen Klugheitslehre«, die den »Friedenszustand unter Menschen« hervorbringen (ZF:237), einen gewissen Anteil hat, lässt sich nur durch eine kritische Lektüre entscheiden.

Für Heidegger jedenfalls stellt sich hier keine Frage. Ohne Weiteres glaubt er die Selbstpräsentation von Kants Philosophie als einer philosophischen Anthropologie, als einer »Wissenschaft« vom Menschen und von den letzten Zwecken der menschlichen Existenz. An diese unausgesprochene philosophische Anthropologie – die er freilich nicht mit Kants empirischer *Anthropologie in pragmatischer Hinsicht* verwechselt (vgl. 3:133) – richtet Heidegger den Vorwurf, sie sei »nicht hinreichend bestimmt«, weil sie »im Hinblick auf das zunächst äußerlich gefasste Ziel der Philosophie [...] angesetzt« sei. So bleibe »ihre Funktion im Ganzen der Philosophie [...] ungeklärt und unentschieden« (3:212).

Das Problem sei dabei weniger, dass Kant den Menschen als *animal rationale*, als Geschöpf oder, in seiner Terminologie, als endliches Vernunftwesen voraussetze, sondern dass die vorausgesetzte Endlichkeit nicht zu einem philosophischen Problem gemacht werde. Kant setze unhinterfragt voraus, dass es den Menschen in ihrer Endlichkeit um ihre Endlichkeit gehe. Dieser Endzweck sei der Gegenstand des *allgemeinen* Interesses der Menschheit und somit auch der Philosophie und ihrer drei Grundfragen. Das Interesse der Vernunft, das der Menschheit und der Philosophie gemein sei, ziele für Kant darauf ab, der Endlichkeit »gewiss zu werden, um in ihr sich zu halten« (3:217).

Für die Selbstpräsentation von Heideggers Philosophie ist die philosophische Anthropologie, als welche Kants Philosophie sich präsentiert, nicht nur die zentrale Abgrenzungsfigur, sie wird zugleich als der Ausgangspunkt präsentiert, von dem aus die »Endlichkeit jetzt erst Problem werden kann« (3:217). Die hier notwendig gewordene Grundlegung der Metaphysik (›Fundamentalontologie‹) in einer sich selbst fraglich gewordenen Anthropologie (›Daseinsanalyse‹) erklärt Heideggers Philosophie zu ihrem zentralen Projekt. Und ebenso wie von Kants Philosophie kann man auch von Heideggers Philosophie fragen, mit welcher Absicht sie sich so präsentiert, was der Sinn und was der Zweck dieser Selbstpräsentation und dieser Lehre sei. Um diese Frage beantworten zu können, muss die Selbstpräsentation allerdings vorläufig außer Kraft gesetzt und eingeklammert werden. Es bedarf einer ›Epoché der Selbstbestimmung‹, in der die Selbstpräsentation nicht als Erklärung dient, sondern selbst der Erklärung bedarf. Zu diesem Zweck müssen die zentralen Begriffe, mit denen Heideggers Philosophie ihr Projekt bestimmt (›Daseinsanalyse‹ oder ›seinsgeschichtliches Denken‹), ihre Sache präsentiert (›Wahrheit des Seins‹ als ›Sinn von Sein‹ oder ›Ereignis‹) und ihre Entwicklung rechtfertigt (›Irrnis‹ oder ›Kehre‹) suspendiert werden – damit ihr Sinn und ihr systematischer Ort aus der Sache von Heideggers Philosophie bestimmt werden können.

15. Zur Textgrundlage

Um die Differenz zwischen Selbstpräsentation und Selbsterörterung, zwischen der Lehre und der Philosophie, begreiflich zu machen, bedarf es einer systematischen und systematisierenden Interpretation von Heideggers Philosophie, wobei systematisch so viel wie ›sachgemäß‹ bedeutet: an der Sache und nicht an der Selbstpräsentation orientiert. Systematisierend ist sie, insofern sie das komplexe und verwobene Werk in eine Ordnung bringt – eine Ordnung, in der der systematisch notwendige Begriff der Philosophie als »das eigenste und höchste Resultat ihrer selbst« erscheint (24:5). Zu diesem Zweck muss sie alle verfügbaren Quellen in Betracht ziehen, wobei sie sich in der Auswahl und Gewichtung des Materials nicht von der Selbstpräsentation und Selbstauslegung leiten lassen darf. Denn die philosophische Politik umfasst nicht nur veröffentlichungs- und editionspolitische Entscheidungen, sondern auch eine Selbstinterpretation, in der bestimmte Schriften (in bestimmten Hinsichten) und mit ihnen die phänomenologische Geste in den Vordergrund gerückt werden, um das Interesse zu verbergen, das mit dieser Politik verfolgt wird. Insbesondere gilt das für die Antrittsvorlesung »Was ist Metaphysik?«, für die Vorlesung *Einführung in die Metaphysik* und für den *Humanis-*

musbrief. Mehr als jeder andere Text muss jedoch das vermeintliche Hauptwerk *Sein und Zeit* Gegenstand dieser ›Epoché der Selbstbestimmung‹ werden. Wie kein anderer Text dient dieses Buch der Selbstpräsentation im Sinne der phänomenologischen Geste.[30] Wie kein anderer Text versucht dieses Buch, das Publikum auf eine falsche Fährte zu führen. Wie kein anderes Buch muss es daher eingeklammert werden und bedarf einer Erklärung.[31] Die systematisch-systematisierende Rekonstruktion lässt sich also in Auswahl, Gewichtung und Ordnung weder davon leiten, welche Texte Heidegger selbst hervorgehoben hat, noch davon, welche Texte Heidegger zu welchem Zeitpunkt veröffentlicht hat, sondern beansprucht umgekehrt, diese Entscheidungen aus Heideggers philosophischer Politik erklären zu können.

Bei der Interpretation der Frühphilosophie im folgenden, zweiten Hauptteil der Untersuchung werden die Vorlesungen, die Heidegger in den Jahren vor und nach der Veröffentlichung von *Sein und Zeit* gehalten hat, im Zentrum der Aufmerksamkeit stehen. Besonderes Gewicht wird dabei auf den Vorlesungen *Einleitung in die Philosophie* aus dem Wintersemester 1928/29 und *Vom Wesen der Wahrheit* aus dem Wintersemester 1931/32 liegen.

16. Zum Anspruch der Untersuchung

Die im Folgenden zu erhärtende These über die Sache von Heideggers Philosophie stützt sich nicht nur auf alle verfügbaren Quellen, sie betrifft auch Heideggers Philosophie im Ganzen. Sie beschränkt sich weder auf einen bestimmten Aspekt seines Denkens noch auf eine bestimmte Phase der Entwicklung desselben. Dass das Werk viele, oft disparat wirkende Aspekte umfasst, lässt sich ebenso wenig verneinen, wie die komplexe Entwicklung, die Heideggers Denken durchläuft. Um ihrem eigenen Anspruch gerecht zu werden, muss meine Untersuchung zeigen, dass die These von der einheitlichen Sache dieser doppelten Mannigfaltigkeit nicht nur nicht widerspricht, sondern sie zu erklären vermag. Sie muss die Mannigfaltigkeit von Gedanken und Aspekten ebenso erklären können, wie die Entwicklung und die doppelte Zäsur: das ›Engagement‹ für den Nationalsozialismus und die sogenannte ›Kehre‹.

Denn es gibt eine echte Zäsur zwischen der Frühphilosophie, die 1933 mit dem Engagement für den Nationalsozialismus endet und der Spätphilosophie, die 1936 einsetzt, in einem Neuansatz, den Heidegger selbst als ›Kehre‹ bezeichnet.[32] Ganz allgemein lässt sich der Zusammenhang zwischen den beiden Phasen von Heideggers Philosophie als ein Wechsel des Themas begreifen.

Dass sich Heideggers Denken nach 1936 neuen Fragen zuwendete, scheint eine banale und offensichtliche Feststellung zu sein. Doch die Setzung des Themas ist die politische Frage schlechthin. Und Heideggers Philosophie hat sich zwar nicht ihre Sache, wohl aber ihr Thema von der Tradition vorgeben lassen und zu einem Wechsel oder zu einer Neubestimmung, besser gesagt zu einer erstmaligen eigenständigen Bestimmung des Themas (zur ›Kehre‹) war Heideggers Philosophie erst nach ihrem katastrophalen Scheitern (nach dem ›Engagement‹) in der Lage.

Heideggers ›Engagement‹, das ich als einen notwendigen Abbruch des Projekts der Selbsterörterung begreife, erklärt sich aus einem philosophischen Scheitern, es erklärt sich aus der ersten Phase der Selbsterörterung. Die Entwicklung von Heideggers Philosophie lässt sich also in zwei Phasen unterteilen, die durch eine dreijährige Zwischenphase voneinander getrennt sind. Die Phasen stellen zwei Stufen zunehmender Radikalität in der Selbsterörterung der Philosophie dar. Heideggers Philosophie muss sich von der Tradition lösen, um sich in einem noch radikaleren Sinn selbst erörtern zu können. Die zweite Phase beginnt dort, wo das Scheitern des ersten Versuchs der Selbsterörterung zu einer Neubestimmung des Themas zwingt. Die Neubestimmung des Themas ist der Versuch, angesichts des nationalsozialistischen ›Engagements‹ an der Selbsterörterung festzuhalten.

Die von mir vorgenommene Einteilung will keineswegs implizieren, dass sich innerhalb einer Phase keinerlei Entwicklungen und Veränderungen beobachten lassen. Sie impliziert ebenso wenig, dass sich ein eindeutiger Zeitpunkt festlegen lässt, an dem die Spätphilosophie begann. So mag es etwa um das Jahr 1936 einige Texte geben, die in einzelnen Aspekten ›ihrer Zeit voraus‹ sind, während andere ›nicht auf der Höhe der Zeit‹ sind. Diese Grenzfälle widerlegen jedoch keineswegs die These, dass Heideggers Philosophie mit Blick auf das Entscheidende – die Selbsterörterung – ein einheitliches Projekt darstellt, das sich in zwei distinkten und in sich einheitlichen Phasen realisiert, wobei in der ersten Phase der Mensch, in der zweiten Phase hingegen die Geschichte zum Gegenstand der aneignenden Auslegung wird. Analog zur Frühphilosophie lässt sich die aneignende Auslegung von der empirischen Geschichtsforschung (respektive der empirischen Anthropologie), die Heidegger als ›Historie‹ bezeichnet und der Geschichtsphilosophie (respektive der philosophischen Anthropologie) abgrenzen.

17. Zum Interesse der Untersuchung

Die Einteilung in Phasen entspringt keinem Interesse an einer intellektuellen Biographie: Es geht nicht darum, ›Wegmarken‹ auf einem ›Denkweg‹ zu setzen.[33] Ebenso wenig entspringt sie in erster Linie einem Interesse an der Erforschung der Geschichte der Philosophie oder einem theoretischen Interesse an überlieferten, vorgefertigten Fragen epistemologischer, ontologischer oder praxologischer Natur. Die vorliegende Untersuchung ist vielmehr daran interessiert, die Sache von Heideggers Denken aufzudecken, zu zeigen, dass hier eine radikale Entscheidung getroffen wurde, dass hier ein Zug radikalisiert wurde, der vielleicht jede Philosophie – und dadurch, dass die Philosophie »die mächtigste, weitläufigste, beständigste und systematischste *diskursive* Ausformung unserer ›Kultur‹« darstellt (Derrida 1972: 68), die ›europäische‹ Kultur insgesamt – bestimmt. Dazu ist es notwendig, in Heideggers Philosophie einzuführen und an ihrer Sache orientiert durch diese Philosophie (in ihrer Systematik und Entwicklung) hindurchzuführen – und zwar so, dass sich dabei die radikale Entscheidung zeigt, die Heideggers Philosophie zugrunde liegt. Es geht also darum, Heideggers Antwort auf die Frage ›Was ist Philosophie?‹ sichtbar zu machen, sie in ihrer ganzen Radikalität auszuführen und ihre Konsequenzen aufzuzeigen, um schließlich an den Punkt zu gelangen, an dem sie nur *eine* Antwort ist, an dem es noch eine andere Antwort gibt, an dem die Entscheidung keine ›Entschlossenheit‹, sondern eine Wahl ist. Das, worauf es dabei letzten Endes ankommt, dass es nämlich eine andere Möglichkeit gibt, dass es einen anderen Zug in der Philosophie gibt, der sich ebenfalls radikalisieren lässt, dass es noch eine andere Antwort auf die Frage ›Was ist Philosophie?‹ gibt, all das kann im Folgenden jedoch nicht selbst zum Thema werden – wenn es auch an verschiedenen Stellen durchscheinen mag.

Es geht im Folgenden darum, einen Zug herauszuarbeiten, der in Heideggers Philosophie seinen vielleicht prägnantesten und kohärentesten Ausdruck findet. Es geht darum, ihr Interesse aufzuhellen und zwar gerade weil die Aufhellung ihrem Interesse zuwiderläuft. Die hier entwickelte Kritik ist jedoch kein Gesinnungsprozess. Sie interessiert sich nicht in erster Linie dafür, ob in dem Interesse der Philosophie das Interesse, die Haltung oder die Weltanschauung des Philosophen zum Ausdruck kommt. Weil sie davon ausgeht, dass es so etwas wie ein genuines Interesse der »Klasse der Philosophen« geben kann, dass das Interesse der Philosophie nicht vom Interesse der Person, wie es etwa die Soziologie oder die Psychologie bestimmen könnte, determiniert ist, darf sie keinen Raum voraussetzen, in dem sich das Interesse der Philosophie verorten lässt (etwa eine Geschichte der Klassenkämpfe, die in den verschiedenen Philosophien zum Ausdruck kommt). Meine Interpretation ist in einem gewissen Sinn streng immanent, sie versucht nur die Antwort sichtbar zu machen, die Heideggers Philosophie selbst auf die Frage gegeben hat, worum es ihr geht. Dadurch aber, dass sie Heideggers Antwort auf die Frage ›Was ist Philosophie?‹ als eine mögliche Antwort unter anderen, als eine Entscheidung und eine Wahl aufzeigt, ist sie zugleich transzendent: Sie eröffnet einen Raum, in dem sich Heideggers Antwort verorten lässt, in dem der ›Kampf‹ um das Interesse der ›Klasse der Philosophen‹ ausgetragen wird.

Gemäß dieser Interpretation ist Heideggers Philosophie darum besorgt oder daran interessiert, sich den psychologischen oder soziologischen (oder wie Heidegger zusammenfassend sagen würde: ›anthropologischen‹) Interpretationen zu entziehen. Solche Interpretationen würden die Philosophie als Ausdruck des Interesses des Philosophen interpretieren – und zwar selbst dann noch, wenn man, wie Bourdieu, den »Kurzschluss« einer unmittelbaren Reduktion von Heideggers Philosophie auf die »Klassenfraktion« (ein Kurzschluss, den er bei Adorno am Werk sieht) vermeidet (1988a: 11, 48 ff., 59).[34] Denn Bourdieu geht davon aus, dass im ›Ausdrucksinteresse‹ einer Philosophie, sei es auch vermittelt durch den ›Habitus‹ (durch die Stellung des Produzenten, des Philosophen, zum Produktionsfeld, also zur Philosophie) und durch die ›Zensur‹ (durch die immanenten Notwendigkeiten dieses Feldes), letztlich das Klasseninteresse der Person der Philosophen bestimmend bleibt (93). Adorno und Bourdieu kommen darin überein, dass eine immanente Interpretation von Heideggers Philosophie ›unkritisch‹ bleiben müsse, da eine ›philosophische‹ Lektüre nur »vorgängig konvertierten Lesern« möglich sei, die den philosophischen Diskurs so lesen, »wie er gelesen zu werden wünscht« (116). So wie sie eine unkritische immanente Lektüre einfordere (und dadurch den »Jargon« befördere), verbitte sich Heideggers Philosophie jedwede transzendente Lektüre, sie umgebe sich mit einem »Tabu« (Adorno [1964] 2003: 475).[35]

So wichtig und lehrreich diese ›transzendenten‹ Lektüren sein mögen, ihr Absolutheitsanspruch beruht auf der Annahme, dass eine ›immanente‹, ›philosophische‹ Lektüre notwendigerweise dem Interesse von Heideggers Philosophie verpflichtet bleibe, dass sie derselben Sache diene und denselben Begriff von Philosophie voraussetze. Zu Recht bemerkt Derrida, dass Bourdieu »sich nie ernsthaft der Prüfung der ›Fragen‹, die Heidegger stellt, unterzogen« hat (1988a: 164). Die von Bourdieu geforderte Überwindung des Gegensatzes von immanenter und transzendenter Lektüre lässt sich im Fall Heidegger nur ausgehend von einer streng immanenten Lektüre bewerkstelligen, die nachzeichnet, wie der Versuch, einen rein philosophischen Raum zu erschließen, scheitert, wie er scheitern muss und selbst ein Überschreiten dieses Raums notwendig macht.

Die ›transzendenten‹ Interpretationen verkennen, dass der Begriff der Philosophie selbst ein Kampfplatz ist – dass die Frage ›Was ist Philosophie?‹ abgesehen von den soziologischen und psychologischen auch ganz verschiedene, ja diametral entgegengesetzte ›philosophische‹ Antworten kennt. Und dass diese Antworten mit unterschiedlichen Interpretationen des Menschen und der Geschichte einhergehen, die es erlauben, den jeweils anderen Interpretationen einen bestimmten Ort in dem erschlossenen oder entdeckten Raum zuzuweisen: So wie eine materialistische Interpretation der Geschichte meint, Heideggers Philosophie auf ihr

Klasseninteresse reduzieren zu können,[36] so meint Heideggers Philosophie, nicht nur dieses materialistische Geschichtsverständnis, sondern sogar die ihr zugrundeliegende Philosophie von Marx in der Geschichte der ›Seinsvergessenheit‹ verorten zu können. Während sich das Interesse, das mit der materialistischen Interpretation von Heideggers Philosophie verfolgt wird und das Interesse, das dem Versuch von Heideggers Philosophie, sich dieser Interpretation zu entziehen, zugrunde liegt, relativ leicht im Raum einer ›Geschichte des Klassenkampfes‹ verorten lassen, liegt der umgekehrte Fall wesentlich komplizierter. Weil das Interesse von Heideggers Philosophie nicht mit ihrer präsentierten ›Sorge‹ um die Wahrheit des Seins zusammenfällt, steht der ganze Sinn der ›seinsgeschichtlichen‹ Interpretation infrage. Diese Differenz im Interesse lässt sich nicht, zumindest nicht unmittelbar, aus dem Interesse einer ›Klassenfraktion‹ ableiten. Um über diese wechselseitig ›transzendenten‹ Interpretationen entscheiden zu können, ist es notwendig, das ›philosophische‹ Interesse von Heideggers Philosophie so zu rekonstruieren, wie es sich selbst erörtert, ohne es in einem anderen Raum zu verorten. Dadurch wird die Grundlage für eine zukünftige Interpretation jenseits des Unterschieds von immanenter und transzendenter Lektüre gelegt – für eine Interpretation der Frage, warum sich gerade in jenem Moment der Geschichte ein in der Philosophie und in der europäischen Kultur angelegter Zug derart radikalisieren konnte.[37]

II.
DIE FRÜHPHILOSOPHIE

The style of the building was undoubtably Brutalist – not only in its frank exposure of its materials, but also in the way that the peculiarities of the internal section were allowed to dictate the external appearance, rather than being concealed by a tidy external box in the manner previously in vogue.

Reyner Banham

Heideggers Philosophie lässt sich, wie jede Philosophie, für die die Frage ›Was ist Philosophie?‹ an erster Stelle steht, nicht mit den Begriffen Theorie und Praxis begreifen. Da sie sich die Antwort auf diese Frage nicht von außen, von der Tradition oder vom ›gesunden Menschenverstand‹, vorgeben lässt, kann sie sich höchstens selbst in ein Verhältnis zu diesen Begriffen bringen. Sie kann sich, genauer gesagt, mittelbar selbst bestimmen, indem sie diese Begriffe einer aneignenden Auslegung unterzieht. In ihrem ersten großen Versuch der Selbsterörterung anhand des Themas der menschlichen Existenz, begreift Heideggers Philosophie die Theorie als ›Verstehen‹, die Praxis hingegen als ›Verhalten‹ – während etwa Marx, der eine ganz andere Antwort auf die Frage ›Was ist Philosophie?‹ bereithält, die Theorie als ›Interpretation‹ und die Praxis als ›Veränderung‹ der Welt begreift. In beiden Fällen gilt: »Philosophie ist keine theoretische Erkenntnis, verbunden mit einer praktischen Anwendung, nicht theoretisch und praktisch zugleich, sondern weder das eine noch das andere« (31:18).[38] Sie ›begreift‹ vielmehr Theorie und Praxis – und zwar so, dass sie selbst in der Philosophie fundiert sind. Auch wenn sie sich also nicht durch die Begriffe Theorie und Praxis begreifen lässt, kann man an ihnen dennoch etwas über die Philosophie lernen – zumindest dann, wenn man sie in dem Verhältnis betrachtet, in das sie sich zu ihnen setzt. Die Behauptung, Philosophie sei weder das eine noch das andere, meint dabei mehr und anderes als den Gemeinplatz, dass jede Theorie in einer Praxis begründet sei und umgekehrt.

Das komplexe Verhältnis von Theorie und Praxis, von ›Verstehen‹ und ›Verhalten‹ bestimmt Heideggers Philosophie auf dem Weg einer Interpretation der Begriffe Wissenschaft und Weltanschauung. Theorie und Praxis werden dabei zwar nicht mit Wissenschaft und Weltanschauung identifiziert, Heidegger behauptet aber, an den ›Phänomenen‹ Wissenschaft und Weltanschauung etwas über das Verstehen und Verhalten lernen zu können. Denn die unauflösliche Verbindung von Theorie und Praxis erfahre in diesen beiden vermeintlichen ›Phänomenen‹ eine jeweils radikale Artikulation: Wissenschaft sei das Verhalten, dem es um das Verstehen gehe, während Weltanschauung das Verstehen sei, dem es um das Verhalten gehe.

Heideggers Philosophie gibt in ihrer Bestimmung der Begriffe Wissenschaft und Weltanschauung etwas von ihrem eigenen Begriff zu erkennen. Weil Wissenschaft und Weltanschauung in der Philosophie fundiert seien, verweisen sie einerseits auf den Begriff der Philosophie, seien aber andererseits nicht selbst in der Lage, ihn zu bestimmen. Sie erscheinen als abgeleitete und partielle Begriffe.

Die aneignende Auslegung dieser beiden ›Phänomene‹, die Bestimmung und gleichzeitige Abgrenzung zu ihnen, nimmt in Heideggers Frühphilosophie mehr Raum ein als jede andere Frage. Von der ersten Freiburger Vorlesung im Kriegsnotsemester 1919 bis zur letzten Vorlesung vor der Rektoratsübernahme im Sommersemester 1932 widmet sich Heideggers Philosophie ohne Unterlass der Frage, »ob überhaupt die beiden Phänomene ›Wissenschaft‹ und ›Weltanschauung‹ primär mit der Idee der Philosophie verknüpft werden dürfen« (59:11).[39] Die Antwort ist dabei immer dieselbe: Philosophie lasse sich weder als das eine noch als das andere bestimmen (vgl. dazu: 59:170; 60:10; 27:9; 29/30:16). Sie sei »*nur aus ihr selbst und als sie selbst bestimmbar*« (29/30:3). Mag diese Antwort als bloßes Ergebnis allzu einfach und nichtssagend sein, so lässt sich doch auf dem Weg, der zu dieser Antwort führt, entscheidendes über die radikale Selbstbestimmung der Frühphilosophie erfahren. Deswegen gibt die ständige doppelte Abgrenzung und partielle Selbstbestimmung anhand der Begriffe Wissenschaft und Weltanschauung, die in der Vorlesung *Einleitung in die Philosophie* aus dem Wintersemester 1928/29 zu einem klassisch zu nennenden Höhepunkt gelangt, zugleich die Struktur für die folgende Interpretation der Frühphilosophie Heideggers vor.

19. Gott und die Welt

Auch wenn Jaspers sie nicht zu Unrecht als »gottlos und weltlos« bezeichnet (1978: 33), denkt Heideggers Philosophie dennoch, wie man gemeinhin sagt, über ›Gott und die Welt‹ nach. Sie setzt in der Welt an, um sich in ein neues Verhältnis zu ihr zu bringen – in ein Verhältnis, das die alltägliche Beziehung des gesunden Menschenverstandes zur Welt ›verkehrt‹ (vgl. 9:103). Dadurch verkehrt sich auch das Verhältnis zum Jenseits der Welt, das mit dem vorerst noch unbestimmten Namen ›Gott‹ bezeichnet sei.

Wenn Heidegger von Weltanschauung spricht, so zielt er damit, ohne es jedoch explizit zu machen,[40] in erster Linie auf eine Weltanschauung ab, welche die Weltveränderung zu ihrem Prinzip gemacht hat – und somit mittelbar auf die ihr zugrundeliegende Philosophie, der es, im Gegensatz zu seinem eigenen Denken, um das geht, was ihr nicht eigen ist, auf die Philosophie von Marx, die ein genuines, ihrer Sache entspringendes Interesse an der Welt hat und sich daher in einer konkreten Weltanschauung realisiert. Wenn sich Marx mit dem Thema des Menschen auseinandersetzt, dann liegt darin, im radikalen Gegensatz zu Heideggers Philosophie, keine Abkehr, sondern eine Hinwendung zur Welt: »Der Mensch, das ist *die Welt des Menschen*, Staat, Sozietät« (MEW 1: 378). In Marx' Augen produzieren die falschen Zustände in der Welt ein »verkehrtes Weltbewusstsein« (378), das den Menschen unabhängig von der Welt und abhängig vom Jenseits der Welt denkt – eine Interpretation der Welt, die die Veränderung der Welt verhindert. Weil Marx der Ansicht ist, dass die Kritik der populären Form dieser Interpretation, die Kritik der Religion und der Vorstellung eines Jenseits der Welt, »im wesentlichen beendigt« sei, hat seine Philosophie kein Interesse an Gott. Während die populäre Form der Interpretation, die Ideologie der Beherrschten, »widerlegt« und auf dem absteigenden Ast zu sein scheint, wendet sich Marx der Ideologie der Herrschenden zu: der Philosophie, die den Menschen ganz unabhängig von der wirklichen Welt interpretiert und dadurch »die vorhandenen politischen Bestimmungen in abstrakte Gedanken verflüchtigt« (216).[41]

Wenn es Heideggers Philosophie gemäß der hier vertretenen These tatsächlich um ihr eigenes Sein geht, wenn sie tatsächlich kein Interesse am Seienden oder an der Welt hat, so bleibt sie dennoch an die Welt gebunden. Sie kann sich nur in der Welt von derselben abwenden, um sich so ihrer Sache zuzuwenden. Ihre Abkehr von der Welt, die sie als Bruch mit der alltäglichen Existenzweise präsentiert, vollzieht sie, wie es auf den folgenden Seiten aufzuzeigen gilt, als aneignende Auslegung der menschlichen Existenz. Der Mensch wird dabei als »In-der-Welt-sein« interpretiert, dem es in seinem alltäglichen Verhalten und Verstehen um die Welt gehe (vgl. 27:305). Der Mensch, der in der aneignenden Auslegung »Dasein« heißt, sei in diesem alltäglichen Verhalten und Verstehen allerdings schon von seinem eigenen Wesen und seiner höchsten Existenzmöglichkeit abgefallen, von einer Möglichkeit, die Heideggers Philosophie, so die These meiner Untersuchung, mit ihrem eigenen Sein identifiziert. In der aneignenden Auslegung erscheint der Mensch daher als ein »*Seiendes, dem es bei seinem In-der-Welt-sein um dieses Sein selbst geht*« (20:406) – ein Seiendes, das aber sein Sein ›zunächst und zumeist‹ aus der Welt und erst durch die philosophische Verkehrung dieser Existenzweise aus sich selbst verstehe.

Weil sie sich als das Wesen und als die höchste Möglichkeit des Menschen bestimmt, der ›zunächst und zumeist‹, in seiner alltäglichen Existenzweise an die Welt ›verfallen‹ sei, ist Heideggers Philosophie an die Welt gebunden. Durch die aneignende Auslegung des alltäglichen Verhältnisses zur Welt – durch ein Philosophieren, das sich weder als Verhalten noch als Verstehen begreifen lässt – soll dieses Verhältnis verkehrt werden: Heideggers Lehre zufolge hat das Dasein die Möglichkeit sich von der Welt ab- und seinem Wesen, seinem ›Sein‹ zuzukehren. Und meiner Behauptung nach besteht die Möglichkeit, dass es dem ›Dasein‹ wirklich um das ›eigene‹ Sein geht, für Heidegger einzig und allein in der ›Aneignung‹ dieses ›eigenen‹ Seins durch die philosophische Auslegung, durch eben jene Auslegung der menschlichen Existenz, in der sich seine Frühphilosophie verwirklicht.

Für diese ›Wiederaneignung‹ des ›eigenen‹ Seins muss das Dasein die ganze Fallhöhe von der ›verfallenen‹ alltäglichen Existenzweise bis zur höchsten Möglichkeit, der ›eigentlichen‹ Existenzweise, überwinden – und das tut sie, indem sie den Menschen ganz unabhängig von der wirklichen Welt interpretiert, indem sie ihn durch diese Auslegung aus der Höhle der politischen und gesellschaftlichen Wirklichkeit führt, indem sie »die vorhandenen politischen Bestimmungen in abstrakte Gedanken verflüchtigt«. Mit dem Versprechen, den Menschen auf diesem Weg aus der Höhle des Verfallens seinem Wesen und seiner höchsten Möglichkeit näher zu bringen, bemüht sie sich um die Anerkennung, von der sie, trotz oder gerade wegen ihrer Abkehr von der Welt, abhängig bleibt. Ob sie in der Abkehr von der Welt zumindest vom Jenseits der Welt unabhängig wird, lässt sich erst am Ende dieser Untersuchung klären.

20. Transzendenz

Die aneignende und ›verflüchtigende‹ Interpretation begreift den Menschen als ›Dasein‹, indem sie sich selbst als das Wesen des Menschen setzt. Das Wesen des so verstandenen ›Daseins‹ bezeichnet Heidegger wiederum als ›Existenz‹ – wobei man, im Anschluss an einen wenig beachteten, aber sehr wichtigen Essay von Emmanuel Levinas, hinzufügen muss, »dass Heideggers gesamte Philosophie darin besteht, ›existieren‹ als transitives Verb zu verstehen« (Levinas [1940] 2006b: 116). Diese These begründet Levinas mit einem Grundsatz von Heideggers Philosophie, der für die folgende Untersuchung von entscheidender Wichtigkeit ist: »Die Existenz ist wesentlich Transzendenz« (119). Das Transzendieren ist das Wesen des Existierens ist das Wesen des ›Daseins‹ ist das Wesen des Menschen – was ist der Sinn dieser merkwürdigen, »verflüchtigenden« Kette von Wesensbestimmungen?

Einerseits behauptet Heidegger an zahllosen Stellen, dass das Wesen des Menschen – dieses Seienden, dem es um sein eigenes Sein gehe – im Transzendieren bestehe. Die These, dass der Mensch transzendiere, meint dabei nicht, dass ein ›Subjekt‹ seine ›subjektive Sphäre‹ überschreite. Sie meint, dass der Mensch selbst in seinem Wesen Transzendenz ist: »Dasein selbst ist der Überschritt« (26:111). Das Wesen des Menschen wird selbst als Geschehen, als ›Ereignis‹ begriffen: Transzendenz geschehe nicht in der Existenz, sondern das Existieren sei selbst ein Transzendieren.

Andererseits überträgt Heideggers Philosophie diese ganze, zunächst verwirrende Kette von Wesensbestimmungen auf ihren eigenen Begriff: »Philosophie ist Philosophieren und nichts weiter« (27:10; vgl. 29/30:6). Auch das Philosophieren muss transitiv verstanden werden, denn es ist für Heidegger selbst nichts anderes als das Existieren des Menschen: »alles Existieren ist ein Philosophieren« (26:270; vgl. 27:214). Philosophieren heißt demnach Transzendieren. Da aber in dieser Nacht der Wesensschau die Katzen allzu grau wären und das leere Schweifen dieser Untersuchung mit diesem Ergebnis allzu abrupt enden müsste, gilt es einen feinen Unterschied in den letzten Satz einzuführen: »Philosophieren ist *ausdrückliches* Transzendieren« (27:330, 354; meine Hervorhebung). Das Philosophieren mache also (in der Selbstpräsentation von Heideggers Philosophie) explizit, was implizit, im und als Wesen des Menschen, ›immer schon‹ geschehe. Das alltägliche Existieren sei hingegen ein ›implizites‹ Philosophieren und Levinas kann – auf der Ebene der Selbstpräsentation – mit vollem Recht sagen: »Heidegger behält die Rede von der Transzendenz für den Übergang vom Verstehen des Seienden oder der ontischen Wahrheit zum Seinsverständnis oder zur ontologischen Wahrheit vor« ([1940] 2006b: 116).[42] Wenn er diesen Übergang interpretiert, verlässt Levinas hingegen die Ebene der Selbstpräsentation und gibt einen weiteren, entscheidenden Hinweis auf ihren Sinn. Mit seiner expliziten Selbstbestimmung »hat Heidegger die ontische Wahrheit untergeordnet: die Wahrheit, die sich an den Anderen richtet, der im Herzen des Selben auftritt, im Herzen dieses Selbst, das durch seine Existenz eine Beziehung mit dem Sein unterhält, das nichts anderes als sein Sein ist. Diese Beziehung mit dem Sein ist die wahrhafte ursprüngliche Immanenz« (Levinas [1940] 2006b: 128).

Die Annahme, dass sich Heideggers Dasein nur mit sich selbst unterhält und dass dieser Monolog nur durch seine und in seiner Philosophie geschieht, die sich selbst als das Wesen der menschlichen Existenz setzt, dass daher nicht die ontologische Differenz zwischen dem Sein und dem Seienden, sondern die Differenz zwischen Heideggers Philosophie und ihrem anderen die Grundunterscheidung dieses Denkens darstellt, kann nur in einer vollkommen immanenten Interpretation gezeigt werden, die die aneignende Auslegung entlang der ständigen Abgrenzung gegen alles, was nicht ausdrückliches Transzendieren oder Philosophieren ist – die alltägliche, gesellschaftliche und politische Existenz, die Wissenschaft und die Weltanschauung – so weit verfolgt, bis sich schließlich der Begriff der Philosophie als das »höchste Resultat« des ausdrücklichen Transzendierens herausschält.

Diese Selbstverortung von Heideggers Philosophie ist nur im Raum einer absoluten Vergangenheit des ›immer schon‹ möglich. Die aneignende und ›verflüchtigende‹ Auslegung der menschlichen Existenz, die aneignende Interpretation als ›Dasein‹, muss »vor aller faktischen Konkretion« (26:172; vgl. SZ:60), vor jeder »Zersplitterung« in einen konkreten »Leib«, vor jeder »Zerstreuung« in eine konkrete gesellschaftliche und politische Situation und somit vor jeder »Spaltung« in »eine bestimmte Geschlechtlichkeit« durchgeführt werden (26:173).

Wenn Heidegger das ›Dasein‹ an die Stelle des ›Menschen‹ setzt, so gehe es ihm Derrida zufolge »darum, durch diese Neutralisierung jegliche anthropologische, ethische oder metaphysische Bestimmung zu reduzieren oder abzuziehen, um nur eine Art Selbstbezug zu behalten, einen entblößten Bezug zu seinem eigenen Sein« (Derrida 1990a: 152; vgl. 1990b; 2018; 1994).[43] Gleichzeitig will Heideggers Philosophie aber zeigen, dass das ›Dasein‹ keine nachträgliche Abstraktion sei, sondern »das eigentlich Konkrete des Ursprungs, das Noch-nicht der faktischen Zerstreutheit« (26:175). Sie muss also ihre eigene Neutralisierung oder Verflüchtigung verneinen und behaupten, dass das ›Dasein‹ nicht nie, sondern ›immer schon‹ da sei, dass es zeitlich und geschichtlich sei, ohne selbst ›in‹ der Zeit und ›in‹ der Geschichte zu sein, dass die Zerstreuung, Zersplitterung und Spaltung bereits in ihm angelegt sei, dass das Dasein sogar, ohne selbst zerstreut, zersplittert oder gespalten zu sein, der »Urquell« (26:172) für Geschichte, Leiblichkeit und Sexualität sei.

21. Befindlichkeiten

Heidegger kann nur deswegen behaupten, dass der verflüchtigende Monolog nicht erst mit seiner Philosophie anhebe, sondern vielmehr im Herzen der menschlichen Existenz ›immer schon‹ geführt werde, weil dieser Monolog in letzter Konsequenz mit dem, was Heidegger als Transzendieren, als das »Grundgeschehen im Dasein« bezeichnet (9:122), identisch ist. Dieses Grundgeschehen, die aneignende Auslegung der Welt, »ermöglicht die Praxis ebenso wie die Theorie« (Levinas [1940] 2006b: 115), ohne sich jedoch selbst als Praxis oder Theorie im Sinne Heideggers (und noch weniger im Sinne anderer philosophischer Traditionen) bestimmen zu lassen. Als ›Seinsverständnis‹ ermögliche das Transzendieren für Heidegger alles Verstehen, als ›Weltentwurf‹ ermögliche es alles Verhalten.

Heideggers Philosophie, der es um ihr eigenes Sein geht, realisiert sich als aneignende Auslegung des Menschen, als ›Selbsterörterung‹ – sie erschließt den Raum der menschlichen Existenz, um sich in diesem Raum als das Wesen und als die höchste Möglichkeit des ›Daseins‹ zu verorten. Zu diesem Zweck muss die menschliche Existenz selbst als aneignende Auslegung ausgelegt werden. Wenn Heideggers Philosophie also das Wesen der menschlichen Existenz als Transzendieren auslegt, dann sieht sie in diesem Transzendieren, insofern es das alltägliche, auf das Seiende gerichtete Verstehen und Verhalten ermöglicht, nur eine ›Privation‹ ihrer eigenen Möglichkeit – eine Privation, in der sie nichtsdestoweniger bereits angelegt ist, eine Privation, die als solche schon auf Heideggers Philosophie verweist. Heideggers Philosophie begreift den Menschen als ein »Seiendes, dem es um sein eigenes Sein geht«, indem es die Welt einer aneignenden Auslegung unterzieht. Diese Auslegung sei jedoch alltäglich und vorphilosophisch selbst so an die Welt ›verfallen‹, dass es das Sein, um das es dem Dasein dabei gehe, das ›In-der-Welt-sein‹, als ein bloß ›Weltliches‹, als ein bloß ›Seiendes‹, als ein bloß ›In-der-Welt-Seiendes‹ verstehe.

Diese Zusammenhänge verhandelt Heidegger anhand der Begriffe ›Weltentwurf‹ und ›Seinsverständnis‹, mit denen zwei Aspekte des Transzendierens, des ›Grundgeschehens‹ des Daseins bezeichnet werden, die nicht unabhängig voneinander verstanden werden können: »Seinsproblem entrollt sich zum Weltproblem, Weltproblem bohrt sich zurück in das Seinsproblem – das sagt, beide machen die in sich einheitliche Problematik der Philosophie aus« (27:394; vgl. 27:323ff.; SZ:147). Entscheidend ist, dass dieses doppelte Problem nicht einfach nur der Gegenstand einer philosophischen Reflexion ist, sondern die präsentierte Sache von Heideggers Philosophie, aus der sich bestimmen soll, was sie selbst sei. Heideggers Philosophie denkt nicht über die Transzendenz nach, sondern behauptet, sie selbst zu ›sein‹: »Philosophieren ist dieses begreifende, durch Seins- und Weltproblem angezeigte Geschehenlassen der Transzendenz aus ihrem Grunde; Philosophieren ist ausdrückliches Transzendieren« (27:396). Als erster und bisher letzter Interpret hat Emmanuel Levinas in seinem in vielerlei Hinsicht erstaunlichen Aufsatz von 1932 diese beiden Begriffe als Aspekte der aneignenden Auslegung der Welt gedacht.[44]

Wenn das Wesen der menschlichen Existenz in einer aneignenden Auslegung besteht, dann wird alles, was das Dasein versteht – die ›Welt‹, in der es ist, das ›Seiende im Ganzen‹ –, zugleich auch angeeignet, zu einer Möglichkeit und somit zur Welt des Daseins gemacht. Indem es das Seiende verstehe, entwerfe es sich zugleich ›seine‹ Welt, die Gesamtheit seiner Möglichkeiten. Als ›Dasein‹ habe jenes Seiende, dem es um sein eigenes Sein gehe, alles Seiende ›immer schon‹ als etwas verstanden, nämlich als Seiendes, und immer schon angeeignet, nämlich als seine Möglichkeit.

Doch noch ›bevor‹ jenes Seiende ›immer schon‹ in der Welt sei, noch ›bevor‹ es da ›ist‹, ›befinde‹ es sich bereits inmitten von Seiendem: »Der Überstieg über das Seiende geschieht in und aus einem Sichbefinden inmitten des Seienden« (27:329). Noch ›bevor‹ es sich das Seiende aneignen könne, werde das Dasein »als befindliches vom Seienden *eingenommen* so, dass es dem Seienden zugehörig von ihm *durchstimmt ist*« (9:166). Das ›bevor‹ bezeichnet eine Zeit, die nie gegenwärtig werde, die absolute Vergangenheit des ›immer schon‹, in der Seiendes nicht ›ist‹, sondern einfach nur ›vorkomme‹ oder ›sich befinde‹ – und das Seiende, das der Mensch ›ist‹, inmitten von ihm. Der Ort, an dem es sich befinde, die ›Situation‹, aus der heraus die Transzendenz geschehe, bezeichnet Heidegger als ›Da‹. Weil dieses ›Da‹ – die konkrete, gesellschaftliche und politische Situation, in der sich der Mensch befindet – ›immer schon‹ vergangen sei, ja eigentlich gar nicht ›ist‹, werde sie dem Dasein auch nie als solche gegenwärtig, bestimme es aber dennoch in seinem Verstehen und Verhalten, indem sie das Dasein ›stimme‹. Denn das ›Sichbefinden‹, das ›Da‹ werde nicht zum Gegenstand einer Erkenntnis, sondern ›offenbare‹ sich dem Dasein als ›Stimmung‹ oder als ›Befindlichkeit‹: »Die Stimmung macht gerade *das Seiende im Ganzen* und uns selbst als inmitten desselben befindlich offenbar« (29/30:410). Das Dasein sei stets ›durchstimmt‹ von dem Seienden, in dessen Mitte es sich befinde.

Um das Verhältnis von Heideggers Philosophie zum Nationalsozialismus verstehen zu können, ist die These, dass die menschliche Existenz sich ihrem Wesen nach von der Situation, in der sie sich befinde, bestimmen lasse, ohne sie zu verstehen, von entscheidender Wichtigkeit. Denn diese Situation lasse sich demnach erst verstehen und verändern, wenn sie bereits zur Welt geworden ist, wenn das, was sich ›da‹ nur befindet, als Seiendes und als Möglichkeit für das Dasein ›ist‹ und das heißt: angeeignet ist. Die ›Stimmung‹ lasse sich daher, weil sie jedem möglichen Bezug zur Welt und zum Seienden zugrunde liege, auch nicht als ein vages, subjektives Empfinden des Seienden begreifen.

Ebenso wenig wie das Seiende unverstanden in das Subjekt eindringe, übertrage das Subjekt in der ›Stimmung‹ seine Gemütszustände auf die Dinge in der Welt. »*Die Stimmung umspielt* [...], obzwar sie drinnen ist, zugleich das Ding draußen, und zwar ohne dass wir eine bewirkte Stimmung aus dem Inneren auf das Ding heraus- und übertragen« (29/30:132). Sie mache vielmehr, wie Heidegger seine These einmal prägnant formuliert, »das Da ausdrücklich, in dem das Dasein sich befindet« (64:33f.). Sie bringe die gesellschaftliche und politische Situation, in der es sich befinde, zum Ausdruck – allerdings nicht im Sinne einer kritischen Reflexion, sondern im Sinne einer schicksalhaften Bestimmung.

Die Stimmung ist deswegen für Heidegger auch kein gelegentlich auftretender Gemütszustand, sondern »eine Grundart und Grundweise des Seins, und zwar des Da-seins« (29/30:100f.). Aus dieser, dem Verstehen des Daseins (und der Philosophie Heideggers) unzugänglichen Situation – sie erscheint als das »Unberechenbare und Ungreifbare« (9:193) schlechthin – heraus transzendiere, überschreite das Dasein ›immer schon‹ all das umgebende (eigentlich gar nicht seiende, sondern nur befindliche) Seiende, in dessen Mitte es sich befinde.

22. Seinsverständnis

Als Seiendes, das »immer schon bei anderen Seienden ist« (24:224), muss das Dasein seine Situation auch ›immer schon‹ transzendiert haben. Weil dieses Transzendieren gemäß der Selbstpräsentation das ›Wesen‹ des Daseins ausmacht, kann Heidegger schreiben, dass es diesen Schritt nicht ›mache‹, sondern ›sei‹: Das »Dasein selbst ist der Überschritt« (26:211). Es schreite dabei jedoch nicht über das ›befindliche‹ Seiende hinweg, um sich aus der konkreten Situation in ein Jenseits zu flüchten, sondern um zu ihm zurückzukehren, um dem Seienden als ›immer schon‹ Angeeignetes und Ausgelegtes wieder zu begegnen. Das Dasein sei »immer schon über das Seiende als solches hinaus, über es weg, ihm vorausgesprungen im Verstehen, um dann erst das Begegnende als ein Seiendes [...] sein zu lassen« (35:90).

Damit es überhaupt eine Beziehung oder eine Begegnung geben kann, muss das Begegnende für Heidegger immer schon ›als‹ etwas begegnen, es muss ›immer schon‹ ausgelegt sein (vgl. 3:77; 56/57:73; 58:54). Es könne nur als bereits Ausgelegtes angeeignet werden: Nur Seiendes, das ›als Seiendes‹ verstanden und durch dieses ›als‹ ausgelegt sei, könne Teil der Welt des Daseins sein, in der jedes Seiende ›immer schon‹ auf etwas anderes als es selbst verweise (vgl. 35:87). Umgekehrt gilt für Heidegger auch, dass alles Seiende nur als bereits Angeeignetes ausgelegt werden kann: Nur Seiendes, das als Teil der Welt des Daseins auf etwas anderes als es selbst verweist, kann überhaupt als Seiendes verstanden werden, ›ist‹ überhaupt.[45] ›Seinsverständnis‹ und ›Weltentwurf‹ setzen sich also wechselseitig voraus. In Wahrheit sind sie nicht nur untrennbar miteinander verbunden, sie sind sogar dasselbe. Und in diesen fundamentalen systematischen Zusammenhängen ist bereits angelegt, dass das Sein für Heideggers Philosophie immer das eigene Sein ist, dass die Wahrheit des Seins nichts anderes als die aneignende Auslegung sein kann.

Auf der Ebene der Selbstpräsentation, auf der die Wahrheit des Seins vom eigenen Sein verschieden ist, wird das Dasein (und Heideggers Philosophie mit ihm) so verstanden, dass es im Verstehen der Welt gerade nicht bei sich bleibt (und somit radikal immanent ist), sondern über sich und über das Seiende insgesamt hinausgeht, es zum Sein hin transzendiert, oder es »überspringt«.[46] Dasein bedeutet hier, das bloß ›befindliche‹ Seiende, die konkrete Situation oder das ›Da‹ immer schon überschritten zu haben, um bei diesem Seienden als Seiendem, um im Augenblick und in der Welt zu sein, um ›da‹ zu sein.

Das Transzendieren im Sinne Heideggers ist daher nicht auf das Sein als ein Jenseits der Situation gerichtet, sondern auf eine Rückkehr in diese Situation, die als Welt des Daseins ›erschlossen‹ oder aneignend ausgelegt wird (vgl. 9:118,139; 26:212,238; 27:307; 34:232f.). Das (noch nicht) Seiende werde überschritten, damit es dem Dasein in seiner Welt als ein solches begegnen kann – in Heideggers Terminologie kann man sagen, dass es als ›Erschlossenes‹ (›Angeeignetes‹) für die ›Entdeckung‹ (›Beherrschung‹) bereit liegt, wobei unter ›Entdeckung‹ sowohl das alltägliche Verhalten und Verstehen, als auch das wissenschaftliche Verstehen und das weltanschauliche Verhalten zu verstehen ist.[47]

23. Weltentwurf

Das ›Dasein‹ erschließt seine Situation, so Heideggers Grundgedanke, indem es sich die Situation, in der es sich als ›Mensch‹ befindet – in die es ›geworfen‹ und der es nicht mächtig ist –, aneignet, indem es sie zu seiner eigenen Situation, zu seiner eigenen Welt macht, aus der heraus es sich zu dem Seienden, in dessen Mitte es sich befindet, verhalten kann (vgl. SZ:181). Nur aus seiner eigenen Situation heraus könne das Dasein Seiendes verstehen und sich zu ihm verhalten. Für Heidegger ist deswegen die Welt im Sinne der Totalität alles Seienden immer dasselbe wie die Welt des Daseins, wie seine ›Lebenswelt‹.[48] Das Transzendieren, das als Seinsverständnis die Totalität des entdeckbaren Seienden erschließe, zeichne als Weltentwurf zugleich die Möglichkeiten der Entdeckung vor. Darin liegt der doppelte Sinn der von Heidegger schon früh formulierten und häufig wiederholten Definition: »Dasein besagt: *in der Welt sein*« (64:19).

Ebenso wie dem Dasein durch die konkrete Situation, in die es ›geworfen‹ sei und aus der heraus es seine Welt ›entwerfe‹, bestimmte Möglichkeiten eröffnet werden, werden ihm zugleich andere, ja alle anderen Möglichkeiten verschlossen oder »entzogen«, wie Heidegger sich ausdrückt. Und »gerade dieser in der Eingenommenheit von Seiendem beschlossene *Entzug* gewisser Möglichkeiten […] bringt erst die ›wirklich‹ ergreifbaren Möglichkeiten des Weltentwurfs dem Dasein als seine Welt *entgegen*« (9.167).[49] Wäre das Seiende nicht aus einer konkreten Situation heraus erschlossen, wäre es nicht angeeignet, so gäbe es keine ›wirklich ergreifbaren‹, keine ›wirklichen‹, ja überhaupt keine Möglichkeiten für das Dasein (denn das Möglichsein aller anderen Möglichkeiten, und der Möglichkeiten aller anderen Menschen, ist für Heidegger in diesen eigenen, ›wirklichen‹ Möglichkeiten fundiert). Die Möglichkeiten seien darüber hinaus nur wirklich, weil das Dasein ständig gezwungen sei, sich für eine Möglichkeit zu entscheiden, sich irgendwie zu verhalten. Diese ständige Wahl treffe das Dasein in seiner alltäglichen Beziehung zum Seienden, die ich als ›Entdecken‹ bezeichne. Das alltägliche ›Entdecken‹ des schon erschlossenen Seienden (Heidegger nennt es bekanntlich das ›Zuhandene‹) sei sowohl Verstehen als auch Verhalten. Das Verstehen dieses ›Zuhandenen‹ sei dasselbe wie das ›Verhalten zu‹ oder der ›Umgang mit‹ ihm. Im alltäglichen ›Entdecken‹ ergreife das Dasein eine seiner ›wirklichen‹ Möglichkeiten und begebe sich dadurch in eine neue Situation, in der ihm von neuem bestimmte Möglichkeiten offenstehen, während ihm andere verschlossen seien. Durch diese ständig erneuerte Beschränkung der Möglichkeiten gebe es überhaupt erst eine Welt (vgl. 29/30:528).

Der Sinn des ›In-der-Welt-seins‹, die ›Wirklichkeit‹ der Möglichkeit, besteht für Heidegger in der Notwendigkeit der Wahl, im Zwang, sich für eine Möglichkeit entscheiden zu müssen. Deswegen seien nicht nur das alltägliche, konkrete Verstehen von Seiendem, sondern insbesondere das Transzendieren, das Seinsverständnis und der Weltentwurf, an das alltägliche Verhalten gebunden. Umgekehrt setze das Verhalten, das alltägliche Entdecken, wiederum die Welt als dasjenige voraus, »aus dem her das Dasein *sich zu bedeuten gibt*, zu welchem Seienden und wie es sich dazu verhalten *kann*« (9:157).

So wie alles andere Seiende müsse das Dasein auch dasjenige Seiende erschließen, das es selbst (transitiv) ›ist‹. Es müsse sich, genauer gesagt, als dasjenige Seiende auslegen, für das die Möglichkeiten wirkliche Möglichkeiten seien (vgl. 20:348, 24:227; 29/30:527). Alles andere Seiende (und insbesondere alles andere ›Dasein‹) werde als Möglichkeit des Daseins erschlossen. Es ›befinde‹ sich also nicht mehr einfach nur, es ›ist‹ auch nicht einfach nur in einer ›indifferenten‹ Weise (vgl. 27:326), sondern es ›ist‹ als Möglichkeit – und das in einem doppelten Sinn: Es ›ist‹ eine Möglichkeit ›für‹ das Dasein und es ›ist‹ eine Möglichkeit ›zu‹ etwas. Die im Entwurf erschlossene Welt, das Seiende im Ganzen, habe den ›Grundcharakter‹ des ›Umwillen‹: Alles was ›ist‹, sei ›umwillen‹ von etwas, sei als Möglichkeit ›für‹ das Dasein auch eine Möglichkeit ›zu‹ und als solche an einem Endzweck orientiert (26:238; vgl. 9:157).

24. Sorge

In der aneignenden Auslegung des Menschen durch eine Philosophie, der es um ihr eigenes Sein geht und die sich als Wesen und höchste Möglichkeit der menschlichen Existenz verortet, kann das, worauf die Welt im Sinne ihres Endzwecks bezogen ist, nichts anderes sein als das Dasein, das diese Welt entwirft: »als solches *ist es umwillen seiner selbst*« (24:242; vgl. 18:95; 26:231; SZ:12,143). Die Formulierung »als solches« will sagen, dass es dem Dasein nicht um sich selbst als Seiendes gehe, als ›Mensch‹, der sich in einer bestimmten (gesellschaftlichen und politischen, oder wie man verflüchtigend sagen könnte, ›faktisch konkreten‹) Situation befindet, sondern als ›Dasein‹, als ›In-der-Welt-sein‹, als das Transzendieren, das die aneignende Auslegung dieser Situation ›ist‹: als ›Dasein‹, das die gesellschaftliche und politische Situation, in der es sich befinde, ›immer schon‹ transzendiert habe. Den Umstand, dass es dem Dasein, »*bei seinem In-der-Welt-sein um dieses Sein selbst geht*«, bezeichnet Heidegger bekanntermaßen als »Sorge« (20:406). Doch obwohl dieser Grundsatz – dass es dem Dasein um sein eigenes Sein gehe – Allgemeingültigkeit beansprucht, meint Heidegger behaupten zu können, dass er keineswegs ausschließe, »dass es faktisch dem Menschen gerade um das Sein des Anderen geht«, dass dieser Satz sogar den »Grund der Möglichkeit dafür angibt, dass so etwas wie Dasein ein Mitsein mit Anderen, für diese und durch diese sein kann« (26:240).

Auf der Ebene der Selbstpräsentation fällt die entscheidende Alternative mit der ›ontologischen Differenz‹ zusammen – das Dasein kann sich entweder zu sich selbst und zum Anderen als ›bloß Seiendem‹, als einem in einer gesellschaftlichen und politischen Situation ›Befindlichen‹ verhalten, oder es kann sich zu sich selbst und zum Anderen ›in seinem Sein‹ (und dadurch ›zum Sein‹), also als Dasein verhalten. Auf der Ebene der Selbsterörterung fällt sie hingegen mit dem Unterschied zwischen Heideggers Philosophie und ihrem Anderen zusammen. Die Behauptung, dass zwischen einem ›egoistischen‹ und einem ›altruistischen‹ Verhalten kein Unterschied bestehe, weil beide Verhaltensweisen nur auf (in einer gesellschaftlichen und politischen Situation befindliches, ›faktisch konkretes‹) Seiendes, nicht aber auf dessen (von dieser Situation unabhängiges) Sein gerichtet seien, ist für Heideggers philosophische Politik entscheidend. Laut Heidegger liegt jedem Versuch, die gesellschaftliche und politische Situation zu seinen oder zu den Gunsten anderer zu verändern, eine falsche Vorstellung von Selbst- und Fürsorge zugrunde. In einem bemerkenswerten Akt von Sprachmagie, der sich nur durch ihr ›Interesse‹ (ihre ›Sorge‹) erklären lässt, suggeriert Heidegger, dass jeder Versuch, sich selbst oder anderen die existenziellen ›Sorgen‹ »um das ›tägliche Brot‹« (61:90) abzunehmen, zugleich die Existenz (die ›Sorge‹ im Sinne der Seinsweise) des Daseins verunmögliche. Demgegenüber behauptet sie eine »eigentliche Sorge«, eine ›eigentliche‹ Form der Selbst- und Fürsorge, in der die gesellschaftliche und politische Situation übergangen und die Welt nicht verändert werde, eine Sorge, die »die Existenz des Anderen betrifft und nicht ein *Was*, das er besorgt« (SZ:122; vgl. 26:175), ein authentisches, eigentliches Verhältnis zu sich und zu den Anderen, das nur in Heideggers Philosophie erreicht werden könne. Das ›Sein‹ der Anderen sei nicht durch ihren Bezug zur Wahrheit eines indifferenten, neutralen Seins gegeben, sondern durch den Bezug zum eigenen Sein von Heideggers Philosophie: Die Anderen seien nicht etwa deswegen ›immer schon‹ Mitsein, weil sie an der Wahrheit ›des Seins‹ teilhaben, sondern weil sie schon auf die Welt des Daseins, auf seine Möglichkeiten und sein Verständnis der Welt, reduziert seien.

Wo Heideggers Philosophie vorgibt, den Anderen zu ihrem ›Sein‹ zu verhelfen, verlangt sie tatsächlich nach deren Anerkennung. Sie verlangt, dass ›der Andere‹ seinen Platz in ihrer Welt einnehme. Doch auch wenn es so scheinen mag, ist die Reduktion des Anderen auf das Eigene nicht notwendig und die Beziehung zwischen dem Eigenen und dem Anderen geht nicht in einem (wechselseitigen) Bedürfnis nach Anerkennung auf. Oder, um es mit Levinas zu sagen: »Die Beziehung zwischen dem Selben und dem Anderen läuft nicht immer auf die Erkenntnis des Anderen durch das Selbe hinaus« ([1961] 2008: 30). Die Behauptung, dass dem so sei, entspringt einer Entscheidung – und dem Interesse, zu verdecken, dass hier eine Entscheidung getroffen wurde.

Auf der Ebene der Selbstpräsentation sorgt sich das Dasein also ›immer schon‹ um sein ›Sein‹, um sein ›In-der-Welt-sein‹, das im Transzendieren ständig die Situation, in die es sich entdeckend begebe, als seine Welt entwerfe und so die wirklichen Möglichkeiten des Daseins eröffne und offenhalte. Weil das Dasein nie in seiner Welt verweilen und zur Ruhe kommen könne, weil es ›wirkliche‹ Möglichkeiten nur im Ergreifen einer Möglichkeit gebe, weil das Dasein nicht erst durch die konkreten Umstände seines Lebens, sondern durch sein bloßes Sein zu immer neuen ›Entdeckungen‹ gezwungen sei, bei denen es nichts entdecke außer sich selbst, spricht Heidegger davon, dass das Dasein sich selbst »immer schon vorweg« sei (vgl. 20:407; 21:235; 27:325). Emmanuel Levinas formuliert dieses ›Sich-vorweg-sein‹ in seinem frühen Essay vielleicht treffender als Heidegger selbst: »Der Mensch ist *immer schon* in seine Möglichkeiten geworfen, auf die er *immer schon* verpflichtet ist, die er *immer schon* ergriffen oder ausgelassen hat« (Levinas [1932] 2006a: 96).[50]

25. Haltlose Existenz

Wenn das Dasein sich nach Heidegger ›immer schon‹ selbst vorweg ist, wenn es ›immer schon‹ gewählt und sich entschieden hat, wenn es seine Welt, seine Möglichkeiten nie einfach hat, sondern sie durch immer neue Entscheidungen ständig offenhalten oder ermöglichen muss, wenn das Dasein seiner Möglichkeit nach an sein Verhalten gebunden ist, dann muss die *conditio humana* insgesamt als ›haltlos‹ erscheinen: »Das In-der-Welt-sein des Daseins, seine Transzendenz, bekundet sich uns als Halt-losigkeit. Es muss je sein Sein durch ein Wählen im wesentlichen Sinne hindurchführen und so oder so Halt geben« (27:337). Weil das Transzendieren immer durch eine Wahl und somit durch ein Verhalten, durch die ›faktisch konkrete‹ Situation, in der es sich befinde, hindurchführe und weil diese Situation für das Dasein eine ›absolute Vergangenheit‹ darstelle, die es nicht zu beherrschen vermag, könne es in der bloßen Wahl keinen Halt finden.

Das Dasein transzendiere also die Situation, in der es sich befinde, »obzwar es als faktisches von ihr umschlungen bleibt« (26:212). Es bleibe von der Situation, in der es sich befindet, abhängig – von einer Situation, die es nicht beherrschen könne und die wiederum die neue Situation, in die es sich durch seine Wahl und sein Verhalten begibt, entscheidend mitbestimme. Damit jede neue Situation wieder zu einer ›Welt‹ des Daseins werde, müsse »auch das, was nicht eigener ausdrücklicher Entscheidung entwächst, wie das meiste im Dasein, [...] so oder so rückgreifend angeeignet werden, wenn auch nur im Modus des Sichabfindens mit, oder Sichdrückens um etwas« (27:337).

Weil das Dasein seiner Situation niemals Herr sei, weil es zu immer neuen Entscheidungen gezwungen sei, die sich wiederum nicht beherrschen lassen, wird es von Heideggers Philosophie als ›haltlos‹ bezeichnet. Um Halt zu finden, müsse es rückwirkend seine (gesellschaftliche und politische) Situation aneignen, zumindest insoweit wie sie das eigene Verhalten bestimme. Und dieses Haltfinden, dieses »Sichhalten im In-der-Welt-sein ist das, was wir mit Weltanschauung meinen« (27:337).[51] Da durch die bloße Entscheidung für eine wirkliche Möglichkeit keineswegs die Situation im Ganzen beherrscht und angeeignet sei, müsse das Dasein sich diese Situation im Rückblick, in einer ›Anschauung‹ aneignen – denn »›Anschauen‹ von etwas will das unmittelbare Haben von etwas im Ganzen ausdrücken« (27:344). Unter ›Weltanschauung‹ versteht Heidegger demnach eine nachträgliche, rückwirkende Form der aneignenden Auslegung der gesellschaftlichen und politischen Situation. Weil die Anschauung die Situation im Ganzen ›habe‹, bedeute Weltanschauung »im Grunde Welt-haben« (27:344). Die Welt müsse als entworfene noch einmal angeeignet werden, sie müsse als diese entworfene im Ganzen ›gehabt‹ werden. Da jedes Dasein die Welt anschauen müsse, die Welt aber nichts anderes als der Entwurf der Situation sei, sei auch jede Weltanschauung an die jeweilige Situation gebunden, in der sich das Dasein befinde (vgl. 24:8). So etwas wie eine allgemeine, ›natürliche‹ Weltanschauung könne es daher nicht geben (vgl. 27:345). Weltanschauung sei vielmehr eine »Stellungnahme« zur Welt und setze als solche den ›Weltentwurf‹ und das Transzendieren voraus (24:15; 27:233). Sie sei daher von der Lage und vom Wandel der Welt, und somit auch vom Verhalten des Daseins abhängig. Gleichzeitig bestimme die Weltanschauung aber selbst das Verhalten – Heidegger sieht in ihr gar »die bewegende Grundkraft unseres Handelns« (27:233).

Jeder Mensch verfügt nach Heidegger über eine jeweils von seiner (gesellschaftlichen und politischen) Situation bestimmte Weltanschauung. Ob sie »eigens ausgebildet« (vgl. 27:233; 24:7), ausdrücklich als solche entwickelt oder ungeprüft übernommen sei, ändere nichts an dem grundsätzlich relativen, von der jeweiligen Situation abhängigen Charakter dessen, was in dieser interessengeleiteten, neutralisierenden und verflüchtigenden Interpretation ›Weltanschauung‹ heißt: »Weltanschauung wächst und fällt dem konkreten Leben aus und in der faktischen Lebenserfahrung zu« (59:10; vgl. 24:12).[52]

26. Philosophie und Weltanschauung

Da das Transzendieren, das ›Grundgeschehen des Daseins‹, nach Heidegger notwendigerweise eine Weltanschauung hervorbringt, die in ihrem Gehalt von der Situation, in der es sich befindet, abhängig sei, und da es seiner Philosophie darum geht, sich selbst als das ›Wesen‹ oder das ›Grundgeschehen‹ des Daseins zu verorten, schreibt Heidegger bereits in seiner ersten Freiburger Vorlesung aus dem Kriegsnotsemester 1919: »Jede große Philosophie vollendet sich in einer Weltanschauung« (56/57:8; vgl. 26:22; 27:229). Sie vollende sich in einer Weltanschauung, deren Gehalt sie aber nicht bestimmen könne und solle. Deswegen sei die »Ausbildung einer solchen Weltanschauung [...] auch Sache der persönlichen Stellungnahme des Philosophen zu Leben, Welt und Geschichte« (56/57:10). Wäre die Philosophie an eine bestimmte Weltanschauung und daher an eine bestimmte gesellschaftliche und politische Situation gebunden, könnte sie nicht das ›Wesen‹ oder das ›Grundgeschehen‹ des Daseins ausmachen. Wenn weiter oben behauptet wurde, dass sich Heideggers Philosophie als ›höchste Möglichkeit‹ des Daseins verstehe, so zeigt sich nun, dass damit keineswegs eine ›wirkliche Möglichkeit‹ gemeint sein kann, die von einer bestimmten Situation abhängig ist. Sie versteht sich vielmehr als ›Grundmöglichkeit‹, oder als »Grundart des Da-seins« (29/30:33).

Die ›Weltanschauung des Philosophen‹ sei ihrem Gehalt nach von einer ›persönlichen Stellungnahme‹ abhängig. Durch die Philosophie verändere sich nicht der Gehalt, sondern die Haltung zu dieser Stellungnahme. Anlässlich der berühmten *Davoser Disputation* mit Ernst Cassirer präzisiert Heidegger: »die Weltanschauung, die der Philosoph gibt, ist keine direkte, im Sinne einer Lehre, auch nicht im Sinne einer Beeinflussung, sondern die Weltanschauung, die der Philosoph gibt, beruht darin, dass es im Philosophieren gelingt, die Transzendenz des Daseins selbst, d.h. die innere Möglichkeit dieses endlichen Wesens, sich zum Seienden im Ganzen zu verhalten, radikal zu machen« (3:284f.).

Die Transzendenz »radikal zu machen« bedeutet, sie ausdrücklich zu machen, sie zu ›explizieren‹, wie es der Grundsatz der Frühphilosophie will: »Philosophieren ist ausdrückliches Transzendieren« (27:354). Als ›Transzendenz‹ bezeichnete Heidegger das Grundgeschehen des Daseins, also des Menschen, so wie er in der aneignenden Auslegung durch Heideggers Philosophie erscheint. Die Philosophie sei demnach die ›Grundmöglichkeit‹ des Daseins, die darin bestehe, das ›immer schon‹ geschehende ›Grundgeschehen‹ ausdrücklich zu machen. Weil zu diesem Grundgeschehen das Ausbilden von Weltanschauung gehöre, müsse auch die Philosophie eine Weltanschauung geben. Sie gebe allerdings keine ihrem Gehalt nach neue Weltanschauung, keine neue Ansicht, sondern vielmehr dieselbe Weltanschauung in einer anderen Weise, und zwar ohne dass dieses Geben von Weltanschauung zur Sache der Philosophie gehöre (vgl. 24:13). Dementsprechend kann Heidegger schreiben: »Wenn Transzendieren heißt: In-der-Welt-sein und dieses je ist Sichhalten in solchem, Weltanschauung, dann ist ausdrückliches Transzendieren, d.h. Philosophieren ein ausdrückliches Ausbilden von Weltanschauung« (27:354f.).

Heideggers Philosophie bestimmt den entscheidenden Moment, in dem das Grundgeschehen der menschlichen Existenz ausdrücklich werde, den Übergang zur Philosophie und zur philosophischen Weltanschauung als einen Moment des Erwachens: »nur das Philosophieren ist das wache Dasein« (29/30:34). Die vorphilosophische, unausdrückliche Existenzweise des Daseins bezeichnet Heidegger hingegen als ›mythisch‹: »Der Mythos kennzeichnet eine Grundmöglichkeit des In-der-Welt-seins; das heißt aber: Zu ihm gehört ein ganz bestimmtes, obzwar abwandelbares Sichhalten im In-der-Welt-sein, eine ganz bestimmte Weltanschauung« (27:358f.). Aus der Perspektive von Heideggers Philosophie, die sich nicht in die Niederungen der wissenschaftlichen Forschung, der ›Entdeckungen‹ begibt, wird die ›vorphilosophische‹ menschliche Existenz als ein in der entscheidenden Hinsicht vollkommen homogener Raum bestimmt. Bevor der Mensch mit der Philosophie in Berührung komme, sei er dem »übermächtigen« Seienden ausgeliefert. Genauer gesagt »offenbare« sich ihm das Seiende nicht »als solches«, sondern »ausschließlich in seiner Übermacht« (27:358). Die »mythischen« Weltanschauungen mögen ihrem Gehalt nach verschieden sein, sie eine aber, dass in ihnen »Sein nichts anderes als Übermacht« bedeute (27:358). Auch im »mythischen« Dasein scheine es demnach ein »Verständnis des Seins« (27:358) zu geben, aus dem heraus alle »Bezüge des Daseins und alles Seiende, zum des es sich verhält«, interpretiert werden (27:358). Es scheint zunächst, als sei die ›Grundmöglichkeit‹ einer unausdrücklichen, mythischen Existenz von der anderen ›Grundmöglichkeit‹ der Philosophie zwar unterschieden, ihr aber keineswegs unterlegen. Der Schein trügt.

Die ›phänomenologische Geste‹ lässt sich vielleicht an keinem anderen Punkt so deutlich als solche erkennen, wie an Heideggers Umgang mit den ›Primitiven‹. Mit der für Heideggers Philosophie insgesamt typischen Rhetorik versucht sich die Interpretation der ›mythischen Weltanschauung‹ als ein vorsichtiges Zurücktreten vor dem Gegenstand zu präsentieren, das sich jeden Urteils enthält. Doch auch wenn Heidegger von einem ›Seinsverständnis‹, von einem ›Sichhalten‹ und vom ›Verhalten‹ spricht, ist das Urteil längst gefällt: Für Heideggers Philosophie ist das ›mythische Dasein‹ des Seinsverständnisses, der Haltung und sogar des Verhaltens ›beraubt‹ – und zwar weil es seiner eigenen Möglichkeit, der Philosophie, und seiner ›eigensten‹ und ›höchsten‹ Möglichkeit, die in Heideggers Philosophie bestehe, beraubt sei. Das ›mythische Dasein‹ verhalte sich nicht ›eigentlich‹ zum Seienden, sondern sei »vom Seienden benommen« (27:359). Aus dieser ›Benommenheit‹ oder ›Beraubtheit‹, aus dieser Privation erwache das Dasein in der Philosophie.

Gewiss hat Heidegger nicht vergessen, was er über die ›Benommenheit‹ der ›Primitiven‹ geschrieben hatte, als er ein Jahr später das Wesen des Tieres mit den exakt selben Worten bestimmte: »Die Benommenheit ist das Wesen der Tierheit, sagt: *Das Tier steht als solches nicht in einer Offenbarkeit von Seiendem. Weder seine sogenannte Umgebung noch es selbst sind als Seiendes offenbar*« (29/30:361). Hier findet sich ausgesprochen, was die Rhetorik verdecken will, die Sache von Heideggers Philosophie aber notwendig macht: Die ›primitiven‹, ja alle nicht ›abendländischen‹ Menschen seien des Seinsverständnisses beraubt. Sie seien der Möglichkeit beraubt, sich zu Seiendem als solchem zu verhalten: Vom Seienden benommen, ›benehmen‹ sie sich lediglich. Und nicht zuletzt seien sie der Haltung beraubt, ihr Sichhalten in der Welt halte sich nicht selbst, sondern müsse bei anderem Halt nehmen, es sei keine ›Haltung‹ im strengen Sinn des Wortes, sondern ein »Haltnehmen« beim »übermächtigen Seienden selbst« (27:360). Während der nicht-primitive Mensch des Abendlandes sich das Seiende in einem »Entdecken und Forschen«, also in der alltäglichen und in der wissenschaftlichen Auseinandersetzung »zueigne«, bedeute für das »mythische« Dasein jede Begegnung mit Seiendem »Schrecken und Gefahr« (27:362). Indem sich Heideggers Philosophie durch die aneignende Auslegung ihre ganz eigene Welt schafft, ist sie gezwungen, alles, was sie darin nicht verorten kann, all das, in dem sie sich nicht wiedererkennen kann, all das, was keine oder eine andere Sprache spricht und ihr daher keine Anerkennung bekunden kann, in ein undifferenziertes Dunkel jenseits dieser Welt zu verbannen.

Im ›Erwachen‹, im Übergang von der ›mythischen‹, ›benommenen‹ oder vorphilosophischen zur philosophischen Weltanschauung, versuche das zuvor noch dem übermächtigen Seienden ausgelieferte Dasein die Herrschaft über die Welt an sich zu reißen. Dazu müsse das Dasein aufhören, beim Seienden Halt zu nehmen und stattdessen eine ›Haltung‹ einnehmen, also selbst »den Halt geschehen und sein« lassen (27:366). Wenn das Dasein in sich selbst Halt finde, zeige sich die Welt oder das Seiende im Ganzen »als das, was bewältigt, beherrscht, gelenkt werden soll« (27:368).

Erst in dieser beherrschbaren Welt, erst mit dem Aufkommen der ›philosophischen‹ Existenzweise sei so etwas wie ein implizites Transzendieren möglich. Denn der Übergang zwischen dem impliziten und dem ausdrücklichen Transzendieren falle keineswegs mit dem Übergang von der ›mythischen‹ zur ›philosophischen‹ Weltanschauung zusammen. Weil für Heideggers Philosophie das Wesen des Menschen im Philosophieren besteht, muss der vorphilosophischen Existenzweise, muss allen Menschen, die nicht von der abendländischen Kultur bestimmt sind, die Menschlichkeit überhaupt abgesprochen werden. Aus der Perspektive von Heideggers Philosophie transzendiert der ›primitive‹ Mensch überhaupt nicht, auch nicht implizit. Erst in der ›philosophischen‹ Weltanschauung geschehe Transzendenz – und sie geschehe selbst hier, nach der bekannten Formel, ›zunächst und zumeist‹ auf implizite Weise. Ausdrücklich geschieht sie nur in Heideggers Philosophie.

Zwischen der ›mythischen‹ und der ›philosophischen‹ liegt für Heideggers Philosophie derselbe Abgrund wie zwischen der ›tierischen‹ und der ›menschlichen‹ Existenzweise: das ›mythische‹ und das ›tierische‹ Leben liegen in einem Jenseits, das dem menschlichen, philosophischen Erkennen, dem ›Entdecken‹ unzugänglich ist. Heideggers Rede von einem »Übergang«, von einem »wesentlichen Wandel der Wahrheit« (27:370) versucht zu verdecken, was die Sache notwendig macht: dass hier kein Übergang gedacht werden kann, dass Heideggers Philosophie das Jenseits ihrer Welt nur dadurch beherrschen kann, dass sie es durch eine Interpretation, die sich der positiven Anthropologie grundsätzlich verweigert, in eine indifferente Wüste verwandelt, in der sich alles Seiende nur ›befindet‹ oder ›benimmt‹, in der so etwas wie ›Wahrheit‹ oder ›Dasein‹ nicht vorkommt und von einem ›Verhalten‹, ganz zu schweigen von einer ›Handlung‹, gar keine Rede sein kann. Sie versucht zu verdecken, dass Heideggers Philosophie in der Überzeugung gründet, »dass jenseits des europäischen Zauns der Naturzustand herrscht« (Mbembe 2014: 117), dass dort keine Menschen in Heideggers strengem, vermeintlich ›philosophischen‹ Sinn des Wortes leben.

27. Das alltägliche Leben

Wenn sich der Übergang vom impliziten zum ausdrücklichen Transzendieren nicht an der Grenze zwischen der ›menschlichen‹, also ›philosophischen‹ auf der einen und der ›tierischen‹ oder ›mythischen‹ Existenzweise auf der anderen Seite vollziehen kann, so muss er sich aus der Perspektive von Heideggers Philosophie diesseits des ethnozentrischen und anthropozentrischen Abgrunds verorten lassen. ›Zunächst und zumeist‹ geschieht für Heidegger selbst in der ›menschlichen‹ und ›philosophischen‹ Existenz kein ausdrückliches Transzendieren. Es sei zwar nicht des Transzendierens schlechthin, wohl aber des ausdrücklichen Transzendierens beraubt. Auch wenn das ausdrückliche Transzendieren die Natur des Menschen ausmache, geschehe es nicht von Natur aus (vgl. 34:238).

Im Gegensatz zur mythischen Existenz sei das ›menschliche‹, philosophierende Dasein nicht vom Seienden ›benommen‹, sondern ›verhalte‹ sich zu ihm. Das Dasein habe eine Welt, genauer gesagt ›seine‹ Welt, in der ihm das Seiende begegne. Doch in diesem alltäglichen »*Umgang in* der Welt und *mit* dem innerweltlichen Seienden« begegne das Seiende nicht ausdrücklich und »als solches« (SZ:66f.). Das Seiende, das im alltäglichen Entdecken begegne, »›ist‹ strenggenommen nie« (SZ:68). Es begegne dem alltäglichen Verstehen und Verhalten, ohne selbst zum Thema zu werden. Es begegne genauer gesagt nie als das, was es sei, sondern als etwas, das auf etwas anderes verweise, als »etwas, um zu ...«, als etwas, bei dessen Entdeckung es um etwas anderes gehe (vgl. SZ:68; 20:252). Da die Situation durch eine aneignende Auslegung als ›seine‹ Welt erschlossen sei, verweise alles, was in dieser Welt begegne, auf das, worum es bei der aneignenden Auslegung gehe: auf das Dasein selbst. Die Welt sei also ›immer schon‹ als ein Zusammenhang von Zwecken erschlossen: Alles verweise mittelbar auf das ›Dasein‹ als seinen Endzweck. Nur in dieser ›eigenen‹ Welt, in der alles als Möglichkeit ›für‹ und ›zu‹ angeeignet sei, könne dem ›Dasein‹ überhaupt etwas begegnen (vgl. SZ:69). Alles sei somit ›immer schon‹ als etwas verstanden, das auf einen Zweck und somit mittelbar auf den Endzweck verweise, nämlich auf das Dasein, das diese Welt erschlossen habe (vgl. SZ:84; 20:252).

In diesem ›alltäglichen‹ Verhalten, in dem das Dasein immer neues Seiendes entdecke und neue Möglichkeiten eröffne (wobei es andere verschließt), indem es bestimmte Möglichkeiten ergreife, werde das Seiende weder »theoretisch erfasst« noch werde es überhaupt »thematisch« (SZ:69). In diesem ›vortheoretischen‹ und ›unthematischen‹ Umgang mit dem Seienden bleibe das Transzendieren unausdrücklich: Es bleibe genauer gesagt unausdrücklich, dass das Seiende im Ganzen ›immer schon‹ als Welt entworfen und als Seiendes verstanden sei.

Im Übergang vom alltäglichen zum wissenschaftlichen Umgang mit dem Seienden, in dem Heidegger seit den frühesten Freiburger Vorlesungen »eines der schwierigsten Probleme« (56/57:91) erkannte, werde das ›immer schon‹ unausdrücklich geschehende Transzendieren in gewisser Weise ausdrücklich gemacht. Als ›Thematisierung‹ mache dieser Übergang den Weltentwurf, also die Aneignung als Möglichkeit und Zweck des Daseins ausdrücklich. Als ›Erkenntnis‹ mache er hingegen das Seinsverständnis, die ›immer schon‹ vollzogene Auslegung des Seienden explizit.

28. Vergegenständlichung

Mit der Wissenschaft geschehe demnach ein »Einbruch [...] in das Ganze des Seienden«, durch den »das Seiende in dem, was und wie es ist, aufbricht« (9:105). Dieser Einbruch in die alltägliche Welt geschehe im und durch den »Grundakt der Vergegenständlichung«.[53] Als ›Grundakt‹ des wissenschaftlichen Erkennens habe die Vergegenständlichung die Funktion, »das Vorgegebene *ausdrücklich* auf das zu entwerfen, woraufhin es im vorwissenschaftlichen Erfahren bzw. Verstehen *schon* entworfen ist« (24:399). In der Vergegenständlichung werde das ›immer schon‹ (in jedem Verhalten) implizierte Verstehen des Seienden, erneut und ausdrücklich vollzogen.

Auch wenn der Übergang vom alltäglichen zum wissenschaftlichen Umgang mit dem Seienden, der Übergang vom ›Umgang‹ zum ›Erkennen‹, nicht durch irgendeine Dialektik der alltäglichen Existenz notwendig gemacht werde – die alltägliche Existenz sei vielmehr durch ein »Nichtbedürfen« (58:100) dieses Übergangs charakterisiert –, so nehme die Vergegenständlichung (und damit das wissenschaftliche Erkennen) dennoch in der alltäglichen Welt »ihren Ausgang« (58:46; vgl. 62:115). In einem ersten Schritt werde das zuvor nur unthematisch im zweckgerichteten Umgang begegnende Seiende zur Kenntnis genommen. Die Thematisierung oder Kenntnisnahme stehe an der Grenze zur Vergegenständlichung, entwickle aber selbst noch keine »dem faktischen Leben gegenüberstehende selbständige Objektivität« (58:113). In dem Moment, in dem das Seiende thematisch werde, verliere es zwar seine alltägliche Seinsweise, gleichzeitig scheine aber in diesem Moment zum ersten Mal diese Seinsweise als solche durch und der Weltentwurf, dem sie sich verdanke, werde ausdrücklich (vgl. SZ:74). Erst jetzt, wenn das Seiende thematisch geworden sei, könne es zum Gegenstand werden. Das zuvor unausdrücklich vollzogene Verstehen des Seienden könne nun ausdrücklich und zum Selbstzweck gemacht werden.

Das wissenschaftliche Erkennen, das Heidegger einmal als »Entdecken umwillen seiner selbst« (23:20) bezeichnete, setzt also das alltägliche Entdecken, den ›Umgang‹ bereits voraus (vgl. 20:222; 25:26). Die Thematisierung markiere die Grenze des alltäglichen Entdeckens: Sie könne wieder in das alltägliche Entdecken zurückgenommen werden (SZ:358), sie könne aber auch Ausgangspunkt für eine ganz neue »eigenständige Weise des [...] Umgangs« mit dem Seienden werden (20:265). Zum Ausgangspunkt für die Vergegenständlichung und somit für das Erkennen werde die Thematisierung, wenn sie das Seiende aus seinem alltäglichen Zusammenhang isoliere und es dadurch »›objektiv‹ befragbar und bestimmbar« mache (SZ:363).[54]

29. Philosophie und Wissenschaft

Wenn sich der ›Grundakt‹ der Wissenschaft – die Vergegenständlichung – und die darin begründete ›objektive‹ Erkenntnis nicht aus dem alltäglichen Verhalten erklären lassen, wenn das Entdecken als Thematisierung zwar an seine eigene Grenze, nicht aber über sie hinaus führt, dann liegt es nahe, in diesem ›Grundakt‹ eine »frei gewählte Aufgabe« (25:26) zu erkennen, was für Heidegger bedeutet, dass er sich seine Sache selbst bestimmt. In diesem Sinne frei ist für Heidegger auch die in diesem ›Grundakt‹ fundierte wissenschaftliche »Existenzweise« (vgl. 24:455; 27:211), die das ›immer schon‹ geschehende Verstehen des Seienden zu ihrem zentralen Problem und zu ihrem letzten Zweck mache (vgl. 9:48; 17:3; 18:6; 27:179; 29/30:282). Wo der Mensch Wissenschaft betreibe, gehe es ihm um das Seiende selbst, um das Seiende als solches. Es gehe ihm darum, die ›Wahrheit‹ des Seienden ausdrücklich zu machen. In der Vergegenständlichung werde der alltägliche Umgang mit den Dingen, bei dem es dem ›Dasein‹ um sein eigenes Sein gehe, abgebrochen und das ›Dasein‹ bestimme sich eine neue Sache. Es gehe ihm nicht länger um das eigene Sein, sondern um das Sein oder die Wahrheit des Seienden, darum, »dass sich die Dinge an ihnen selbst darbieten« (27:183).

Welchen Zweck und welches Interesse Heideggers Philosophie mit der Betonung der Eigenständigkeit und Freiheit einer wissenschaftlichen Existenz verfolgt, die sich der Wahrheit des Seienden unterwerfe, sich ihr verschreibe und vor ihr zurücktrete, lässt sich nur begreifen, wenn man beachtet, dass für Heidegger die Freiheit der Wissenschaft eine abgeleitete und begrenzte Freiheit ist, die in einer primären und absoluten Freiheit der Philosophie gründet. Wenn Heideggers schreibt, dass sich das Dasein mit der Vergegenständlichung »unter das Seiende selbst« (9:104) stelle, so unterwirft seine Philosophie die Wissenschaft mit dieser Auslegung ›unter sich selbst‹. Diese *doppelte* »Dienststellung der Forschung und Lehre entfaltet sich zum Grunde der Möglichkeit einer eigenen, obzwar begrenzten Führerschaft im Ganzen der menschlichen Existenz« (9:105).[55] Die ›Führerschaft‹ der Wissenschaft sei begrenzt, weil sie selbst einer Führung bedürfe – einer Führung, die ihr nur Heideggers Philosophie bieten könne.

Im ›Grundakt‹ der Vergegenständlichung, der das zuvor implizite Verständnis des Seienden ausdrücklich machen soll, werde das dabei ›immer schon‹ vorausgesetzte ›Seinsverständnis‹ wiederholt und erneuert. Was sich hingegen verändere, ist das, was Heidegger als ›Weltentwurf‹ bezeichnet. Das Seiende, das in der eigenen alltäglichen und vorwissenschaftlichen Welt begegne, werde nachträglich, durch eine sekundäre Interpretation, von der ursprünglichen aneignenden Auslegung befreit. In der wissenschaftlichen Existenzweise lasse der Mensch das alltäglich entdeckte Seiende erst ›sein‹. In dieser pathetischen und interessengeleiteten Auslegung als ›Befreierin des Seienden‹ setzt die Wissenschaft ein entdecktes Seiendes voraus, das in der alltäglichen aneignenden Auslegung des Daseins gefangen ist. Das ›Seinlassen‹ (27:180) der Wissenschaft setze ein bereits ›vorliegendes‹ oder ›vorfindliches‹ Seiendes voraus – ein ›Positum‹, weswegen in Heideggers Terminologie jede Wissenschaft ›positiv‹ ist (vgl. SZ:11; 9:48; 22:8; 24:17,28,72; 27:180). Durch ihre Positivität setze die Wissenschaft ›immer schon‹ das Transzendieren, das Grundgeschehen des Daseins voraus, dem es beim ›Weltentwurf‹ schon deshalb nicht um das Seiende als solches gehen könne, weil in der Situation, aus der heraus der Entwurf geschieht, noch kein Seiendes ›ist‹. Der wissenschaftliche Entwurf des Seins des Seienden sei dem ursprünglichen Entwurf einerseits entgegengesetzt, andererseits aber auch in ihm enthalten. Im ›Grundakt‹ des Erkennens geschehe demnach ein »Entwurf auf eine neue Seinsart, die das Seiende nicht erst erhält, sondern die es [...] schon hat, obzwar verborgen« (23:24). Im ›Grundakt‹ des Erkennens, in der Vergegenständlichung geschehe also kein ›ausdrückliches Transzendieren‹. In der Vergegenständlichung oder Objektivierung werde das ›Produkt‹, nicht aber das ›Geschehen‹ des Transzendierens ausdrücklich gemacht.

Selbst in *Sein und Zeit* findet sich ein entscheidender, wenn auch ambivalenter Hinweis auf das Verhältnis von Wissenschaft und Philosophie: »Die Transzendenz besteht nicht in der Objektivierung, sondern diese setzt jene voraus« (SZ:363). Nur kurze Zeit später, in der Vorlesung *Einleitung in die Philosophie* aus dem Wintersemester 1928/29 heißt es dann ungleich klarer: »Das Transzendieren ist das andere, dessen die Wissenschaft als solche nicht mächtig ist und dessen sie gerade bedarf, um zu sein, was sie sein kann« (27:212). Und weiter: »Transzendieren ist Philosophieren, geschehe es unausdrücklich verborgen, oder werde es ausdrücklich ergriffen« (27:214). In dieser Reihe von Definitionen ist die Wissenschaft von der Philosophie nicht nur radikal verschieden, sondern zugleich abhängig: Weil Wissenschaft Philosophie voraussetzt, ist sie aus der Perspektive von Heideggers Philosophie nur im ›Abendland‹ möglich.

Doch selbst der »abendländische« Mensch philosophiere »nur unausdrücklich und zumeist uneigentlich« (27:226f.) – und zwar gerade weil er die Philosophie nicht radikal von der Wissenschaft unterscheide. Das Transzendieren oder Philosophieren werde nicht ›immer schon‹ ausdrücklich ›ergriffen‹ oder ›vollzogen‹. Was auf der Ebene der Selbstpräsentation bedeutet, dass nicht ›immer schon‹ das »ausdrückliche Fragen nach dem Sein als solchen« (27:213) geschehe. Auf der Ebene der Selbsterörterung bedeutet es hingegen, dass die aneignende Auslegung zwar ›immer schon‹ geschehen sei (sie mache schließlich das Wesen des ›Daseins‹ aus), aber nie zur Sache der Philosophie gemacht wurde.

Im ›Abendland‹ geschehe ›immer schon‹ das, was für Heideggers Philosophie den Menschen auszeichnet: das Transzendieren, das Philosophieren oder die Freiheit – denn die »Transzendenz des Daseins und Freiheit sind identisch!« (26:238). Freiheit geschehe, aber nur unausdrücklich und uneigentlich. Und die Wissenschaft befindet sich für Heideggers Philosophie in einer Krise. Sie sei sogar »Bankrott« (58:20), weil sie nicht nur eine abgeleitete Form der Freiheit darstelle, die sich von ihrem Ursprung abgelöst habe, sondern eine abgeleitete Form der selbst ›uneigentlichen‹ und ›unausdrücklichen‹ Freiheit. Um werden zu können, was sie sein kann, müsse sie sich aus der Philosophie begründen – genauer gesagt, aus einer Philosophie, die das Transzendieren ausdrücklich vollzieht.

30. Historische Zwischenbetrachtung

Wenn eingangs behauptet wurde, dass Heideggers Frühphilosophie (von den ersten Anfängen bis zur Übernahme des Rektorats) in Bezug auf das Wesentliche, in Bezug auf ihre Sache, als eine in sich geschlossene Phase der Selbsterörterung angesehen werden kann und muss, so scheint diese These ausgerechnet von der für die Selbstverortung so zentralen Frage des Verhältnisses zur Wissenschaft widerlegt zu werden. In keiner anderen zentralen Frage scheint Heideggers Philosophie einen derart radikalen Sinneswandel durchlaufen zu haben: Während die (eigene) Philosophie anfangs als höchste Wissenschaft, als die Wissenschaft schlechthin und als »Urwissenschaft« (56/57:24) begriffen wird, gilt auf dem Höhepunkt der Entwicklung der Frühphilosophie der Grundsatz: »Philosophie ist keine Wissenschaft« (27:14). Bei näherem Hinsehen zeigt sich jedoch, dass diese Entwicklung weniger einen schlagenden Gegensatz und einen Sinneswandel als vielmehr einen Prozess der Klärung und Radikalisierung desselben Ansatzes und desselben Interesses zum Ausdruck bringt. Die These von der Einheitlichkeit der ersten Phase der Selbsterörterung meint also nicht, dass die dieser Phase zugehörigen Texte allesamt das gleiche sagten, sondern dass sich die Entwicklungen aus der Sache von Heideggers Philosophie erklären lassen, dass sie selbst Konsequenzen einer sich radikalisierenden Selbsterörterung sind.

Wie bereits erwähnt, sagt sich Heideggers Philosophie in dem Moment von der philosophischen Tradition und vom Denken

Husserl los, in dem sie aufhört, ihre Sache mit der Sache der Wissenschaft zu identifizieren. Diese radikale Entscheidung ist selbst in einen Prozess der begrifflichen Klärung des Verhältnisses zur Wissenschaft eingebettet. Bereits in der Habilitationsschrift von 1915 sät Heidegger die Samen der radikalen Differenz in die von der Tradition übernommene Gleichsetzung von Wissenschaft und Philosophie. Schon hier gilt, dass es ein »verhängnisvoller Irrtum der Philosophie« sei, wenn sie sich »mit dem Buchstabieren der Wirklichkeit begnügt« (1:406). Statt die Wirklichkeit nur zu beschreiben oder zusammenzufassen, solle sie »auf einen Durchbruch in die wahre Wirklichkeit und wirkliche Wahrheit« (1:406) abzielen.

In der schon mehrfach erwähnten ersten Freiburger Vorlesung wird die Philosophie zwar »als Wissenschaft« zum Problem gemacht – gleichzeitig wird sie aber »als Urwissenschaft« von »*jeder* vorfindbaren, ja nicht nur, sondern von jeder überhaupt möglichen« Einzelwissenschaft unterschieden (56/57:24). Dieser Standpunkt – Philosophie sei von den Einzelwissenschaften dadurch unterschieden, dass sie in einem ursprünglicheren Sinn Wissenschaft und insofern Voraussetzung der Einzelwissenschaften sei – bleibt für alle frühen Freiburger Vorlesungen charakteristisch. Philosophie wird zwar radikal von »den Wissenschaften« (vgl. 60:3), aber nicht von der »Idee der Wissenschaft« (vgl. 58:2) unterschieden. Sie wird zu dieser Zeit noch immer als »erkennendes Verhalten zu Seiendem«, wenn auch zu »Seiendem als Sein« verstanden (61:60).

Mit Beginn der Marburger Vorlesungstätigkeit sieht Heidegger in der Philosophie nicht länger ein ›erkennendes Verhalten‹. Jede ›Erkenntnis‹ und jedes ›Verhalten‹ seien auf das Seiende bezogen, die Philosophie hingegen »hat zum Thema das Sein und nie das Seiende« (22:7). Die Wissenschaft sei wesentlich ›positiv‹ (in dem erwähnten Sinn) und als solche sei sie von der Philosophie »absolut verschieden«, wie es Heidegger in seinem Aufsatz »Phänomenologie und Theologie« von 1927 formuliert (9:48; vgl. auch: 24:28). Dennoch bleibt es zunächst bei der nun paradox gewordenen Formulierung, Philosophie sei Wissenschaft, genauer gesagt die »Wissenschaft vom Sein« (23:16; 24:72; 26:12; 80:171).

Erst mit der Rückkehr nach Freiburg im Wintersemester 1928/29 zieht Heidegger die Konsequenz und verkündet gleich zu Beginn seiner ersten Vorlesung: »Philosophie ist keine Wissenschaft« – mit dem wichtigen Zusatz: »nicht aus Mangel, sondern sie kann nicht Wissenschaft sein aus Überfluss, der dabei ein grundsätzlicher ist, nicht nur ein quantitativer« (27:16). Mit dieser Charakterisierung tritt die Selbsterörterung in ihre reife Phase ein, in der sie nicht nur die Konsequenz aus ihrem eigenen Ansatz zieht, sondern ihre früheren ›Versäumnisse‹ einer aneignenden Auslegung unterziehen kann. Denn weil »Philosophie ursprünglicher ist als Wissenschaft und diese ihren Ursprung in der Philosophie hat, konnte es dazu kommen, den Ursprung der Wissenschaft, nämlich die Philosophie, selbst als Wissenschaft, ja sogar als die Urwissenschaft und als absolute Wissenschaft zu bezeichnen und als solche zu bestimmen« (27:17). Die Philosophie sei also keine Wissenschaft, auch keine Urwissenschaft, sie habe es aber mit der Wissenschaft zu tun (vgl. 27:18). Sie könne sich nicht aus der Wissenschaft, sondern nur aus sich selbst bestimmen (vgl. 27:15). Aus ihrer Selbstbestimmung heraus könne sie aber umgekehrt die Wissenschaft bestimmen (vgl. 27:17). Die Wissenschaft hingegen könne sich nur bestimmen, indem sie sich von der Philosophie bestimmen lasse (vgl. 29/30:48f.; 35:111; 94:33). Und weil die Wissenschaft in Bezug auf ihre Sache und ihr Thema abgeleitet und fremdbestimmt sei, zeige sich, dass die Wissenschaft – trotz ihrer »begrenzten Führerschaft« – im Unterschied zur Philosophie gerade keine »wesentliche Möglichkeit der Existenz« darstelle, wie Heidegger 1930 in einem Brief an Elisabeth Blochmann betont (20. 9. 1930: 38).

Heideggers bekanntestes Buch *Sein und Zeit* nimmt in dieser Entwicklung, die in der Vorlesung *Einleitung in die Philosophie* von 1928/29 einen Standpunkt erreicht, den Heideggers Philosophie nie wieder aufgeben wird, eine Sonderrolle ein. Die ambivalenten Aussagen, die sich in *Sein und Zeit* finden, bezeugen einerseits den Übergang von der Marburger zur (zweiten) Freiburger Phase, andererseits sind sie aber auch einer philosophischen Politik geschuldet, die dem ›Hauptwerk‹ eine Rhetorik der wissenschaftlichen und phänomenologischen Geste verordnete, die nicht dem Stand ihrer Entwicklung entsprach.

Die Entwicklung zum Standpunkt der ›absoluten‹ Unterscheidung und der einseitigen Abhängigkeit von Philosophie und Wissenschaft lässt sich beschreiben und zusammenfassen, ohne dass der wahre Sinn dieser Unterscheidung zutage tritt. Heideggers Philosophie hat ein Interesse daran, den wahren Sinn dieser Unterscheidung zu verbergen. Obwohl ihre Sache die ›absolute‹ Differenzierung notwendig macht, vollzieht Heideggers Philosophie diese Differenzierung mit einer Geste und in einer Rhetorik, die diese Unterscheidung aufzuheben scheint: Während die Wissenschaft die Befreierin des Seienden sei und demütig vor dem Sichzeigenden zurücktrete, sei die Philosophie die Befreierin des Seins, die demütig vor dem Sichzeigen selbst zurücktrete. Auf der rhetorischen Ebene wird immer wieder nahegelegt, Heideggers Philosophie teile das Interesse der Wissenschaft, sie verfolge, genauer gesagt, dasselbe Interesse in radikalerer Weise. Der ganze Prozess der Klärung lässt sich in Anlehnung an Heideggers geflügeltes Wort über die Technik so zusammenfassen: Das Wesen der Wissenschaft sei selbst nichts Wissenschaftliches. Es liege in der Philosophie. Die Philosophie sei für die Wissenschaft wesentlich, die Wissenschaft aber nicht für die Philosophie – sie sei nur »*eine bestimmte ausformende Modifikation eines in der Philosophie angelegten Momentes*« (60:6).

Wissenschaft sei demnach ein Beiprodukt der ›abendländischen‹, europäischen Existenzweise (des ›Philosophierens‹), die im antiken Griechenland unausdrücklich und uneigentlich ›aufgebrochen‹ – Heidegger würde auch sagen: in das Seiende ›eingebrochen‹ – sei. Diese ›uneigentliche‹ Philosophie hat Heidegger zufolge in der Begründung des Wissens und der Wissenschaft eine ihrer zentralen Aufgaben gesehen – sie habe ihre Sache ›immer schon‹ mit der Sache der Wissenschaft identifiziert, indem sie sich als Ontologie verstand. Als Ontologie mache sie es sich zur Aufgabe, zu erkennen, wie Sein ›immer schon‹ verstanden sei, wie es sich zeige. In der Terminologie von Heideggers Philosophie könnte man sagen, dass es ihr um das ›Sein des Seienden‹ und nicht um die ›Wahrheit des Seins‹ gehe. Als Ontologie sei die (antike) Philosophie deswegen die ›höchste Wissenschaft‹ oder die ›Urwissenschaft‹. Als solche sei sie aber zugleich ›uneigentlich‹ und ›unausdrücklich‹, weil sie sich nicht ihrer ›eigentlichen‹ Sache widme. Die Begründung der Wissenschaften »ist weder die einzige noch die vornehmlichste Aufgabe der Philosophie« (29/30:33).

Die Einzelwissenschaften seien vereinzelt, ›zerstreut‹ und ›positiv‹, weil es ihnen zwar um das Seiende als solches gehe, allerdings um das Seiende in seiner ›Zerstreuung‹, in seiner ›Konkretion‹. Aus diesem Grund setzen sie eine allgemeine Wissenschaft vom Seienden als solchen voraus, eine ›allgemeine‹ Ontologie, die ausdrücklich mache, wie das ›Sein des Seienden‹ immer schon verstanden werde (vgl. 24:466). Sie expliziere das ›vorontologische‹ Seinsverständnis in seinen Bestimmungen, in seinem alltäglichen wie in seinem wissenschaftlichen Entwurf und begründe so die Wissenschaft ›als solche‹, den alltäglichen Entwurf, den sie voraussetze und den vergegenständlichenden Entwurf, den sie selbst vollziehe (vgl. 24:457; 27:201). Als ›regionale‹ Ontologie expliziere sie die ›Zerstreuung‹, mit der sich die ›positiven‹ Wissenschaften konfrontiert sehen und fundiere so nicht nur die Wissenschaft ›als solche‹, sondern auch die Einzelwissenschaften in ihrer Besonderheit. Den Abschluss dieser streng hierarchischen Begründungsreihe bildet das, was Heidegger als ›Fundamentalontologie‹ bezeichnet (vgl. SZ:11; 25:38). Die ›Fundamentalontologie‹ sei die aneignende Auslegung der menschlichen Existenz (die ›Daseinsanalyse‹), insofern sie den Menschen als den Ort der ›Wahrheit‹ oder des ›Sinns‹ von Sein erschließe (Dastur 2000: 126). Die ›Analyse‹ des Daseins und die ›Fundierung‹ der Ontologie (und somit der Wissenschaften) ist jedoch nur scheinbar das Ziel der Philosophie Heideggers, die sich mit diesen Begriffen präsentiert. Ihre ›vornehmlichste‹ Aufgabe sieht sie nicht darin, das Transzendieren nachträglich zu verstehen oder zu begreifen, sondern es ›ausdrücklich‹ und eigentlich zu vollziehen.

32. Die ›eigentliche‹ Differenz

Die sogenannte ontologische Differenz, der Unterschied zwischen Sein und Seiendem, der für die Selbstpräsentation eine so zentrale Rolle spielt, ist in Bezug auf die Selbsterörterung von Heideggers Philosophie eine abgeleitete und zweitrangige Unterscheidung. Mit dieser Unterscheidung lässt sich die Philosophie als ›Fundamentalontologie‹, die das Dasein als Ort der ›Wahrheit des Seins‹ analysiert, von den Phänomenen abgrenzen, die sie begründet: von der Ontologie als Wissenschaft vom Sein und von der positiven Wissenschaft vom Seienden. Ihre Funktion als Fundamentalontologie kann sie für Heidegger aber nur erfüllen, wenn sie im Gegensatz zur antiken Philosophie die Begründung der Wissenschaft gerade nicht zu ihrer eigentlichen Aufgabe oder zu ihrer Sache mache (vgl. 27:229).

Der ›eigentliche‹ Unterschied besteht deswegen nicht zwischen der positiven Wissenschaft und der Ontologie, auch nicht zwischen der Ontologie und der Fundamentalontologie, sondern zwischen einer ›unausdrücklichen‹ Philosophie, der es um die Wahrheit des Seins geht, und einer ›ausdrücklichen‹ Philosophie, der es um ihr eigenes Sein geht. Wenn in der Antike das ›Philosophieren‹, das ›Transzendieren‹ und somit das ›Dasein‹ »geboren« werde (31:44), so handelt es sich für Heideggers Philosophie um die Geburt einer ›benommenen‹ Existenz. Die antike Ontologie begreife zwar das Sein des Seienden, allerdings handle es sich um ein benommenes, »sich selbst verborgenes Verstehen« (vgl. 31:45). Von der Wahrheit benommen sei es nicht in der Lage seine Sache zu bestimmen und sich seiner ›vornehmlichsten‹ Aufgabe zu widmen, das ausdrückliche Transzendieren herauszubilden. Vielleicht hat also schon die früheste in der historischen Zwischenbetrachtung zitierte Stelle aus der Habilitationsschrift den entscheidenden Hinweis gegeben: Die Philosophie dürfe sich nicht mit dem »Buchstabieren« der Wirklichkeit begnügen, sondern müsse auf einen »*Durchbruch* in die wahre Wirklichkeit und wirkliche Wahrheit« abzielen (1:406).

Die Philosophie ziele demnach weder auf ein Verstehen noch auf ein Verhalten ab, sondern auf ein ›Aufwachen‹ aus der Benommenheit der menschlichen Existenz. In der aneignenden Auslegung durch Heideggers Philosophie hat der (abendländische) Mensch zwei ›Grundmöglichkeiten‹ oder ›Seinsmodi‹: die ›Eigentlichkeit‹ und die ›Uneigentlichkeit‹, das ausdrückliche und das unausdrückliche Transzendieren (vgl. SZ:42f.). Seit seinem Einbruch in das nur befindliche Seiende sei das Dasein ›zunächst und zumeist‹ – eine für die philosophische Politik wichtige Sprachregelung, die den ›eigentlich‹ notwendigen Ausdruck ›immer schon‹ vermeiden soll –

uneigentlich. Ob in der alltäglichen oder in der wissenschaftlichen Existenz, das ›Dasein‹ transzendiere uneigentlich und unausdrücklich: »Der nichtphilosophierende Mensch, auch der wissenschaftliche Mensch, existiert wohl, aber er schläft, und nur das Philosophieren ist das wache Dasein, ist gegenüber allem anderen etwas total anderes, unvergleichlich eigenständig« (29/30:34; vgl. 63:15).

Die für Heideggers Philosophie entscheidende Unterscheidung zwischen einer ›eigentlichen‹ und einer ›uneigentlichen‹ Existenzweise wird zum ersten Mal, wenn auch nur am Rande, in der frühen Freiburger Vorlesung *Augustinus und der Neuplatonismus* aus dem Sommersemester 1921 thematisiert.[56] Bereits die im folgenden Semester gehaltene Vorlesung *Phänomenologische Interpretationen zu Aristoteles* bietet jedoch eine ausführliche und begrifflich reiche Verhandlung des Themas, die in zahlreichen Texten wieder aufgenommen und weiterentwickelt wird.

Die Uneigentlichkeit, das deutet schon das bloße Wort an, wird als Modifikation der Eigentlichkeit gedacht. Dabei handle es sich nicht um die bloße Abwesenheit oder um die Verneinung, sondern um einen ›privativen‹ Modus. Die Uneigentlichkeit sei die Eigentlichkeit selbst, die zwar »ursprünglicher«, aber nicht »früher« als die Uneigentlichkeit sei.[57] Der Ausgangspunkt – das, was ›zunächst und zumeist‹ (vgl. 24:243), und das heißt, ›immer schon‹ der Fall ist (vgl. SZ:181) – sei nicht das Ursprüngliche. Das Ursprüngliche sei von Anfang an, seit dem Beginn der menschlichen Existenz in der antiken Philosophie, ›verfallen‹ – der ›Fall‹ steht am Anfang der (ahistorischen) Geschichte der menschlichen Existenz. Das ›Dasein‹ sei seiner eigenen, eigentlichen Seinsweise immer schon ›beraubt‹ – es sei »immer schon verfallen« (SZ:181). Und weil das Dasein seines ›eigenen‹ Seins beraubt sei, sei sein Verfallen zugleich ein »*Abfallen*« von sich selbst (64.41; vgl. 21:229).

33. Verfallen

Im Gegensatz zu den ›weltarmen‹ Tieren und nicht-europäischen Völkern ist das ›abendländische‹ Dasein für Heidegger nicht mehr von dem bloß ›befindlichen‹ Seienden benommen. Durch seinen Einbruch in das Seiende gebe es eine Welt, in und zu der sich das

Dasein verhalten könne (während sich das ›benommene‹ Tier nur ›benehme‹). Doch selbst das »Dasein ist zunächst und zumeist [also ›immer schon‹] von seiner Welt benommen« (SZ:113). Das Dasein sei nicht nur immer schon bei und in seiner Welt, sondern von ihr eingenommen. Da die aneignende Auslegung des Seienden ›zunächst und zumeist‹ unausdrücklich und uneigentlich vollzogen werde, habe das ›Dasein‹ nicht die Welt, sondern die Welt habe umgekehrt das Dasein (vgl. 24:228). Der Überschritt hin zur Welt sei daher nicht nur als Aufstieg aus der dumpfen Benommenheit der weltarmen Existenz, sondern vor allem als ein »*Absturz*« (SZ:178) zu begreifen. Das Dasein »stürzt aus ihm selbst in es selbst, in die Bodenlosigkeit und Nichtigkeit der uneigentlichen Alltäglichkeit« (SZ:178), aus der auch die Vergegenständlichung des Seienden nicht hinausführen könne.

Von der Welt ›eingenommen‹ und vom Seienden ›benommen‹ zu sein, bedeutet für Heidegger, sich selbst zu verlieren und seine eigene Welt nicht ausdrücklich und eigentlich zu entwerfen, es bedeutet kurz gesagt, seine Sache nicht selbst zu bestimmen. Dieses ›Verfallen‹ an die Welt ist zugleich »beruhigend« (SZ:177): Das Dasein fliehe nicht nur vor sich selbst, es beruhige sich auch bei dieser Flucht und ›mache es sich leicht‹ (vgl. 61:109). Die Welt stelle für das Dasein eine Versuchung dar, vor sich selbst zu fliehen, und das Dasein habe einen »Hang«, dieser Versuchung nachzugeben – ein Hang, der ihm zum ›Verhängnis‹ werde (vgl. 20:390; 64:41). Das ›Dasein‹ werde, um die wortreichen Schilderungen des ›Verfallens‹ weiter zu verfolgen, nicht nur in die Welt geworfen, sondern regelrecht »geschleudert«, so dass es nicht nur an die Welt »verfällt«, sondern in seine uneigentliche Existenz »stürzt«, oder »hineingewirbelt« wird (SZ:179; 20:388). Durch diesen Wirbel verstricke sich das Dasein so tief in seine uneigentliche, bequeme Existenz, dass jeder Wiederaufstieg und jede »Rückgangsmöglichkeit zu ihm selbst verlegt« sei (20:389; vgl. 58:41).

Das ›Dasein‹ habe es demnach ›immer schon‹ versäumt, seine Sache selbst zu bestimmen und habe sich stattdessen von der Welt, an die es ›verfalle‹ und von der Öffentlichkeit (vom ›Man‹), in die es ›zerfalle‹, bestimmen lassen (vgl. 20:337f.; 63:32; 64:41; SZ:177). Es sei das Schicksal oder das ›Verhängnis‹ des Daseins, uneigentlich zu sein. Und doch beschreibt Heidegger die Uneigentlichkeit als

»eine Seinsart, in die das Dasein sich verlegen kann und zumeist auch immer verlegt hat, in die es sich aber nicht notwendig und ständig verlegen muss« (SZ:259).[58]

Die menschliche, ›abendländische‹ Existenz sei faktisch, seit dem Beginn der Philosophie – also ›immer schon‹, da so etwas wie eine ›menschliche Existenz‹ für Heidegger nur in dem Horizont möglich ist, der durch das ›Seinsverständnis‹ und den ›Weltentwurf‹, der mithin durch das ausdrückliche oder unausdrückliche Philosophieren eröffnet wird – an die Welt verloren und von ihrem Verhängnis bestimmt. Seit diesem Beginn entscheide nicht das Dasein über sein Schicksal, sondern ›es‹ sei vielmehr ›immer schon‹ über das Dasein entschieden worden (vgl. 21:229). Zwar stehe ihm die Grundmöglichkeit eines ausdrücklichen Transzendierens und Philosophierens im Grunde immer offen (vgl. 64:43 f.), faktisch sei ihm die Möglichkeit des Wiederaufstiegs jedoch ›verlegt‹. Sie sei ihm genauer gesagt durch das Faktum des Beginns der Philosophie verlegt, der die Grundbewegung des Verfalls initiiere. Denn das Verfallen, die Grundbewegung des unausdrücklichen Transzendierens, das mit dem Aufbrechen und gleichzeitigen Verfallen der Philosophie an die Welt einsetze, ›schleudere‹ das ›Dasein‹ mit einer solchen Wucht in die Welt, dass es nur in der Welt, nicht aber in sich selbst Halt finden könne. Der Mensch verliere sich ›zunächst und zumeist‹ an das Seiende, das er erschließe und an die Welt, die er entwerfe, weil er sein Transzendieren nur durch das konkrete, alltägliche und wissenschaftliche Verhalten zu Seiendem offenhalten könne. Seine ›Entdeckungen‹ verdecken seine höchste und eigentliche Möglichkeit.

Aus der Perspektive von Heideggers Philosophie wird der Mensch durch die bloße Bewegung seiner Existenz, die Heidegger als »*Ruinanz*« (61:131) bezeichnet, in den Ruin getrieben. Die menschliche Existenz sei ›immer schon‹ (und nicht nur ›zunächst und zumeist‹) abgestürzt und ruiniert. Die einzige Möglichkeit, diesem Absturz zu entkommen, liege in der ›ausdrücklichen‹ Philosophie, in Heideggers Philosophie: Nur das »Philosophieren ist gegenruinant« (61:160; vgl. 62:37). Während es systematisch notwendig ist, dass die ›Ruinanz‹ immer schon geschieht und dass es nur eine andere Grundmöglichkeit gibt, die in Heideggers Philosophie besteht, versucht die Rhetorik der Selbstpräsentation stets den Eindruck zu vermitteln, dass das ›Verfallen‹ nur ›zunächst und zumeist‹ geschehe, dass es ›Ausnahmesituationen‹ gebe, in denen wie von selbst, ganz unabhängig von Heideggers Philosophie, eine andere Existenzweise aufbreche und dass die Philosophie letztlich sogar selbst von diesen Situationen abhängig bleibe.

34. Aufstieg und Angriff

Auch wenn für Heideggers Philosophie die Eigentlichkeit ›ursprünglicher‹ ist als die Uneigentlichkeit, sei das Dasein faktisch doch ›immer schon‹ verfallen und abgestürzt. Auf der ›existenzialen‹ oder ›transzendentalen‹ Ebene gehe die Eigentlichkeit der Uneigentlichkeit voraus, während auf einer ›existenziellen‹ oder ›faktischen‹ Ebene umgekehrt die Uneigentlichkeit der Eigentlichkeit vorausgehe. Und weil das Verfallen für Heidegger ein ›Existenzial‹ ist, kann die Uneigentlichkeit ›existenziell‹ nie ›überwunden‹, sondern nur modifiziert werden.

Faktisch sei das Dasein immer ›abgestürzt‹ und ›ruiniert‹, es befinde sich immer in einer Lage, »der es nicht mächtig ist« (29/30:28; vgl. 18:37; 21:232). Die ›gegenruinante‹ Philosophie, die aus dieser ›existenzialen‹ Misere der uneigentlichen Existenz heraus- und zur eigentlichen Existenz hinführen soll, komme deswegen nie ans Ziel: »Eigentlichkeit ist nur eine Modifikation und keine totale Ausstreichung der Uneigentlichkeit« (24:243; vgl. 63:81). Der Aufstieg aus der Höhle, durch den die Philosophie die ›existenziale‹ Fallhöhe überwinden wolle, stelle eine ›existenzielle‹ Sisyphusarbeit dar: Das durch die Philosophie ›erweckte‹ Dasein falle immer wieder, durch seine bloße Existenz, in die Benommenheit zurück. Das wache Dasein sei nur eine ›existenzielle‹ Modifikation des ›benommenen‹ Menschen und müsse daher ständig neu erweckt werden.

Obwohl die Philosophie ›eigentlich‹ und ›ursprünglich‹ selbst das Wesen der menschlichen Existenz ausmache (vgl. 26:274), sei der Mensch doch faktisch ›immer schon‹ seines Wesens ›beraubt‹. Für Heideggers Philosophie ist er an die Welt verfallen und von ihr ›benommen‹: Nichts könne ihn in dieser ›uneigentlichen‹ und ›unausdrücklichen‹ Existenz aus der Ruhe bringen. Die ausdrückliche Philosophie, die die Beunruhigung und den Ausbruch aus dieser beruhigten Existenz wage, stehe dem Dasein zwar als ›Grundmöglichkeit‹ seiner Existenz immer offen, faktisch sei sie aber selbst »gefesselt und verstrickt; sie ist noch nicht frei, noch nicht in der ihr möglichen Bewegung. Die Philosophie geschieht nicht in uns so, wie sie am Ende geschehen könnte und sollte« (27:4).

Wie im Platonischen Höhlengleichnis präsentiert Heideggers Philosophie den Menschen als gefesselt, als derart in seine Schattenwelt verstrickt, dass er keinerlei Bedürfnis verspüre, sich aus dieser bequemen Wirklichkeit zu befreien, in der nicht er, sondern seine Welt, an die er sich verloren hat, über sein Schicksal entscheidet. Dieser ›immer schon‹ eingeschlagene »Weg zur Flucht in die Verantwortungslosigkeit« solle durch die ausdrückliche Philosophie abgebrochen und umgekehrt werden (63:53). Die ausdrückliche Philosophie sei »das Gegenteil aller Beruhigung und Versicherung« (29/30:28). Sie müsse den existenziellen Wiederaufstieg aus der Höhle der Uneigentlichkeit hinauf zum ›ursprünglichen‹, existenzial vorgängigen Wesen des ›Daseins‹ bewerkstelligen (vgl. 27:213).

Das ausdrückliche Transzendieren überschreite den ›Menschen‹ hin zum ›Dasein‹: Als ›bloßer Mensch‹, also unabhängig von der aneignenden Auslegung durch Heideggers Philosophie als ›Dasein‹, habe der Mensch die Entscheidung zwischen den beiden Grundmöglichkeiten seiner Existenz versäumt und vergessen – und sich dadurch unausdrücklich und ungewollt für eine entschieden. Als bloßer Mensch sei er der Möglichkeit einer ausdrücklichen Entscheidung und somit seiner eigentlichen Existenz beraubt. Deswegen versteht sich Heideggers Philosophie auch nicht als Anthropologie und hat kein Interesse am ›Menschen als solchen‹, sondern nur am ›Menschen als Dasein‹, am Menschen in der aneignenden Auslegung, am Menschen, insofern er auf seine ›höchste‹ und ›eigentliche‹ Möglichkeit hin ›erschlossen‹ ist, auf die Möglichkeit hin, jene versäumte und vergessene Entscheidung nachzuholen (vgl. SZ:268; 20:440). Und diese höchste Möglichkeit besteht für Heidegger in der Philosophie, genauer gesagt in einer Philosophie, in der es dem Dasein nicht mehr um die Welt, sondern um sein eigenes Sein gehe, in der das Dasein sich selbst als Dasein und nicht als bloßen Menschen verstehe und sich dadurch von seinen Fesseln befreie. Sie besteht kurz gesagt in einer Philosophie, der es um ihr eigenes Sein geht, indem sie ihr Thema, die menschliche Existenz, als Dasein erschließt.

Weil diese Grundmöglichkeit dem uneigentlichen und verfallenen, dem ›bloßen‹ Menschen, der sich von seiner Welt, von der darin herrschenden öffentlichen Meinung bestimmen lasse, faktisch nicht gegeben sei, könne das »Sich-befreien der Freiheit im Menschen«, das »Zentrale [...], was Philosophie als Philosophieren leisten kann«, nicht vom Menschen selbst ausgehen (3:285). Diese Befreiung sei vielmehr umgekehrt ein »*Angriff* [...] auf den Menschen und gar auf den Menschen im Ganzen – aufgejagt aus der Alltäglichkeit und zurückgejagt in den Grund der Dinge. Der Angreifer aber ist nicht der Mensch, das zweifelhafte Subjekt des Alltags und der Wissensseligkeit, sondern das *Da-sein im Menschen richtet im Philosophieren den Angriff auf den Menschen*« (29/30:31; vgl. 63:18; SZ:311).

35. Sterben lernen

Das philosophische Leben, so wie Heidegger es versteht, setzt einen tödlichen Angriff auf den Menschen voraus. Sein alltägliches Leben müsse hin zu einer anderen, eigentlicheren Existenzweise überschritten werden. Dieses neue Leben führe wiederum zu einem anderen, ›ausdrücklichen‹ Verhältnis zum Tod. Während die von der Situation benommenen Tiere (und die ›Primitiven‹) ihres Verhältnisses zum Tod vollkommen beraubt seien und nur ›verendeten‹, sei der von seiner Welt benommene Mensch nur seines ›eigentlichen‹ Verhältnisses zum Tod beraubt, weswegen Heidegger in Bezug auf dieses »Zwischenphänomen« Mensch (das zwischen dem Tier und dem Dasein steht) nicht von einem »Verenden«, sondern von einem »Ableben« spricht (vgl. dazu: Sternad 2014). Das »Sterben« sei jedoch dem »Dasein« vorbehalten (SZ:247; vgl. dazu auch: 7:180).

Die Philosophie, die das Wesen der menschlichen Existenz ausmache (vgl. 27:214), sei als ›Transzendenz‹ die unauflösliche Verbindung zwischen der eigentlichen und der uneigentlichen Existenzweise, zwischen dem uneigentlichen ›Menschen‹ und dem eigentlichen ›Dasein‹, die es beide nur in dieser Verbindung, also nur als zwei Seiten einer Medaille gebe. Doch nicht nur das Seiende (der ›Mensch‹ oder das ›Dasein‹), sondern auch sein ›Sein‹ (das Transzendieren) habe zwei Seiten. Das ›unausdrückliche‹ oder ›uneigentliche‹ Transzendieren oder Philosophieren sei nichts anderes als das Verfallen, das mit dem Anbruch der menschlichen Existenz oder der griechischen Philosophie einsetze. Das ›ausdrückliche‹ oder ›eigentliche‹ Transzendieren vollziehe hingegen den Wiederaufstieg zur eigentlichen Existenz, der das Sterben vorbehalten sei. Philosophieren heißt also, gemäß der Selbstpräsentation von Heideggers Philosophie: Sterben lernen.

Die Philosophie eröffne die Möglichkeit, die Entscheidung über die beiden ›Grundmöglichkeiten‹ der menschlichen Existenz nachzuholen: die Welt über das eigene Schicksal entscheiden zu lassen oder selbst darüber zu entscheiden. Das Schicksal des Menschen wiederum sei sein Tod. All seine Möglichkeiten (seine ganze ›Welt‹) seien auf die eine, letzte Möglichkeit seines eigenen Todes hin ausgerichtet. Da ihm diese letzte Möglichkeit ausdrücklich vor Augen führe, dass die ganze Welt nur seine Welt und das Leben nur sein Leben sei, dass er selbst darüber entscheide, ob er entscheide oder über sich entscheiden lasse, schreibt Heidegger dem Menschen bekanntermaßen eine ›Furcht‹ vor dem ›Ableben‹ zu (vgl. SZ:251). Diese ›uneigentliche‹ Furcht, die den Tod als ein Vorkommnis, als eine Möglichkeit in der Welt verstehe, die einen nicht selbst betreffe und deswegen auch nicht beunruhige, sei selbst wiederum nur eine Modifikation der ›eigentlichen‹ Angst vor dem Tod, die den Tod als letzte und ›eigenste‹ Möglichkeit des Daseins verstehe (vgl. 64:49), zu der die ausdrückliche Philosophie hinführen soll. Das philosophische Leben bestehe also darin, zu der Entscheidung über das eigene Leben zu führen (vgl. 20:441): zu der Entscheidung, ob man die Welt und das Leben als endliches und eigenes begreift und sich nicht nur indifferent, weil ›man‹ muss, sondern ›entschlossen‹ für eine Möglichkeit (und gegen alle anderen) entscheide oder ob man die Welt als Öffentlichkeit begreift und das Leben so lebt, als würde man ewig leben, als könnte man sich alle Möglichkeiten offen halten und für immer ›unentschlossen‹ bleiben. Das ausdrückliche Philosophieren führe kurz gesagt zu der Entscheidung, ob man selbst über sein Leben entscheidet oder nicht.

Zentral ist dabei, dass die ›ausdrückliche‹ Philosophie diese Entscheidung nur ermögliche oder zu ihr ›hinführe‹. Sie führe nur an »den *Rand* der Möglichkeit [...], der *Möglichkeit*, dem Dasein wieder *Wirklichkeit*, d.h. seine *Existenz* zu geben. Aber zwischen diesem äußersten Rande der Möglichkeit und der Wirklichkeit des Daseins ist freilich eine dünne Linie [...], die der Mensch nur überspringt, wenn er seinem Dasein einen Ruck gibt. Von diesem Rand des Möglichen in den Ruck zur Wirklichkeit führt nur das einzelne Handeln selbst – der *Augenblick*. Das Philosophieren dagegen kann nur bis an den Rand führen« (29/30:257; vgl. 94:37). Die eigentliche Existenz setze also die ausdrückliche Philosophie voraus, das ständige Hinführen der Philosophie an ihre eigene Grenze, das ständige Umkehren des Verfallens.[59] Sie geschehe ›in‹ der Philosophie, aber nicht schon ›durch‹ das Ergreifen der Grundmöglichkeit der ausdrücklichen Philosophie (in diesem Sinn ›ist‹ die ausdrückliche Philosophie die Grundmöglichkeit der eigentlichen Existenz).

Die ausdrückliche Philosophie ermögliche eine Entscheidung, die sie ihrem Gehalt nach nicht bestimmen könne, eine konkrete Entscheidung, die nur der Philosoph aus seinem Leben und seiner Situation heraus treffen könne. Sie bilde eine ›Haltung‹ aus, die sich in einem ›Verhalten‹ verwirklichen müsse und deswegen »auch Sache der persönlichen Stellungnahme des Philosophen zu Leben, Welt und Geschichte« sei (56/57:10). Doch an dieser Stelle deutet sich bereits das Grundproblem und der katastrophale Zusammenbruch von Heideggers Frühphilosophie an: Der ›Aufstieg‹ zur eigentlichen Existenz, zum ›Sein zum Tode‹, das beansprucht, den bloßen ›Menschen‹ hin zum ›Dasein‹ zu überschreiten oder zu transzendieren, führt in eine neue Abhängigkeit von der ›Situation‹. Der vermeintliche Aufstieg entpuppt sich als Rückfall unter den ›Menschen‹, in eine ›primitive‹ oder ›tierische‹ Existenz im Sinne Heideggers. Weil das Erwecken aus der menschlichen Benommenheit »Sache jedes einzelnen Menschen [ist], nicht seines bloßen guten Willens [...], sondern seines Geschickes, dessen, was ihm zufällt oder nicht zufällt« (29/30:510), lässt sich das ›Dasein‹ von einer Situation bestimmen, der es ›nicht mächtig‹ ist und die es nicht verstehen kann. Das ›entschlossene‹ Handeln lässt sich nicht mehr vom ›benommenen‹ Benehmen der Tiere unterscheiden.

Selbst eine vollkommen ›immanente‹ Interpretation von Heideggers Philosophie kommt also nicht um die Unterscheidung zwischen ›der Philosophie‹ und ›dem Philosophen‹ herum. Nur ist sie hier nicht apologetische Voraussetzung der Interpretation, sondern ein Produkt der Selbsterörterung von Heideggers Philosophie. In der »Entschlossenheit« (vgl. 24:406), im ›Sein zum Tode‹ eigne sich das Dasein den Menschen an, das Seiende, das es ›ist‹. Diese ›Aneignung‹, die zur ›Eigentlichkeit‹ führe, ist nichts anderes als die hier rekonstruierte aneignende Auslegung des Menschen. Dass diese Interpretation, das Produkt der Selbsterörterung, den Anschein einer eitlen Selbstbezüglichkeit, eines ›leeren Schweifens‹ erweckt, liegt in der Sache selbst.

36. Entschlossenheit

Weil die Philosophie nur zu der existenziellen Entscheidung hin, aber nicht durch sie hindurchführe, bildet sie nach Heidegger keine bestimmte Weltanschauung aus. Während die Weltanschauung ihrem Gehalt nach ein Produkt des Philosophen und der gesellschaftlichen und politischen Situation bleibe, bringe die Philosophie eine bestimmte Weise, Weltanschauung zu haben, eine Haltung zur Welt hervor, die Heidegger bekanntlich als ›Entschlossenheit‹ bezeichnet. ›Entschlossen‹ sei das ›Dasein‹, wenn es die Welt ›erschlossen‹, also aneignend ausgelegt habe – die ganze Welt und insbesondere das Seiende, das es selbst ›ist‹: den Menschen, der an die Welt verfallen sei, der sich an die Welt verloren und seines ›eigenen‹ Seins beraubt habe. Dazu müsse die Welt des Menschen erneut angeeignet werden, der Mensch müsse sich ›entschließen‹, die Möglichkeiten, die seine Welt bietet, wieder zu seiner Entscheidung zu machen, diese Entscheidung nicht der ›Öffentlichkeit‹ oder dem viel beredeten ›Man‹ zu überlassen. Dazu müsse das ›Dasein‹ in die äußerste und letzte Möglichkeit des Menschen »vorlaufen« (64:52) und sich der Angst vor dem Tod aussetzen, denn nur das Vorlaufen »deckt den Horizont dieser Wahl auf, das, was in ihr zur Wahl steht« (64:54). Und das, was zur Wahl stehe, das, worüber das »Dasein« zu entscheiden in den Stand gesetzt werde, sei das Leben des Daseins, ›seine‹ Welt, die nichts anderes sei als ›die‹ Welt, als das Seiende im Ganzen. Das ›Vorlaufen‹ sei Teil der Bewegung der ›ursprünglichen‹ Transzendenz, die ›existenziell‹ und ›faktisch‹ das ›uneigentliche‹ Transzendieren voraussetze.

Im ›Vorlaufen‹ überschreite das Dasein seine Welt hin zu seiner äußersten Möglichkeit, hin zur ›eigensten‹ Möglichkeit des Todes, der die Welt des Daseins, die Gesamtheit seiner Möglichkeiten begrenze. Von dieser ›eigensten‹ Möglichkeit kehre der ›Mensch‹ als ›Dasein‹ zu seiner Welt zurück: »Entschlossenheit ist zumal ein Zurückkommen auf das eigenste, in seine Vereinzelung geworfene Selbst« (SZ:339; vgl. 63:117; 24:407). Die Konfrontation mit der ›eigensten‹ Möglichkeit des Todes mache ausdrücklich, dass ›die Welt‹ nichts anderes sei als die ›eigene Welt‹ und ›das Sein‹ des Seienden nichts anderes als das ›eigene Sein‹, dass die Gesamtheit des Seienden, die ganze Welt ›immer schon‹ angeeignet sei. Bereits hier deutet sich also an, was in der weiteren Rekonstruktion der Selbsterörterung deutlich werden wird: dass die ›Wahrheit des Seins‹ nichts anderes ist als das ›eigene Sein‹ der Philosophie, als das Transzendieren, das ausdrücklich macht, dass ›das Sein‹ mit dem ›eigenen Sein‹ identisch ist.

Die ›entschlossene‹, ›eigentliche‹ Existenz, das ›Sein zum Tode‹ ist also dasselbe wie die ausdrückliche Aneignung der Welt, die ›Beherrschung‹ des Seienden im Ganzen durch eine totale aneignende Auslegung, die jede andere Perspektive aus dieser Welt ausschließt: In dieser Auslegung zeigt sich, dass alles, was ist, immer schon in einem bestimmten Sinn verstanden und als Möglichkeit des ›Daseins‹ angeeignet ist. Doch so wie das Dasein durch diese ausdrückliche Aneignung die anonyme Welt des Menschen transzendiert, lässt es sich zugleich von dem beherrschen, was nicht ›ist‹, von jener uneinholbaren Situation, in der es sich befindet. Das ›Sein zum Tode‹, das ›entschlossene‹ Ergreifen der ›eigensten‹ Möglichkeit ist zugleich ein »Auf-sich-zukommen-lassen« (SZ:339), ein ›Sichausliefern‹ an das, was das Seiende nicht beherrschen kann, an seine eigene Situation. Die Entscheidung für das ›eigentliche‹ Leben entpuppt sich als eine Entscheidung dafür, sich dem »Schicksal« auszuliefern (SZ:384), dem ›man‹ ohnehin ausgeliefert ist. Es ist die ›Entscheidung‹, sich dem Schicksal nicht kritisch, abwägend und unterscheidend, sondern ›entschlossen‹ und ›entschieden‹ auszuliefern.[60] Die gesellschaftliche und politische Situation entzieht sich der aneignenden und verflüchtigenden Auslegung dieser Philosophie. Sie liegt jenseits des Raumes der ahistorischen Geschichte des Daseins, der durch die verflüchtigende Auslegung der menschlichen Existenz erschlossen wird. Für Heideggers Philosophie ist die ›Situation‹ das Beunruhigende schlechthin. Das ›Dasein‹ kann ihr weder Herr werden noch entkommen. Es kann sie nur entschlossen annehmen, um seine eigene Welt zu beherrschen.

Nach Heideggers Lehre führt die ausdrückliche Philosophie also aus der Höhle des Menschen, aus der Welt der Öffentlichkeit, der Meinungen und der Kritik der gesellschaftlichen und politischen Situation (in die das Dasein durch die uneigentliche Philosophie hineingeführt wurde, durch eine ›politische‹ Philosophie, die den Menschen in den ›Ruin‹ treibe) heraus und sie führt an die Entscheidung zwischen der eigentlichen und uneigentlichen Existenz heran. Doch die Entscheidung für die eigentliche Existenz führt direkt in die Höhle zurück, in eine Situation der ›tierischen‹ und ›primitiven‹ Gewalt. Der ›Augenblick‹ der ›Entscheidung‹, die »Situation des Handelns« (24:407) entpuppt sich als die ›Situation‹, in der man sich ›befindet‹ und in der man sich nur ›benehmen‹ kann. Der ständige Wiederaufstieg der ausdrücklichen Philosophie führt durch die eigene gesellschaftliche und politische Situation hindurch, die weder angeeignet noch beherrscht werden kann. Heideggers Philosophie lässt sich in letzter Konsequenz von der bloßen Situation bestimmen.

37. »Wer hat Angst vor der Philosophie?«

Weil das (›abendländische‹) Dasein seinem Wesen nach ›immer schon‹, allerdings nur auf ›unausdrückliche‹ und ›uneigentliche‹ Weise philosophiere (27:227), bedürfe auch das Philosophieren »einer eigenen Befreiung und Führung […], einer Befreiung, bei der das Dasein gegen sich Gewalt brauchen muss« (27:220; vgl. 26:270). Die Philosophie, die das Dasein im Menschen ›erwecke‹, sei ›zunächst und zumeist‹ selbst ›benommen‹ von der Welt, die sie entwerfe und von dem Seienden, das sie verstehe, und müsse daher selbst ›erweckt‹ werden – der ›unausdrückliche‹ Anfang der Philosophie müsse ›ausdrücklich‹ wiederholt werden (vgl. 31:44f.; 35:97). Obwohl der Mensch seinem Wesen nach philosophiere, fürchte er sich vor der ausdrücklichen Philosophie.

Die entscheidende Frage ist also, wie sich jene ›ausdrückliche Philosophie‹, unter der Heidegger nur seine eigene Philosophie verstehen kann, in dem von ihm erschlossenen Raum, im ›Dasein‹ verorten lässt. Wie kann etwas, das zwar als ›Grundmöglichkeit‹ immer offen steht, ›existenziell‹ und ›faktisch‹ aber stets durch das ›Verfallen‹ verunmöglicht wird, ›in Gang kommen‹? Diese Kernfrage der Selbsterörterung ist zugleich die Kernfrage von Heideggers philosophischer Politik, genauer gesagt die Frage seiner philosophischen ›Erziehung‹ oder ›Lehre‹ (vgl. Derrida 1990c: 115). Die Frage, wie ›die Philosophie‹ aus der uneigentlichen Existenz ›herausführen‹ kann, ist mit der Frage, ob und wie ›der Philosoph‹ die Anderen ›anführen‹ kann, untrennbar verbunden.

Die Antwort auf diese Kernfrage, die Heidegger beständig, auch in seiner Spätphilosophie (siehe Kapitel 91 der vorliegenden Untersuchung), wiederholt, lautet: »Philosophie kommt nur in Gang durch einen eigentümlichen Einsprung der eigenen Existenz in die Grundmöglichkeiten des Daseins im Ganzen« (9:122; vgl. 58:137). Eine Antwort, die nicht zu befriedigen vermag, denn es zwingt sich unmittelbar die Frage auf, wie dieser ›Einsprung‹ in die ausdrückliche Philosophie möglich ist, wenn die uneigentliche, verfallene Existenz und die unausdrückliche Philosophie sie prinzipiell verunmöglichen. Heideggers Antwort auf diese neue Frage lautet wiederum: Die Grundmöglichkeit der ausdrücklichen Philosophie sei keine eigene Möglichkeit, sie sei nicht Teil der ›Welt des Daseins‹, sondern der Situation, in der es sich befindet. Sie sei weder durch das ursprüngliche Transzendieren noch durch das alltägliche oder wissenschaftliche Entdecken, sondern nur durch die ›Stimmung‹ gegeben, durch die Situation, insofern sie das Dasein bestimme (vgl. 29/30:9).

Die ›Grundmöglichkeit‹ der ausdrücklichen Philosophie, in die der Mensch ›einspringen‹ müsse, sei ihm nicht als eine ›wirkliche‹ Möglichkeit seiner Welt, sondern durch eine ›Grundstimmung‹ gegeben. Sie sei daher nicht die Möglichkeit zu einem bestimmten ›Verhalten‹ in der Welt, sondern zu einer bestimmten ›Haltung‹ zu dieser Welt. Die ›Grundstimmung‹, die den ›Einsprung‹ in die ausdrückliche Philosophie ermöglichen soll, müsse jedoch, wie Heidegger betont, selbst wiederum ›erweckt‹ werden (vgl. 29/30:89). Sie lasse sich allerdings nicht einfach entdecken oder »bewusst machen« (29/30:92), sie ›stimme‹ oder ›bestimme‹ vielmehr nur dann, wenn das Dasein ihr bereits in einer bestimmten, philosophischen Haltung begegne (vgl. 29/30:200). Sie setze eine grundsätzliche »*Verwandlung des menschlichen Daseins*« (29/30:416), den ›Einsprung‹ in eine andere Grundmöglichkeit des Daseins voraus. Auf der Ebene der Selbstpräsentation ergibt sich ein scheinbar unauflösbarer Zirkel: Der Einsprung setze eine Stimmung voraus, die wiederum den Einsprung voraussetze. Es lässt sich nicht entscheiden, ob die Philosophie die Stimmung der Angst oder ob umgekehrt die Angst die Philosophie voraussetzt, ob das ›ausdrückliche Philosophieren‹ durch eine freie Handlung des Philosophen ›in Gang kommt‹ oder durch eine Stimmung, in die er versetzt wird. Auf der Ebene der Selbsterörterung zeigt sich hingegen, dass hier nur scheinbar ein Zirkel vorliegt, dass die Behauptung dieser Zirkularität Heideggers philosophischer Politik dient und dass sie den Kern der phänomenologischen Geste ausmacht. Es zeigt sich ferner, dass Heideggers Philosophie in ihrem Bemühen, ihre Sache selbst zu bestimmen und sich von der Welt unabhängig zu machen, um sie zu beherrschen, sich umso mehr von der Situation, aus der die ›Welt‹ hervorgeht, bestimmen lässt. Es zeigt sich, dass Heideggers Philosophie in ihrem Versuch, die Welt zu überspringen, in die gesellschaftliche und politische Situation zurückfällt, von der sie sich bestimmen lassen muss, weil sie sie nie zu ihrem Gegenstand gemacht hat.

38. Die phänomenologische Geste

Gemäß ihrer allgegenwärtigen Selbstpräsentation stellt sich Heideggers Philosophie unterwürfig in den Dienst dessen, was sie als ihre Sache präsentiert: das ›Phänomen‹, das radikal von ihr verschieden und unabhängig ist. Die ›Wahrheit des Seins‹, die Heideggers Philosophie zu ihrer Sache erklärt, wird bekanntlich als etwas präsentiert, das sich ›zunächst und zumeist‹ nicht zeigt und deswegen seiner ›Vergessenheit‹ und ›Verborgenheit‹ gewaltsam ›entrissen‹ werden muss. Wenn aber die Sache von Heideggers Philosophie nur im ›entschlossenen‹ Zugriff, nur in der aneignenden Auslegung durch die Philosophie phänomenal werden würde, dann würde sich die Philosophie entgegen ihrer Behauptung nicht von ihrer Sache bestimmen, oder ›stimmen‹ lassen, sondern sie umgekehrt selbst bestimmen.

Weil die ›Wahrheit des Seins‹ sich gemäß der Selbstpräsentation aber auch unabhängig von der Philosophie zeigen können muss, muss es ein ›Phänomen‹ geben, das den Übergang vom impliziten zum expliziten Transzendieren ›von sich her zeigt‹. Es muss eine Stimmung behauptet werden, in der die ›Wahrheit des Seins‹ das ›Dasein‹ unabhängig von Heideggers Philosophie, von sich aus ›stimmt‹ und von der die Philosophie sich selbst bestimmen lässt und der sie sich unterwirft. Heideggers Philosophie präsentiert sich bescheiden und demütig als ›Werkzeug‹ und nicht als *conditio sine qua non* der ›Wahrheit des Seins‹. Weil es Heideggers Philosophie darum geht, sich in einem radikalen Sinn selbst zu bestimmen, kann sie an diesem für ihr ganzes Unterfangen entscheidenden Punkt der Selbstverortung ihre Selbstpräsentation weder aufrecht halten noch verwerfen. Die Zirkularität von Stimmung und Sprung ist ein Produkt des Unterschieds und Widerspruchs von Selbstpräsentation und Selbsterörterung.

Für Heideggers Philosophie kann es keine Stimmung geben, die unabhängig von ihr selbst den Übergang aus der uneigentlichen in die eigentliche Existenz ›in Gang bringen‹ kann.[61] Und doch wäre es eine einseitige und verkürzte Auffassung von Heideggers Philosophie, wenn man behaupten würde, sie müsse einfach nur durch das Charisma des Vortrags »die Befindlichkeit herbeizaubern, um deren Deutung sie sich dann im folgenden bemüht« (Safranski 2001: 204). In der Unentschiedenheit, ob die Angst als Grundstimmung die ausdrückliche Philosophie ermöglicht und unabhängig von ihr und ihrer aneignenden Auslegung möglich ist oder ob sie umgekehrt nur durch die Philosophie und in der ›phänomenologischen‹ Auslegung bestimmend wird oder ›stimmt‹, kommt eine tiefere Wahrheit zum Ausdruck. Denn auch wenn Heideggers Frühphilosophie danach strebt, sich selbst zu bestimmen, bleibt sie tatsächlich von ihrer Situation abhängig und lässt sich von ihr ›stimmen‹. Sie lässt sich in einem ›Ausnahmezustand‹, der das alltägliche ›zunächst und zumeist‹ durchbricht, von ihrer Situation bestimmen, ohne sie zum Gegenstand der aneignenden Auslegung zu machen und begeht damit einen Fehler, den Heideggers Spätphilosophie nicht wiederholen wird.[62]

Gemäß der Selbstpräsentation ist die ›eigentliche‹ Angst als ›Grundstimmung‹ der ›Grundmöglichkeit‹ der ausdrücklichen Philosophie ausgesprochen »selten« (SZ:190). ›Zunächst und zumeist‹ sei diese Grundstimmung nur uneigentlich da, nämlich als ›Furcht‹ (die Stimmung des Verfallens): »Die Angst ist da. Sie schläft nur« (9:117). Das verfallene Dasein, der ›Mensch‹, fürchte sich ›zunächst und zumeist‹ vor dem Tod, er fürchte sich genauer gesagt vor der Angst vor dem Tod und vor der Philosophie, die zu dieser Angst hinführen soll – eine Furcht, die die Möglichkeit der Angst verhindert und »verschließt« (SZ:276). Die entscheidende Frage ist also, wie die Angst als »Stimmung eines möglichen Entschlusses« (SZ:344) geweckt werden kann, wie sie ›stimmen‹ oder bestimmend werden kann. Und Heideggers Antwort auf diese Frage lautet: »Eigentlich kann die Angst nur aufsteigen in einem entschlossenen Dasein« (SZ:344).

Der ›Entschluss‹ sei also nur in der Grundstimmung der Angst möglich, die selbst wiederum nur in einem entschlossenen Dasein aufsteigen könne. Die Möglichkeiten der Entschlossenheit und Unentschlossenheit werden wiederum nur durch das ›Vorlaufen‹ eröffnet. Da das Dasein aber ›immer schon‹ verfallen sei, müsse sich auch diese Möglichkeit des Vorlaufens erst ›zeigen‹. Es müsse »bezeugt« werden, dass sie dem Dasein als Grundmöglichkeit ›immer schon‹ offen gestanden habe (vgl. SZ:268).

Diese ›Bezeugung‹ biete das ›Phänomen‹ des Gewissens, das sich aber, so wie alle anderen vermeintlichen Phänomene, nur in der aneignenden Auslegung durch Heideggers Philosophie zeige. Denn der ›Ruf des Gewissens‹, der diese Möglichkeit in Erinnerung rufe, werde ›zunächst und zumeist‹ überhört (vgl. SZ:274). Gehört werde dieser Ruf nur, wenn er richtig – will sagen ›eigentlich‹ – verstanden, interpretiert und ›auf den Begriff gebracht‹ werde (vgl. SZ:281). Auch wenn an dieser Stelle der Argumentation kein Zweifel mehr darüber bestehen kann, dass diese Interpretation nur in der aneignenden Auslegung des Menschen als Dasein, also in der Selbsterörterung von Heideggers Philosophie bestehen kann: Er will es nicht sagen. Am Ende jener grob skizzierten, von Heidegger bewusst kompliziert und zweideutig gestalteten Auslegung des Phänomens der Angst in *Sein und Zeit* schließt er deshalb auf der rhetorischen Ebene den Zirkel von Sprung und

Stimmung, wenn er behauptet: »Den Ruf eigentlich hören bedeutet, sich in das faktische Handeln zu bringen« (SZ:294). Es scheint, als könne die Stimmung nur unter Voraussetzung des ›Einsprungs‹ in eine Möglichkeit bestimmend werden, die sie selbst eröffnet. Tatsächlich bedeutet ›sich in das faktische Handeln zu bringen‹ nichts anderes als ›Philosophieren‹, das für Heidegger in einem ›Heranführen‹ an eine ›Grenze‹ besteht, die nur durch eine faktische Handlung überschritten werden kann.

Auch wenn die aneignende, ›existenziale‹ Auslegung des Rufes das ›existenzielle Verstehen‹ noch nicht »gewährleistet« (SZ:295), so stelle es doch die Voraussetzung für ein ›existenzielles Verstehen‹ dar, das nur in einem ›faktischen‹ und ›entschlossenen‹ Handeln, in einem Schritt über die Grenze der Philosophie und in die gesellschaftliche und politische Situation möglich sei. Dass dieser Schritt ›gelinge‹, hänge außer von der Philosophie auch von der Situation ab – tatsächlich ›gelinge‹ der Schritt und somit die Philosophie, die zu ihm hinführen soll, nur äußerst ›selten‹. Denn auch die ausdrückliche Philosophie sei von der ›Entschlossenheit‹ und somit von der ›Situation‹ abhängig: »Philosophieren kann nur, wer schon entschlossen ist« (26:22). Nur ist die Entschlossenheit nicht, wie der Satz zu suggerieren scheint, für den ›Einsprung‹ in die Philosophie vorausgesetzt, sondern für den ›Schritt‹, in dem sich die Philosophie verwirklicht, vollendet und ihre eigene Grenze überschreitet.

39. Über die Grenze

Die Möglichkeit jener ausdrücklichen Philosophie lässt sich also laut Heidegger nicht erklären. Es gebe keinen Weg, der aus der alltäglichen und uneigentlichen Existenz in die eigentliche Philosophie führt. Im Gegensatz zur ›unausdrücklichen‹, griechischen Philosophie gehe die ausdrückliche Philosophie nicht aus einer Stimmung wie dem ›Staunen‹ hervor, sondern sei nur durch einen unerklärlichen und unbegründeten ›Einsprung‹ möglich. Der Mensch werde nicht erst durch die Angst aus seiner Benommenheit gerissen, um sich dann der Philosophie zuzuwenden. Er könne sich vielmehr nur durch den ›Einsprung‹ in die ausdrückliche Philosophie, durch die Selbstauslegung als Dasein aus seiner Benommenheit ›herausphilosophieren‹. Die eigentliche und wache Existenz sei nur in der und durch die Philosophie möglich: »Das Wachsein ist philosophisch, das besagt: es ist lebendig in einer ursprünglichen *Selbstauslegung*, die Philosophie von ihr selbst sich gegeben hat« (63:18).

Die begriffliche ›Arbeit‹ der Philosophie, ihre Selbsterörterung in Form einer aneignenden Auslegung des Menschen als Dasein, führt an ihre eigene Grenze, die Heidegger in der Kant-Vorlesung aus dem Wintersemester 1927/28 folgendermaßen beschreibt: »Aus der Helle des Begriffs, mit Hilfe des Begriffs, zielt alle begriffliche echte Erkenntnis in das Vorbegriffliche« (25:398; vgl. 26:22). Die Begrifflichkeit, die Heideggers Philosophie entwickelt, ihre aneignende Auslegung des Menschen ist kein Selbstzweck – seine Philosophie ist keine Theorie, keine Wissenschaft und erst recht keine Anthropologie. Ihre Begrifflichkeit kann zwar für diese Zwecke verwendet werden, sie kann als ›Fundamentalontologie‹ dienen, Heideggers Philosophie zielt allerdings auf etwas anderes ab. Sie zielt auf einen Schritt ins Vorbegriffliche, der gerade keine ›Erkenntnis‹ mehr ist, der zwar in seiner ›Haltung‹ auf der ›Erkenntnis‹ der Philosophie beruht, in seinem ›Gehalt‹ hingegen von der schicksalhaft waltenden gesellschaftlichen und politischen Situation bestimmt ist.

Dass die »Arbeit des Philosophierens« (34:97) auf einen Schritt über die Philosophie hinaus und in einen der Philosophie und ihrer aneignenden Arbeit grundsätzlich verschlossenen Raum zielt, scheint auf den ersten Blick der Grundthese meiner Arbeit zu widersprechen. Tatsächlich führt Heideggers Philosophie aber gerade weil es ihr um ihr eigenes Sein geht, an ihre eigene Grenze: Weil sie sich als ›ausdrückliches Transzendieren‹ begreift und in ihrem ›Sein‹, im ständigen Aufstieg aus der Höhle der verfallenen Existenz, den höchsten Zweck sieht, muss sie auch immer wieder in diese Höhle zurückkehren.

Die ›Arbeit des Philosophierens‹ zielt auf ein konkretes Verhalten, das sich weder von den ›Meinungen‹ der Öffentlichkeit noch von irgendeiner wissenschaftlichen, weltanschaulichen oder philosophischen Reflexion derselben, sondern einzig von einer ›Stimmung‹ bestimmen lässt – auf ein Verhalten, dass sich aus der Perspektive von Heideggers Philosophie vom bloßen Benehmen der

Tiere und der ›Primitiven‹ nicht unterscheiden lässt. Durch das konkrete Verhalten, in dem sie gipfelt, geht die Philosophie über sich selbst hinaus und fällt in ihre Ausgangslage, in ihre ›Situation‹ zurück. Ob das konkrete Verhalten des Philosophen einen erneuten ›Einsprung‹ in die Arbeit des Philosophierens ermöglicht und ob diese Arbeit Früchte trägt, darüber entscheidet die gesellschaftliche und politische Situation, von der er sich bestimmen oder ›stimmen‹ lässt. Weil er sich von einer Situation bestimmen lässt, die er ihrem ›Gehalt‹ nach ebenso wenig begreifen kann wie sein eigenes Verhalten, ist sein Benehmen und somit die Philosophie selbst dem Schicksal ausgeliefert.

40. Aus der Höhle

Heideggers Frühphilosophie gipfelt in einer von der Heidegger-Literatur meist vernachlässigten oder gründlich missverstandenen Interpretation des Platonischen Höhlengleichnisses, in der die gesamte Bewegung der Selbstverortung zusammengefasst und zu Ende geführt wird. Zum ersten Mal arbeitet Heidegger seine Auslegung des Höhlengleichnisses, das ihn bereits seit einigen Jahren beschäftigte (vgl. 24:403f.; 80:457–477), im Wintersemester 1931/32 zu einer Vorlesung mit dem Titel *Vom Wesen der Wahrheit* aus, die er – mit weitreichenden Veränderungen – im Wintersemester 1933/34 (36/37:127–181) wiederholte und 1940 mit weiteren einschneidenden Veränderungen in Form eines Aufsatzes mit dem Titel *Platons Lehre von der Wahrheit* (vgl. 9:177–204) veröffentlichte.[63] Die Interpretation erhellt daher nicht nur – als ihr später Höhepunkt – die ganze Frühphilosophie, sondern – als das einzige wesentliche Stück seines Denkens, das sowohl in der Früh- und Spätphase, als auch während der katastrophalen Zwischenphase (1933–36) bearbeitet oder, besser gesagt, neu geschrieben wurde – die gesamte Entwicklung von Heideggers Philosophie. In der ersten Ausarbeitung seiner Interpretation unterteilt Heidegger das Gleichnis in vier ›Stadien‹: 1. die Gefangenschaft in der Höhle; 2. der erste, misslingende Versuch der Befreiung innerhalb der Höhle; 3. die Befreiung und der Aufstieg aus der Höhle; 4. die Rückkehr in die Höhle, um die anderen Gefangenen zu befreien.

Im ersten Stadium des Gleichnisses sei der gefesselte Mensch von dem vor ihm aufgeführten Schattenspiel »befangen« (34:27). Er halte die Schatten für die Gegenstände selbst, die diese Schatten werfen, oder, wie Heidegger sagt, für das ›Seiende‹. Er sei an die Welt ›verfallen‹ und unterwerfe sich der ›öffentlichen Meinung‹, denn seine irrtümlichen Ansichten über die Schatten gewinne er im Gespräch mit anderen Gefangenen: Sie bestärken sich gegenseitig in ihrem Irrtum, so dass ihnen schließlich jede andere Ansicht »verrückt« erscheinen müsse (34:30). Sie beharren auf ihrem Standpunkt und lassen sich nur durch einen gewaltsamen Angriff von ihm »wegrücken« (34:30). Der Grund für diese Verbohrtheit liege darin, dass auch der gefangene Mensch bereits »in die Gefahrenzone der Philosophie geraten ist« (34:77). Die Gefangenen transzendieren, sie philosophieren bereits, das heißt, sie verstehen Sein und verhalten sich zu Seiendem, sie entwerfen eine Welt und entdecken sie. »Ein Tier und eine Pflanze oder gar ein Stein« hingegen »verhalten sich nie zu Seiendem« (34:27). Weil die Gefangenen in den ›Gefahrenbereich‹ der Philosophie geraten seien, transzendieren sie zwar, setzen sich aber zugleich auch der ›Gefahr‹ der menschlichen Existenz aus, der Gefahr des Verfallens. Denn der ›Einbruch‹ der Philosophie in die Situation lasse nicht nur eine Welt aufbrechen, er lasse den Menschen zugleich an sie verfallen. Die anfängliche, unausdrückliche Philosophie lasse den Menschen von seiner eigentlichen Existenz abfallen und versetze ihn erst in die Lage der Gefangenschaft in der Höhle.

Im zweiten ›Stadium‹ wird einer der Gefangenen von seinen Fesseln befreit und gezwungen, sich umzuwenden und die Gegenstände oder das ›Seiende‹ und das (menschengemachte) Feuer zu sehen, das die Schatten ermöglicht. Doch dieser erste Versuch der Befreiung des Gefangenen innerhalb der Höhle scheitert, denn er »greift den Menschen nicht an in seinem eigenen Selbst« (34:36). Er sehe sich zwar mit dem Unterschied zwischen dem Seienden und den Schatten konfrontiert, allerdings betreffe ihn dieser Unterschied nicht. Der Befreiungsversuch scheitere, weil dem Gefangenen eine neue Wahrheit vor Augen geführt werde, die ihm äußerlich bleibe, die ihm in seiner uneigentlichen Existenz gegenübertrete, ohne ihn aus dieser herauszuführen, ohne ihn in seinem Innersten zu verändern. Innerhalb wie außerhalb der Höhle gehe es dem Menschen um sein eigenes Sein. Nur gebe es im Inneren der Höhle keinen Unterschied zwischen Sein und Seiendem. Es gehe dem Gefangenen also um sich selbst als Seiendes, um sich, so wie er bereits sei, um seine weltliche und von der Welt benommene Existenz, um die »Erhaltung der Ungestörtheit des geläufigen Dahintreibens« (34:35). Und die Differenz zwischen Schatten und Seiendem, die dem Gefangenen aufgezwungen werde, verwirre ihn nur. Sie störe seine behagliche Höhlenexistenz, in der er sich mit seinen Mitgefangenen eingerichtet habe.

Heidegger lässt zunächst im Unklaren, wofür das zweite Stadium des Gleichnisses in seiner Interpretation steht. Erst in der Interpretation des vierten Stadiums gibt er einen (vor dem Hintergrund der gesamten Frühphilosophie unmissverständlichen) Hinweis: Die misslingende Befreiung des Menschen stelle den Versuch einer bloß wissenschaftlichen Existenz dar, die nicht in der ausdrücklichen Philosophie fundiert sei. Für Heideggers aneignende Auslegung sind nicht die Erkenntnisse oder ›Entdeckungen‹ einer Wissenschaft das Entscheidende, sondern das, worum es ihr bei diesen Entdeckungen geht. Einer nur wissenschaftlichen Existenz, der es um die ›Wahrheit des Seienden‹ gehe, könne in der menschlichen Existenz nur eine »begrenzte Führerschaft« (9:105) zukommen. Denn jeder ›bloßen‹ Wissenschaft, die sich dem Seienden unterwerfe, gehe es dabei um etwas anderes: Entweder sei sie in der unausdrücklichen Philosophie gegründet und es gehe ihr um Gewissheit und Beruhigung der menschlichen Existenz in der Welt, um den Menschen als Seiendes, oder sie sei in der ausdrücklichen Philosophie Heideggers, in der ›Fundamentalontologie‹ gegründet und es gehe ihr um die ›Wahrheit des Seins‹. Für sich genommen führe sie nicht aus der Höhle heraus. Sie muss selbst geführt werden und zwar von der ausdrücklichen Philosophie, zu der ein einseitiges Abhängigkeitsverhältnis besteht: »Wissenschaften *können* der Philosophie dienen, aber die Philosophie *braucht nicht notwendig* ihren Dienst« (34:83).

Erst im dritten ›Stadium‹ des Höhlengleichnisses gelinge die Befreiung des Gefangenen. Der Gefangene müsse »gewaltsam« (34:42) aus der Höhle gezerrt, den Weg aus der Höhle hinaufgeführt und zu einer langwierigen und anstrengenden Umgewöhnung gezwungen werden. Die Auslegung des Höhlengleichnisses bietet Heideggers

Philosophie an dieser Stelle Gelegenheit, ihre Sache und ihr Interesse in der reinsten phänomenologischen Geste zu präsentieren. Der ausdrücklichen Philosophie, die stets von Neuem einen langen und beschwerlichen Weg hinter sich zu bringen habe, gehe es nicht um das vom Menschen gemachte Feuer, um die ›Wahrheit des Seienden‹, sondern um die Sonne, um die ›Wahrheit des Seins‹, die nicht, wie die Wahrheit des Seienden (die ›Richtigkeit‹) vom Menschen hervorgebracht werde, sondern sich von sich selbst her zeige, die sich, genauer gesagt, nur für ein langsames, zurücktretendes »Vertrautwerden« zeige (34:42). Wenn Heideggers Philosophie also beansprucht, die Menschen aus der Höhle zu führen, wenn sie beansprucht, die Wissenschaften zu führen, dann wolle sie letztlich nur demütig »dem *Sein* die Führung überlassen« (34:73).

41. Zurück in die Höhle

Heideggers Philosophie nutzt das Gleichnis nicht nur, um ihre Sache und ihr Interesse zu präsentieren, sondern auch, um zum ersten Mal ihre philosophische Politik zu rechtfertigen. Denn die Bewegung der ausdrücklichen Philosophie kommt mit dem Aufstieg aus der Höhle keineswegs zu ihrem Ende. Der Befreite sei nur ›eigentlich‹ frei, wenn er in die Höhle zurückkehre und die anderen Gefangenen befreie: »[E]igentliches Frei-sein ist Befreiersein aus dem Dunkel« (34:90). Er müsse zurück in die Höhle der gesellschaftlichen und politischen Realität: »Befreier-sein ist Mithandeln in der Geschichte« (34:85). Als Philosoph müsse er sich an dieser ›Geschichte‹, an der gesellschaftlichen und politischen Realität, an der Öffentlichkeit und den ›Geschichten‹, die hier erzählt werden, beteiligen und zugleich nicht beteiligen: Er müsse in der Geschichte ›mithandeln‹, ohne sich an dem verblendeten und falschen »Höhlengeschwätz« über die Schatten zu beteiligen (34:86).

Die Befreiung der anderen Gefangenen und somit die »Vollendung« (34:91) der Bewegung der Philosophie erfordere daher kein Gespräch, sondern »ein gewalttätiges Zugreifen und Herausreißen« (34:85). Diesen gewalttätigen Zug meint auch Gadamer, wenn er sagt: »Heideggers radikales Fragen […] ist nicht ein esoterisch-privates Tun, sondern will nötigen, mit sprachlicher

Gewalt, mitzugehen« (Gadamer 1983: 59). Doch der Philosoph ist für Heidegger dieses gewalttätigen Zugriffs nicht mächtig. Er sei ohnmächtig, weil die Gemeinschaft der Höhlenbewohner ihn einerseits ›töten‹ würde, wenn er an einen der Gefangenen Hand anlegen und die Ruhe der Gemeinschaft stören würde und weil er andererseits zu einem Gespräch, zu einer ›politischen‹ Lösung weder in der Lage noch gewillt sei. Die Sprache der Höhlenbewohner zu sprechen widerstrebe ihm nicht nur, sie sei ihm auch – als Philosoph – unverständlich: Die Welt der Höhle, die gesellschaftliche und politische Situation, bleibe seiner aneignenden Auslegung grundsätzlich verschlossen.

Wenn Heidegger von dem »Schicksal des Todes in der Höhle« (34:83) spricht, meint er also nicht nur die physische Tötung des Philosophen, wie im Fall des Sokrates, sondern das grundsätzliche und unausweichliche »Nichtig- und Machtloswerden« (34:84), den Tod der Philosophie. Dass die Philosophie ihre Bewegung vollende, dass der Philosoph ein eigentlicher Philosoph werde, liege nicht in der Macht der Philosophie. Die ausdrückliche Philosophie sei wesentlich abhängig von dem Geschehen in der Höhle. Die gesellschaftliche und politische Realität und ihre Geschichte muss aus dieser Perspektive als ein Schicksal erscheinen, dem sich der Philosoph in dem Moment aussetzt, in dem er die Grenze der Philosophie überschreitet und mit der konkreten Situation konfrontiert wird, die sich seiner verflüchtigenden Interpretation grundsätzlich verschließt. Bei seiner Rückkehr in die Höhle kehrt der Philosoph in die Situation zurück, in der er sich ›wiederfindet‹, weil er sich ›immer schon‹ in ihr ›befindet‹. In eine Situation, von der er sich auf unmittelbare Weise bestimmen, ›stimmen‹ lässt, weil er sie ihrem ›Gehalt‹ nach nicht aneignen kann und dennoch gerade von diesem ›Gehalt‹ abhängig bleibt. In eine Situation, die er nicht als gesellschaftliche und politische Realität begreifen kann. In eine Situation, in der er deshalb nicht mitreden, sondern nur unreflektiert ›mithandeln‹ kann, in der er sich genauer gesagt nur ›benehmen‹ kann.

Doch warum sollte sich die Philosophie überhaupt diesem Schicksal aussetzen? Warum sollte ausgerechnet eine Philosophie, von der ich behaupte, dass es ihr in einem radikalen Sinn um ihr eigenes Sein geht, und die von sich selbst behauptet, es ginge ihr um die ›Wahrheit des Seins‹, sich um das Schicksal der anderen Gefangenen sorgen und sich dem drohenden Tod in der Höhle aussetzen? Auf der Ebene der Selbstpräsentation geschieht diese ›Grenzüberschreitung‹ (das ›Mithandeln‹ oder das ›Engagement‹) umwillen der ›Wahrheit des Seins‹. Denn die Wahrheit sei ein ›Geschehen‹ des ›Kampfes‹: ein immer neues »Überwinden der Verbergung«, ein nie endender »ursprünglicher Kampf gegen die Verborgenheit« (34:92).

Doch wäre die Gemeinschaft der Höhlenbewohner, die gesellschaftliche und politische Realität tatsächlich die ›Verborgenheit‹, wäre sie tatsächlich für die ›Entbergung‹, für das Geschehen der ›Wahrheit des Seins‹, für die Sache der Philosophie entscheidend, müsste dann nicht der Philosoph es zu seiner Sache machen und ›immer schon‹ gemacht haben, das Geschehen in der Höhle, kurz gesagt die ›Politik‹ zu verstehen? Schließlich ist der σοφός nach Heideggers eigenen Worten derjenige, der »sich auf etwas versteht, in einer Sache kundig ist«, derjenige, der »von Grund auf weiß, worauf es ankommt« (34:82). Und wenn er ›von Grund auf‹, ›immer schon‹ wüsste, dass es für ihn darauf ankomme, die Welt zu verändern, was für einen Sinn hätte dann eine aneignende Auslegung des Menschen, die seine Geschichte, seine gesellschaftliche und politische Realität ›verflüchtigt‹?

Wie anders sollte sich dieser Ansatz erklären lassen als dadurch, dass es ihm gar nicht darauf ankommt, die Welt zu verändern, sondern nur darauf, von seinen Mitgefangenen, also von seinen zukünftigen Lesern anerkannt zu werden? Und dass diese Anerkennung seine zukünftigen Leser gerade nicht zu eigentlichen Philosophen, sondern zu bloßen Anhängern seiner Lehre macht? Dass Heidegger gar nicht an die Lehre vom Aufstieg und der damit verbundenen Rettung aus dem ›Gefahrenbereich‹ der Höhle glaubt? Dass es ihm nicht darauf ankommt, sondern dass er vielmehr nicht umhinkommt, die Welt zu verändern? Dass die Weltveränderung nicht seine Sache, sondern sein unausweichliches Schicksal ist?

42. Geschichte und Geschichtlichkeit

Während Heideggers Philosophie in allen ihren Phasen einen Aufstieg aus der und eine Rückkehr in die Höhle der gesellschaftlichen und politischen Realität behauptet, nimmt die behauptete ›Rückkehr in die Höhle‹ in den verschiedenen Phasen ihrer Entwicklung durchaus unterschiedliche Formen an. Die Selbsterörterung von Heideggers Frühphilosophie anhand des Themas der menschlichen Existenz lässt sich, im Höhlengleichnis gesprochen, folgendermaßen zusammenfassen:

> Der Mensch *ist nicht,* sofern er, in der Höhle gebunden, sich wohlfühlt und schwatzt, er *ist* auch *nicht,* sofern er in der Gegenhaltung außerhalb der Höhle ist, sondern der Mensch *ist Übergang* aus der Höhle ans Licht und in die Höhle zurück. Dieser *Übergang* ist die eigentliche Geschichte des Menschen, ein Schicksal, das man nicht abschütteln kann, indem man erklärt, man interessiere sich nicht für Philosophie. (36/37:187)

Während die menschliche, und das heißt für Heidegger die europäische Existenz seit ihrem Beginn in der griechischen Philosophie ›immer schon‹ (oder wie Heidegger in der Frühphilosophie zu sagen gezwungen ist: ›zunächst und zumeist‹) von ihrer eigentlichen Existenzweise abgefallen sei, während sie von dieser unausdrücklichen, wissenschaftlichen Philosophie in eine Höhle geführt wurde, bestehe die eigentliche Geschichte der menschlichen Existenz, die Geschichte der Eigentlichkeit, in der ausdrücklichen Philosophie, die durch eine aneignende Auslegung der unausdrücklichen Philosophie (und ihres ›Höhlengleichnisses‹) in der Lage sei, die Bewegungsrichtung der menschlichen Existenz umzukehren. Weil sich Heideggers Frühphilosophie jedoch ihr Thema von der philosophischen Tradition vorgeben lässt, ist sie paradoxerweise gezwungen, diese ›eigentliche Geschichte‹ als ein vollkommen ahistorisches Geschehen im verflüchtigten, von der gesellschaftlichen und politischen Realität unabhängigen ›Wesen des Menschen‹ zu denken. Die griechische, unausdrückliche Philosophie auf der einen und die eigene, ausdrückliche Philosophie auf der anderen Seite, stellen für Heideggers Frühphilosophie gerade keine geschichtlichen Epochen, sondern Grundmöglichkeiten der menschlichen Existenz dar. Die Geschichte und ihre Epochen hingegen, das, was »das Dasein des Menschen in den einzelnen Epochen sein *kann*, weiß das betreffende Dasein nie« (29/30:33).

Die Geschichte der Philosophie, die sich, wie das Höhlengleichnis zeigt, immer und notwendigerweise durch die Geschichte der gesellschaftlichen und politischen Wirklichkeit vermitteln muss, wird nicht angeeignet, sondern hinter der Grenze der Philosophie verortet. Deswegen muss Heideggers Frühphilosophie bei ihrer Rückkehr in die Höhle auch versuchen, sich auf andere Weise als durch die aneignende Auslegung Anerkennung zu verschaffen. Sie muss genauer gesagt, in der Geschichte ›mithandeln‹ und auf unmittelbar ›politische‹ Weise versuchen, die anderen Gefangenen zu befreien – obwohl sie davon nichts versteht. Da ihr eigenes Schicksal von der Gemeinschaft der mitgefangenen Höhlenbewohner abhängt, die sie nur in einer verflüchtigenden Auslegung als ›Öffentlichkeit‹, nicht aber in ihrer spezifischen gesellschaftlichen und politischen Realität begreifen kann, ist ihre politische Intervention zum Scheitern verurteilt. Während in der Frühphilosophie, bevor Heideggers Philosophie den ›entschlossenen‹ Schritt über ihre eigene Grenze tut, im Unklaren bleibt und bleiben muss, was die ›Befreiung‹ (oder ›Führung‹) der ›Gemeinschaft‹ (oder des ›Volkes‹) konkret zu bedeuten hat, lichtet sich in der zweiten Fassung des Höhlengleichnisses der verflüchtigende Schleier:

> Im landläufigen Sinne gefasst müsste der Herrschende im Staat ein *Philosoph* sein. Das bedeutet nicht, dass die Philosophieprofessoren Reichskanzler werden sollen, das wäre von vornherein ein Unglück. Aber es bedeutet, dass die Menschen, die die Herrschaft des Staates in sich tragen, philosophierende Menschen sein müssen. (36/37:194)

Hier zeigt sich, dass sein Führungsanspruch den Philosophen in eine merkwürdige Abhängigkeit führt: in eine Abhängigkeit von dem tatsächlichen ›Führer‹ der Gefangenen, der, weil er am ›Geschehen‹ der Philosophie, an der ›eigentlichen Geschichte‹ mitwirkt, in Heideggers Augen auch ein ›philosophierender Mensch‹ sein müsse. Während das Schicksal des Philosophen in der Höhle zumindest in der Frühphase von einem politischen Ereignis, von einer Revolution abhängt, wendet sich Heidegger in der zweiten Phase der Entwicklung seiner Philosophie von dieser Vorstellung ab. Über das Schicksal der Philosophie entscheidet nun nicht mehr die Politik: »Was immer sich mit dem geschichtlichen Menschen begibt, ergibt sich jeweils aus einer zuvor gefallenen und nie beim Menschen selbst stehenden Entscheidung über das Wesen der Wahrheit« (9:237).

Erklären lässt sich diese Veränderung nur durch einen Themenwechsel von Heideggers Philosophie. Die sogenannte ›Kehre‹ betrifft also das, ›wofür‹ sich Heideggers Philosophie interessiert, nicht aber das, ›woran‹ sie interessiert ist (ihr eigenes Sein). So wie jede Themensetzung eine politische Entscheidung ist, so geschieht auch dieser Themenwechsel aus Gründen, die ›politisch‹ genannt werden können. In Heideggers Selbstpräsentation wird der Themenwechsel jedoch nicht als politische Entscheidung, sondern vielmehr als eine von der Sache selbst erforderte, ja sogar befohlene ›Abkehr‹ des Denkens vom Thema der menschlichen Existenz hin zur Sache selbst, hin zur ›Wahrheit des Seins‹, zum ›Seyn‹ oder zum ›Ereignis‹, dargestellt. Die traditionelle Ansetzung des Themas sei ebenso von der Sache selbst erfordert gewesen, wie die Abkehr von dem alten und die Hinwendung zu dem neuen Thema: der Geschichte. Der Themenwechsel erscheint wie eine von der Sache selbst bestimmte Abkehr von einem traditionellen Anthropozentrismus: »In ›Sein und Zeit‹ ist die *Geschichtlichkeit* nur auf das Dasein bezogen und nicht auf das Seinsgeschick. Dieses kann man nicht von der Geschichtlichkeit des Daseins her erklären. Umgekehrt gehört die menschliche Geschichtlichkeit in das Seinsgeschick« (ZS:230; vgl. 45:214).[64]

Aus der Perspektive der Selbsterörterung lässt sich hingegen sagen, dass der Versuch einer radikalen Selbstbestimmung in der Frühphilosophie gescheitert ist. Die traditionelle Ansetzung des Themas führt zu einer (politischen und philosophischen) Fremdbestimmung. Die verflüchtigende, aneignende Auslegung der menschlichen Existenz bekommt die gesellschaftliche und politische Realität, die Geschichte, nicht zu fassen. Die Geschichte interessiert sie nicht als solche, sondern nur insofern sie als ›Geschichtlichkeit‹ Voraussetzung für die ›eigentliche‹ und ahistorische Geschichte der menschlichen Existenz ist. Die behauptete ›eigentliche‹ Geschichte des Menschen, die Bewegung der ausdrücklichen Philosophie, kann sich allerdings nur vollenden, wenn die

Menschen in der Höhle (in der ›uneigentlichen‹ Weltgeschichte) ›entschlossen‹ sind, wenn sie bereit sind, für den ›Einsprung‹ in die Philosophie. Sie müssen bereits ›eigentlich geschichtlich‹ sein, um an der ›eigentlichen Geschichte‹ teilhaben zu können. Doch diese ›eigentliche Geschichtlichkeit‹ kann Heideggers Philosophie nicht geschichtlich denken. Warum und an welchem Punkt der Geschichte sollte diese Bereitschaft möglich werden, wenn sie ›immer schon‹ durch das existenzielle ›Verfallen‹ verunmöglicht wird? Derrida bringt das Scheitern von Heideggers Frühphilosophie deshalb auf den Punkt, wenn er schreibt: »Die Eigentlichkeit der Geschichtlichkeit erfordert die Geschichtlichkeit der Eigentlichkeit« (Derrida 2013: 280). Heideggers Philosophie kann die Möglichkeit der Eigentlichkeit, die ihre eigene Möglichkeit ist, nicht länger als ahistorische ›Grundmöglichkeit‹ des Daseins begreifen, sondern muss sie selbst geschichtlich denken. Sie muss, kurz gesagt, die Geschichte einer aneignenden Auslegung unterziehen.

43. Der ›Führer‹ und sein ›Volk‹

So lange er die konkrete Geschichte jedoch nicht angeeignet hat, sieht sich der Philosoph bei seiner Rückkehr in die Höhle mit einer paradoxen Situation konfrontiert: Einerseits muss er in die gesellschaftliche und politische Realität eingreifen, in der Geschichte ›mithandeln‹ und die Welt verändern, damit seine Lehre nicht nur nicht verhindert, sondern darüber hinaus auch als das anerkannt wird, als was sie sich präsentiert: als die höchste und ›eigentliche‹ Grundmöglichkeit der menschlichen Existenz (vgl. 27:8). Andererseits bedeutet jedes ›Mithandeln‹ und jede politische Intervention für ihn den Tod, da zwischen seiner Philosophie und der gesellschaftlichen und politischen Realität ein Abgrund klafft, über den hinweg kein Gespräch möglich scheint. Die Nichtaneignung der politischen und gesellschaftlichen Realität bringt in Heideggers Frühphilosophie einen Führungsanspruch in der Gemeinschaft der Höhlenbewohner hervor, der sich nur mit Gewalt durchsetzen ließe, zu dessen Durchsetzung der Philosoph aber grundsätzlich nicht in der Lage ist, da er die ›Sprache‹ der Mitgefangenen nicht beherrscht.

Um seinen Führungsanspruch durchzusetzen müsse der Philosoph daher versuchen, in der Geschichte ›mitzuhandeln‹, ohne tatsächlich ›mitzureden‹. Da er ein Interesse daran hat, sein eigentliches Handeln, seine Lehre und seine philosophische Politik im Allgemeinen zu verbergen, schreibt sich Heidegger in vermeintlicher Bescheidenheit eine »unkontrollierbare und schlechthin unöffentliche Führerschaft« zu (27:7), die den Mitgefangenen die Möglichkeit der Befreiung nicht aufnötigt, sondern ihnen »unaufdringlich« und »vorbildlich« vorlebt (vgl. 63:82). Die Philosophie entwickle dementsprechend keine Weltanschauung, sondern eine vorbildhafte Haltung – die gemäß der phänomenologischen Geste als »unaufdringlich« und »verantwortungsvoll« präsentiert wird (vgl. 27:397). In der Terminologie von *Sein und Zeit* gesprochen, ist die ›unöffentliche‹, ›vorbildliche‹ Führerschaft dasselbe wie die ›eigentliche‹, ›vorausspringende‹ Fürsorge (vgl. SZ:122).

Doch der Erfolg dieser ›unkontrollierbaren‹ Führung ist mehr als ungewiss. Ob die Gemeinschaft wirklich ›philosophisch‹ wird, ob sie sich durch die Anerkennung von Heideggers Philosophie ›befreien‹, bzw. ›beherrschen‹ lässt, liegt nicht in der Hand des Philosophen. Sein Schicksal ist die Politik. Und die Politik ist für Heideggers Philosophie nichts als Schicksal. Die Gemeinschaft, die der Philosoph stiften will, die zu stiften er aber nicht mächtig ist, ist also im wahrsten Sinne des Wortes eine ›Schicksalsgemeinschaft‹ – die Mitgefangenen sind im wahrsten Sinne des Wortes mitgefangen. Nicht nur die gemeinsame Gefangenschaft, die für Heidegger noch keine ›Gemeinschaft‹ im strengen Sinn des Wortes darstellt (vgl. 27:145), sondern auch die mögliche gemeinsame ›Befreiung‹ hänge vom Schicksal ab. Ob seine Lehre anerkannt und seine philosophische Politik von Erfolg gekrönt sein wird, hat der Philosoph nicht nur nicht in der Hand: Er ist diesem Schicksal vollkommen ausgeliefert.

Und diese Gemeinschaft, deren Ursprung ebenso schicksalhaft ist wie ihre Zukunft (vgl. SZ:384), die in einer Haltung gründet, die Heidegger selbst als ›mythisch‹, ja als ›primitiv‹ und nicht als ›philosophisch‹ bezeichnen müsste, bezeichnet Heidegger schon in *Sein und Zeit* als ›Volk‹. Der für Heideggers Philosophie fundamentale Ethnozentrismus und die Unmöglichkeit, den Ursprung und die Zukunft einer Gemeinschaft ausgehend von einem politischen Projekt zu denken, macht den Begriff des ›Volkes‹ notwendig. Die Behauptung der Möglichkeit einer ›eigentlichen‹, unmittelbaren und schicksalhaften Gemeinschaft – im Gegensatz zur uneigentlichen, endlos vermittelnden und politischen Öffentlichkeit oder ›Gesellschaft‹ – ist das einzige Kriterium, das Heideggers Philosophie aus sich heraus für eine Orientierung in der gesellschaftlichen und politischen Realität zur Verfügung steht. Heideggers ›politische Philosophie‹ erschöpft sich in diesem systematisch notwendigen Begriff, der in *Sein und Zeit* seinen ersten Auftritt hat. Heideggers Engagement für eine ›völkische‹ Politik und die Selbstverortung von seiner Philosophie in einer ›Volksgeschichte‹ ist nicht nur in einigen, kontaminierten, ›politisierbaren‹ Worten, sondern in seiner gesamten Frühphilosophie angelegt.

44. Aufbruchsstimmung

Gemäß ihrer Selbstpräsentation geht es Heideggers Philosophie um die Wahrheit des Seins. Diese Wahrheit »*geschieht* nur in der *Geschichte* der ständigen Befreiung. Geschichte aber ist immer einmaliger Auftrag, Schicksal in einer bestimmten Lage des Handelns« (34:91). Diese ›Geschichte der ständigen Befreiung‹, die ahistorische Geschichte des ›Daseins‹, die nichts anderes als die Selbsterörterung von Heideggers Philosophie ist, führt zunächst, weil »die Interpretation dieses Seienden vor aller faktischen Konkretion durchzuführen ist« (26:171 f.), aus der gesellschaftlichen und politischen Realität heraus und verflüchtigt sie. Weil das Dasein »je nur in seiner faktischen Konkretion« (26:172) existiert, führt sie jedoch immer wieder zurück in die Welt, von der sie sich abgewendet hat. Die einzige Geschichte, die Heideggers Philosophie als Raum für ihre Selbstverortung erschlossen hat, die Geschichte des ›existenzialen‹ Falls und Wiederaufstiegs, liegt ›vor aller faktischen Konkretion‹, sie geschehe »ständig im Verborgenen« (35:43). Im besten Fall eröffne sie die höchste und eigentliche Möglichkeit einer verborgenen, ›unöffentlichen Führerschaft‹, deren Verwirklichung und Erfolg allerdings von der konkreten Geschichte abhängig bleibt. Solange die Mitgefangenen noch von der Welt ›benommen‹ sind, muss die ›Führerschaft‹ unöffentlich und ohnmächtig bleiben, will sie sich dem Spott und der Feindschaft der Gesellschaft entziehen muss. Sie ist gezwungen, auf ein politisches ›Erwachen‹ zu warten – auf ein ›Erwachen‹, das der Philosoph weder erwirken noch erkennen kann, das sich ihm vielmehr zu ›erkennen‹ gibt, indem es ihn bestimmt oder ›stimmt‹.

Schon vor der Machtergreifung spürt der Philosoph die hoffnungsvolle »*politische Erregung der Jungen*« (94:61). Der sich in den Jahren vor der Machtergreifung intensivierende Kontakt zu den ›Jungen‹, genauer gesagt zur *Deutschen Studentenschaft*, die seit 1931 von der ›revolutionären‹, der SA und Röhm nahestehenden Strömung der nationalsozialistischen Bewegung beherrscht war, erwirkte bei dem Philosophen eine spannungsvolle ›Erregung‹. Die Möglichkeit, aus der Verborgenheit zu treten, die Möglichkeit, endlich als ›Anführer‹ der Mitgefangenen in der Höhle, der ihnen den Weg ins Licht weist, anerkannt zu werden, schien plötzlich zum Greifen nah. Es schien etwas zu geschehen, ein Umsturz der Verhältnisse, die den Menschen so lange in seiner ›Benommenheit‹ gehalten haben. Die Menschen in der Höhle schienen sich gemeinsam ihrem ›Schicksal‹ zu stellen, eine ›Schicksalsgemeinschaft‹ zu bilden, ein ›Volk‹ zu werden – und dass sie es taten, war für Heideggers Philosophie, der der Raum der gesellschaftlichen und politischen Realität, aus der sich die ›Weltanschauungen‹ oder ›Ideologien‹ speisen, grundsätzlich verschlossen war, entscheidender als ihre konkreten Ziele. Zweifellos gilt für Heideggers Frühphilosophie das Wort Carl Schmitts, gemäß dem »es gerade in den wichtigsten Dingen wichtiger ist, dass entschieden werde, als wie entschieden werde« ([1922] 2009: 61).

Im ›Augenblick‹ der Machtergreifung, in dem Heideggers Frühphilosophie ihren Höhepunkt erreicht und zugleich zu Ende geht, in dem Moment, in dem sie das Wagnis eingeht, ihre Grenze zu überschreiten, um sich erstmals zu verwirklichen, in diesem ›Augenblick‹ lässt sich der Philosoph so heftig von der ›Aufbruchsstimmung‹ jener Tage mitreißen, dass er, scheinbar trunken vor Glück, seinem ›Denktagebuch‹ anvertraut:

> Die große Erfahrung und Beglückung, dass der Führer eine neue Wirklichkeit erweckt hat, die unserem Denken die rechte Bahn und Stoßkraft gibt. Sonst wäre es bei aller Gründlichkeit doch in sich verloren geblieben und hätte nur schwer zur Wirkung hingefunden. (94:111)

III.
DIE ZWISCHENPHASE

Der Nazismus kommt nicht aus dem Nichts, er ist nicht in einer Wüste entstanden. Das ist zwar bekannt, man muss jedoch immer wieder daran erinnern. Und selbst wenn der Nazismus aus dem Nichts kommt, selbst wenn er, fernab aller Wüsten, wie ein Pilz in der Abgeschiedenheit, in der Stille, im Schweigen eines europäischen Waldes gewachsen ist, so ist er doch im Schatten großer Bäume, von deren Schweigen oder von deren Gleichgültigkeit behütet, in jedem Fall aber auf demselben Boden gewachsen.

Jacques Derrida

45. Aufbruch und Abbruch

Der Moment des nationalsozialistischen ›Aufbruchs‹ bedeutet zugleich den ›Abbruch‹ von Heideggers Philosophie – zumindest dann, wenn man in der Selbsterörterung, im Versuch einer radikalen Selbstbestimmung, den Kern dieser Philosophie erkennt.[65] Der erste Ansatz der Selbsterörterung, in dem sich die Philosophie als eine ›existenziale‹ Grundmöglichkeit der menschlichen Existenz verortete, war zum Scheitern verurteilt, weil diese Möglichkeit immer auch ›existenziell‹ ist, sich also in einem Raum ›befindet‹, den die verflüchtigende Selbsterörterung grundsätzlich nicht erschlossen hat: im Raum der gesellschaftlichen und politischen Realität. In dem Moment, in dem sich Heideggers Philosophie zu dem unvermeidlichen Schritt ›entschloss‹, den von ihr erschlossenen Raum zu verlassen, lieferte sie sich ihrem ›Schicksal‹ aus und ließ sich ›von außen‹ bestimmen.

Dieser Schritt war kein »bloßes Fehlurteil seitens eines Mannes, der in den hohen Bergen weit über dem Tal der Politik lebte« (Strauss [1956] 1995: 306). Dass Heidegger tatsächlich und metaphorisch von seiner Hütte in das Tal der gesellschaftlichen und politischen Realität hinabstieg, war keinem Fehlurteil geschuldet, es war keine Inkonsequenz und erst recht kein Verrat an seiner Philosophie – der Abbruch war vielmehr in der Sache selbst begründet. Die 1933 mit dem ›Engagement‹, genauer gesagt mit der Übernahme des Rektorats, einsetzende und bis 1936 andauernde Zwischenphase muss einerseits als Konsequenz seiner Frühphilosophie begriffen werden. Wann, in welchem ›Augenblick‹ und in welcher ›Situation‹ der Philosoph die Grenze, die seine vermeintlich ›reine‹ Philosophie von der Realität und von seinem eigenen Leben trennte, zu überschreiten hatte, dafür konnte er allerdings aus seiner Frühphilosophie kein Kriterium gewinnen. Deswegen muss die Zwischenphase andererseits als Produkt der gesellschaftlichen und politischen Realität und des Lebens des Philosophen begriffen werden: als Produkt seiner Geschichte, seiner ›Meinungen‹ und seiner ›Weltanschauung‹ (die ihrem ›Gehalt‹ nach den ›Meinungen‹ des Philosophen, ihrer Haltung nach hingegen seiner Philosophie entsprang).

Auf das notwendige philosophische Scheitern von 1933 folgt ein politisches Scheitern, das Heidegger seit 1934 zunehmend erkennen lässt, dass die Sache seiner Philosophie einen grundsätzlichen Neuansatz erfordert – ein ›philosophisches‹ Umdenken, das keineswegs mit einem ›politischen‹ Umdenken gleichzusetzen ist. Dass und wie in der zweiten Hälfte der Zwischenphase der zweite Ansatz der Selbsterörterung vorbereitet wird, lässt sich wiederum nur verstehen, wenn die Zwischenphase mit Blick auf die Spätphilosophie begriffen wird. Das Bewusstsein des philosophischen Scheiterns der Frühphilosophie (in dem das politische Scheitern begründet ist), das sich in der Zwischenphase herausbildet, verweist bereits auf die Spätphilosophie. Es ist das Bewusstsein einer falschen ›Grundhaltung‹ und nicht das Bewusstsein einer falschen ›Weltanschauung‹.

Auch wenn die beiden Phasen in vielerlei Hinsicht miteinander verbunden sind, trennt sie eine Zäsur: Es gibt kein Kontinuum, keinen allmählichen oder fließenden Übergang zwischen der Früh- und Spätphilosophie. Zwischen diesen beiden Phasen liegt eine Zwischenphase, in der der erste Ansatz der Selbsterörterung aufgegeben ist, ohne dass Heideggers Philosophie bereits zu einem neuen Ansatz in der Lage ist. Bei näherem Hinsehen teilt sich diese Zwischenphase selbst wiederum in zwei Hälften oder Abschnitte: ein Epilog zur Frühphilosophie (Kapitel 47–56 der vorliegenden Untersuchung) und ein Prolog zur Spätphilosophie (Kapitel 57–60).

Da alle Aspekte, alle ›Gedanken‹ oder ›Begriffe‹, die diese Philosophie entwickelt, mit dem zentralen Problem der Selbsterörterung zusammenhängen, ergibt sich aus der Zäsur ein hermeneutischer Imperativ, der zur Vorsicht gegenüber allen Heidegger-Auslegungen mahnt, die Texte und Dokumente der verschiedenen Phasen heranziehen, ohne sich über die Frage der Entwicklung zu erklären.

46. Zur Textgrundlage

Die Texte und Dokumente, die für die Interpretation der ›Zwischenphase‹ zugrunde gelegt werden müssen, sind zahlreich. Für den ersten Abschnitt dieser Phase, den Epilog zur Frühphilosophie, sind neben den im 16. Band der Gesamtausgabe versammelten Reden und Vorträgen insbesondere die Vorlesungen vom Sommersemester 1933 bis zum Wintersemester 1934/35 (GA 36/37–39), die entsprechenden *Schwarzen Hefte* (GA 94), das Seminar zu Hegels Rechtsphilosophie (GA 86) und die Übung »Über Wesen und Begriff von Natur, Geschichte und Staat«, die beide im Wintersemester 1933/34 gehalten wurden, von Interesse. Darüber hinaus bieten die Briefwechsel mit seinem Bruder Fritz Heidegger, mit seiner Frau Elfriede Heidegger, mit seiner Freundin Elisabeth Blochmann, mit Rudolf Bultmann, mit Kurt Bauch und mit Karl Jaspers,[66] die klassische Sammlung von Guido Schneeberger (1962), das Kompendium von Bernd Martin (1988), die bis heute maßgebende biographische Studie von Ott (1988b), die aktuellste, monumentale Biographie von Payen (2016), und in sehr viel geringerem Maße auch die tendenziösen Studien von Farias und Faye relevantes Material.[67] Mit Vorsicht zu genießen sind die Erinnerungen von Zeitgenoss_innen, die sich in einigen bedeutenden Fällen als trübe Quellen entpuppen, ganz zu schweigen von Heideggers eigenen ›Erinnerungen‹.[68] Darüber hinaus hat die Frage nach Heideggers nationalsozialistischem ›Engagement‹ bekanntlich auch eine große, beinahe unüberschaubare Fülle an Literatur hervorgebracht, die in den folgenden Kapiteln verhandelt wird. Weitgehend ausgespart wird dabei die in den 1960er Jahren geführte erste Welle der Heidegger-Debatte, die auf einer im Vergleich zu heute derart beschränkten Quellenlage beruht, dass sie nur noch von historischem Interesse ist. Zudem wurde die Debatte zu dieser Zeit stark von reduktionistischen Gesamtabrechnungen (wie man sie etwa bei Adorno und Lukács findet) auf der einen und einer ultraorthodoxen Apologetik (wie man sie etwa bei François Fédier und bei Jean-Michel Palmier findet) auf der anderen Seite beherrscht (vgl. zusammenfassend: Allemann 1969; Wolin 1991: 215f.). Die ›ultraorthodoxen‹ Heideggerianer glauben an eine (weitgehend) reine Lehre (und an Heideggers Selbstinterpretation), die von dem ›Irrtum‹ des Philosophen (sein ›Engagement‹ und einige damit verbundene ›unphilosophische‹ Texte), der für eine kurze Zeit falsche Hoffnungen in den Nationalsozialismus gesetzt, diesen Fehler aber bald eingesehen und revidiert habe, bereinigt werden könne. In abgewandelter und abgeschwächter Form wird diese heute im Grunde unmöglich gewordene Position noch von den ›orthodoxen‹ Heideggerianer vertreten, die an einen ›reinen Kern‹ der Lehre glauben, der von bestimmten Texten und Tendenzen gereinigt werden könne. Von den ›orthodoxen‹ gilt es noch die ›liberalen‹ Heideggerianer zu unterscheiden, die an einer reinen Intention festhalten, die aber ihrer Meinung nach eine ganz andere Lehre erfordere.[69] Diese Typisierung, die gewisse Tendenzen in der Heidegger-Debatte herausstellen soll, dient freilich nur den Zwecken der vorliegenden Untersuchung und lässt sich nur annäherungsweise auf bestimmte Texte und Exeget_innen anwenden.

Der zweite Abschnitt der Zwischenphase umfasst die Vorlesungen zwischen den Sommersemestern 1935 und 1936 (GA 40–42) und den wichtigen Aufsatz *Der Ursprung des Kunstwerks* (5:1–74) sowie dessen ebenfalls bedeutsame Vorstufen.[70] Das Ende der Zwischenphase fällt, historisch gesprochen, mit dem Moment zusammen, in dem Heidegger seine Nietzsche-Vorlesungen beginnt. Systematisch gesprochen endet sie dort, wo Heideggers Philosophie beginnt, die Geschichte als Raum für ihre Selbstverortung zu erschließen, ein Projekt, das sich zum ersten Mal, wenn auch in sehr vorläufiger und unreifer Form, in den *Beiträgen zur Philosophie* (GA 65) zu erkennen gibt.

47. Politische Philosophie und philosophische Politik

Ich stellte eingangs und vorläufig die These auf, Heideggers ›politisches Engagement‹ sei in der Sache seiner Philosophie ›angelegt‹. Im weiteren Verlauf der Untersuchung hat sich gezeigt, dass es nicht nur in ihr ›angelegt‹ ist, sondern geradezu von ihr notwendig gemacht wird. Es hat sich gezeigt, dass das politische Engagement gleichbedeutend mit einem Transzendieren ist, genauer gesagt mit einem Überschreiten des von Heideggers Philosophie erschlossenen Raumes. Denn der Raum des Politischen, der Raum, in dem eine Begegnung mit der, dem oder den Anderen möglich ist, ist das Jenseits jenes ›vor aller faktischen Konkretion‹ situierten Raumes existenzialer Grundmöglichkeiten, den Heidegger durch die verflüchtigende und aneignende Auslegung der menschlichen Existenz als ›Dasein‹ gewonnen hat – ein Jenseits, in das das ›Dasein‹ jedoch immer wieder hinaustreten muss, indem es von seiner ›eigentlichen‹ Existenzweise abfällt. Weil Heideggers Frühphilosophie alles, was nicht ›vor der faktischen Konkretion‹ liegt, also die gesamte Sphäre des Politischen, aus dem von ihr erschlossenen Raum ausschließt, fehlt ihr, wie Richard Wolin etwas verklausuliert schreibt, »jeder Bezug auf die verschiedenen Aktivitäten der Politik, die erst ihre spezifisch politische Natur ausmachen« (1991: 152).

Sie ist daher nicht nur ethisch orientierungslos, weil sie ihrem Wesen nach den Anderen auf das Eigene, genauer gesagt auf die Anerkennung des Eigenen reduziert, sie ist auch politisch planlos, weil sie die allgemeine und die historisch spezifische Eigendynamik der gesellschaftlichen und politischen Situation, in der sie nicht nur auf den Anderen, sondern auf viele Akteure mit den unterschiedlichsten Interessen und Grundhaltungen trifft, zu denken nicht in der Lage ist.[71]

Präziser kann man mit Leo Strauss sagen, dass es »in Heideggers Werk keinen Raum für politische Philosophie gibt«, dass das aber »nicht bedeutet, dass Heidegger der Politik vollkommen fremd ist« (Strauss [1971] 1986: 30).[72] Dass Heideggers Philosophie die Politik nicht zu ihrer Sache machen kann, bedeutet nämlich nicht, dass sie ›apolitisch‹ ist, dass ihre Sache nicht eine philosophische Politik erfordert.[73] Wie Löwith bemerkt, entspringt die »Möglichkeit von Heideggers philosophischer Politik [...] nicht einer Entgleisung, die man bedauern könnte« (Löwith 1986: 41). Heideggers ›Engagement‹ ist vielmehr, nach einem Wort von Lacoue-Labarthe »von völliger Kohärenz mit seinem Denken« (Lacoue-Labarthe 1990: 39). Der letzte Grund für die Rückkehr in die Höhle ist kein politischer, sondern ein philosophischer. Nicht der Zustand der Welt oder die Verlockungen der Macht, sondern die Sache seiner Philosophie trieb ihn in die Niederungen der Politik.

Nicht selten wurde darauf hingewiesen, Heideggers Philosophie habe zwar einen existenziellen und somit politischen ›Einsatz‹ erfordert, sei aber nicht in der Lage gewesen, ein Kriterium für den Zeitpunkt oder den ›Augenblick‹ zu entwickeln, in dem sich die Entschlossenheit konkret verwirklichen sollte. Die zum Bonmot gewordene Anekdote eines Studenten von Heidegger, der verkündet: »*Ich bin entschlossen, nur weiß ich nicht wozu*« (Löwith 1986: 29), bringt das Problem auf den Punkt. Zu Recht sieht Leo Strauss in der »›Entschlossenheit‹, ohne jeglichen Anhaltspunkt dafür, was eigentlich die Zwecke dieser Entschlossenheit sind« den »Schlüsselbegriff« für das Verständnis von Heideggers politischem Engagement. Strauss geht sogar noch weiter und behauptet, dass vom Begriff der Entschlossenheit »eine gerade Linie zu seiner Parteinahme für die sogenannten Nazis 1933« führt (Strauss [1970] 1997: 461; vgl. auch: Jonas 1988: 226). Es ist demnach weniger die Ideologie oder die ›Weltanschauung‹ des Nationalsozialismus, als vielmehr ein ›immanentes‹ philosophisches Problem, das den Philosophen zu seinem ›Engagement‹ bewegt.

Die strukturelle Notwendigkeit, auf ›entschlossene‹ Weise eine konkrete Möglichkeit zu ergreifen, um sich selbst zu verwirklichen und die gleichzeitige und ebenfalls strukturelle Unmöglichkeit diese Möglichkeit ihrem Gehalt nach zu bestimmen, führt Gregory Fried zu der paradoxen, aber richtigen Feststellung, »dass Heideggers Denken *weder* notwendig *noch* zufällig zum Faschismus führt« (Fried 2016: 380; vgl. Rockmore 1992: 41). Man könnte sagen, dass die Verwirklichung der Philosophie eine ›unmögliche Möglichkeit‹ darstellt, und zwar in demselben Sinn, wie in *Sein und Zeit* der Tod definiert wird (und tatsächlich spricht Heidegger auch vom ›Tod‹, dem sich der Philosoph bei seiner Rückkehr in die Höhle aussetze).

Heideggers Philosophie war nie, in keiner Phase ihrer Entwicklung, eine politische Philosophie. In der ersten Phase war sie es nicht, weil sie die Politik aus dem von ihr erschlossenen Raum ausschloss, in der zweiten Phase war sie es hingegen nicht, weil sie sie einschloss, weil sie die politische und gesellschaftliche Situation in einer aneignenden Auslegung erschlossen hatte, die sie jeglicher gesellschaftlicher und politischer Realität beraubte. In der Zwischenphase schließlich befindet sie sich in einem paradoxen, untoten Zwischenzustand, in dem die radikale Selbstbestimmung, die den Kern des Projektes ausmacht, unmittelbar mit einer radikalen Fremdbestimmung zusammenzufallen scheint. In dem Moment, in dem die Philosophie sich verwirklicht, verunmöglicht sie sich zugleich, sie scheint mit dem Eintritt in die Sphäre der Politik zu ›sterben‹ und zugleich wie ein blinder Trieb fortzuleben.

48. Im Rausch

Weil Heidegger weder über eine politische Philosophie noch über eine politische Bildung verfügte, war er in politischen Dingen ›blind‹.[74] Obwohl er eine ›philosophische Politik‹ verfolgte, ist es glaubwürdig, dass Heidegger noch 1931 behauptete, »er habe sich noch keinen Augenblick besondere Vorstellungen von seiner ›Wirkung‹ gemacht« (Petzet 1983: 30). Denn er war nicht in der Lage, den Augenblick, in dem die ›philosophische‹ Politik ›wirklich‹ und ›wirksam‹ werden sollte, zu bestimmen, sondern musste sich von dem Augenblick bestimmen (oder ›stimmen‹), ergreifen und mitreißen lassen. Sein erratisches Handeln zeugt von der Spannung zwischen dem philosophischen Projekt der radikalen Selbstbestimmung und der damit verbundenen philosophischen Politik auf der einen und der daraus resultierenden politischen Fremdbestimmung auf der anderen Seite.

Die Verwirklichung der philosophischen Politik und die politische Fremdbestimmung nahmen ihren Anfang in der zu Beginn 1930er Jahre weit verbreiteten ›Aufbruchsstimmung‹: Die Gemeinschaft der Gefangenen in der Höhle schien zu ›erwachen‹ und der Augenblick für ein ›Engagement‹ gekommen. Bereits 1931 schreibt er an seinen Bruder: »Es sieht so aus, als ob Deutschland erwacht und sein Schicksal begreift und erfasst« (an Fritz Heidegger, 18.12.1931: 21).[75] Eine Vorahnung, die sich im Augenblick der Machtergreifung zu verwirklichen scheint, wenn der »herrlich erwachende völkliche Wille« (94:109), »erweckt« vom »Führer« (94:111), eine neue Wirklichkeit zu stiften scheint. Auch Monate nach der Machtergreifung hält die Aufbruchsstimmung noch an: Heidegger sieht die Welt weiterhin in »Umbildung« begriffen und er selbst »wird mitgerissen und in eine echte und tiefe Erregung versetzt« (an Fritz Heidegger, 13.4.1933: 34f.).[76]

Die gesellschaftliche und politische Situation bestimmt den Philosophen zu handeln: Sie stimmt ihn, indem sie ihn ›begeistert‹, ›erregt‹ und ›mitreißt‹. Heidegger ist, in Jaspers' Erinnerung, wie »vom Rausche ergriffen« (1977: 102). Ohne seiner Philosophie untreu zu werden, hört der Philosoph bei seiner Rückkehr in die Höhle auf, Philosoph zu sein – Philosoph in dem radikalen Sinn von Philosophie, der in dieser Untersuchung herausgearbeitet wird.

Auf den ersten Blick scheint sich diese Argumentation allzu leicht für eine apologetische, ›dekontaminierende‹ Strategie nutzbar machen zu lassen: Sie scheint nahezulegen, dass Heideggers Philosophie nie mit der nationalsozialistischen Ideologie oder ›Weltanschauung‹ in Berührung kam und scheint sie daher von ihrer ›Schuld‹ reinzuwaschen. Und tatsächlich geht es mir nicht darum, die politische ›Schuld‹ einer Philosophie festzustellen – wobei man letzten Endes immer nur die ›Schuld‹ des Philosophen ›feststellt‹ –, da mir eine solche ›Feststellung‹ stets einem Interesse an der Selbstversicherung der eigenen Unschuld zu entspringen scheint (ein Interesse, das derartige Versuche mit Heideggers fragwürdigen Selbstinterpretationen teilen). Es geht vielmehr darum, einen bestimmten und bestimmenden Zug in Heideggers Denken herauszuarbeiten, der zu einem philosophischen Scheitern führt, zu einer fatalen ›Blindheit‹ und Naivität in politischen Dingen. Die Behauptung der politischen Blindheit oder Naivität kann allerdings selbst wieder ganz unterschiedlichen Interessen dienen.

Wenn Heidegger etwa rückblickend in Bezug auf sein Engagement von einem ›träumenden Knaben‹ spricht, der unbedacht in das Rad der Weltgeschichte gegriffen habe (an Karl Jaspers, 8.4.1950: 200), so drückt sich darin eine doppelte apologetische Strategie aus. Einerseits spricht sich der Philosoph offensichtlich von einer ›politischen‹ Schuld frei, indem er behauptet, dass er als Philosoph ›naiv‹ gewesen sei, dass sein erratisches Handeln einem Mangel an politischer Philosophie geschuldet gewesen sei, andererseits spricht er aber auch implizit seine Philosophie von jeglichem Vorwurf einer ›politischen‹ Schuld frei. Wenn Heidegger eine Naivität und damit eine ›Unschuld‹ des Philosophen behauptet, so will er zeigen, dass die Sache seiner Philosophie ihn zu seinem Engagement bestimmt habe, dass die Sache der Philosophie, über die kein Zweifel bestehen könne, ›immer schon‹ über den Philosophen entschieden und ihm die Entscheidung abgenommen habe. Man kann jedoch die politische Blindheit und Naivität des Philosophen auch auf eine Entscheidung über die Sache zurückführen, die sehr wohl und in einem viel weiteren Sinne ›politisch‹ ist. Man kann sie genauer gesagt auf eine philosophische Inkonsequenz zurückführen: auf die naive, traditionelle Ansetzung ihres Themas, die der ›philosophischen‹ und zugleich ›politischen‹ Entscheidung über die Sache widerspricht. Und welchen größeren Vorwurf kann man einer Philosophie machen, als dass sie in der entscheidenden Hinsicht blind und naiv gewesen sei, dass ihre ›vornehmlichste Aufgabe‹, der Versuch einer radikalen Selbstbestimmung, von vornherein zum Scheitern verurteilt gewesen sei?

49. Ein ›primitiver Nationalismus‹

Schon geraume Zeit bevor er sich von der ›Aufbruchsstimmung‹ der Machtergreifung ›mitreißen‹ ließ, sympathisierte Heidegger mit dem Nationalsozialismus.[77] Insbesondere stand er der vom *Nationalsozialistischen Deutschen Studentenbund* (NSDStB) unterwanderten *Deutschen Studentenschaft* nahe, die an der Ernennung Heideggers zum Rektor der Freiburger Universität entscheidenden Anteil hatte und die Rektoratsübernahme dementsprechend auch öffentlich unterstützte.[78] Warum zog es Heidegger bei aller Blindheit gegenüber politischen Dingen ausgerechnet in dieses nationalsozialistische Milieu? War er, wie Ernst Nolte behauptet, in der Zeit vor und während seines Rektorats eine Art »nationaler Sozialist«, der in seinem Streben nach sozialer Gerechtigkeit Noltes sogenannter ›kleiner Lösung‹ anhing (Nolte 1992: 297)?[79] Oder war er nur ein »Hitlerist«, der dem Charisma des ›Führers‹ der revolutionären Bewegung erlegen war?[80]

Nein, Heidegger sympathisierte nicht nur mit dem sozialen Programm oder mit dem charismatischen ›Führer‹ der Bewegung. Er sympathisierte mit der ›Weltanschauung‹ des Nationalsozialismus. Doch weil die nationalsozialistische Bewegung zu dieser Zeit verschiedene Strömungen vereinte, muss man auch Heideggers Sympathie für den Nationalsozialismus differenzieren und näher bestimmen.[81] Nur eine solche Differenzierung erlaubt zu verstehen, wie Heideggers Sympathie für den Nationalsozialismus aus seiner Philosophie – aus bestimmten systematischen Zusammenhängen und nicht nur aus einzelnen Begriffen, Gedanken oder Motiven – hervorgehen konnte, obwohl sein Denken weder den Zeitpunkt noch den konkreten Gehalt seines politisches Handelns zu bestimmen in der Lage war. Obwohl sich aus Heideggers Philosophie nur die allgemeine Notwendigkeit (und keine bestimmte, konkrete Möglichkeit) des politischen ›Engagements‹ ableiten lässt, liegt etwa Heideggers Hang zu dem, was Hans Jonas einen »primitiven Nationalismus« genannt hat (1988: 224), in der Selbsterörterung seiner Frühphilosophie begründet.

Mit Philippe Lacoue-Labarthe gesprochen lautet die entscheidende Frage für das Verständnis dieses Nationalismus: »warum bestimmt sich das geschichtliche *Dasein* als *Volk*?« Diese Bestimmung ist keineswegs zufällig und dass sie in *Sein und Zeit* ohne explizite Erklärung getroffen wird, bedeutet nicht, dass sie sich nicht erklären lässt.[82] Sie ist nicht zufällig und sie ist auch keineswegs auf eine bestimmte Phase oder einen bestimmten Abschnitt der Entwicklung von Heideggers Philosophie beschränkt. Mit Lacoue-Labarthe kann man sagen: »Heidegger wird […] nie darauf verzichtet haben, die Möglichkeit der Geschichte (Geschichtlichkeit) an die Möglichkeit eines oder des Volks zu binden« (1990: 159).

Wie gezeigt wurde, setzt Heideggers Frühphilosophie das ›Volk‹ (die Gemeinschaft der Gefangenen in der Höhle) als ihre ›Schicksalsgemeinschaft‹ voraus. Weil sie nicht in der Lage ist, die (deutsche oder besser deutschsprachige) Öffentlichkeit, von der sie abhängig ist, als eine ›politische‹ Gemeinschaft, als eine Gesellschaft zu denken,[83] muss sie ihr ›Volk‹ als eine schicksalhafte Gemeinschaft voraussetzen, die durch eine in der gemeinsamen Bestimmung oder ›Gestimmtheit‹ erfahrene, vage kulturelle oder sprachliche Identität umgrenzt ist. Dabei handelt es sich aber nicht, wie Lacoue-Labarthe es will, um eine »Art ›transzendentaler Illusion‹«, um eine »Verwechslung des *Mitseins* mit einer kommuniellen Substanz«, die Heideggers Philosophie ›eigentlich‹ verbiete, sondern um eine logische Konsequenz der Frühphilosophie.

Da sich die politisch ›engagierte‹ Philosophie der Zwischenphase die Auslegung dieses ›geschichtlichen‹, genauer gesagt dieses konkreten, in einer bestimmten gesellschaftlichen und politischen Situation befindlichen ›Daseins‹, zu der sie selbst nicht in der Lage ist, von der nationalsozialistischen Weltanschauung vorgeben lassen muss, ist sie gezwungen, sich in einem Raum zu verorten, den sie nicht selbst erschlossen hat – in einer ›Volksgeschichte‹ deren Sinn und Bedeutung von einer vagen nationalsozialistischen Weltanschauung vorgegeben wird.

Heideggers Spätphilosophie unternimmt schließlich den Versuch, ihre eigene gesellschaftliche und politische Situation zu erörtern. Zu diesem Zweck schreibt sie eine eigene und eigentümliche Geschichte, die auf einer komplexen aneignenden Auslegung der ›Weltgeschichte‹ beruht, dabei allerdings jegliche gesellschaftliche und politische Realität ›verflüchtigt‹. Erst hier, in Heideggers Spätphilosophie kann außer von der ›Geschichtlichkeit‹ auch von einer ›Geschichte‹ die Rede sein, von einer Geschichte, die einen ›Anfang‹ und ein ›Ende‹, vor allem aber einen ›Sinn‹ oder eine ›Wahrheit‹ hat. Keineswegs kann man also behaupten, dass alles, »was Heidegger mit dem Nationalsozialismus verband, [...] dem Narrativ des ›ersten Anfangs‹ bei den Griechen und des ›anderen Anfangs‹ bei den Deutschen« entstamme (Trawny 2014a: 28).[84]

50. Ein Antisemit

Schon lange bevor er diese ›Seinsgeschichte‹ des ersten und des anderen Anfangs und den damit verbundenen, sogenannten ›seinsgeschichtlichen Antisemitismus‹ (auf diesen fragwürdigen

Ausdruck wird zurückzukommen sein) entwarf, ja sogar schon lange vor seinem politischen Engagement war Martin Heidegger ein überzeugter Antisemit. Er war nicht Antisemit in irgendeinem ausgezeichneten (etwa ›philosophischen‹) sondern in dem ganz banalen Sinn, »in dem er judenfeindlichen Stereotypen auf[saß], die sich bei der gesamten antijüdischen Tradition bedienen« (Gabriel 2016: 222). Es gab in dieser Frage keinen Sonderweg, keinen vergeistigten Privatantisemitismus, den Heidegger gar noch vor den Nationalsozialisten hätte verbergen müssen, wie etwa Trawny insinuiert (2014a: 15f.).

Schon 1916 beschreibt er in einem Brief an seine Frau Elfriede Heidegger, die von ihm ausgemachte »Verjudung unsrer Kultur u. Universitäten« als »schreckenerregend« (an Elfriede Heidegger, 18.10.1916: 51).[85] Etwa vier Jahre später berichtet er ihr wiederum davon, wie ihr provinzielles Idyll im Begriff sei, von »Schiebern u. Juden« »überschwemmt« zu werden (an Elfriede Heidegger, 20.08.1920: 112). Anfang der 1930er Jahre vertritt er, wie Karl Jaspers versichert, die Ansicht, es gebe »eine gefährliche internationale Verbindung der Juden« (1977: 101). In diesen drei exemplarischen Äußerungen spricht sich auch der Ursprung seines frühen Antisemitismus mit aus. Es gibt wenig Grund zu der Annahme, dass er sich auf eine ›biologistische‹ (also ›wissenschaftliche‹) Weltanschauung zurückführen lässt. Heideggers Antisemitismus scheint seinen Ursprung vielmehr in einer antimodernen und antiliberalen Weltanschauung des Philosophen zu finden.[86] Die für die Wirkung und Verwirklichung von Heideggers Philosophie erforderliche ›Revolution‹ der ›Schicksalsgemeinschaft‹ der Gefangenen in der Höhle steht für Heidegger im Gegensatz zum endlosen Gespräch, zur endlosen Aushandlung der ontischen, also gesellschaftlichen und politischen Angelegenheiten der an die Welt verfallenen und vom Seienden geblendeten Gefangenen (dem ›Man‹). Der ebenso naive wie verflüchtigende Blick des Philosophen auf die ihn umgebende gesellschaftliche und politische Realität erlaubte es allzu leicht, dieses hinderliche ›Gespräch‹ der Gefangenen, die sich im Wettstreit der ›Geschichten‹ vom Seienden verfingen, mit der zunehmend global vernetzten Weltlage im Allgemeinen und der parlamentarischen Demokratie der Weimarer Republik im Besonderen zu identifizieren.

Alles, was das Dasein nicht nur an die Welt bindet, sondern an sie verfallen lässt, alles, was der Sphäre der Öffentlichkeit und der Vermittlung angehört, scheint sich für Heidegger in der liberalen, humanistischen und universalistischen Weltanschauung eines bürgerlichen Milieus zu kristallisieren, das scheinbar entwurzelt in den Zentren des globalen Kapitalismus lebte.[87] Und dieses Milieu, in dem die Bewegung der ›unausdrücklichen‹ Philosophie an ihr Ende gelangt zu sein scheint, sah Heidegger, gemäß eines weit verbreiteten antisemitischen Stereotyps, nirgends eindeutiger als in den ›Juden‹ verkörpert.[88] Seine allem Anschein nach totale Unkenntnis der jüdischen Geschichte und Kultur, die in einer Anekdote von Hans Jonas episodisch durchscheint,[89] hat sicherlich dazu beigetragen, dass der Philosoph dieses plumpe Vorurteil annehmen konnte.

Zusammenfassend lässt sich sagen, dass Heideggers Antisemitismus nicht ›biologischer‹ Natur war, dass das ›deutsche Volk‹ für ihn »keine biologische definierte Fortpflanzungs- und Abstammungsgemeinschaft« bezeichnet (Lettow 2016: 244). Es lässt sich weiter sagen, dass Heidegger biologische Vorstellungen von der ›Rasse‹ nicht nur ablehnte, sondern später sogar dazu benutzte, seinen Antisemitismus zu rechtfertigen, indem er einen jüdischen Ursprung dieses Rassebegriffs behauptete (vgl. 96:56). Die Identität der ›Deutschen‹ und der ›Juden‹ ist also für Heidegger weniger im geteilten ›Erbgut‹ als vielmehr in einem geteilten ›Erbe‹ fundiert, aus dem sich ein gemeinsames ›Schicksal‹ ergebe.[90]

51. Der Augenblick des Engagements

Am 1.5.1933 berichtete *Der Alemanne* in einer euphorischen Meldung anlässlich des Parteieintritts von Martin Heidegger, dass dieser »seit Jahren die Partei Adolf Hitlers in ihrem schweren Ringen um Sein und Macht aufs wirksamste unterstützte, dass er stets bereit war, für Deutschlands heilige Sache Opfer zu bringen, und dass ein Nationalsozialist niemals vergebens bei ihm anpochte« (Schneeberger 1962: 23). Es darf als gesichert gelten, dass Anfang April 1933 tatsächlich nationalsozialistische Kreise (und nicht, wie Heidegger später behauptete, ›die Universität‹) bei ihm ›anpochten‹

und ihn zur Übernahme des Rektorats der Freiburger Universität drängten.[91] Ebenso darf als gesichert gelten, dass Heidegger die Übernahme des Rektorats und den Parteieintritt nicht von langer Hand geplant hatte, »sondern dass er sich durch die Offenheit der Situation in diesen Tagen dazu bewegen ließ« (Grün 2001: 83). Erst in dem Moment, in dem die Partei und der ›Führer‹ die Macht an sich gerissen hatten, sah Heidegger den Augenblick für einen entschlossenen Einsatz gekommen.[92] Erst als sich mit den Neuwahlen und dem Ermächtigungsgesetz eine Konsolidierung nicht nur der Macht der NSDAP, sondern insbesondere der Alleinherrschaft ihres ›Führers‹ abzeichnete, war Heidegger bereit, seine Philosophie zu ›verwirklichen‹ (vgl. Payen 2016: 285 f.).[93]

Erst in dem Moment, in dem die ›Führung‹ des ›Führers‹ gesichert schien, ließ sich Heidegger von der ›Aufbruchsstimmung‹ (die er schon zuvor verspürte) wirklich bestimmen oder ›stimmen‹ und verwirklichte die ahistorische, existenziale Geschichte des Daseins in der gesellschaftlichen und politischen Realität. In dem Augenblick, in dem seine Philosophie diesen Schritt vollzieht und ihre eigene Grenze überschreitet, notiert sich Heidegger unter dem Titel *Das Ende der »Philosophie«*: »Wir müssen sie zum Ende bringen und damit das völlig Andere – Metapolitik – vorbereiten« (94:115). Doch was ist der Sinn dieser ›Metapolitik‹?

Auf der Ebene der Selbstpräsentation will die ›Metapolitik‹ durch das ›Engagement‹ eigene und ›eigentlichere‹ Zwecke als die nur gesellschaftlichen und politischen Ziele der »Parteipolitik« der nationalsozialistischen Bewegung verfolgen: Es gehe darum, die Menschen aus der Höhle zu führen. Es gehe um nichts Geringeres als die »Rettung […] Europas und der abendländischen Kultur« (an Fritz Heidegger, 18. 12. 1931: 22). Auf der Ebene der Selbsterörterung zeigt sich hingegen, dass das Überschreiten der Grenze gar keine ›eigenen‹ Zwecke benötigt, dass der einzige ›eigene‹ und ›eigentliche‹ Zweck der ›Metapolitik‹, die mit der philosophischen Politik identisch ist, darin besteht, Anerkennung zu finden. Dieses Ziel soll dadurch erreicht werden, dass sich die Philosophie weitgehend den politischen Zielen der nationalsozialistischen Bewegung verschreibt. Das Entscheidende ist nicht so sehr, was diese Bewegung verändert, sondern dass sie es tut – und dass sie es tut, sieht Heidegger erst gewährleistet, wenn sie nicht nur die Macht übernommen, sondern sich selbst vollständig dem ›Führerprinzip‹ unterworfen hat. Den Versuch, die Gefangenen gewaltsam aus der Höhle zu führen, kann sie erst unternehmen, wenn die Gefangenen sich einem politischen Führer unterworfen haben.

Sobald der Augenblick der Machtergreifung gekommen war, war Heidegger daher *»plus royaliste que le roi«* (Wolin 1991: 22): Geradezu übereifrig betrieb er die Gleichschaltung der Universität und die Einführung des Führerprinzips. Es mag sein, dass Heidegger zu dieser Zeit einen anderen Endzweck verfolgte und »im Nationalsozialismus ein Instrument für seine eigene Revolution sah« (Payen 2016: 19), doch diese eigene Revolution war in Hinblick auf die konkreten politischen Ziele mit der nationalsozialistischen Revolution identisch. Selbst wenn Heidegger in einem gewissen Sinne versucht war, »geistig an die Spitze der nationalsocialistischen Bewegung zu kommen«, selbst wenn er »meinte, einen eigenen Willen haben zu dürfen«, so folgte daraus nicht, dass er, wie Jaspers in seinem Gutachten an die Bereinigungskommission schreibt, sich seinen eigenen Privatnationalsozialismus »zurecht gemacht« hat (zitiert nach: Ott 1988b: 216f.). Sein Bestreben, ein »Philosophen-König« oder ein »philosophische[r] Führer« zu werden, führte vielmehr dazu, dass er selbst »als Sklave des Tyrannen« endete, dass er sich zum »Fürsprecher des Führers« machte (Bourdieu 1988b: 157). Es war also mehr sein philosophisches Scheitern als sein politisches Urteil, das aus Heidegger einen Anhänger des weit verbreiteten ›Führerkultes‹ machte. Das Ideal einer stramm organisierten Bewegung, die statt sich im scheinbar endlosen ›Gerede‹ der politischen Debatten zu ergehen, ihrem Führer ›hörig‹ und ergeben ist und aus dem bedingungslosen Gehorsam ihre Stärke und Schlagkraft bezieht, entspringt der eigenen Unfähigkeit, diese Debatte in seinem Sinne zu beeinflussen.

52. »Den Führer führen«

Der Schlüssel für das Verständnis von Heideggers Engagement liegt in der Frage nach dem Verhältnis, das seine Philosophie zur Politik unterhält – eine Frage, die im ›Fall Heidegger‹ mit der Frage nach der Selbst- und Fremdbestimmung seiner Philosophie zusammenfällt. Hat Heidegger tatsächlich versucht, den Führungsanspruch seiner Philosophie durchzusetzen? Hat er, wie die meisten Interpret_innen behaupten, versucht, den »Führer zu erziehen« oder gar zu »führen«?[94] Unterhielt er ein rein instrumentelles Verhältnis zur nationalsozialistischen Bewegung und ihrer Führung? Versuchte er sie nur für seine eigenen ›politischen‹ Zwecke einzuspannen? Oder verfolgte er vielmehr rein ›philosophische‹ Ziele, die ihm geboten, die politischen Ziele der Nationalsozialisten anzunehmen? Stellte er seine Philosophie in den Dienst des Nationalsozialismus oder versuchte er die nationalsozialistische Bewegung in den Dienst seiner Philosophie zu stellen? Handelt es sich bei Heideggers Engagement um die Selbstbehauptung oder um die Selbstaufgabe seiner Philosophie?

Payen versucht den Sachverhalt mit einer Analogie zu Luthers Lehre von den zwei Reichen zu erläutern: »Wenn der Mensch im Himmelreich (beim Philosophen die Ontologie) frei ist, so ist er in seinem irdischen Reich hörig, und zwar auf Geheiß Gottes, dessen Willen er sich zu unterwerfen hat« (2016: 333). Doch glaubte der Philosoph wirklich an ein derartiges Himmelreich? Oder diente die Behauptung eines Himmelreichs und eines ›Gottes‹, dessen Willen er sich zu unterwerfen habe nicht ganz anderen Zwecken, etwa der Anerkennung seiner Philosophie, die ein Interesse daran hatte, sich als demütige Hohepriesterin zu präsentieren?

Ob aus strategischem Kalkül oder aus einem ›Glauben‹ heraus, im irdischen Reich schien der Philosoph jedenfalls ›hörig‹ zu sein. Sicher, er wollte »an Hitler herankommen« (an Elisabeth Blochmann, 19.9.1933: 74), um seinen eigenen Einfluss innerhalb der Bewegung auszubauen. Zu keinem Zeitpunkt wollte er allerdings selbst die politische Führung übernehmen, weder öffentlich noch im Verborgenen. Wenn überhaupt von einem Versuch, den ›Führer zu erziehen‹,[95] die Rede sein kann, so bestand das Ziel dieser ›Erziehung‹ nicht darin, das Handeln des ›Führers‹ zu verändern oder es auf andere Ziele zu ›richten‹, wie es etwa Kant in seinem *Versuch zu einer allgemeinen Geschichte* nahegelegt hatte. Da Heidegger weder wusste, wie er als Philosoph einen derartigen Einfluss nehmen konnte, noch irgendwelche klar umrissenen eigenen politischen Ziele verfolgte, konnte die Erziehung höchstens zum Ziel haben, dass der ›Führer‹ sein eigenes Handeln anders versteht, dass er es anders interpretiert, nämlich so, dass es nicht nur einem diesseitigen, politischen, sondern auch einem jenseitigen Ziel diente: der ›Wahrheit des Seins‹.

Weil Heidegger bei seiner ›Erziehung‹ so gut wie keine eigenen, aus seiner Philosophie hervorgehenden politischen Zwecke verfolgte, weil er kaum eigene materielle politische Überzeugungen hatte, kaum eigene Ziele, auf die er das Verhalten Hitlers hätte richten können, war seine angebliche geistige Führung mit einer politischen Hörigkeit identisch. Tatsächlich nahm seine ›Erziehung‹ des Führers die Form einer Erziehung seiner Gefolgschaft an – einer Erziehung zur Hörigkeit. Die immer wieder betonte Treue zum ›Wort‹ und zum ›Willen‹ des ›Führers‹, der die »neue Wirklichkeit erweckt hat« und seinem eigenen Denken »die rechte Bahn und Stoßkraft gibt« (94:111), war mehr als eine bloße politische Schutzbehauptung.

Wenn Heidegger vom ›Wort des Führers‹ behauptete, dass es über alle Zweifel erhaben, nicht infrage gestellt, sondern nur im ›Geist‹ des ›Führers‹ und in Treue zu seinem ›Willen‹ ausgelegt werden könne, so sprach sich darin nicht nur eine strategische Anbiederung an die politische Führung, sondern zugleich die Wahrheit seines eigenen Engagements aus. So handelte es sich bei der Auseinandersetzung mit dem ›Wort des Führers‹, das ihn am meisten beschäftigte und seiner eigenen, ›revolutionären‹ Auffassung des Nationalsozialismus am meisten Schwierigkeiten bereitete (»Man muss den freigewordenen Strom der Revolution in das sichere Bett der Evolution hinüberleiten«, oder, wie Heidegger etwas lapidar zusammenfasst: »Die Evolution soll die Revolution ablösen«), keineswegs um einen Einwand oder gar um einen ›geistigen‹ Widerstand gegen das Gesagte, sondern um einen Exegetenstreit. Wenn Heidegger anlässlich eines Vortrags in Tübingen am 11.11.1933 antwortete: »Aber die Revolution in der *deutschen Hochschule ist nicht nur nicht zu Ende, sie hat nicht einmal begonnen«* (16:766), so galt seine Erwiderung weniger der Rede Hitlers vom 6.7.1933, als vielmehr ihrer Auslegung durch den Reichsminister Wilhelm Frick, der aus Hitlers Worten folgerte, dass die »Revolution abgeschlossen« sei und dass jeder, der »weiterhin noch von einer Fortsetzung der Revolution oder von einer zweiten Revolution« spreche, die nationalsozialistische Revolution sabotiere und »sich gegen den

Führer selbst auflehnt« (zitiert nach: Schulz 1960: 474). Es ging Heidegger darum, »im Sinne des Führers« (16:766) gegen eine falsche Interpretation dieses Satzes zu argumentieren, gegen eine »Falschmünzerei« (36/37:212), wie er am 30.1.1934 in seiner Vorlesung sagte: »Evolution gewiss, aber eben da, wo die Revolution zu Ende ist. Aber dort, wo wie im Geistigen und zum Beispiel im Schulwesen die Revolution noch nicht zu Ende ist, vielmehr nicht einmal begonnen hat, – wie steht es da?« (36/37:212).

Und tatsächlich zeigt sich bei näherer Betrachtung der Hitlerrede, dass Heidegger hier keineswegs seinen ›Privatnationalsozialismus‹ gegen ein Wort des ›Führers‹ ausspielt, sondern Hitlers Rede vom Übergang der Revolution in die Evolution durchaus wortgetreu auslegt: »Die Revolution ist kein permanenter Zustand, sie darf sich nicht zu einem Dauerzustand ausbilden. Man muss den freigewordenen Strom der Revolution in das sichere Bett der Evolution hinüberleiten. Die Erziehung der Menschen ist dabei das wichtigste. Der heutige Zustand muss verbessert und die Menschen, die ihn verkörpern, müssen zur nationalsozialistischen Staatsauffassung erzogen werden« (Michalka 1993: 32). Wie Wolfgang Sauer überzeugend darlegt, bedeutete Hitlers Rede vom Ende der Revolution »nicht das, was man damals und zum Teil bis heute darunter verstanden hat«. Hitler habe das Wort Revolution vielmehr in einem doppelten Sinn verwendet: »einmal als Ausdruck für einen totalen Umformungsprozess von Staat, Gesellschaft und Individuum und zum anderen als Bezeichnung für gewaltsame Aktionen zur Eroberung der ›äußeren Macht‹«, wobei die »Erklärung vom Juli 1933 […] nur in letzterem Sinn zu verstehen« sei (1960: 898).

Heidegger hatte das ›Wort des Führers‹ verstanden und er hatte es besser verstanden als viele seiner Zeitgenossen: Entscheidend für das Gelingen der ›nationalsozialistischen Revolution‹ in dem weiten und entscheidenden Sinn, der Hitler vorschwebte, war die Erziehung der Menschen. Wenn er den Versuch unternahm, bei dieser ›Erziehung‹ der Menschen eine Führungsrolle zu übernehmen, so ›erhörte‹ er das ›Wort des Führers‹ nicht nur in dem Sinn, dass er es richtig auslegte, sondern auch in dem Sinn, dass er ihm gehorchte und Folge leistete, in dem Sinn also, dass er sich vom ›Führer‹ führen ließ und die anderen Menschen zu seiner Gefolgschaft erziehen wollte. Dass diese öffentliche Rolle noch anderen, philosophischen Zwecken dienen sollte, bedeutet keineswegs, dass Heidegger versuchte, den ›Führer‹ von seiner eigenen Auffassung der ›wahren Revolution‹ zu überzeugen.

Wenn Heidegger sich als radikaler Befürworter und als orthodoxer Anhänger Hitlers präsentiert, so verbirgt er unter dieser Maske keineswegs den Versuch, die Führung an sich zu reißen.[96] Heidegger wollte und konnte die nationalsozialistische Bewegung nicht politisch lenken oder steuern. Um seinem eigenen Interesse gerecht zu werden, musste er den Lauf der Ereignisse auch gar nicht verändern, sondern ihn lediglich anders interpretieren. Es lag in seinem Interesse, die Rolle einzunehmen, die Hitler den Intellektuellen zugedacht hat, nämlich »die von anderen gemachte Revolution zu theoretisieren und nicht zu steuern« (Payen 2016: 314). Es lag in seinem Interesse eine nachträgliche Ideologie, einen Überbau für die politische Revolution zu liefern, ihre Geschichte zu schreiben und diesem ›Himmelreich‹ zu allgemeiner Anerkennung zu verhelfen.

Es mag sein, dass Heidegger seine eigene unmittelbare Wirkungsstätte, die Universität, in einem gewissen Sinn der Partei gegenüberstellte, dass er versuchte, »eine gewisse Selbständigkeit der Universität zu erhalten« (Hühnerfeld 1961: 104), aber nur in dem Sinn, dass sie die Revolution eigenständig ›theoretisieren‹ – und das kann hier nur heißen, in die Köpfe der Menschen bringen und Propaganda betreiben – sollte. Wenn er eine ›revolutionäre‹ Universitätspolitik betrieb und dort mit großem Elan das ›Führerprinzip‹ durchsetzte, um sich womöglich an die Spitze nicht nur der Freiburger, sondern aller deutschen Universitäten zu setzen, so gewiss nicht in der Illusion, die ›geistige Führung‹ der nationalsozialistischen Revolution an sich reißen zu können. Er wollte die »geistige Führung« der »Führer und Hüter« des deutschen Volkes übernehmen, die »geistige Führung« der »hohen Schule«, wie er in der Rektoratsrede sagt, und so einer der ersten in der politischen Gefolgschaft Hitlers werden, aber er bestand im selben Atemzug darauf, dass die »Führer selbst Geführte sind – geführt von der Unerbittlichkeit jenes geistigen Auftrags, der das Schicksal des deutschen Volkes in das Gepräge seiner Geschichte zwingt« (16:107).[97] In Bezug auf Adolf Hitler verstand sich Heidegger wohl weniger als ›geistiger‹ Führer, der dem politischen Führer gesellschaftliche und politische Ziele vorgab, die er aus seiner Philosophie schöpfte, sondern vielmehr als eine Art ›geistlicher‹ Führer, der seine eigenen Zwecke verfolgen mochte, dabei aber den konkreten Zielen der politischen Führung grundsätzlich nicht in die Quere kam, der bereit war, seinen »geistigen Auftrag« vom Führer zu empfangen und im Geiste des »Führers selbst« zu handeln.

Heideggers Interesse ging, kurz gesagt, nicht auf die ›geistige‹ Führung, sondern auf die Anerkennung seiner Interpretation dieser Führung. Wenn er zu diesem Zweck eine gewisse begrenzte Führerschaft übernahm, wenn er sich zum ›Führer‹ der Universität und vielleicht sogar zum Ersten der Geführten machen wollte, so stellte er sich dennoch in den Dienst des Nationalsozialismus. Wenn Heidegger also öffentlich eine *Selbstbehauptung der deutschen Universität* forderte, so war dieser Titel nicht in erster Linie Ausdruck eines eigenständigen und potentiell kritischen Programms, sondern verdeckte vielmehr aus strategischen, universitätspolitischen Gründen die Forderung nach einer totalen Gleichschaltung der deutschen Universität. Er vollendete und beendete sein Projekt einer radikalen Selbstbestimmung, indem er sich dem Befehl des »Führers« unterstellte, in dem er sich in seinem ›Verhalten‹ (wenn auch nicht in seiner ›Haltung‹, wie Heidegger selbst hinzufügen würde) im radikalsten Sinne fremd bestimmen ließ. Der Moment der Verwirklichung seiner Philosophie, der Moment, in dem er ›entschlossen‹ war und sich von der ›Aufbruchsstimmung‹ ergreifen ließ, ist zugleich der Moment des Scheiterns: Heidegger spricht davon, dass »ein großer Sturm über mich kam, dem ich die vollen Segel auszusetzen wagte. Dabei ist vieles von der alten Takelage zu *Bruch u. Riß* gegangen. Mit dem Flicken ist es aber nichts« (an Elisabeth Blochmann, 19.1.1933: 57). Das Bild ist treffend, denn es suggeriert keinen bloßen Unfall, sondern ein bewusstes ›Engagement‹, ein bewusstes Hinaustreten in den ›Sturm‹.

In politischen Dingen war der Philosoph also ›hörig‹. Doch er war es gerade nicht auf Geheiß seines anonymen Gottes. Heideggers Engagement fußte nicht in einem ›Glauben‹ an ein Himmelreich. Dennoch behauptete er, in der nationalsozialistischen Revolution ein ›geistiges‹ Geschehen am Werk zu sehen – eine Behauptung, die nicht nur Heidegger selbst, sondern die Mehrzahl seiner Interpret_innen wiederholen sollten. Die Behauptung eines ›geistigen Auftrags‹, dem der Philosoph gefolgt sein soll, bildet das

Fundament einer ganzen apologetischen Tradition, die sich der Technik des Rückwärtslesens bedient und Heideggers Engagement im Lichte der weiteren Entwicklung seiner Philosophie begreift.

Dieser Ansatz wurde von Reiner Schürmann, darin selbst *plus royaliste que le roi*, zum Grundsatz der Interpretation erhoben. Zusammen mit der Selbstauslegung übernimmt Schürmann aus Heideggers Spätphilosophie auch die ›anarchische‹, aneignende Auslegung der gesellschaftlichen und politischen Realität. Das ›Engagement‹ erscheint in diesem Licht (ganz im Sinne Heideggers) nicht mehr als ein Produkt des Scheiterns von Heideggers Frühphilosophie, sondern als ein Produkt der Geschichte der Philosophie, die ihre Möglichkeiten erschöpft hat und deren einzig legitime Antwort auf die Frage ›Was tun?‹ darin besteht, ›gelassen‹ zu sein: »das sein zu lassen, was ist« (Schürmann 1982: 113). Dass Schürmann in einer bizarren interpretatorischen Pirouette behauptet, dass Heideggers ›Anarchie‹, die Vorstellung, dass alles politische Handeln grund- und sinnlos geworden sei, Heidegger sogar davor bewahrt habe, ernsthaft dem ›Führerprinzip‹ anzuhängen (24), kann als ein Höhepunkt dieser im Wortsinne ›rückschrittlichen‹ Apologetik gelten.

Selbst wenn man die Entwicklung von Heideggers Philosophie rückwärts liest, muss man wie Marion Heinz zu dem Schluss kommen, dass sie sich durch ihre »Bejahung des ›Führerprinzips‹« zum »Erfüllungsgehilfen des Faktischen« gemacht hat. Für Marion Heinz, die die ›phänomenologische Geste‹ nicht hinterfragt, entspringt diese Bejahung »keinem banalen politischen Opportunismus« (2009: 75), sondern einer »Metapolitik«, die die Metaphysik zu Ende und zu Fall bringen solle. Ohne sich explizit zum Grundsatz des ›Rückwärtslesens‹ zu bekennen, hat Alexander Schwan diese Praxis in seinem Buch *Politische Philosophie im Denken Heideggers* (1965) bereits früh angewandt. Im Gegensatz zu Schürmann wählt er den anderen möglichen Weg der rückwärtsgewandten Interpretation und unterlegt Heideggers ›Engagement‹ nicht den Standpunkt der Spätphilosophie, sondern denjenigen des zweiten Abschnitts der Zwischenphase, der im Kunstwerkaufsatz seinen elaboriertesten Ausdruck fand (1965: 95).

53. Vom Geist

Die apologetische Tradition des Rückwärtslesen erlaubt es, Heidegger als einen ›Nationalsozialisten des Geistes‹ zu lesen, dessen ›geistigen‹ Nationalsozialismus es streng vom ›vulgären‹ Nationalsozialismus der Massen und der politischen Führung zu trennen gelte.[98] Wie Derrida in seiner wegweisenden Studie zurecht bemerkt, präsentiert Heidegger seine eigene Tätigkeit als ›Führer-Rektor‹ tatsächlich als ein ›geistiges‹ Engagement: »Die Führung ist geistige Führung, aber der Führer – in diesem Fall der Rektor – kann nur ein Führer sein, wenn er selber von der ›Unerbittlichkeit eines Auftrags‹ geführt wird, der wiederum ein ›geistiger Auftrag‹ ist« (Derrida 1988d: 42). Tatsächlich fällt in der Rektoratsrede nach Derridas berühmt gewordener Formulierung der Vorhang, und die Rede vom ›Geist‹ und vom ›Geistigen‹ wird von den Anführungszeichen befreit, von denen sie in der Frühphilosophie stets umgeben war.[99] Tatsächlich spricht Heidegger dem, »woran er sich beteiligt, und denen, vor denen er sich beteiligt, all dem also, was er als das Höchste gutheißt und weiht, [...] eine *geistige* Legitimität zu« (Derrida 1988d: 48).

Um seinen »geistig-volklichen Auftrag« (36/37:3) zu erfüllen, um die künftigen ›geistigen Führer und Erzieher‹ (die Studenten- und Dozentenschaft) zum Nationalsozialismus zu erziehen, muss Heidegger die Machtergreifung und den Aufbau des nationalsozialistischen Staates ›geistig‹ interpretieren. Er muss ihm einen höheren Sinn verleihen als den einer bloßen Machtübernahme. Im Augenblick des Engagements ist die Zeit gekommen, in der er die Zeichen der Zeit deuten, in der er die gesellschaftliche und politische Realität interpretieren muss. In seinen eigenen Worten ist die »Weltstunde« gekommen, »deren Schlagraum die deutsche Philosophie zum Erklingen bringen soll« (94:109). Doch wie deutet er die Zeichen, in welchem Geist interpretiert er die ›Weltstunde‹? Kommt der Auftrag oder das Geheiß tatsächlich ›vom Geist‹, wie Derrida es will, oder kommt er nicht doch, ganz vulgär, vom ›Führer‹? Interpretiert er das Weltgeschehen im Geiste der ›Wahrheit des Seins‹ oder im Geiste Adolf Hitlers?

Derrida glaubt Heideggers Rede von der ›Selbstbehauptung‹ des Geistes und der Universität. Er glaubt an die Selbstbehauptung von

Heideggers Philosophie gegen die politische Führung.[100] Er glaubt, dass Heideggers Philosophie in dem Moment, in dem sie von einer »Führung« spreche, »ihr im vorhinein den Dienst kündigt« (Derrida 1988d: 54). Er glaubt, dass Heideggers Philosophie sich und die politische Führung nur einem »geistigen Auftrag« verpflichtet sehe und dass sie nur ihre eigene, normative und nicht nachträgliche Deutung dieses Auftrags akzeptiere. Er glaubt, kurz gesagt, dass Heideggers Philosophie sich im Moment des Engagements nur der ›inneren Wahrheit‹, nur dem ›Geist‹ der Bewegung, also der ›Wahrheit des Seins‹ und nicht dem ›Wort des Führers‹ verpflichtet gefühlt habe.

Je nachdem von welcher ›Sache‹ sich Heideggers Philosophie bestimmen ließe, je nachdem, ob sie der ›Wahrheit des Seins‹ oder dem ›Wort des Führers‹ hörig wäre, würde Heideggers Philosophie die gesellschaftliche und politische Situation, in der sie sich ›befindet‹ und von der sie ›gestimmt‹ und ›bestimmt‹ wird, anders interpretieren: entweder als eine Art ›Seinsgeschichte‹ oder als eine Art ›Weltgeschichte‹, die ich hier, weil sie sich nur für die »*geistige Welt* eines Volkes« (16:111), nämlich des deutschen Volkes interessiert, als ›Volksgeschichte‹ bezeichne. Sie würde die »Weltstunde« entweder im Geist der ›Wahrheit des Seins‹ als einen Moment bestimmen, in dem die ›Wahrheit‹ offenbar werden könne, in dem die ›Wahrheit des Seins‹ sich den Mitgefangenen in der Höhle offenbaren könne und genau dafür das ›Engagement‹ von Heideggers Philosophie erfordere. Oder sie würde die »Weltstunde« im Geiste Adolf Hitlers als einen Moment interpretieren, in dem sich das ›deutsche Volk‹ in der »Gefolgschaft« zu ihrem »Führer« (16:284), »der das Volk aus seiner Selbstverlorenheit wieder zurückführen sollte zu seiner eigenen Bestimmung« (16:297), vereinen könne und genau dafür das ›Engagement‹ von Heideggers Philosophie erfordere. Die ›Not‹ des Volkes bestünde dann nicht in der ›Seinsverlassenheit‹ oder ›Seinsvergessenheit‹, sondern in den Bestimmungen des Versailler Vertrags und des Völkerbunds und in der vermeintlichen ›Bedrohung‹ durch den Marxismus.

Die Revolution bestand in Heideggers Augen darin, dass die ›Aufbruchsstimmung‹ oder der ›Geist der Gemeinschaft‹ bestimmend geworden seien, dass sie sich durch die ›Staatsgründung‹, die er Hitler zuschrieb, haben ›verwirklichen‹ können: »Der Führerstaat – wie wir ihn haben – bedeutet die Vollendung der geschichtlichen Entwicklung: die Verwirklichung des Volkes im Führer« (Denker und Zaborowski 2009: 88). In diesem Sinne ist für Heidegger die ›Volksgeschichte‹ durch die nationalsozialistische Revolution an ihr Ende gelangt (vgl. 16:95). Doch der »Staat *ist* nur, sofern und solange die Durchsetzung des Herrschaftswillens geschieht, der aus Sendung und Auftrag entspringt und umgekehrt zu Arbeit und Werk wird« (38:165). Auf die Revolution folge, gemäß der Formel Hitlers, die Evolution: Der Staat müsse durch die ›Arbeit‹ gefestigt werden, sich in einem ›Werk‹ verwirklichen (vgl. 16:205f., 236). Da der ›Führer‹ in Heideggers Augen vorangegangen ist, da er mit der ›Staatsgründung‹ seiner Zeit und seiner Gefolgschaft voraus gewesen sei, müssten zunächst die Menschen im Sinne und im Geist der nationalsozialistischen Weltanschauung umerzogen werden (vgl. 36/37:225). Diese »Umerziehung« bezeichnet Heidegger wiederum als einen »*Gesamtwandel*«, die Evolution des Staates erfordere mithin eine Revolution der menschlichen Existenz (36/37:225).

Um zu dieser Arbeit bereit zu sein, müssen die Deutschen in eine bestimmte ›Stimmung‹ versetzt werden und ein ›Wissen‹ über ihre ›Bestimmung‹ erlangen. Da die Arbeit im und am neuen Staat für Heidegger »als Arbeit geistig« (16:238) sei und da der Geist nichts anderes als »gestimmte, wissende Entschlossenheit« sei, setze die Arbeit eine Stimmung und ein Wissen voraus. Es gelte daher einerseits, »Grundstimmungen zu schaffen und zu wecken« (36/37:87), die Menschen für den Nationalsozialismus zu ›begeistern‹ und andererseits das »Wissen um den geistigen Auftrag« (16:114) zu vermitteln. Das Erwecken dieser Stimmung und das Vermitteln dieses Wissens erklärt Heidegger zum Wesen und zur Bestimmung der Wissenschaft.

Die Bestimmung der Wissenschaft besteht laut Heidegger nicht mehr in einem Fragen »um des Fragens willen, sondern [in einer]

Antwort« – in einer Antwort, die näher bestimmt wird als »Einsatz«, als »Ergreifen einer notwendigen Möglichkeit, Sichaussetzen der Notwendigkeit des Schicksals« (36/37:78). Ihre Rolle bestehe nun weniger darin, durch einen (zumindest relativ) eigenständigen ›Weltentwurf‹ Wissen zu erlangen, sondern vielmehr das Wissen des ›Führers‹ zu vermitteln. Nur der ›Führer‹ »denkt und will wissentlich – was das Volk will, das zwar nicht weiß, was es will, aber genau im Führer zu sich selbst kommt« (86:169). Es komme »im Führer zu sich selbst«, aber nur wenn es zur ›Gefolgschaft‹ erzogen werde, die selbst wiederum nach dem Führerprinzip organisiert sein müsse. Die Anführer dieser Gefolgschaft werden Heideggers Vorstellung nach an der Universität ausgebildet: »Die Stätte der Erziehung zu solcher Führerschaft ist die Universität« (16:96). Heidegger sieht seine Rolle als Anführer dieser Anführer, er präsentiert seine Philosophie, im radikalen Gegensatz zum Standpunkt der Frühphilosophie, als die erste unter den Wissenschaften (die nichts weiter als Wissensvermittlerinnen sind) – und ganz gemäß seiner früheren Definition komme ihr deswegen auch nur noch ›eine begrenzte Führerschaft im Ganzen der menschlichen Existenz‹ zu. Diese ›Führerschaft‹ sei im Vorhinein durch das ›Wort des Führers‹ umgrenzt: Das Entscheidende für Heideggers Philosophie ist, »die geschichtlich-politische Wirklichkeit so radikal mit ausgestalten helfen, dass die neuen Notwendigkeiten des Seins unverfälscht zur Auswirkung und Gestaltung kommen« (36/37:213). Denn was die »geschichtlich-politische Wirklichkeit« sei, was die »Notwendigkeiten des Seins« seien, das bestimmten nicht die Wissenschaften und auch nicht die Philosophie als höchste Wissenschaft, sondern der ›Führer‹. Und dieses Sein und diese Wirklichkeit würden nicht durchgesetzt, weil sie von einem Wissen um die ›Wahrheit des Seins‹ getragen würden, sondern weil sie im ›Sein des Führers‹, in seiner Autorität gründeten.

Wenn Heidegger also die Philosophie als »Frage nach dem Gesetz und Gefüge unseres Seins« (36/37:4) definiert, so meint der Ausdruck ›unser Sein‹ nicht das ›Sein des Menschen‹, auch nicht das ›Sein des Abendlandes‹, sondern das ›Sein des deutschen Volkes‹. Er verortet die Philosophie in einer Geschichte der gesellschaftlichen und politischen Wirklichkeit des deutschen Volkes. Diese Wirklichkeit lässt er sich praktisch und theoretisch von seinem

›Führer‹ vorgeben und bestimmen. Die Aufgabe der Philosophie besteht daher laut Heidegger weder darin, den Nationalsozialismus »›theoretisch‹ [zu] unterbauen, um ihn so erst vermeintlicherweise trag- und somit bestandsfähig zu machen« (94:134), noch darin, die politische Führung zu übernehmen. Sie bestand darin, dem Nationalsozialismus einen geistlichen und nachträglichen Überbau zu liefern. Die praktischen Konsequenzen aus dieser Neubestimmung der Aufgabe der Philosophie zog Heidegger auf der Sonnenwendfeier der Freiburger Universität im Jahr 1933. Im unmittelbaren Umfeld der deutschlandweiten, von der *Deutschen Studentenschaft* organisierten Bücherverbrennungen (bei denen nach Vorschrift stets zuerst die Schriften von Marx »den Flammen übergeben« werden sollten) hielt er eine ›flammende‹ Rede: »Flamme! Dein Lodern künde uns: Die deutsche Revolution schläft nicht, sie zündet neu umher und erleuchtet uns den Weg, auf dem es kein Zurück mehr gibt« (16:131).

55. Abkehr vom Engagement

Mit Blick auf die Entwicklung seiner Philosophie war an Heideggers ›Engagement‹ weniger die Rektoratsübernahme (die allerdings für seine Biographie entscheidend werden sollte) als vielmehr das philosophische Scheitern und die politische Fremdbestimmung entscheidend. Das Entscheidende am Moment des ›Engagements‹ war nicht etwa, dass die Person Martin Heidegger plötzlich zum Nationalsozialisten geworden wäre, sondern dass Heideggers Philosophie den unvermeidbaren (und dennoch nicht im Voraus berechenbaren) Schritt über sich hinaus tat und sich in der gesellschaftlichen und politischen Realität verwirklichte. Die Verwirklichung der Philosophie bedeutete zugleich eine Verwirklichung der (zuvor ›unsichtbaren‹ und ›unwirksamen‹) philosophischen Politik. Dass sie sich als Universitätspolitik verwirklichte, erklärt sich aus dem Zusammenfallen der zuvor mit großem Aufwand getrennten Sphären der Philosophie und des Philosophen: Die Möglichkeiten, die der Philosophie zur Verwirklichung offenstanden, waren die Möglichkeiten der Person Martin Heideggers, die Möglichkeiten eines erfolgreichen Philosophieprofessors.

So wie das ›Engagement‹ ein philosophisches Scheitern bedeutete, so bedeutete die Abkehr eine Wiederaufnahme des Projekts der radikalen Selbstbestimmung. Der Prozess der Abkehr vom Engagement (die keine Abkehr der Person Martin Heideggers von der Weltanschauung des Nationalsozialismus bedeutet), verläuft in drei Schritten, denen eine jeweils unterschiedliche philosophische Bedeutung und Tragweite zukommt: 1.) die Niederlegung des Rektorats (1934), 2.) die Abkehr von der Universitätspolitik (1935) und 3.) die Abkehr vom ›Engagement‹ insgesamt (1936).[101] Die Jahreszahlen dienen lediglich der Orientierung und richten sich nach den Vorlesungstexten. Eine genaue Datierung dieser Schritte ist in der chaotischen Zwischenphase, in der sich die ›philosophische‹ Entwicklung überstürzt vollzieht, nicht möglich, da einige gleichzeitig entstandene Texte verschiedenen Etappen angehören: Insbesondere die *Schwarzen Hefte* sind häufig einen Schritt weiter als die Texte der gleichzeitigen Vorlesungstexte und Reden.

Wenn man davon ausgeht, dass die Selbstaufgabe und die politische Dienststellung von Heideggers Philosophie den Kern des Engagements ausmachen, ist Emmanuel Fayes These, dass Heidegger an diesem Engagement »bis ans Ende seiner Tage« festgehalten habe, nicht haltbar (2009: 327). Man kann jedoch sehr wohl die These vertreten, dass die Abkehr vom Engagement keine Abkehr vom Nationalsozialismus bedeutete: Dass er seine Philosophie nicht mehr in den Dienst des Nationalsozialismus stellte, bedeutete nicht, dass sich Heidegger persönlich gegen ihn aussprach oder gar politischen Widerstand leistete.[102]

Zur Niederlegung seines Rektorats sah sich Heidegger veranlasst, weil die nationalsozialistische Wirklichkeit in seinem Wirkungsfeld, im Feld der Universitätspolitik, nicht seinen Vorstellungen entsprach.[103] Er versuchte daher, in einem zweiten Anlauf des Engagements, dieses Feld durch die Einrichtung einer Dozentenakademie grundsätzlich neu zu gestalten und sich so zum ›geistigen‹ Anführer unter den Geführten zu machen.[104]

Mit der Niederlegung des Rektorats beginnt Heidegger sich und seiner Philosophie eine fundamentalere Rolle als die der bloßen ›Wissensvermittlung‹ zuzuschreiben. Er versucht, seine Philosophie, die er während der Zeit des Rektorats als eine Art höchste Wissenschaft im Dienst einer Weltanschauung dargestellt hatte, zunehmend aus ihrer Abhängigkeit vom ›Wort des Führers‹ zu führen. In einem ersten Schritt versuchte sich Heidegger zu diesem Zweck eine gleichberechtigte Rolle in einer Art schicksalhaftem ›Triumvirat‹ zuzuschreiben: Neben dem ›Führer der Deutschen‹, dem ›Dichter der Deutschen‹ verortete er sich als ›Philosoph der Deutschen‹. Der Raum für diese Verortung bleibt zu dieser Zeit aber weiterhin die (nationalsozialistische) Geschichte des deutschen Volkes. Im Einklang mit dieser Geschichte bleibt Heidegger weiterhin und teils sogar in gesteigertem Maß und mit größeren Ambitionen universitätspolitisch aktiv (vgl. Zaborowski 2010: 398). Das erneute Scheitern des universitätspolitischen Engagements und die wieder einsetzende Besinnung auf die Rolle und die Selbstbestimmung seiner Philosophie zeitigen allerdings zugleich die für alles weitere entscheidende späte Einsicht, dass »der Nationalsozialismus niemals Prinzip einer Philosophie sein kann, sondern immer nur unter die Philosophie als Prinzip gestellt werden muss« (94:190).

Mit dem Kunstwerkaufsatz und der Vorlesung *Einführung in die Metaphysik* setzt sich diese Einsicht in den ›öffentlichen‹ Texten durch und der Raum der Selbstverortung wird nicht mehr im Geiste des ›Führers‹ als ›Volksgeschichte‹ verstanden. Stattdessen wird die Geschichte eigenständig (aber nicht aneignend) als ›Geistesgeschichte‹ ausgelegt, deren Wahrheit sich in der Kunst und insbesondere in der Dichtung verwirkliche oder sich, wie Heidegger sagen würde, innerhalb der Weltgeschichte ›ins Werk setze‹. Dem Nationalsozialismus schreibt Heidegger in dieser Geschichte eine ›geistige‹ Wahrheit zu, die nicht mehr dem ›Wort des Führers‹ entsprechen muss. In dieser Phase – und nur in dieser Phase – lässt sich mit einem gewissen Recht von einem ›geistigen Privatnationalsozialismus‹ sprechen – nur hier unterscheidet Heidegger zwischen einem »geistigen Deutschland« (94:155) und der nationalsozialistischen Wirklichkeit, nur hier konnte er von der »inneren Wahrheit und Größe« (40:208) der nationalsozialistischen Bewegung sprechen – eine innere Wahrheit, die für Heidegger allerdings nicht mit der »planetarisch bestimmten Technik« zusammenfiel, wie er es später in einem beispiellosen Akt der Selbstverklärung glauben machen wollte.[105] Da er die Geschichte noch nicht als ›Seinsgeschichte‹ (nur in einer solchen Geschichte könnte er den Nationalsozialismus als Bewegung der ›planetarisch bestimmten Technik‹ begreifen), sondern nur als ›Geistesgeschichte‹ interpretierte, musste sich Heideggers Philosophie selbst eine ›geistige‹ Wahrheit zuschreiben. Sie musste das tun, was das radikale Projekt der Selbsterörterung stets verboten hatte: Sie musste eine Geschichte von sich erzählen. Sie musste sich als Teil der ›Weltgeschichte‹, als Teil ihrer gesellschaftlichen und politischen Realität, als Teil dessen begreifen, was sich für Heidegger im Nationalsozialismus verwirklichte oder ›ins Werk setzte‹.

Die philosophische ›Kritik‹ am Nationalsozialismus (deren ambivalenten Charakter es weiter unten zu durchleuchten gilt), zu der Heideggers Philosophie durch seine aneignende Auslegung der Geschichte ab 1936 imstande war und in der die Abkehr vom ›Engagement‹ mündete, war politisch unwirksam. Es handelt sich dabei (analog zu der ›unöffentlichen‹ Führung der Frühphilosophie) um eine ›unsichtbare‹ Kritik.[106] Und weil diese angeblich »kritische Diagnose der Zeit« (Pöggeler 1992b: 255) ›unsichtbar‹ und ›unwirksam‹ war, wurde Heidegger auch nicht, wie er und seine Apologet_innen gerne kolportierten, von den Nationalsozialisten verfolgt.[107] Tatsächlich war seine ›kritische‹ Diagnose in höchstem Maße unkritisch: Sie kannte kein Kriterium für ein philosophisches, moralisches oder politisches Urteil über den Nationalsozialismus – weder über sein ›Wesen‹ noch über seine ›Wirklichkeit‹.[108]

56. Das Triumvirat

Heideggers erste Vorlesung über Hölderlin (GA 39) ist in vieler Hinsicht aufschlussreich. Sie steht gewissermaßen in der Mitte der gesamten Entwicklung seiner Philosophie. Zum einen lassen sich die Nachwirkungen des Scheiterns der Frühphilosophie noch klar erkennen, wenn Heidegger schreibt, das Dasein sei »nichts anderes als die *Ausgesetztheit in die Übermacht des Seyns*« (39:30f.). Gleichzeitig bleibt Heideggers Philosophie weiterhin dem ›Wort des Führers‹ hörig und verortet sich in einer ›Volksgeschichte‹: »Das ›Vaterland‹ ist das Seyn selbst« (39:121). Zum anderen kündigt sich aber bereits die Abkehr vom Engagement an, die sich im Anschluss an diese Vorlesung zunächst in einer Weltflucht vollzieht, in einer Auseinandersetzung mit der Kunst und der Dichtung, die zwar nicht mehr dem ›Wort des Führers‹, wohl aber der noch unerörterten gesellschaftlichen und politischen Situation (der ›nationalsozialistischen Bewegung‹) verhaftet bleibt. Nicht zuletzt verweist diese Vorlesung durch die Vorstellung eines ›Triumvirates‹ aus ›Philosophie‹, ›Dichtung‹ und ›Politik‹ auf den großen Entwurf der Spätphilosophie, dessen Zentrum die aneignende Auslegung von und gleichzeitige Abgrenzung zu diesen drei Begriffen bildet (sie nehmen also eine analoge Rolle zu den Begriffen ›Weltanschauung‹ und ›Wissenschaft‹ in der Frühphilosophie ein).

Der Umbruch in Heideggers Denken kündigt sich auch in einer neuen Terminologie an: Während immer noch von der »Geworfenheit« und vom »Entwurf« des »Daseins« die Rede ist (vgl. 39:175), tritt erstmals das Begriffspaar »Erde« (39:113) und »Welt« auf, das im zweiten Abschnitt der Zwischenphase an ihre Stelle tritt. Ebenso begegnet man hier bereits dem Wort »Seyn« (z. B.: 39:144), das in der Spätphilosophie häufig die Sache der Philosophie, die Wahrheit des Seins als Ereignis bezeichnet. Das Auftreten dieser Ausdrücke darf jedoch nicht dazu verleiten, zentrale Konzepte aus der Selbsterörterung der Früh- oder Spätphilosophie in die Zwischenphase (oder aus dem zweiten in den ersten Abschnitt der Zwischenphase) zu übertragen.[109]

In dem Moment, in dem Heideggers Philosophie sich im Raum der politischen und gesellschaftlichen Realität verwirklicht, betritt sie einen Raum, in dem sie sich mit anderen Interessen konfrontiert sieht. Mehr noch als mit verschiedenen politischen Weltanschauungen sieht sich Heideggers Philosophie nun mit verschiedenen Existenzweisen konfrontiert, die nicht nur unterschiedliche politische Ziele, sondern ganz andere ›Sachen‹ verfolgen. Es ist kein Zufall, dass eine philosophische Auseinandersetzung mit der Dichtung (und mit der Offenbarungsreligion) erst in dem Moment einsetzt, in dem Heideggers Philosophie den Raum der konkurrierenden Existenzweisen betritt, obwohl sich der Philosoph die längste Zeit seines Lebens intensiv mit Dichtung (und Theologie) beschäftigt hatte.

Die zu Anfang des ersten Hauptteils aufgeworfene Frage, ob Heideggers Philosophie in der Weltflucht der Selbsterörterung nicht nur der Welt, sondern auch ihrem ›Jenseits‹, das vorläufig als ›Gott‹ bezeichnet wurde, verhaftet bleibe, lässt sich erst ganz am Ende der Untersuchung beantworten. In der Zwischenphase jedenfalls tritt der Begriff des »Göttlichen« und der »Götter« an die Stelle des Schicksals, des Todes in der Höhle. Während das Schicksal in der Frühphilosophie mit einem der Philosophie schlechthin verschlossenen Raum identifiziert wurde und deswegen stumm und unerkennbar bleiben musste, wird es nun als etwas »Göttliches« präsentiert, als etwas, das sich den Menschen, zumindest manchen Menschen, offenbaren kann. Allerdings offenbart sich das Göttliche nicht mehr in Gestalt der »alten Götter« (39:82), sondern in Gestalt der »neuen Götter« (39:93), deren Ankunft es zu erwarten gelte. Denn die »alten Götter«, womit sowohl die Götter der Griechen als auch der christliche Gott gemeint sind, seien nicht mehr in der Lage, das deutsche Volk aus seiner Not zu retten, sie haben das deutsche Volk verlassen.

In dieser eigenwilligen Geschichtskonstruktion bleibt es dem Triumvirat der »Schaffenden«, dem »Denker« (Heidegger), dem »Dichter« (Hölderlin) und dem »Staatsschöpfer« (Hitler) vorbehalten, die Ankunft der neuen Götter vorzubereiten. Der Dichter könne ein Bewusstsein, richtiger gesagt eine »Grundstimmung« der »Flucht der Götter« (39:80) im Volk wecken – die Voraussetzung dafür, dass »durch die Ankunft der neuen Götter dem ganzen geschichtlichen, irdischen Dasein der Deutschen eine neue Bahn gewiesen und eine neue Bestimmtheit geschaffen« werde (39:93). Doch hatte nicht der »Führer« in Heideggers Augen längst »eine neue Wirklichkeit erweckt [...], die unserem Denken die rechte Bahn und Stoßkraft gibt« (94:111)? Was hat es mit der Behauptung der neuen Götter auf sich? Verbirgt sich hier eine vorsichtige Kritik am ›Wort des Führers‹? Oder dient die Behauptung der ›neuen Götter‹ umgekehrt der Legitimierung des ›Triumvirats‹?

Um die Rolle des ›Göttlichen‹ in der und für die ›Volksgeschichte‹ zu verstehen, gilt es zunächst die Konstellation der »Schaffenden«, der »Halbgötter« (39:259), wie Heidegger die »Dichter«, »Denker« und »Staatsschaffenden« auch bezeichnet, zu betrachten:

> Die Grundstimmung und das heißt die Wahrheit des Daseins eines Volkes wird ursprünglich gestiftet durch den Dichter. Das so enthüllte Seyn des Seienden aber wird als Seyn begriffen und gefügt und da-

> mit erst eröffnet durch den Denker, und das so begriffene Seyn wird in den letzten und ersten Ernst des Seienden, d.h. in die be-*stimmte* geschichtliche Wahrheit gestellt dadurch, dass das Volk zu sich selbst als Volk gebracht wird. Das geschieht durch die Schaffung des seinem Wesen zu-bestimmten Staates durch den Staatsschöpfer. (39:144)

Die Grundstimmung, in der das ›deutsche Volk‹ die ›Flucht‹ der ›alten Götter‹ und die Notwendigkeit ›neuer Götter‹ erfahren könne, werde vom Dichter gestiftet, aber erst durch die philosophische Interpretation wirklich erfahrbar. Diese unbestimmte Wahrheit werde allerdings erst durch die Staatsgründung, durch die politische Tat, zu einer ›bestimmten‹ und ›bestimmenden‹ geschichtlichen Wahrheit. Erst durch die politische Tat zeige sich, worin die ›Not‹ und die ›Notwendigkeit‹ des deutschen Volkes wirklich bestehen. Wenn die Not und die daraus entstehende Notwendigkeit aber genuin politisch sind, dann kann die Rettung des deutschen Volkes ebenfalls nur eine politische sein. Wem sollten sich die neuen Götter offenbaren, wenn nicht dem politischen ›Führer‹ des deutschen Volkes? Worin sollte ihre Offenbarung bestehen, wenn nicht in der politischen Überwindung der ›Not‹?

Die Grundstimmung, die der Dichter und der Denker gemeinsam erfahrbar machen sollen, ist auch hier eine Begeisterung für den neu gegründeten Staat. Sie lässt sich von der ›Aufbruchsstimmung‹ der vorangegangenen Jahre kaum unterscheiden. Heideggers Philosophie stellt sich weiterhin in den Dienst ihres ›Führers‹ und die ›neuen Götter‹ dienen nur der geschichtsphilosophischen Legitimation des Führerstaates. Während im »ersten Anfang«, am Ursprung der Geschichte, die Dichtung Homers den griechischen Göttern zur Anwesenheit verhelfe (39:184), soll nun Hölderlins Dichtung in ihrer Auslegung durch Heideggers Philosophie die ›neuen Götter‹ vorbereiten. Der Unterschied zum ersten Anfang besteht nur darin, dass die ›neuen‹ Götter nicht einfach an die Stelle der geflohenen ›alten‹ treten und die ›geschichtliche Wahrheit‹ des deutschen Volkes offenbaren. Im zweiten und anderen Anfang der Geschichte müssen vielmehr die Menschen, bestimmte Menschen, die dadurch zu Halbgöttern werden, selbst diese ›geschichtliche Wahrheit‹ bestimmen. Damit Hölderlin der ›Dichter der Deutschen‹ werden, damit sich in den neuen Göttern die geschichtliche Wahrheit enthüllen und erfüllen könne (vgl. 39:170), müsse die geschichtliche Wahrheit dieses Volkes bereits durch eine politische Tat bestimmt sein. Nicht die Götter bestimmten diese Wahrheit und somit den Sinn der ›Staatsschöpfung‹, sondern umgekehrt gebe das ›Wort des Führers‹ vor, was ›deutsche‹ Götter sein können, was ihre Rolle und ihr Sinn sei. Wenn Heidegger in einer häufig missverstandenen Notiz, den Nationalsozialismus als ein »*barbarisches Prinzip*« bezeichnet (94:194),[110] spricht sich darin keineswegs ein vernichtendes Urteil aus: Denn der Nationalsozialismus ist für Heidegger nicht nur ›unkultiviert‹ (was angesichts der Haltung, die Heideggers Philosophie zur ›Kultur‹ ihrer Zeit einnahm, kein negatives Urteil darstellt), sondern auch in dem ursprünglichen Sinn des Wortes barbarisch, dass er nicht griechisch spreche und nicht an die griechischen Götter glaube, sondern seine eigenen, ›deutschen‹ Götter und Werte setze.

B. Geistesgeschichte

57. Zweideutigkeit

Der mit der Arbeit an der Vorlesung *Einführung in die Metaphysik* und an den Vorstufen des Aufsatzes *Der Ursprung des Kunstwerks* einsetzende zweite Abschnitt der Zwischenphase ist von einer fundamentalen Zweideutigkeit gekennzeichnet. Im Gegensatz zur Früh- und Spätphilosophie lässt sich die Zweideutigkeit der Selbstbestimmung allerdings nicht auf die Unterscheidung von Selbstpräsentation und Selbsterörterung, sondern vielmehr auf ihre Abwesenheit zurückführen.

Die Abkehr vom Engagement und die Einsicht in die Fremdbestimmtheit, sorgten dafür, dass Heideggers Philosophie sich aus der Verstrickung in das ›Triumvirat‹ und der damit verbundenen Abhängigkeit vom ›Wort des Führers‹ befreien wollte. Sie wollte zwar dem ›Schicksal‹ des Politischen entkommen, war allerdings noch nicht in der Lage, den Raum des Politischen durch eine aneignende Auslegung zu erschließen. Nirgends bringt Heideggers Philosophie diesen Versuch klarer zum Ausdruck, als in dem Moment, in dem sie die »tiefe Unwahrheit jenes Wortes« betont, »das Napoleon in Erfurt zu Goethe gesprochen: ›Die Politik ist das Schicksal‹«, und diesem Diktum empört entgegenschleudert: »Nein, der Geist ist das Schicksal und Schicksal ist der Geist« (42:3).[111] Die Weltgeschichte, die in dem Moment, in dem Heideggers Philosophie ihre eigene, durch die verflüchtigende Interpretation gezogene Grenze überschreiten musste, in Gestalt der eigenen gesellschaftlichen und politischen Situation auf ›schicksalhafte‹ Weise bestimmend geworden war, sollte nun der Auslegung im Geiste und gemäß dem ›Wort‹ des Führers entzogen werden. Die Weltgeschichte – der Raum der gesellschaftlichen und politischen Realität, in dem sich Heideggers Philosophie verorten muss – sollte nicht länger als politische ›Volksgeschichte‹, sondern als ›Geistesgeschichte‹ ausgelegt werden: »Welt ist immer geistige Welt« (40:48).

Dieser Fortschritt – die Befreiung aus der Fremdbestimmung – blieb aber, wie Heidegger im Rückblick selbst erkennen muss, »auf dem halben Wege stecken« (40:219).[112] Seiner Philosophie gelingt es nicht, den Raum für ihre Selbstverortung in einer aneignenden Auslegung zu erschließen. Im Gegensatz zur Selbsterörterung der Spätphilosophie verortet sie sich nicht als das Wesen der Geschichte, sondern als eine »Gestalt des Geistes«, als »ein höchstes Wollen des Geistes« (42:100), als »eine der wenigen schöpferischen eigenständigen Möglichkeiten des menschlichen Daseins« (40:11). Die Befreiung aus der Fremdbestimmung blieb ›auf dem halben Wege‹ stecken, weil die Philosophie nur als ›eine Möglichkeit‹ und nicht als das ›Wesen‹ des Daseins, nur als ›eine Gestalt‹ und nicht als das ›Wesen‹ des Geistes bestimmt wird. Sie ist für Heidegger als Möglichkeit des menschlichen Daseins und als Gestalt des Geistes ›ein Ausdruck‹ der Freiheit – denn das »Wesen des Geistes [...] ist die Freiheit« (42:3) und das »Wesen des Menschen gründet in der Freiheit« (42:15) – und nicht das ›Wesen‹ der Freiheit. Als Möglichkeit des Menschen, als Gestalt des Geistes und als Ausdruck der Freiheit stehe die Philosophie, wie Heidegger selbst bemerkt, in einer wesentlichen »Zweideutigkeit« (40:9; 41:1), deren erste Dimension sich in Analogie zur dritten Antinomie der *Kritik der reinen Vernunft* begreifen lässt.[113]

Wenn die Welt geschichtlichen Gesetzen (und nicht wie bei Kant Naturgesetzen) unterworfen sei, dann stehe jede Verwirklichung der Freiheit (zum Beispiel in der Philosophie) auch unter diesen Gesetzen. Es gebe also keine Freiheit im Sinne einer absoluten Spontaneität, im Sinne eines absoluten Anfangs, der sich selbst sein Gesetz gebe (und mithin keine Philosophie, die sich im radikalsten Sinne selbst bestimmt). Umgekehrt setze aber die Geschichte und ihre Gesetze einen Moment absoluter Spontaneität voraus, einen absoluten Anfang, der sich selbst sein Gesetz gebe.[114] Um diese Antinomie oder die Frage, ob ein absoluter Anfang, ein anderer Anfang möglich sei, ein »Sprung« (40:8), um in Heideggers Terminologie zu bleiben, aufzulösen, muss man die Dinge von »zwei Seiten betrachten« (KrV:492). Heideggers Philosophie muss sich zugleich als Teil der Weltgeschichte und ihren Gesetzen unterworfen und als Teil der Geschichte der Freiheit oder der Geistesgeschichte verstehen, in der jeder Fortschritt ein absoluter Anfang ist. Sie bestimmt sich dementsprechend als »der einigende Widerstreit zwischen Notwendigkeit und Freiheit« (42:100). Einerseits muss sie dem zwingenden Gesetz der Weltgeschichte gehorchen, andererseits aber schreibt sie sich durch ihre absolute Spontaneität in die Geistesgeschichte ein, in eine Geschichte der Freiheit. Sie setzt sich auf eine doppelte Weise in Bezug zum ersten Anfang der Geschichte, in dem nicht nur die Weltgeschichte, sondern auch die Geistesgeschichte gründet.

58. Weltverdüsterung

Das zwingende Gesetz der Weltgeschichte, dem sich seine Philosophie für ihre Selbstbestimmung unterwirft, bezeichnet Heidegger als »Weltverdüsterung« (40:48). Und weil laut Heidegger die Welt eine ›geistige Welt‹ ist, führt er diese ›Weltverdüsterung‹ auf eine »Entmachtung«, genauer gesagt auf eine »Missdeutung des Geistes« zurück (40:48). Auf den ersten Anfang der Geschichte folge ›sogleich‹ (auf dieses ›sogleich‹ wird zurückzukommen sein) der »geistige Verfall« (40:41), der dazu führe, dass der Geist in der Situation, in der sich Heideggers Philosophie befindet, nur noch »wie ein Gespenst« (40:41) präsent sei. Der Anfang jener Welt- und Geistesgeschichte, die für Heidegger immer nur eine europäische oder abendländische Geschichte sein kann, liegt in Griechenland. Hier liege die Quelle, aus welcher der Geist in die Welt verströme. Doch weil der Geist, in dem Moment, in dem er seinen Ursprung verlasse, ›sogleich‹ entmachtet und missdeutet werde, werde die restliche Welt nicht vom Geist als Geist, sondern von seiner Umdeutung als »*Intelligenz*« erfasst (40:50). Auf die Frage nach dem Grund für diese Entmachtung und Missdeutung des Geistes gibt Heideggers Philosophie keine ›eindeutige‹ Antwort.

Einerseits behauptet Heidegger, in Antizipation der seinsgeschichtlichen Konstruktionen der Spätphilosophie, dass der Grund für die Entmachtung »in der Größe des Anfangs und im Wesen des Anfangs selbst« liege (40:199). Ganz im Sinne der ›Seinsgeschichte‹ sei die Wahrheit als ἀλήθεια selbst verfallend und müsse »zur Richtigkeit des Logos« werden (40:195). Der Grund dafür, dass es der Philosophie nicht mehr um die Wahrheit, sondern um die »Gewissheit« gehe (42:53), liege in der Sache selbst begründet. Der Verfall sei das Gesetz der Geistesgeschichte, aus der sich die Gesetze der Weltgeschichte bestimmen. Die längste Zeit vollziehe sich diese

Geschichte allerdings ›hinter dem Rücken‹ der Philosophie. Erst in der Philosophie des deutschen Idealismus werde die Geistesgeschichte in ihrem »eigenen Bewegungsgesetz erkannt und als das innerste der Geschichte selbst begriffen« (42:83). Und erst nachdem der Geist seine Geschichte (in der Philosophie des deutschen Idealismus) derart selbst begriffen und beendet habe, sei ein ›anderer‹, eigentlicher Anfang (in Heideggers Philosophie) möglich, in dem sich der Geist vom Verfall an die Richtigkeit gelöst habe.

Andererseits behauptet Heidegger aber auch, dass der Grund für die Entmachtung und Missdeutung des Geistes gerade nicht im Anfang selbst, also in der griechischen Philosophie liege, sondern in einem »Übersetzen«, in einer äußerlichen, bloß technischen, ja geistlosen Interpretation des Geistes als Intelligenz, die das begründe, was Hegel die ›römische Welt‹ nennt: »*Das römische Denken übernimmt die griechischen Wörter ohne die entsprechende gleichursprüngliche Erfahrung dessen, was sie sagen*« (5:8). Weil dieser missdeutete Geist auch noch »die hintersten Ecken des Erdballs technisch erobert« (40:41) und mit größerer Entfernung vom Ursprung in eine sich immer weiter von seinem Wesen entfremdende Raserei verfalle, sehe sich Europa zunehmend von den Produkten seiner eigenen Verfallsgeschichte umstellt (40:48). Durch die Eroberung Amerikas und Russlands verschiebe sich das Zentrum von Griechenland nach Deutschland, das nun in der »Zange« zwischen den beiden neuen Weltmächten (die allerdings keine Mächte des Geistes sind) »den schärfsten Zangendruck« erfahre (40:41). Unter diesem höchsten Druck seien die Deutschen als einziges Volk in der Lage, »den Anfang unseres geschichtlich-geistigen Daseins [zu] *wieder-holen*, um ihn in den anderen Anfang zu verwandeln« (40:42) – eine Aufgabe, die sich Heideggers Philosophie erwartungsgemäß selbst zuschreiben müsste.

Doch gerade am Punkt der Selbstverortung kommt die ganze Zweideutigkeit dieser fragwürdigen Geschichtskonstruktion wieder zum Vorschein – eine Zweideutigkeit, die in der Spätphilosophie auf der Ebene der Selbsterörterung überwunden und als politisches und rhetorisches Mittel zur Verdeckung der systematischen Eindeutigkeit genutzt wird. Will Heideggers Philosophie den ersten Anfang der griechischen Philosophie wirklich wiederholen, weil sie davon ausging, dass hier der Geist ›bei sich‹ war, bevor durch die Übersetzung ins Lateinische die »Bodenlosigkeit des abendländischen Denkens beginnt« (5:8)? Oder beginnt der Verfall für Heidegger nicht vielmehr »noch innerhalb der griechischen Philosophie« (40:188)? Wurde der Anfang für Heidegger einfach nur »nicht bewahrt und festgehalten« (40:183) oder ist er, wie Heidegger es in der zweiten Ausarbeitung des Kunstwerkaufsatzes will, »sogleich zum Gewesenen und endgültig Unwiederbringlichen« geworden (zweite Ausarbeitung, zitiert nach: Heidegger [1985]: 48)? Was bedeutet dieses ›sogleich‹? So viel wie ›gleich danach‹? Oder so viel wie ›im selben Augenblick‹?

59. »Ins Werk setzen«

Wenn der Geist nur aus weltgeschichtlichen Gründen, etwa durch die Übersetzung ins Lateinische, entmachtet worden wäre, so gäbe es auch nur weltgeschichtliche und keine geistesgeschichtlichen Gründe, die einer erneuten Ermächtigung im Wege stünden. Seine Ermächtigung würde keinem geistesgeschichtlichen und deswegen auch keinem weltgeschichtlichen ›Bewegungsgesetz‹ gehorchen, denn die Gesetze der Weltgeschichte ließen sich in diesem Fall nur aus der Geistesgeschichte bestimmen. Der Geist könnte also immer wieder in die Weltgeschichte einbrechen, sich verwirklichen oder ›ins Werk setzen‹, für einen Moment herrschen, um ›sogleich‹ wieder durch die weltlichen Mächte entmachtet und vom Lauf der Geschichte mitgerissen zu werden. Die Geistesgeschichte wäre dann eine Abfolge von Werken, in denen der »Streit zwischen Welt und Erde« immer neu aufbrechen würde (5:36). Es bliebe nicht nur unbestimmt, wann der Geist sich ermächtigen oder manifestieren werde, sondern auch in welcher Form sich die Wahrheit ›ins Werk setzen‹ würde: in Form »des dichterischen Sagens, des denkerischen Entwurfs, des bauenden Bildens, des staatsschaffenden Handelns« (40:166) oder gar in Form des Glaubens, wie es eine dunkle Stelle aus dem Kunstwerkaufsatz nahelegt.[115] Lediglich die Wissenschaft sei eindeutig »kein ursprüngliches Geschehen der Wahrheit« (5:49).

Immer wenn der Geist sich ›Gestalt‹ gebe, immer wenn die Wahrheit ›festgestellt‹ werde (vgl. 5:51), komme durch diese Verwirklichung »in die Geschichte ein Stoß, fängt die Geschichte erst oder wieder an« (5:65). Die Schaffenden, die Dichter, Denker und Staatsmänner (vgl. 40:66) stellten sich dabei lediglich in den Dienst des Geistes, sie seien keine Schöpfenden, sondern die »schaffend Verwandelnden, die Umsetzenden« (40:12). Ihre Freiheit sei keine schöpferische, sondern eine »Freiheit der Übernahme« (40:178). Ihre Werke errichteten eine neue ›geistige Welt‹, die aber stets in der dunklen, schicksalhaften Geistesgeschichte verwurzelt sei, in der ›Erde‹, die erst in der Errichtung der Welt zum Vorschein komme: »Das Werk stellt nie dar, sondern stellt *auf* – die Welt, und stellt *her* – die Erde; und dies beides, weil es eine Bestreitung jenes Streites ist« (erste Ausarbeitung, zitiert nach: Heidegger 2012: 88).[116] ›Herstellung‹ bedeutet hier nichts anderes, als dass das dunkle »Walten« der Geschichte »zum Stand« komme (40:66), was nicht heißt, dass es seinen Sinn und sein Bewegungsgesetz zu erkennen gebe. Es bleibe vielmehr verschlossen und »sich verschließend« (zweite Ausarbeitung, zitiert nach: Heidegger [1985]: 36). Dass die Geschichte ›zum Stand komme‹, heißt also, dass sie stehenbleibe und einen Grund für die Errichtung oder Aufstellung einer ›geistigen Welt‹ abgebe (das romanische Wort ›Kultur‹ will Heidegger vermeiden): »Dieses Weltwerden ist die eigentliche Geschichte« (40:67).

60. Dichter und Denker

Durch diese Vorstellung von der ›eigentlichen Geschichte‹ emanzipiert sich Heideggers Philosophie zwar von der Konzeption einer ›Volksgeschichte‹, nicht aber von ihrer schicksalhaften Bestimmung durch die gesellschaftliche und politische Situation. Wann und in welcher Form der Geist sich ermächtige und herrschend werde, könne nicht gewusst werden – und wenn es dazu komme, dann könne es ganz unabhängig von Heideggers Philosophie und ihrer Auslegung dieses ›Werks‹ geschehen. Heideggers Philosophie verortet sich weiterhin im Raum des Politischen, der »Stätte« (40:161) für die Verwirklichungen und Manifestationen des Geistes. Für diese Selbstverortung bleibt die Politik das Schicksal – nicht obwohl, sondern gerade weil der Geist für sie das Schicksal ist.

Weil dieser erste Versuch der Emanzipation dem Willen zur erneuten Selbsterörterung entspringt, sie aber zugleich verhindert, findet er sich Seite an Seite und in einem ungelösten Widerspruch mit einem anderen Versuch, der bereits auf die zweite Phase der Selbsterörterung verweist, aber ›auf dem halben Wege‹ stecken bleibt. Für diesen anderen Versuch ist es entscheidend, die Entmachtung des Geistes als Bewegungsgesetz des Geistes selbst zu denken, als eine notwendige Selbstentmachtung, die im ersten Anfang bereits beschlossen liegt. Nur wenn es gar keinen erfüllten Anfang gab, wenn der Geist eigentlich noch gar nie ›mächtig‹ oder ›herrschend‹ (diese beiden, für die Spätphilosophie zentralen Begriffe sind hier noch nicht klar unterschieden) war, wenn die gesamte Geschichte defizitär und ihrer Eigentlichkeit beraubt war, kann das Entscheidende und Eigentliche, der wahre Ursprung der Geschichte aus dem ersten Anfang in den anderen Anfang verlegt werden – damit Heideggers Philosophie sich schließlich selbst als dieser Ursprung verorten kann.

Zu diesem Zweck muss sie die Vorstellung der pluralen und mannigfaltigen Verwirklichungen und Manifestationen des Geistes überwinden, eine Vorstellung, die aufgrund der fundamentalen Zweideutigkeit gleichzeitig fortbesteht. Um die Mannigfaltigkeit der Erscheinungsformen des Geistes zu reduzieren, verengt Heidegger in einem ersten Schritt seinen Begriff von der ›Kunst‹: Während insbesondere der Kunstwerkaufsatz zunächst den Anschein erweckt, der Geist könnte sich auch oder sogar bevorzugt in der bildenden und in der plastischen Kunst verwirklichen oder manifestieren, kulminiert er in der These, dass »*Kunst* […] *im Wesen Dichtung*« (5:59), will sagen »Stiftung der Wahrheit« (5:63) sei. Und weil alle Kunst Dichtung in diesem weiten, ›wesentlichen‹ Sinne des Wortes sei, »deshalb ist die Poesie, die Dichtung im engeren Sinne, die ursprünglichste Dichtung im wesentlichen Sinne« (5:62). Diese haarsträubende Argumentation dient in erster Linie dem Zweck, den wahren Grund für die Reduktion der Kunst auf die Dichtung zu überdecken: Für Heidegger muss das Wesen der Kunst sich in derselben ›Gestalt‹ manifestieren oder verwirklichen wie seine eigene Philosophie, nämlich in der Sprache, genauer gesagt in der deutschen Sprache. Nur in der Sprache gehe »einem Volk seine Welt auf« (5:61). Dementsprechend sei der erste Anfang auch in einem (defizitären) »Geschehnis« (5:61) einer (defizitären) Sprache zu suchen, der im anderen Anfang das eigentliche ›Geschehnis‹ (Hölderlins Dichtung) der deutschen Sprache gegenüberstehe: »Die Sprache ist die Urdichtung, in der ein Volk das Sein dichtet. Umgekehrt beginnt die große Dichtung, durch die ein Volk in die Geschichte tritt, die Gestaltung der Sprache. Die Griechen haben diese Dichtung durch Homer geschaffen und erfahren« (40:180).

Die Verengung des Kunstbegriffs ist, wie sich in der Spätphilosophie zeigen wird, noch weitaus radikaler, als es zunächst scheinen mag: Letztlich gibt es für Heideggers Philosophie nur ein einziges Kunstwerk und selbst dieses Werk ›gibt es‹ nur in seiner aneignenden Auslegung. Letzten Endes kann es für die Selbsterörterung nur eine einzige ›Gestalt‹ des Geistes geben. Deswegen muss der zweite Versuch die Pluralität dieser Gestalten infrage stellen. Er muss die anderen Verwirklichungen und Manifestationen des Geistes (insbesondere die Dichtung und die ›staatsschaffende Tat‹) entweder aneignend auslegen oder verneinen. Während Heideggers Philosophie weiterhin die Verwirklichung des Geistes in Gestalt »des dichterischen Sagens, des denkerischen Entwurfs, des bauenden Bildens, des staatsschaffenden Handelns« (40:166) behauptet, will sie zugleich behaupten, dass »die Philosophie und ihr Denken nur mit der Dichtung« (40:28) in derselben Ordnung stehe. Nirgends ist die Zweideutigkeit greifbarer: Die gesellschaftliche und politische Realität wird einerseits als möglicher Ort der Verwirklichung des Geistes angesehen, andererseits aber, wenn der Versuch der Selbsterörterung weitergetrieben werden soll, einfach übergangen. Unter Ausschluss der gesellschaftlichen und politischen Realität, die in diesem Moment der Entwicklung noch unbeherrschbar scheint, skizziert Heideggers Philosophie eine aneignende Auslegung der Dichtung, die sie in der Spätphilosophie konsequent zu Ende bringen wird.

Die Philosophie sei als Gestalt des Geistes frei »und bleibt doch gebunden in die Notwendigkeit des Seienden« (42:100). Da die gesellschaftliche und politische Realität ausgespart wird, besteht der Verbindungspunkt zur Weltgeschichte einzig in der Auslegung der Kunst, die sich immer in einem Seienden, in einem ›Kunstwerk‹ verwirkliche. Das Kunstwerk, das als Seiendes zur Weltgeschichte gehöre, bedürfe einer Auslegung, um als ›Gestalt des Geistes‹ auch zur Geistesgeschichte zu gehören. Nur so könne es eine Welt eröffnen und diese Welt und das dunkle Walten der Geschichte zum Stand bringen: »Schicksal [...] ist nur dort, wo ein wahrhaftes Wissen um die Dinge das Dasein beherrscht. Die Bahnen und Sichten solchen Wissens aber eröffnet die Philosophie« (40:13). Die Philosophie, genauer gesagt Heideggers Philosophie, eröffne demnach das Schicksal. Das Kunstwerk könne nur durch die Philosophie und in der Philosophie eine Welt eröffnen und das Schicksal walten lassen. Nur Heideggers Philosophie »bereitet dem Werk den Raum, den Schaffenden den Weg, den Bewahrenden den Standort« (5:66). Sie bereite dem Werk den Raum, der nichts anderes als der Raum für ihre eigene Selbstverortung ist.

Mit Derrida kann man also sagen: »Die Behauptung des Geistes ist ein Entflammen« (1988d: 40). Doch anders als Derrida denkt, kehrt der Geist nicht in der Rektoratsrede, sondern erst nach der Niederlegung des Rektorats wieder und seine Behauptung hat nichts mit einer vermeintlichen Selbstbehauptung der deutschen Universität, aber alles mit der wieder aufbrechenden Selbsterörterung von Heideggers Philosophie zu tun.

IV.
ZUR FRAGE NACH DER GESCHICHTE

Hegel bemerkte irgendwo, dass alle großen weltgeschichtlichen Tatsachen und Personen sich sozusagen zweimal ereignen. Er hat vergessen, hinzuzufügen: das eine Mal als Tragödie, das andere Mal als Farce.

Karl Marx

In dem Moment, in dem die zweite Phase von Heideggers Philosophie beginnt, in dem Moment, in dem Heideggers Philosophie die Geschichte zu ihrem Thema macht, in dem Moment, in dem sie die gesellschaftliche und politische Realität in einer aneignenden Auslegung erschließt, sieht sich die Selbstpräsentation mit einer doppelten Herausforderung konfrontiert. Einerseits will Heidegger verständlich machen, dass seine Spätphilosophie in Kontinuität zu seiner Frühphilosophie steht, dass die Differenz lediglich im Thema und nicht in der Sache liegt und dass die zweite Phase eine radikalisierende Wiederholung der ersten darstellt. Andererseits will er zeigen, dass seine Philosophie keine bloße Wiederholung von Hegels Denken ist, dass sie trotz all der offensichtlichen Parallelen nur das Thema, nicht aber die Sache gemein haben. Genauer gesagt will Heidegger zeigen, dass seine eigene Frühphilosophie den entscheidenden Schritt über Hegels Philosophie hinaus vollzogen habe, der die ›sachgemäße‹ Bestimmung der Geschichte in seiner Spätphilosophie erst ermöglicht habe. Weil Hegel das Sein als das »vom bestimmenden und begreifenden Subjekt Gesetzte« bestimmt habe, weil er das Sein »nicht aus dem Bezug zum Subjekt loslassen« konnte, deshalb sei es Hegel verwehrt geblieben, die ›Wahrheit des Seins‹ »eigens als die Sache des Denkens zu erblicken – und dies ausgerechnet in der Philosophie, die ›das Reich der reinen Wahrheit‹ als ›das Ziel‹ der Philosophie bestimmte« (9:441).

Erst in dem Moment, in dem die Philosophie die Sache des Denkens als ›Wahrheit des Seins‹ bestimmt habe, erst in dem Moment, in dem die Philosophie genauer gesagt von der ›Bestimmung‹ (im Sinne der ›Setzung‹) ihrer Sache abgelassen und sich von ihrer Sache bestimmen lassen habe, sei ein ›sachgemäßes‹ Denken der Geschichte möglich geworden. Was für Hegels Philosophie »die Sache der Philosophie sei, das gilt im Vorhinein als entschieden« (14:77). Hegels Philosophie könne ihre Sache nur deswegen setzen und dadurch voraussetzen, weil sie selbst, allerdings auf eine ›unausdrückliche‹ Weise, bereits von der Sache des Denkens bestimmt werde: »Die Sache der Philosophie ist von Hegel und Husserl her gesehen […] die Subjektivität. Für den Ruf [zu den Sachen selbst] ist nicht die Sache als solche das Strittige, sondern ihre Darstellung, durch die sie selbst gegenwärtig wird« (14:79). Auch wenn es so scheint, als würde Heidegger lediglich die aus der Frühphilosophie bekannte Kritik an Husserl erneuern und auf Hegels Philosophie übertragen, gibt es in dieser Wiederholung doch einen entscheidenden Unterschied. Der Grund für die ›Unausdrücklichkeit‹ oder ›Uneigentlichkeit‹ der Philosophie Husserls und Hegels, ja der gesamten Philosophiegeschichte, liegt nun nicht mehr im ahistorischen ›Transzendieren‹ der menschlichen Existenz, sondern in der Geschichte der Philosophie selbst. Weil Heideggers Philosophie in ihrer zweiten Phase die Geschichte als Raum für ihre Verortung erschließen will, muss sie ihre eigene Geschichte, die Geschichte der Philosophie als solche denken.

Da Heidegger die Geschichte der Philosophie zum ersten Mal als solche zu denken beansprucht, kann er sich nicht selbst in diese Geschichte einschreiben. Da die Geschichte der Philosophie durch ihr unausdrückliches Verhältnis zu ihrer Sache und somit zu sich selbst bestimmt sei, kann Heideggers Philosophie, die von sich behauptet, sich in ein ausdrückliches Verhältnis zu ihrer Sache gebracht zu haben, unmöglich Teil derselben sein. Die Sache der Philosophie oder der ›Metaphysik‹ »ist das Sein des Seienden, dessen Anwesenheit in der Gestalt der Substanzialität und Subjektivität« (14:77). Die Philosophie im Sinne der ›Metaphysik‹ ist für Heidegger ein Abgrenzungsbegriff (wie ›Wissenschaft‹ oder ›Weltanschauung‹), den er erst spät mit letzter Klarheit bestimmt. Im Verlauf der Entwicklung und Klärung der zweiten Phase der Selbsterörterung präsentiert sich Heideggers Philosophie zunehmend eindeutig und ausdrücklich als »Denken«, das »nicht mehr Philosophie [ist], weil es ursprünglicher denkt als die Metaphysik, welcher Name das gleiche sagt« (9:364). Die Philosophie im Sinne der Metaphysik verweise einerseits auf den Begriff des Denkens, in dem sie ihren Ursprung habe, sei aber andererseits nicht in der Lage, ihn zu bestimmen. Dieser Begriff der Philosophie ist für Heidegger ein abgeleiteter und partieller Begriff.

Weil das ›Sein des Seienden‹ und nicht die ›Wahrheit des Seins‹ die Sache der so bestimmten Philosophie sei, erfahre sie das Sein des Seienden als ›Anwesenheit‹, ohne diese Erfahrung jedoch als solche denken zu können. Im Verlauf der Geschichte der Philosophie habe sich dementsprechend nur »die Erfahrung und Auslegung der Anwesenheit des Anwesenden« gewandelt (16:624). Die Geschichte der Philosophie sei bestimmt durch eine Abfolge von Erfahrungen der verschiedenen Gestaltungen oder Erscheinungen der Wahrheit des Seins. Und Hegels Philosophie sei selbst nur »eine Weise, wie die Sache der Philosophie aus sich selbst für sich selbst zum Scheinen kommt und so Gegenwart wird« (14:79). Weil Hegels Philosophie nur eine, wenn auch die höchste, alle vorangegangenen in sich begreifende, Erscheinung und Erfahrung der Sache der Philosophie (des Seins des Seienden als Anwesenheit des Anwesenden) sei, müsse sie für die Sache des Denkens (die Wahrheit des Seins) blind bleiben und die Abfolge der Erscheinungen für das Wesen der Geschichte halten. In dieser Auslegung bleibt Hegels Philosophie als Erscheinung von ihrem ungedachten Wesen abhängig, oder, wie Heidegger es ausdrückt: Ihr »Scheinen« (14:79) sei nur in einer ›Lichtung‹ möglich (vgl. 14:81). Die Lichtung wiederum sei nichts anderes als die ›Ἀλήθεια‹ (vgl. 14:84), nichts anderes als die erste griechische Erfahrung der ›Wahrheit des Seins‹. Um die Abhängigkeit und Bedingtheit von Hegels Philosophie zu verstehen, genüge es allerdings keineswegs, auf die griechische Erfahrung zurückzugehen (vgl. 54:202). Es gelte vielmehr, nach Heideggers bekannter Formulierung, »das griechisch Gedachte noch griechischer zu denken« (12:127).

62. Philosophie und Denken

Doch was meint Heidegger mit dieser rätselhaften Formulierung, wenn sie gerade nicht darauf abzielen soll, »die Griechen besser zu verstehen, als sie sich selbst verstanden haben« (12:127)? Wenn sich Heideggers Philosophie zur Aufgabe macht, die griechische (oder irgendeine andere) Philosophie zu verstehen, dann um sie anders zu verstehen, als sie sich selbst verstanden hat. Die Griechen noch ›griechischer‹ zu verstehen, bedeutet für Heidegger genauer gesagt, sie noch ›anfänglicher‹ oder noch ›ursprünglicher‹ zu verstehen. Glaubt man Heideggers Rhetorik, so ist die Philosophie am sogenannten ›ersten Anfang‹ durchaus ›bei sich‹ und es gibt keine notwendige Entwicklung in der Geschichte der Philosophie. Als eine vollkommene Gestalt, Erscheinung oder Erfahrung der Wahrheit des Seins weise die griechische Philosophie nicht über sich hinaus. Sie sei ›bei sich‹, ohne jedoch bei ihrem Grund zu sein: »Sie verlässt ihn stets und zwar durch die Metaphysik. Aber sie entgeht ihm gleichwohl nie« (9:366).

Laut Heidegger beginnt die Geschichte der Philosophie grundlos, sie beginnt nicht damit, dass sie das »Bedenklichste«, also die Wahrheit des Seins denkt, sondern damit, dass sie »es in der Vergessenheit lässt« (8:155). Sie mache das ›Sein des Seienden‹ und nicht die ›Wahrheit des Seins‹ zu ihrer Sache, denn das »›Sein‹ ist nicht unterschieden gegen die Wahrheit« (69:132). Die Wahrheit des Seins sei für die Griechen dasselbe wie das Sein oder die Wahrheit des Seienden: »*Der erste Anfang* erfährt und setzt die Wahrheit des Seienden, ohne nach der Wahrheit als solcher zu fragen« (65:179). Am Anfang, am ›ersten Anfang‹ stehe also eine sich selbst nicht durchsichtige Erfahrung und Setzung, die über den ganzen weiteren Verlauf der Geschichte entscheide, ohne ihn jedoch vorzuzeichnen. Obwohl dieser erste Anfang das »alles Entscheidende« sei, behauptet Heidegger, dass er nicht der »*anfängliche Anfang*« sei, »d. h. der Anfang, der zugleich sich und seinen Wesensbereich lichtet« (54:202). Wenn Heideggers Philosophie zu den Griechen zurückkehrt, dann nicht um an einen erfüllten Ursprung zurückzukehren, sondern um den ›ersten Anfang‹, der bisher lediglich ein ›Beginn‹ gewesen sei (vgl. 8:155), überhaupt erst anzufangen oder ›aufzufangen‹, ihn als solchen zu erfahren und zu vollziehen (vgl. 45:199; 66:223; 67:96; 71:68; 94:210). Diesen ›ersten Anfang‹ ursprünglicher und als solchen zu wiederholen, bedeute wiederum nichts anderes als »den *anderen* Anfang anfangen« (94:514). Dieser ›andere Anfang‹ sei kein ›zweiter Anfang‹, »sondern der erste und einzige, in anderer Weise« (an Hannah Arendt, 19. 4. 1972: 234).[117] Dieser ›andere‹, ursprünglichere Anfang, der Anfang des Denkens werde erst am Ende der Geschichte der Philosophie möglich, erst dann, wenn all ihre Möglichkeiten erschöpft seien, wenn die »Wandlung« der Geschichte der Philosophie »sich in ihrer letzten Möglichkeit erfüllt« (16:624; vgl. dazu auch: 94:372). Das Ende der Geschichte der Philosophie »*ist nicht das Ende des Denkens*« (29/30:535), sondern vielmehr dessen Anfang (vgl. 97:132).

Und doch verweise das ›Ende der Philosophie‹ keineswegs schon von sich aus auf jenen ›anderen Anfang‹ des Denkens. Für Heidegger gibt es keinen Übergang und keine Vermittlung zwischen dem Ende der Geschichte der Philosophie und dem Anfang des Denkens (vgl. 73:1300). Gemäß der Selbstpräsentation klaffe hier ein Abgrund – und der Übergang aus der Metaphysik »lässt sich nur durch einen Sprung erreichen« (66:404; vgl. 65:227). Wer allerdings, wie Heidegger mit seiner Philosophie, »einen *großen Sprung* tun will, braucht den großen *Anlauf.* Für diesen großen Anlauf muss er weit *zurückgehen.* Dieser Zurückgang muss bis in den ersten Anfang gehen« (94:234; vgl. 45:125). Doch auch diese vermeintliche Vermittlung und Vorbereitung, das Zurückgehen zu den Griechen, müsse selbst »schon ein Springen sein« (65:229; vgl. 76:28).

Den unvorbereiteten, jähen und grundlosen Sprung präsentiert Heideggers Philosophie als Entscheidung, als »*Entscheidung zwischen dem Ende* […] *und dem anderen Anfang*« (45:124). Doch diese Entscheidung soll gerade keine spontane »Setzung des Anfangs« sein (71:254). Das ›Denken‹ solle von der Bestimmung seiner Sache vielmehr ablassen, um sich von der Wahrheit des Seins bestimmen zu lassen: »Den Anfang anfangen bedeutet: den Anfang in ihn selbst zurückgehen lassen. Dieses Lassen ist der Gehorsam« (71:255). In einer Radikalisierung der phänomenologischen Geste präsentiert Heideggers Spätphilosophie die Haltung, die sie zu ihrer Sache einnimmt, als ›Gelassenheit‹. Aus diesem ›gelassenen‹ Bezug zu ihrer präsentierten Sache ergibt sich auch die neue Rolle, die sich Heideggers Philosophie in der gesellschaftlichen und politischen Realität zuschreibt. In größtmöglicher Entfernung zu dem öffentlich zur Schau getragenen politischen Aktionismus des nationalsozialistischen Engagements präsentiert sich Heideggers Philosophie nach dem Ende des Krieges in einer abenteuerlichen Wendung der 11. Feuerbachthese folgendermaßen: »Das Denken betrachtet nicht die ›Welt‹, aber es verändert die Welt, indem es ihr erst die Gelassenheit zu ihrer Wahrheit bereitet« (97:132).

63. Die ›Kehre‹

Das vermeintliche Ablassen von der Setzung der Sache, der Schritt oder Sprung vom Ende der Philosophie zum ›anderen Anfang‹ des Denkens, fällt in Heideggers Selbstpräsentation mit dem Übergang von der ersten zur zweiten Phase seines Denkens zusammen. Heideggers These vom ›anderen Anfang‹ lässt sich also nicht von der Selbstinterpretation der Entwicklung seiner eigenen Philosophie trennen. Den Übergang zwischen der Früh- und der Spätphilosophie interpretiert und präsentiert Heidegger bekanntermaßen als ›Kehre‹ – ein Begriff, der für die Selbstpräsentation und für die gesamte apologetische Heidegger-Rezeption von entscheidender Wichtigkeit ist. Eine ›Kehre‹ bezeichnet für gewöhnlich eine spitze Biegung, die scharfe Kurve eines Weges, der einen Berg hinaufführt. Dementsprechend will Heidegger den Umbruch in seinem Werk auch keineswegs als ein Abkommen vom eingeschlagenen Weg verstanden wissen, als eine »Änderung des Standpunktes« oder gar als eine »Preisgabe der Fragestellung« (11:118). Vielmehr beharrt Heidegger darauf, dass sich die Kehre daraus ergebe, dass er »bei der zu denkenden Sache ›Sein und Zeit‹ *geblieben*« sei (11:149). Weil sein Denken schon in *Sein und Zeit* von der Sache ›angesprochen‹ worden sei und dieser bereits ›nach-ging‹ (ohne sich jedoch bereits auf das Angesprochensein einlassen zu können), deshalb konnte »es ihm geschehen, dass es sich unterwegs wandelte« (11:33).

Gemäß der Selbstpräsentation und der damit einhergehenden, verklärenden Selbstinterpretation stellt die Kehre ein Loslassen der letzten metaphysischen Überreste dar, ein Ablassen von den letzten anthropologischen Setzungen, die Heideggers Frühphilosophie zugleich bestimmt und ermöglicht haben. Gemäß der Selbstinterpretation stellt die Kehre also eine Radikalisierung der phänomenologischen Grundintention dar. In letzter Konsequenz könne es gar keine Phasen in der Entwicklung von Heideggers Philosophie geben, weil »Heidegger stets ›in‹ der ›Kehre‹ denkt« (Trawny 2016: 12). Die Kehre erscheint aus dieser Perspektive als notwendige und vorherbestimmte »Einkehr« in die ›Wahrheit des Seins‹ (vgl. 11:41; 14:50; 79:122), zu der Heideggers Philosophie immer schon unterwegs gewesen sei.[118] Gemäß dieser Darstellung musste Heideggers Philosophie »sich kehren [...] weil die Kehre die Struktur der Wahrheit des Seins ist« (Rosales 1991: 122).[119] Ihre Bestimmung erreiche sie, der ›offiziellen Geschichte‹ zufolge, in dem Moment, in dem sie aufhöre, die ›Wahrheit des Seins‹ zu wollen und zu bestimmen, in dem Moment, in dem sie sich ganz gelassen auf ihre Sache einlasse und von ihr bestimmen lasse. In dem Moment selbst, also in den *Beiträgen zur Philosophie*, spricht Heidegger noch von einem ›Überspringen‹ der ›transzendentalen‹ Voraussetzungen (vgl. 65:250f.). Diese systematisch notwendige, für die Selbstpräsentation aber höchst problematische Rede vom ›Sprung‹ wird allerdings bereits hier relativiert, da sich die *Beiträge* lediglich als »Vorübung [...] der Philosophie im anderen Anfang« (65:4) verstanden wissen wollen. Später wird Heidegger die Rede vom ›Überspringen‹ zugunsten des ›Loslassens‹ und die Rede vom ›Weiterfragen‹ oder ›Zurückfragen‹, ja die Rede vom ›Fragen‹ überhaupt zugunsten einer Rhetorik des ›Wartens‹ und ›Antwortens‹ aufgeben.

Der Übergang von der Früh- zur Spätphilosophie lässt sich jedoch weder als ein Fragen noch als ein Antworten begreifen. Die »offizielle Geschichte«, gemäß der die ›Wahrheit des Seins‹ im Sinne des ›Ereignisses‹ Heideggers Philosophie dazu bestimme, von dem ›transzendentalen‹ Ansatz der Frühphilosophie abzulassen und die ›Wahrheit des Seins‹ (als ›Sinn von Sein‹) nicht mehr ausgehend von der menschlichen Geschichtlichkeit, sondern umgekehrt die »menschliche Geschichtlichkeit« ausgehend von der ›Wahrheit des Seins‹ (als ›Ereignis‹) zu erklären (vgl. ZS:230), verdeckt die Radikalisierung und Ausweitung der Selbsterörterung. Die zweifelhafte »offizielle Geschichte«[120] versucht den radikalisierten Versuch der ›Beherrschung des Seienden‹ hinter der Rhetorik der ›Kehre‹ (die immer auch eine Abkehr von jeglichem Streben nach politischer Herrschaft implizieren soll) und der ›Gelassenheit‹ zu verbergen.

Folgt man der Selbstinterpretation, gemäß der die ›Kehre‹ in der Sache selbst liege, so lässt sich der ›Übergang‹ von der ersten zur zweiten Phase von Heideggers Philosophie, vom Ende der ›Philosophie‹ zum anderen Anfang des ›Denkens‹ nicht datieren. Die mystifizierende Interpretation dieses Übergangs als ›Ereignis‹ verbietet es, die ›Kehre‹ mit einem bloßen, objektiv feststell- und datierbaren ›Geschehnis‹ der Weltgeschichte zu identifizieren. Heideggers eigene, äußerst widersprüchliche Angaben zum Zeitpunkt der Kehre entspringen dem Interesse einer Verklärung der Entwicklung seiner Philosophie. Im Anschluss daran hat sich auch in der Heidegger-Literatur eine lebhafte Debatte um den Zeitpunkt der vermeintlichen ›Kehre‹ entwickelt. Wo der Sinn des Neuansatzes nicht klar gesehen wird, lässt er sich auch nicht datieren. Während etwa Otto Pöggeler die Kehre bereits in *Sein und Zeit* am Werk sieht, versteigt sich Walter Bröcker zu der These, dass Heidegger im Seminar in Zähringen, also 1973, die letzte ›Kehre‹ nehme, um nur zwei extreme Beispiele zu nennen (vgl. Pöggeler 1983: 180 f.; Bröcker 1982: 76).[121]

64. Die ›Gelassenheit‹

Die befremdliche Rede von der »Gelassenheit«, die mystifizierende Selbstpräsentation als frömmelnde und politisch harmlose »Freundschaft für das Zu-denkende« (55:128) taugt keineswegs als Erklärung für die Entwicklung von Heideggers Denken, sondern lässt sich vielmehr selbst nur ausgehend von dieser begreifen: als Produkt einer Neuausrichtung der philosophischen Politik. Die Radikalisierung der phänomenologischen Geste vom vorsichtigen, zurücktretenden Erscheinenlassen der ›Wahrheit des Seins‹ hin zum erwartenden, demütigen, gehorsamen »An-Denken« (97:153) und »Angesprochensein« (54:179) ist ein Produkt der ›Kehre‹, also des zweiten Ansatzes zur ›Beherrschung des Seienden‹.

Zu Beginn der zweiten Phase schreibt sich Heideggers Philosophie noch explizit eine zentrale Rolle für die menschliche und mithin für die politische Existenz zu. Wie in der ersten Phase erklärt Heidegger die Philosophie zur »Grundart, wie der Mensch inmitten des Seienden zu diesem sich verhält« (54:179) und zieht daraus die Konsequenz, dass nur die Philosophie einem Volk den »Blick für das Wesenhafte« (55:129) eröffnen könne. Während Heidegger bis zum Ende des Zweiten Weltkriegs ein Interesse daran hatte, die Relevanz seiner Philosophie für das Schicksal des deutschen Volkes zu betonen, will sie sich nach Kriegsende als ein harmloses Denken präsentieren, das sich nicht in die Niederungen der Weltpolitik begibt – eine Selbstpräsentation, die sich im zunehmend mystifizierenden öffentlichen Auftreten des Philosophen niederschlägt. Wenn das ›Denken‹ die Welt verändere, dann eben nur, »indem es ihr erst die Gelassenheit zu ihrer Wahrheit bereitet« (97:132). Auch die bereits erwähnte Abkehr von der Rhetorik des Fragens findet in diesem Wandel der Selbstpräsentation ihre Erklärung.

Solange die Philosophie sich als Fragen und als »Grundzug des Daseins« präsentiert, als »Grundweise in der *die Wahrheit selbst west*« (73:484), erscheint sie als selbstbestimmter und autonomer

Ausdruck der menschlichen Freiheit, denn als Fragen stellt sie »sich selbst [...] in das durch sie eröffnete Freie« (73:482). In der unmittelbaren Nachkriegszeit will Heidegger gerade diesen Eindruck vermeiden und behauptet nun, das Denken sei gar »kein Fragen, sondern Antworten« (97:276). Das Antworten wiederum sei keine Antwort auf eine Frage, es gründe nicht in einem »menschlichen Verhalten« (97:295), sondern im »Anspruch des Ereignisses« (97:273). Diese Kehrtwende in der Selbstpräsentation ist jedoch nicht ausschließlich ein Produkt der Niederlage Deutschlands im Zweiten Weltkrieg. Sie ist auch ein Produkt der Entwicklung innerhalb der zweiten Phase der Entwicklung seiner Philosophie. Sie entspringt einem Prozess der Reifung und Klärung, an dessen Ende die phänomenologische Geste in ihrer radikalsten und konsequentesten Form auftritt. Weil sich die eigene Philosophie oder das ›Denken‹ immer schon »aus dem Anderen seiner selbst« bestimmt habe (13:56; vgl. 77:123), deswegen müsse es in letzter Konsequenz als »Gelassenheit« selbst im ›Hören‹ und ›Warten‹ noch von jeder menschlichen Aktivität, von jeder Selbstbestimmung ›ablassen‹ (vgl. 77:115). Es dürfe weder ›auf etwas hören‹ noch ›auf etwas warten‹, sondern einfach nur ›hören‹ und ›warten‹ – und selbst die Fähigkeit und Freiheit zu diesem bloßen, von allem Vorstellen befreiten Hören und Warten verdanke sich noch der Sache des Denkens (vgl. dazu: 8:137; 12:169; 13:56). Wenn Heidegger schreibt, die Sache des Denkens gebe zu denken, so will er diese Formulierung keineswegs so verstanden wissen, dass sie Anlass zum Grübeln oder zum Nachdenken gebe. Die Sache des Denkens gebe vielmehr nur deswegen zu denken, weil sie »als das Bedenkliche von sich her schon das zu-Bedenkende *ist*« (8:6). Dass es überhaupt etwas zu denken gebe, dass es überhaupt ›Denken‹ gebe, verdanke sich nicht dem Denken, sondern ausschließlich der zu denkenden Sache (73:932).[122]

65. ›Sein und Zeit‹ und ›Zeit und Sein‹

Der Moment, in dem die ›Philosophie‹ ende und das ›Denken‹ beginne, fällt gemäß der Selbstpräsentation mit dem ›Augenblick‹ zusammen, in dem die zweite Phase von Heideggers Philosophie beginne, mit dem Moment, in dem die Philosophie von der Bestimmung ihrer Sache ablasse und sich fortan selbst von dieser Sache bestimmen lasse. Die ›Wahrheit des Seins‹ erscheine nun nicht mehr aus der Perspektive des Menschen als ›Sinn von Sein‹, sondern zeige sich von sich her als ›Ereignis‹ oder als ›Seyn‹.[123] Doch wenn der Ausdruck ›Wahrheit des Seins‹ nun nicht mehr den ahistorischen, existenziellen Übergang von der unausdrücklichen zur ausdrücklichen Philosophie beschreibt, sondern den geschichtlichen ›Augenblick‹, indem sie sich erstmals von ihr selbst her zeigt, ist dann nicht Heideggers Philosophie mit der von ihr präsentierten Sache identisch? Ist dann nicht Heideggers Philosophie dasselbe wie das ›Ereignis‹ oder das ›Seyn‹?

Diese These, die ich im folgenden Hauptteil erweisen möchte, widerspricht der Selbstpräsentation von Heideggers Philosophie, die immer wieder darauf beharrt, »vom Seyn als das ihm ganz Fremde er-eignet« worden zu sein (66:210). Die Sache, das ›Seyn‹ oder das ›Ereignis‹, behelfe sich, so behauptet Heidegger, des ihm ganz Fremden, des ›Denkens‹ nur, um so zum Ausdruck oder zur Sprache zu kommen: »Das Denken, gehorsam dem Seyn, sucht diesem das Wort« (13:33; vgl. 9:313). Diese Suche erfordere jedoch kein selbstbestimmtes Fragen oder Forschen. Vielmehr müsse das Denken das »Diktat des Seyns in die Sprache einschreiben« (97:86). Die ›Wahrheit des Seins‹ (das ›Ereignis‹ oder das ›Seyn‹) bedürfe also des Denkens, aber nur als passives Medium, dem es sein Wort einflüstern könne.[124] In der Geschichte der Philosophie als einer Geschichte des Fragens und Suchens, habe die ›Wahrheit des Seins‹ nicht zur Sprache kommen können. Weil die Philosophen der verschiedenen Epochen darauf beharrten, ihre Sache selbst zu bestimmen und weil sich in diesem Beharren die Fremdbestimmung durch die philosophische Überlieferung durchgesetzt habe, haben sie nicht sehen können, dass sie selbst zu dieser Selbstbestimmung bestimmt wurden. Weil die ›Wahrheit des Seins‹ nicht ausgesprochen werden konnte, sei immer nur das ›Sein‹ angesprochen worden. Und »Sein besagt seit der Frühe des abendländisch-europäischen Denkens bis heute dasselbe wie Anwesen« (14:6). Wenn Heidegger schreibt, dass ›Sein‹ dasselbe ›besage‹ wie Anwesen und dass deswegen »im Sein als Anwesenheit dergleichen wie Zeit spricht« (14:8), wenn sich demnach dieser ›Sinn‹ oder diese ›Bedeutung‹ des Seins im Sinne der ekstatischen »Einheit der drei

Zeitdimensionen« in der Geschichte der Philosophie, insbesondere an ihrem Ende (in Heideggers Frühphilosophie) mitaussprече, dann kann die ›Anwesenheit‹ oder die ›Zeit‹ gerade nicht die ›Wahrheit des Seins‹ sein.

Wenn Heidegger vom Sein und von der Zeit schreibt, sie seien »vermutlich« (14:8) die Sache des Denkens, wenn er »Sein *und* Zeit, Zeit *und* Sein« zum »Sachverhalt« erklärt, so will er damit zu verstehen geben, dass die ›eigentliche‹ Sache gerade das sei, was diese beiden »Sachen zueinander *hält* und das Verhältnis aus*hält*« (14:8). Wenn Heidegger behauptet, die ›Kehre‹ (der Übergang von *Sein und Zeit* zu »Zeit und Sein«) vollziehe sich »im Sachverhalt selbst« (11:149), so will er damit zu verstehen geben, dass das, was diesen Wandel ›geschehen lasse‹ oder, genauer noch, ›ereigne‹, die Sache selbst sei. Die ›eigentliche‹ Sache des Denkens sei also nicht das ›Sein‹ und auch nicht der ›Sinn‹ oder die ›Bedeutung‹ von Sein, also die dreidimensionale Zeit, sondern das, was »beide, Zeit und Sein, in ihr Eigenes, d.h. in ihr Zusammengehören, bestimmt, [...] das Ereignis« (14:24).

66. Geben und Nehmen

Nach Heideggers Selbstinterpretation darf der ›Übergang‹ vom vermeintlichen Hauptwerk *Sein und Zeit* zu dem späteren, tatsächlich sehr wichtigen Text »Zeit und Sein« nicht als Umkehrung der bisherigen Verhältnisse verstanden werden, so als hätte er anfangs versucht, die Zeit ausgehend vom Sein zu verstehen (als Geschichtlichkeit) und wäre später bemüht gewesen, das Sein ausgehend von der Zeit zu verstehen (als Seinsgeschichte). Die beiden Sachen der Philosophie werden gemäß der ›offiziellen Geschichte‹ vielmehr erst am Schluss des von Heidegger sorgsam inszenierten ›Weges‹ (mit all seinen ›Wegmarken‹ und ›Kehren‹) in ein Verhältnis zueinander gebracht – und zwar gerade nicht von der ›Philosophie‹, die sie nur nebeneinanderstellen konnte (wie in *Sein und Zeit*), sondern von der Sache selbst und von dem ›Denken‹, das diesem Weg einfach folge, statt seinen eigenen Weg oder seine eigene ›Methode‹ einzuschlagen.

Um die Philosophie, die sich immer ihr eigenes Ziel gesetzt und ihren Weg zu diesem Ziel gebahnt habe, um die Philosophie als

›Metaphysik‹ hinter sich zu lassen, gelte es, vollkommen »ohne Rücksicht« auf sie zu denken: »Eine solche Rücksicht herrscht nun aber auch noch in der Absicht die Metaphysik zu überwinden. Darum gilt es, vom Überwinden abzulassen und die Metaphysik sich selbst zu überlassen« (14:29 f.). Die ›gelassene‹ Philosophie lasse also selbst noch vom Überwinden ab (vgl. 97:497). Um die bisherige Philosophie hinter sich zu lassen, bedürfe es keiner neuen Bestimmung der Sache, keiner neuen ›Methode‹ und keines Fortschrittes auf dem bereits eingeschlagenen Weg. Es gelte vielmehr einem Weg zu folgen, der sich wie von selbst aus der Sache ergebe. Die Sachen ›Zeit‹ und ›Sein‹, die die Philosophie immer ›bedacht‹ habe und die deswegen »vermutlich« die Sache des Denkens ausmachten, müsse das Denken dazu erst vom ›Ereignis‹ empfangen. In Heideggers Erzählung gehorchte die ›Philosophie‹ immer schon dem ›Ruf zu den Sachen selbst‹ und ließ sich ihre Sachen, also Sein und Zeit (Sein als Anwesenheit), vorgeben – allerdings ohne zu verstehen, dass dieser Ruf von dem ausgeht, was Heidegger das ›Ereignis‹ nennt, ohne zu verstehen, dass ihr dieser Sachverhalt gegeben wurde. Das, was die Philosophie glaubte, immer schon ›aktiv‹ bedacht zu haben, habe sie in Wahrheit ›passiv‹ empfangen (wobei diese Illusion der ›Selbstbestimmung‹ in Heideggers Geschichte kein Versäumnis, sondern eine Notwendigkeit darstellt). Das ›Ereignis‹ oder das ›Seyn‹ gebe zu denken, es »gibt jedoch nicht nur das, was je und je zu bedenken bleibt, sondern es gibt in dem noch weiter reichenden und entschiedenen Sinne zu denken, dass es uns überhaupt das Denken als unsere Wesensbestimmung zutraut« (8:130).

Glaubt man den Worten Heideggers, dann gibt das ›Ereignis‹ oder das ›Seyn‹, die Sache seiner Philosophie, sowohl das ›Sein‹ als auch die ›Zeit‹: Heidegger spricht genauer gesagt von einem »Schicken von Sein« (14:25) und einem »Reichen« (14:29) von Zeit. Das ›Sein‹ und die ›Zeit‹, diese ›Gaben‹, die Heideggers Philosophie demütig entgegennehme und dadurch erst zu ihrer Sache und zu sich selbst komme, werden jedoch nicht auf eine unmittelbare, sondern auf eine »lichtend-verbergende« (14:20) Weise gegeben. Weil dieses Geben »lichtend« und zugleich »verbergend« sei, bedürfe es der Philosophie Heideggers. Es bedürfe genauer gesagt seiner Spätphilosophie, die in einer aneignenden Auslegung der Geschichte der Philosophie die ›Wahrheit des Seins‹ erscheinen lasse. Denn das zugleich »lichtende« und »verbergende« Schicken von Sein geschehe in den verschiedenen »Epochen« der Philosophiegeschichte – wobei sich das Schicken für die ›Philosophie‹ verberge, ›lichtend‹ sei es erst und nur in Heideggers Interpretation, in der ›denkerischen‹ Interpretation der ›Philosophie‹ und ihrer Geschichte. Und dasselbe gelte für die ›Bedeutung‹ oder den ›Sinn‹ von Sein, von der Zeit in ihrer dreifachen ekstatischen Struktur, die zum ersten und einzigen Mal am Ende der Philosophiegeschichte, in *Sein und Zeit* explizit geworden sei – auch dieses ›Reichen‹ verberge sich so lange, bis es in Heideggers Spätphilosophie angeeignet werde.

Gemäß der Selbsterklärung ist es also die Sache, die Heideggers Philosophie ihr Thema aufdrängt: nämlich die Geschichte, die eine Geschichte des Seins ist, genauer gesagt eine Abfolge von ›Schickungen‹. Heideggers Philosophie erlaube es dem Phänomen – der philosophischen Lehre vom Sein in ihren verschiedenen ›Epochen‹ – von sich her zu erscheinen. Für die ›Philosophie‹ handle es sich bei ihrer Geschichte um eine Abfolge von ›Einsichten‹, von menschlichen Handlungen, die nur deswegen von der ›Weltgeschichte‹ zu unterscheiden sei, weil sie die Welt verschieden interpretierten, anstatt sie zu verändern. Für das ›Denken‹ hingegen, das sich auf die ›Wahrheit des Seins‹ einlasse, handle es sich bei der Geschichte der ›Philosophie‹ um eine Abfolge von ›Schickungen‹ oder ›Gaben‹ des Ereignisses. Damit sich der Sinn dieser ›Schickungen‹ zeigen könne, müssen sie im Horizont der ›Zeit‹ interpretiert werden, die ebenso wie diese Interpretation selbst eine ›Gabe‹ des Ereignisses sei. Im ›Schicken‹ des Seins, im ›Reichen‹ der Zeit und im ›Zulassen‹ von Heideggers Philosophie, die diese Gaben sichtbar mache, »enteignet sich« das Ereignis vor lauter Großzügigkeit »seiner selbst« (14:28). Wenn Karl Löwith die Frage aufwirft, ob das ›Ereignis‹ wirklich »so hilflos« sei, dass es eines »Hirten« bedürfe, ob es also wirklich Heideggers Philosophie bedürfe oder ob es nicht vielmehr »unbedürftig und unangewiesen« sein müsse, gelangt er zu der Feststellung, dass »Heideggers Denken in dieser wesentlichsten aller philosophischen und theologischen Fragen merkwürdig unentschieden« sei (1960: 43). Ich denke hingegen, dass Heideggers Philosophie in dieser Frage in einem nicht zu übertreffenden Maß entschieden ist und dass diese Entscheidung eine Lehre erfordert, deren Kern es ist, diese Entschiedenheit zu verschleiern und zu verbergen. Dass das ›Ereignis‹ vollkommen unbedürftig und zugleich auf Heideggers Philosophie angewiesen sei, ist nur dann ein Widerspruch, wenn man Heidegger glaubt, dass das ›Ereignis‹ etwas von seiner Philosophie radikal Verschiedenes ist, wenn man glaubt, dass es Heideggers Philosophie um ihr ganz Anderes und nicht um ihr eigenes Sein geht.

67. Das ›Gespräch‹

Heidegger beschreibt sein Verhältnis zur Geschichte der Philosophie auf eine ›eigenwillige‹ Weise: Der Mensch, womit freilich nur der ›abendländische‹, der implizit oder explizit philosophierende Mensch gemeint ist, habe einerseits »immer in irgendeiner Weise gedacht« (8:8f.), andererseits habe der Mensch jedoch nie »eigentlich zu denken« vermocht, weil sich das »zu-Denkende« entzogen habe (8:9). Und eben dieser Sachverhalt, dass sich das »zu-Denkende« gleichzeitig ›gegeben‹ und ›entzogen‹ habe, sei das zu-Denkende seines (also Heideggers) Denkens: das »*Bedenklichste ist, dass wir noch nicht denken*« (8:6). Das, was seiner Philosophie zu denken gebe, sei gerade dieser Umstand, dass noch nie ›eigentlich‹ gedacht worden sei. Und dieser ›Umstand‹, dass nie gedacht worden sei, ›gebe‹ nicht nur ›zu denken‹, sondern »befiehlt« sogar »in das Denken«, denn dieser ›bedenklichste‹ Umstand wolle »seinem Wesen nach selbst bedacht sein« (8:125). Schenkt man dieser Selbstpräsentation Glauben, dann gehorcht Heideggers Philosophie lediglich einem ›Befehl‹, wenn sie das Gespräch mit den Philosophen der Vergangenheit sucht, wenn sie zu verstehen sucht, warum sie alle nicht »eigentlich«, aber trotzdem »in irgendeiner Weise« gedacht haben. Was mag es bedeuten, dass immer schon gedacht worden sei, ohne dass ›eigentlich‹ gedacht worden sei? Löwith hat angesichts dieser Weise, nach dem Sinn der Geschichte der Philosophie zu fragen, zu Recht von einem »eigenwilligen Monolog mit der abendländischen philosophischen Tradition« gesprochen (1960: 9). Heideggers Interpretation der philosophischen Tradition ist nicht nur in dem Sinn ›eigenwillig‹, dass seine Lesart der klassischen Texte ›unkonventionell‹ erscheint, sie ist es noch mehr in dem Sinn, dass es ihr dabei stets um das ›Eigene‹ geht.

Wenn Heideggers »entscheidende Einsicht«, wie Leo Strauss schreibt, darin besteht, dass »alles frühere Denken in der entscheidenden Hinsicht mangelhaft« (›mangelhaft‹, oder wie Heidegger auch sagen würde: ›beraubt‹) sei, wenn den Philosophen gerade die »entscheidende Einsicht« Heideggers abgehe, dass ihr Denken nicht das ihre ist, sondern eine ›Gabe‹ des Ereignisses, dann gehe es bei der Auslegung – Heidegger nennt sie ein ›Gespräch‹ – um das eigene Denken. Wie Hegel begreife auch Heidegger das eigene Denken als einen »absoluten Moment« der Geschichte. Im Unterschied zu Hegel begreife sich Heideggers Philosophie jedoch nicht als einen alles Vergangene in sich aufhebenden »absoluten Höhepunkt«, sondern vielmehr als absoluten ›Augenblick‹. Sie begreife sich genauer gesagt als die erste und einmalige Gelegenheit zu einem »Gespräch zwischen den tiefsten Denkern des Abendlandes und den tiefsten Denkern des Ostens, insbesondere Ostasiens«, als ein Gespräch, das, wenn es vollkommen gelinge, »von der Rückkehr der Götter vorbereitet wird, mit ihrer Rückkehr einhergeht oder sie zur Folge hat« (Strauss [1971] 1986: 32). Während Hegels Philosophie sich also als abschließender Höhepunkt präsentiere, auf den nur noch ein Verfall oder ein Untergang folgen könne, stelle sich Heideggers Denken als einen Anfang, ja sogar als ›den‹ Anfang, als den ›eigentlichen‹ Anfang dar – als den ›anderen‹ Anfang, der den ersten Anfang erst anfange.

Strauss sagt es zwar nicht, es kann ihm aber schwerlich entgangen sein, dass auch dieses »Gespräch« mit der vermeintlich fremdesten aller Kulturen, dieser Aufbruch in die neue, fremde ostasiatische Welt, dieses »Gespräch« mit dem ganz Anderen der Philosophie ein äußerst »eigenwilliges« bleiben musste. Kurze Zeit nach der deutschen Kapitulation, in einer Phase, die für Heidegger persönlich eine Katastrophe darstellte, in einer Zeit, in der er geradezu verzweifelt um eine Neuausrichtung dessen rang, was ich als ›philosophische Politik‹ bezeichne,[125] schrieb er an seine Frau: »Entscheidend ist allein, dass wir eines Tages mit den Anderen ins Gespräch kommen und dabei etwas Wesentliches zu sagen haben« (an Elfriede Heidegger, 14.6.1945: 238). Wenn es »eines Tages« zu einem Gespräch kommen sollte mit den »Anderen«, dann kommt es für Heidegger in erster Linie nicht darauf an, zuzuhören, sondern etwas »zu sagen« zu haben – etwas »Wesentliches«. Denn das

Gespräch mit den Anderen könne, ebenso wie das Gespräch mit der eigenen Tradition »nur von der Sache des Denkens handeln« (11:53; vgl. 99:8). Die ›Bestimmung‹ dessen, was die Sache des Denkens sei, gehe jedoch, so die Selbstpräsentation, keineswegs vom Denken aus und könne deswegen auch nicht im ›Gespräch‹ oder im ›Streit‹ ausgehandelt werden. Vielmehr könne es überhaupt nur dann zu einem ›Gespräch‹ kommen, wenn sich die Beteiligten und somit das ›Gespräch‹ von der Sache ›bestimmen‹ lassen: »›Sache‹ meint nach der gegebenen Bestimmung den Streitfall, das Strittige, das einzig für das Denken *der* Fall ist, der das Denken angeht. Der Streit aber dieses Strittigen wird keineswegs erst durch das Denken gleichsam vom Zaun gebrochen« (11:53). In Wahrheit ist diese ›Bestimmung‹ dessen, was die ›Sache meint‹, was »*der* Fall ist«, jedoch nur in dem Sinn ›gegeben‹, dass sie von Heideggers Philosophie, von ihrer Gesprächsstrategie und ihrer Rhetorik vorausgesetzt wird. Wenn Löwith treffend bemerkt, dass »Heideggers Selbststilisierung zu einem Hirten, Denker und Sager des ›Seins‹ und, ineins damit, zu einem Hüter des ›Abendlands‹, […] Hand in Hand mit einer Bescheidenheit [geht], die so zweideutig ist wie die überlegene Anerkennung, dass die bisherige Epoche der Seinsvergessenheit, die von Platon bis Nietzsche reicht, zwar auf ihre Art groß und bedeutend war, aber die verborgene Wahrheit des Seins nie bedacht habe« (1960: 43), so lässt sich das ohne Weiteres auf die zweifelhafte Anerkennung des ›ostasiatischen Menschen‹ übertragen, der auch in einem ›Haus‹ und im ›Anspruch des Seins‹ wohne, ohne jedoch selbst ein Wort für das Sein gefunden zu haben (12:85).[126]

68. Hegel

Das Verhältnis zum ›Orient‹ markiert vielleicht die augenscheinlichste Differenz zwischen Hegels und Heideggers Lehre von der Geschichte. Während Hegel sie in einem gewissen Sinn in seine ›Weltgeschichte‹ miteinbezieht, äußert sich Heidegger nur äußerst vorsichtig zur zukünftigen Möglichkeit eines ›Gespräches‹. Ganz im Sinne der phänomenologischen Geste scheint er vor einem Begreifen dieses gänzlich Fremden, Unbekannten und Unverstandenen zurückzuschrecken.

Doch auch wenn Hegel im Gegensatz zu Heidegger keineswegs vor einem expliziten ›Begreifen‹ zurückschreckt (und dabei die abenteuerlichsten Ansichten und Berichte über den mittleren und fernen Osten reproduziert), so gilt für ihn nichtsdestoweniger, dass »China und Indien [...] außer der Weltgeschichte [liegen], als die Voraussetzung der Momente, deren Zusammenschließung erst ihr lebendiger Fortgang wird« (Hegel [1837] 1986c: 147). Während Hegel das »Interesse des Geistes« (das mit dem Interesse von Hegels Philosophie identisch sei) als eine nur »äußerlich gesetzte Bestimmung« beschreibt, handle es sich in Indien um eine rein innerliche Bestimmung, die, wenn überhaupt, so nur »zufällig« mit der äußerlichen zusammenstimme (173f.). Obwohl er in einem gewissen Sinn ›begriffen‹ wird, stellt der ›Orient‹ (in seinen Gestalten ›China‹ und ›Indien‹) doch das schlechthin ›Fremde‹ dar – erst bei »den Griechen fühlen wir uns sogleich heimatlich, denn wir sind auf dem Boden des Geistes« (175). In die Sprache Heideggers übersetzt, verfüge China über ein Wort oder eine Sprache des Seins, der keinerlei Erfahrung entspreche, während Indien über eine ganz innerliche Erfahrung verfüge, die nie zum Ausdruck komme.

Wenn Heidegger sich auf ein ›Gespräch‹ mit Hegel einlässt, dann um zu zeigen, dass er nicht das ›gleiche‹ (allerdings sehr wohl das ›selbe‹) Interesse verfolge wie Hegel: ein Interesse, die Geschichte zu ›begreifen‹. Deswegen gilt die ganze Sorge des wichtigsten Textes zu Hegel – *Die onto-theo-logische Verfassung der Metaphysik* (11:51–79) – der Selbstpräsentation seiner Philosophie als ein »Schritt zurück«. Dieser vermeintliche »Schritt zurück« beschreibe nicht nur seine Annäherung an Hegel, »nicht einen vereinzelten Denkschritt«, sondern vielmehr »die Art der Bewegung des Denkens« insgesamt (11:58; vgl. dazu auch: 54:10).

Während Hegel, der als erster ein »Gespräch« mit der Geschichte der Philosophie suchen »kann und muss«, weil die Sache seines Denkens erstmals »in sich geschichtlich ist« (11:54), in den Worten der ›großen Philosophen‹ immer nur das ›Gleiche‹ höre, nämlich das noch nicht vollendete eigene Denken, präsentiert Heidegger sein eigenes ›Gespräch‹ als das erste wirkliche ›Gespräch‹, das im Gegensatz zu Hegels Monolog seine Gesprächspartner zu Wort kommen lasse – ein Gespräch, in dem die ›großen Philosophen‹ zwar das Selbe, aber nicht das Gleiche sagen. Um in ein wirkliches, »denkendes Gespräch« zu kommen, gelte es »nicht nur von derselben Sache«, sondern jeweils auch »von derselben Sache in derselben Weise« wie die Philosophen der Vergangenheit zu sprechen – in der »selben«, aber keineswegs in der gleichen Weise, denn im »Gleichen verschwindet die Verschiedenheit«, während sie im »Selben erscheint« (11:55).

Während das gleichmachende Denken Hegels, weil es ihm wesentlich um das eigene Denken gehe (vgl. 11:53; 79:85; 86:279), im Gespräch mit der Tradition immer nur das Gleiche erkenne, bestehe sein eigenes Gespräch, dem es gerade um das Andere, um die »Differenz« (11:56) gehe, in einer »Freilassung des überlieferten Denkens« (11:58). Die Sache von Hegels Denken, also das Denken selbst, müsse sich selbst entäußern und so die ganze Geschichte der Philosophie, genauer gesagt der Metaphysik, hervorbringen (vgl. 11:54), um dann das Entäußerte wieder zu verinnerlichen oder aufzuheben (vgl. 11:58). Und diese Verinnerlichung oder Aufhebung geschehe gerade in und durch Hegels »Gespräch mit der vorausgegangenen Geschichte der Philosophie« (11:58). In diesem ›begreifenden‹, also verinnerlichenden oder aufhebenden Gespräch müsse Hegel nicht nur das immer Gleiche in den Philosophien der Vergangenheit erkennen, sondern auch eine »Entwicklung« (11:55), die in seiner eigenen Philosophie ihren Abschluss und ihren Höhepunkt erreiche.

Für Heideggers Philosophie hingegen, die von diesem ›Begreifen‹ gerade ablassen wolle, die einen ›Schritt zurück‹ machen wolle, könne es keine notwendige Entwicklung geben, es gebe nur einzelne ›Schickungen‹, die man nicht mit der Frage nach dem ›Warum‹ bedrängen, die man nicht ›begreifen‹ dürfe (vgl. 14:60–62). Heideggers Philosophie könne und wolle in ihrem Zurücktreten nur das ›Dass‹ konstatieren. Sollte sich innerhalb des ›Dass‹ doch »so etwas wie Notwendigkeit in der Abfolge, so etwas wie eine Gesetzlichkeit« zeigen, so liege der Grund dafür nicht im eigenen Denken, im eigenen ›Begreifen‹, sondern in der ›Sache‹ selbst (vgl. dazu: 11:74; 14:62). Wenn sich die »Seinsgeschichte«, die Geschichte der Schickungen als »Geschichte der sich steigernden Seinsvergessenheit« (14:62) entpuppe, die mit dem Ereignis von Heideggers Philosophie zu ihrem Ende komme, dann spreche seine Philosophie diese ›Wahrheit‹ nur aus. Sie lasse sich lediglich in das ›Ereignis‹

ein, sie lasse sich lediglich von ihm bestimmen, und zwar indem sie davon ablasse, die Geschichte der Philosophie und den absoluten ›Augenblick‹ zu bestimmen.

69. Der Gott der Philosophen

Heidegger gelangt in seinem ›Gespräch‹ mit Hegels Philosophie, in dem Versuch dasselbe auf dieselbe Weise zu denken, zu dem Schluss, »dass es über sie hinaus einen *höheren* Standpunkt [...] nicht mehr gibt« (68:4). Hegels Denken sei für ihn tatsächlich die Vollendung und der Höhepunkt der Philosophie, allerdings nur der Philosophie als ›Metaphysik‹. Wie wenig diese für Heideggers Spätphilosophie so charakteristische ›überlegene Anerkennung‹ wert ist, zeigt sich, sobald Heidegger erklärt, was er unter ›Vollendung‹ versteht: »Hegels Metaphysik ist *nicht* die Vollendung der Metaphysik in dem Sinne, als seien für alle Zeiten alle Fragen entschieden und beantwortet, weil gerade die Grundfragen nicht nur nicht beantwortet, sondern nicht einmal gestellt sind. Wohl aber ist Hegels Metaphysik die Vollendung eines nichtursprünglich angesetzten Fragens« (80:309).

Hegels Philosophie könne sich nur bei ihrer Antwort auf die Frage beruhigen, weil sie nicht sehe, dass die Frage nicht ursprünglich genug gewesen sei. Das Problem sei, dass sie überhaupt von einem »Bedürfnis der Befriedigung des Gedachten« (15:262) getragen sei, von einem Bedürfnis, eine Antwort auf die selbst bestimmte Frage oder eine Lösung für den selbst bestimmten ›Streitfall‹ zu finden. Doch worin besteht eigentlich dieser ›Streitfall‹, das ›Strittige‹ für die Philosophie als Metaphysik, die sich in Hegels Denken vollende? Selbst wenn man zugesteht, dass die Sache der Philosophie als ›Metaphysik‹ das ›Sein des Seienden‹ sei, erschließt sich dadurch nicht, wie diese Sache für die Metaphysik eigentlich ›strittig‹ wird? Um zu verstehen, inwiefern Hegels Philosophie die Lösung oder die Antwort darstellen soll, um zu verstehen, warum es überhaupt so etwas wie eine Antwort oder eine Lösung geben soll auf die Frage nach dem ›Sein des Seienden‹, muss man verstehen, was Heidegger mit der Rede vom ›nichtursprünglich angesetzten Fragen‹ meint. Man muss, kurz gesagt, verstehen, welches Verhältnis die Metaphysik laut Heidegger zu ihrer Sache unterhält, welche Haltung sie zu ihrer Sache einnimmt.

Die Art und Weise, wie die Metaphysik ihre Sache denkt, beschreibt Heidegger als ein ›Befragen‹, ein ›zur Rede stellen‹ oder ein ›Ergründen‹ (vgl. 11:66) – ebenso gut könnte er ›Erforschen‹ schreiben. Die Metaphysik versuche demnach, dem Seienden auf den Grund zu gehen, es zu ›begreifen‹ und zwar in einer doppelten Weise: »Die Metaphysik denkt das Sein des Seienden sowohl in der ergründenden Einheit des Allgemeinsten, d.h. des überall Gleich-Gültigen, als auch in der begründenden Einheit der All-heit, d.h. des Höchsten über allem« (11:66). Insofern sie nach dem Grund fragt, ist die Metaphysik für Heidegger wesentlich ›Logik‹, insofern sie nach dem Allgemeinen fragt, ist sie wesentlich ›Ontologie‹ und insofern sie nach dem Höchsten, also nach Gott fragt, ist sie wesentlich ›Theologie‹.[127]

Weil die Metaphysik ohne Unterlass nach dem ›Warum‹ frage, weil sie dem Seienden auf den Grund gehen wolle, deshalb sei ihre Sache zugleich die »Ur-Sache«, die »causa prima, die dem begründenden Rückgang auf die ultima ratio, die letzte Rechenschaft, entspricht« (11:66). Diese alles begründende Ur-Sache, das höchste Seiende, der Gott der Philosophen, oder genauer gesagt, der Gott der Metaphysiker, ›offenbare‹ sich erstmals vollständig in Hegels Philosophie. Doch zu »diesem Gott kann der Mensch weder beten, noch kann er ihm opfern. Vor der Causa sui kann der Mensch weder aus Scheu ins Knie fallen, noch kann er vor diesem Gott musizieren und tanzen« (11:77). Dass mit dem ›Erscheinen‹ dieses ›letzten Gottes‹, die Möglichkeiten der philosophischen (und mit ihr der christlichen) Theologie erschöpft seien, bedeute nicht, dass damit alle Möglichkeiten schlechthin erschöpft seien: »*Der letzte Gott* – ist nicht das Ende – sondern der *andere Anfang* unermesslicher Möglichkeiten unserer Geschichte« (94:314).

Das von der Philosophie unterschiedene ›Denken‹ müsse zwar »den Gott der Philosophie, den Gott als Causa sui preisgeben« (11:77), aber nur, um dadurch unter Umständen dem »göttlichen Gott« näherzukommen, einem Gott, der dem Denken und der Menschheit neue und ›unermessliche Möglichkeiten‹ eröffne. Heideggers Philosophie gibt vor, sich dem Kommen eines zukünftigen Gottes in den Dienst zu stellen. Im Gegensatz zu Hegels Philosophie soll dieser Gott jedoch nicht in ihr erscheinen, er soll nicht »gedacht« oder »bedacht« werden. Sein Kommen soll ganz im Gegenteil durch einen Akt der Selbstbescheidung vorbereitet werden. Da eine aktive Vorbereitung noch zu sehr der ›begreifenden‹ Haltung der Metaphysik verhaftet wäre, könne es nur darum gehen, einen »Spielraum« für das »Erscheinen« des Gottes zu gewinnen (94:341). Laut ihrer Selbstpräsentation ist Heideggers Philosophie ganz auf die Zukunft ausgerichtet: Es gehe ihr zwar um die ›Wahrheit des Seins‹, um das ›Ereignis‹, doch worauf es dabei ankomme, das sei die »Offenheit« und die »Bereitschaft« für das zukünftige Erscheinen eines neuen Gottes – alles geschehe nur um »seinetwillen« (94:314). Doch was hat es zu bedeuten, dass Heideggers Philosophie sich derart der Zukunft und dem ungewissen Erscheinen eines zukünftigen Gottes verschreibt? Und was hat es zu bedeuten, dass sie den Menschen einen neuen Gott verheißt, einen Gott, der zu allem Überfluss auch noch auf Heideggers Philosophie angewiesen ist?

Diese schwierige und für Heideggers Selbstpräsentation entscheidende Frage nach dem Verhältnis, das seine Philosophie zur Zukunft, zur Offenbarung und zur Theologie unterhält, lässt sich nur beantworten, wenn man ihren Ort innerhalb der ›Systematik‹ von Heideggers Spätphilosophie versteht. Wenn Heideggers Philosophie sich als Magd eines zukünftigen Gottes präsentiert, dann verortet sie sich mit dieser Selbstpräsentation zugleich in der ›Seinsgeschichte‹. Der Sinn dieser Selbstpräsentation zeigt sich erst, wenn durch eine systematisch-systematisierende Interpretation die implizite und systematisch notwendige Selbstverortung aufgedeckt wird.

70. Zur Systematik

Die Tatsache, dass Heidegger die Systematik seiner Spätphilosophie nie explizit gemacht hat und nirgends einen Bauplan seiner philosophischen Lehre skizziert oder entworfen hat und die Tatsache, dass diese Systematik von den Interpret_innen nicht gesehen wurde, sind keine Beweise dafür, dass eine solche Systematik nicht existiert. Wenn ›systematisch‹ so viel wie ›sachgemäß‹ oder ›an der Sache orientiert‹ bedeutet, dann ist es kein Wunder, dass die Systematik bislang nicht hinreichend erkannt wurde. Denn Heideggers Philosophie hat ein Interesse daran, diese Sache zu verbergen.

Nichtsdestoweniger finden sich die entscheidenden Hinweise auf die größeren systematischen Zusammenhänge dort, wo Heidegger am ausführlichsten von der Sache und dem ›Sachverhalt‹ seiner Philosophie spricht: in dem bereits erwähnten Text »Zeit und Sein«, in dem er zu zeigen versucht, warum und inwiefern er mit dem Begriff des Ereignisses die Interpretation der Zeit (also des ›Sinns von Sein‹) gegeben habe, zu der seine Frühphilosophie nicht in der Lage gewesen sei. Der Umstand, dass der entscheidende Hinweis auf die Systematik gerade an diesem *locus classicus* der Selbstpräsentation gegeben wird, kann nicht verwundern, wenn man bedenkt, dass die präsentierte Sache (die ›Wahrheit des Seins‹ als ›Ereignis‹) mit der systematisch notwendigen Sache (dem eigenen Sein) von Heideggers Philosophie identisch ist – eine Identität, die zu verbergen die zentrale Aufgabe für Heideggers philosophische Politik darstellt.

In Bezug auf Heideggers Frühphilosophie ließ sich die Systematik zumindest in ihren Grundzügen demjenigen Text entnehmen, der sich am ausdrücklichsten der Selbstbestimmung der Philosophie widmete (der Vorlesung *Einleitung in die Philosophie* aus dem Wintersemester 1928/29). Hier wurde die Selbsterörterung der Philosophie als ausdrückliches Transzendieren in seiner doppelten Abgrenzung zur Wissenschaft und Weltanschauung vorgezeichnet.[128] Diese Systematik lässt sich allerdings nur erkennen, wenn man in dem ahistorischen, ausdrücklichen Transzendieren, im ›Wesen des Menschen‹ bereits Heideggers eigene Philosophie erkennt. Dasselbe gilt von dem was Heidegger in »Zeit und Sein« über das ›Ereignis‹ als das ›Wesen der Geschichte‹ sagt.

Da Heideggers Spätphilosophie ganz auf die Zukunft, auf das Kommen eines ›zukünftigen Gottes‹ ausgerichtet zu sein scheint, darf es nicht verwundern, wenn sie in ihrem Thema, der Geschichte, in erster Linie »das Kommen des Kommenden« zu erkennen vorgibt »und deshalb erst und auch die Vergangenheit des Gehenden und die Gewesenheit des Gewesenden und damit auch die Gegenwart des Vorbeigehenden« (69:93). Obwohl Heidegger in den früheren Texten der zweiten Phase noch nicht imstande ist, ihn klar zu artikulieren, spricht sich hier schon der Grundgedanke aus, dass Geschichte »nicht in der Zusammenstückung des dreifach-verschieden ›Zeitlichen‹« bestehen könne, sondern dass der systematische, sachgemäße Zusammenhang der drei Dimensionen der Zeit vielmehr dem »Ereignis« entspringen müsse (69:93).[129]

Fast ein Vierteljahrhundert später, als die zweite Phase der Selbsterörterung nach einem langen Prozess der Klärung in ihr reifes Stadium übergegangen ist, buchstabiert Heidegger diesen entscheidenden Zusammenhang weiter aus, wenn er von der Einheit der »drei Zeitdimensionen« schreibt, dass sie in einem »Reichen« beruhe (14:19 f.), das man »gleichsam« als »vierte Dimension« der Zeit ansehen könne – »nicht nur gleichsam, sondern aus der Sache« (14:20). Diese »vierte« Dimension dürfe jedoch nicht wie eine nachträgliche Vereinigung verstanden werden, sondern sei »der Sache nach die erste« (14:20). Mit dieser, der Sache oder dem Ereignis entspringenden vierdimensionalen Zeitstruktur gibt Heidegger die philosophische Interpretation der Zeit, die er in seiner Frühphilosophie nicht gegeben hat und auch nicht geben konnte. Eine solche Interpretation muss, gemäß dem Projekt der Selbsterörterung, die Zeit als Raum für ihre Selbstverortung erschließen.

Heideggers ›Ereignis‹ umfasst und verbindet vier Dimensionen einer philosophisch interpretierten Zeit. Zu den drei ›Dimensionen‹ der Vergangenheit, der Gegenwart und der Zukunft, die ich im folgenden Hauptteil dieser Untersuchung in derselben Reihenfolge betrachten werde, gesellt sich bei Heidegger noch jene vierte Dimension, die ich im Folgenden als ›Augenblick‹ bezeichnen werde. Nur in diesem ausgezeichneten ›Augenblick‹ seien die anderen drei Dimensionen so ineinander ›verfugt‹, dass eine wahre Offenheit für die Zukunft und den zukünftigen Gott entstehe.[130]

Wenn Heidegger schreibt, nur die »eigentliche« Zeit sei »vierdimensional« (14:20), dann heißt das auch, dass die gemeine Zeit, so wie sie sich gemeinhin und »immer schon« für die Menschen offenbare, aus den Fugen sei – und nur in einem ausgezeichneten Augenblick ›verfugt‹ werde. Wenn sich zeigen würde, dass es gerade die aneignende Auslegung durch Heideggers Philosophie ist, welche die drei unverbundenen und uneigentlichen Dimensionen der Zeiten ›verfugt‹ oder einander ›reicht‹, dann wäre Heideggers Philosophie in ihrem ›Sein‹, also als Auslegung ihres Themas, nämlich der Geschichte (im Sinne eines Erschließens der Vergangenheit aus der Gegenwart und für die Zukunft), mit ihrer Sache, mit dem Ereignis als der vierdimensionalen Zeit identisch.

In der aneignenden Interpretation werden die drei Dimensionen der Zeit als Zeichen gelesen, die auf die Abwesenheit des Ereignisses verweisen und die ich in Anlehnung an Heideggers eigenen Sprachgebrauch als ›Seinsverborgenheit‹ der Vergangenheit, als ›Seinsverlassenheit‹ der Gegenwart und als ›Seinsversprechen‹ der Zukunft bezeichne. Sie verweisen nicht nur jeweils aufeinander, sondern vor allem auf jene vierte Dimension, die sich nur in ihrer Abwesenheit zeigen könne. Sie verweisen auf einen Augenblick, der mit Heideggers Philosophie gekommen sei. Dieser ›Augenblick‹ trage das ›Ereignis‹, weil Heideggers Philosophie durch ihre Interpretationen die drei Dimensionen der Zeit aneignet und sie in ein Verhältnis zueinander setzt. Durch diese aneignende Auslegung verweisen sie auf das eigene Sein von Heideggers Philosophie, das in eben dieser Auslegung besteht, die die drei Dimensionen hervorbringt.

Das erste Moment der Zeit, die Vergangenheit, wird als Moment des Ereignisses (also als Moment des Seins von Heideggers Philosophie), genauer gesagt als Seinsgeschichte verstanden. Erst in der und durch die aneignende Auslegung, erscheint die Geschichte als die Vergangenheit von Heideggers Philosophie. Unabhängig von dieser Aneignung bleibt sie für Heidegger hingegen bedeutungslos. In dieser Systematik kommt die Seinsgeschichte erst in der aneignenden Auslegung durch Heidegger zu sich, sie wird zu einem Moment des Ereignisses – in der Auslegung wird sie selbst zum Ereignis des Ausbleibens von Heideggers Philosophie. Ebenso werde die Gegenwart, die Heidegger am Leitfaden des Begriffes der Technik interpretiert, erst in der philosophischen Auslegung als ›Ge-Stell‹ zu einem Moment des Ereignisses.

In der Gegenwart, die durch das Ende der Seinsgeschichte bestimmt sei, sieht sich Heideggers Philosophie erneut mit der Dimension des Politischen konfrontiert. Diese Dimension wird aber nur insofern relevant, als an ihr die völlige Sinnlosigkeit erkannt werden kann. Für sich genommen sei die Dimension des Politischen bedeutungslos, aber nicht immer sinnlos – das werde sie erst in der Gegenwart, die durch die Seinsverlassenheit gekennzeichnet sei. Die Seinsgeschichte könne der Dimension des Politischen in der Gegenwart keinen Sinn mehr verleihen. Gerade diese Sinnlosigkeit verleihe ihr aber erstmals einen genuinen Sinn. Denn die Erkenntnis dieser Sinnlosigkeit ist in der Systematik von Heideggers Spätphilosophie selbst Teil des Ereignisses. Das Einzige also, das der Sinnlosigkeit des Politischen in dieser Systematik Sinn verleihen kann, ist die aneignende Auslegung durch Heideggers Philosophie.

Die Not der Gegenwart, die völlige Seinsverlassenheit, sei nur aus ihrer Vergangenheit, der Bewegung der Geschichte der Philosophie als Seinsverborgenheit verständlich. Zugleich verweise diese ›Not‹, die Heideggers Philosophie notwendig machen soll, auf eine Zukunft. Sie ermögliche das Versprechen des Ereignisses, das in Hölderlins Dichtung, genauer gesagt in Heideggers Auslegung derselben, gemacht werde. In Heideggers Auslegung kündigt die Dichtung das Ereignis an, das in der Selbsterörterung von Heideggers Philosophie und somit wesentlich auch in dieser Auslegung selbst besteht. In der Systematik der Spätphilosophie ist die Dichtung demnach die aus dem Ereignis bestimmte Zukunft, die Vorwegnahme des Ereignisses als Versprechen.

Die behauptete vierte Dimension der Zeit kann nur in ihrem Zusammenhang mit den anderen drei Dimensionen der Zeit verstanden werden. Diesen Zusammenhang zu verstehen, bedeutet aber, die Beziehung, die Heideggers Auslegung, in der sich die vierte Dimension der Zeit realisiert, zu den anderen drei Dimensionen (die es nur in dieser Auslegung gibt) erneut zu durchdenken. Die in der Selbsterörterung vollzogene Auslegung ist, um in Heideggers Terminologie zu sprechen, ein ›Einblick‹ in die Phänomene, der zugleich ein ›Einblitz‹ ist, der die auszulegenden Phänomene erst erscheinen lässt. Die Phänomene sind für sich genommen keineswegs Erscheinungen des Ausbleibens des Ereignisses – sie sind es nur in Heideggers Auslegung.

Der Augenblick stelle das eigentliche Geschehen dar, das die drei Dimensionen beherrscht. Diese Herrschaft soll durch die dreifache aneignende Auslegung der Zeit, durch die Selbsterörterung der Philosophie Heideggers durchgesetzt werden. Die Ausübung dieser Herrschaft, dieser ›*domination*‹, ist nichts anderes als die von der Sache der Selbsterörterung bestimmte aneignende Auslegung des Themas der Philosophie.

Diese Herrschaft, die sich eine göttliche Legitimation zuschreibt, will sich weder als Theorie noch als Praxis, weder als Betrachten noch als Wirken verstanden wissen, da diese Begriffe noch der metaphysischen Vorstellung einer Selbstbestimmung verhaftet seien. Aus einer metaphysischen Perspektive würde sie hinter das Betrachten und das Wirken zurückfallen, recht betrachtet »übertrifft« und »durchragt« Heideggers Philosophie jedoch alles Betrachten und alles Wirken (9:361) – jedoch nicht durch ein vollkommeneres Begreifen und nicht durch einen größeren Einfluss auf die Welt, sondern indem sie sich ganz zurückhaltend um den Bereich »sorge«, in dem ein zukünftiges Betrachten oder Wirken möglich sei, sofern ein neuer Gott diese Möglichkeit eröffne.

71. Zur Textgrundlage

Die so in ihren Grundzügen skizzierte Systematik wird im folgenden Hauptteil dieser Untersuchung durch eine systematisch-systematisierende Interpretation des äußerst umfangreichen, heterogenen und verstreuten Materials aufgewiesen werden. Die Gründe für den höchst unsystematischen Zustand, in dem Heideggers Spätphilosophie vorliegt, sind vielseitig und komplex.

Zunächst lässt sich ganz äußerlich feststellen, dass die ›sachgemäße‹ Systematik allein schon durch die sehr unterschiedlichen Textgattungen, in welchen Heideggers ›Lehre‹ überliefert ist, verdunkelt wird. Um Heideggers Spätphilosophie als gegliedertes Ganzes zu verstehen, muss man Texte zu Rate ziehen, die Heidegger sorgfältig für die Veröffentlichung vorbereitet (und teilweise später überarbeitet und mit Anmerkungen verstehen) hat. Man muss aber ebenso auf Vorlesungstexte (die teilweise für die Veröffentlichung bearbeitet wurden), auf große Konvolute von Textfragmenten, die die Grundlage für nie geschriebene Abhandlungen darstellen sollten, auf eine große Menge an recht vorläufigen Notizen sowie auf einige Vorlesungs- und Seminarmitschriften und eine Reihe von Briefwechseln zurückgreifen. Bei der Auswahl und Gewichtung der Texte darf man sich, wie bereits erwähnt, keineswegs auf die Selbstinterpretation verlassen. Die in der Architektur der Gesamtausgabe angelegte und von Heidegger immer wieder betonte Abwertung der veröffentlichten Texte und der Vorlesungen gegenüber den unfertigen Abhandlungen und den anderen vermeintlich esoterischen Konvoluten dient der Selbstpräsentation und ist in der Sache unhaltbar.[131]

Erschwerend kommt hinzu, dass Heideggers Spätphilosophie zwar in der entscheidenden Hinsicht eine in sich geschlossene und einheitliche Phase darstellt, dass sie aber (ebenso wie die Frühphilosophie) in einigen wichtigen Fragen eine Entwicklung durchlief, die zu erheblichen Verschiebungen, ja sogar zu scheinbar widersprüchlichen Aussagen führte. Eine solche Entwicklung, wie ich sie mit Blick auf die Frühphilosophie anhand der Abgrenzung zur Wissenschaft exemplifiziert habe (vgl. das 30. Kapitel der vorliegenden Untersuchung), lässt sich mit Blick auf die Spätphilosophie beispielsweise anhand der Abgrenzung zur ›Philosophie‹ beobachten. In den zwischen 1936 und dem Ende des Krieges entstandenen Manuskripten und Vorlesungen, die ein im Werden begriffenes Denken bezeugen, das zwar schon den Standpunkt der zweiten Phase eingenommen hat, für das sich die damit verbundenen Probleme und ihre Zusammenhänge aber erst langsam klären, hält Heidegger noch am Begriff der Philosophie fest und versucht meist, eine ›eigentliche‹, ›ursprünglichere‹ Philosophie gegen den Begriff der Metaphysik abzugrenzen (vgl. exemplarisch: 65:45). Erst im Verlauf der weiteren Entwicklung gelangt Heidegger zu der begrifflich konsequenten Position, dass sein »Denken nicht mehr und nicht wieder ›Philosophie‹« sei (69:167).

Wie bei der Auslegung der Frühphilosophie wird im Folgenden auch für die Spätphilosophie das reife Stadium zugrunde gelegt. Aus diesem Grund spielen die nach Ende des Zweiten Weltkrieges, aber noch zu Lebzeiten veröffentlichten Texte eine herausragende Rolle – insbesondere die in den Bänden 14 (*Zur Sache des Denkens*) und 11 (*Identität und Differenz*) gesammelten Schriften.[132] Die vor dem Ende des Krieges entstandenen Manuskripte und Vorlesungen sind aber für die Erläuterung jener ebenso knappen wie schwierigen Texte unerlässlich: Für einige der zu klärenden Fragen bieten sie die einzige Textgrundlage, für andere immerhin umfangreicheres Material. Systematisch besonders wichtig sind dabei die Vorlesung *Grundfragen der Philosophie. Ausgewählte »Probleme« der »Logik«* aus dem Wintersemester 1937/38 (GA 45) sowie die beiden viel rezipierten Manuskripte *Beiträge zur Philosophie* und *Besinnung* (GA 65 und 66). Die restlichen Vorlesungsmanuskripte und die daraus hervorgegangenen Publikationen bieten hingegen die Grundlage für die Auslegung von Heideggers Verhältnis zur Philosophiegeschichte und zur Dichtung.

Diese ganze, scheinbar mehr äußeren Umständen geschuldete Zerstreuung des Werkes entspricht einer inneren Notwendigkeit. Nach dem Desaster des politischen Engagements präsentiert sich Heideggers Philosophie als wesentlich unpolitisch: Ihre Wirkung liege nicht in ihrer Macht, ob sie ›herrschend‹ werde oder nicht, darüber könne sie nicht entscheiden. Die Rückkehr des Philosophen in die Höhle beschreibt sie nun als »Selbstmord der Philosophie« (65:435). In dem Moment, in dem sie die politische Bühne betritt, werde ihr Schicksal, so die Selbstpräsentation von Heideggers Philosophie, von ganz anderen Mächten bestimmt: Ihre »Sagbarkeit und Hörbarkeit sind dem Wesen des Seyns aufbehalten« (66:353). Doch dieses Mal ergibt sich diese Ohnmacht nicht aus den systematischen Zusammenhängen der Philosophie, sondern als Konsequenz der Lehre: Sie ist ein Teil der Selbstpräsentation. Heideggers Spätphilosophie hat ein Interesse daran, die eigene Wirkung und Wirksamkeit dem Ereignis zuzuschreiben. Und deswegen hat sie auch ein Interesse daran, die eigene Systematik zu verbergen, indem sie sie ihrer ›Sache‹, dem Ereignis zuschreibt.

V.
DIE SPÄTPHILOSOPHIE

Merkst du nun nicht, dass wenn einer als vieler Dinge kundig sich zeigt und doch nur mit dem Namen einer Kunst benannt wird, dies kann keine gesunde Vorstellung sein, sondern dass offenbar der, dem dies mit einer Kunst begegnet, dasjenige an ihr nicht zu entdecken weiß, worauf alle jene verschiedenen Kenntnisse abzwecken, weshalb er auch mit vielen Namen statt eines den, der sie besitzt, benennt?

Platon

A. Die Vergangenheit

72. Zum Thema der Geschichte

Wenn sich Heideggers Philosophie ihrem neuen Thema zuwendet, dann geht es ihr darum, ein wesentliches Versäumnis nachzuholen: Sie muss die gesellschaftliche und politische Realität, die sie fatalerweise aus ihrer aneignenden Auslegung des Menschen ausgeschlossen hat, einer ›verflüchtigenden‹ Interpretation unterziehen. Wenn sie nicht länger von der ›Weltgeschichte‹ bestimmt sein will, muss sie diese Geschichte trotz ihrer politischen Ohnmacht selbst – und sei es nur durch ihre Interpretation – ›erschließen‹ und ›beherrschen‹.

Diese ›erschließende‹ oder ›aneignende‹ Auslegung der Geschichte lässt sich nicht als ›Erkunden‹ oder ›Entdecken‹ eines unbekannten Raumes begreifen, in dem sich Heideggers Philosophie dann einen Ort zuweist oder besser gesagt, demütig einen vorherbestimmten Ort zuweisen lässt. Wenn ich die implizite und systematisch notwendige Selbstverortung von Heideggers Philosophie als ›Selbsterörterung‹ bezeichne, dann um das Verhältnis herauszustellen, das Heideggers Philosophie zu ihrem Thema einnimmt. Während die ›Historie‹, das ἱστορεῖν, im Wortsinne ein ›Erkunden‹, ›Erforschen‹ oder ›Entdecken‹ darstellt, in dem man die einzelnen Momente der Geschichte aus einem »Ortsnetz« verständlich zu machen sucht, lässt sich Heideggers Interpretation der Geschichte als ein »Rückführen auf den Ort« begreifen (9:471). Die Frage ist nur, auf welchen ›Ort‹ die Geschichte ›zurückgeführt‹ wird: Wird sie auf die ›Wahrheit des Seins‹ oder auf Heideggers Philosophie ›zurückgeführt‹? Worum geht es in Heideggers Geschichtsphilosophie?

Um diese Frage beantworten zu können, gilt es zunächst, den Knoten der besonders verworrenen und verwirrenden Begrifflichkeit rund um die ›Geschichte‹ zu lösen. Selbst die scheinbar einfachste Unterscheidung zwischen der Geschichtsbetrachtung oder Geschichtsschreibung und ihrem Gegenstand, der Geschichte, wird problematisch, sobald man die drei Ebenen der Geschichte, die sich aus der Perspektive von Heideggers Philosophie unterscheiden lassen, in ihren systematischen Zusammenhängen betrachtet. Für Heidegger vollzieht sich Geschichte auf drei Ebenen, die sich, in Anlehnung an seine eigene (schwankende) Begrifflichkeit, als ›Weltgeschichte‹, ›Seinsgeschichte‹ und ›Seinsgeschick‹ fixieren lassen. Die ›Weltgeschichte‹ bezeichnet die Ebene dessen, was ›geschieht‹, die Ebene des ›Seienden‹ oder die Ebene der gesellschaftlichen und politischen Realität. Die ›Seinsgeschichte‹ hingegen bezeichnet die Ebene dessen, was ›ist‹, oder die Ebene des Seins. Das ›Seinsgeschick‹ schließlich bezeichnet in Heideggers Geschichtsphilosophie die Ebene dessen, was sich ›ereignet‹, oder die Ebene des ›Seyns‹.

Das Verhalten der Menschen bewegt sich nach Heideggers Lehre in einem Horizont gegebener (gesellschaftlicher und politischer) Möglichkeiten. Diese Möglichkeiten für das Verhalten der Menschen und somit für die Geschehnisse der Weltgeschichte werden durch die Seinsgeschichte vorgezeichnet, die selbst wiederum vom Ereignis beherrscht sei. So wie die Weltgeschichte in den gesellschaftlichen und politischen ›Geschehnissen‹, im ›Verhalten‹ der Menschen sichtbar werde, so komme die ›Seinsgeschichte‹ in den ›Grundstellungen‹ der Philosophen zum Ausdruck. Die ›Grundstellungen‹ seien die Phänomene der Seinsgeschichte, die selbst wiederum vom Ereignis, von seinen Schickungen beherrscht sei. Dieses ›Seinsgeschick‹ wird ausschließlich in Heideggers eigener Philosophie phänomenal.

Die Philosophen haben die Weltgeschichte bestimmt, aber sie haben sie nur insofern bestimmt als sie selbst bestimmt worden seien, insofern als in ihnen eine ›Grundstellung‹ oder eine ›Epoche‹ der Seinsgeschichte zum Ausdruck komme. Was in ihrer Lehre und ihrer Wirksamkeit über diese ›Grundstellung‹ hinausgehe oder ihr widerspreche, sei der Weltgeschichte geschuldet. Wenn die Seinsgeschichte die Weltgeschichte bestimme, dann bedürfe sie dafür nicht der ausdrücklichen begrifflichen Fixierung durch die Philosophen. Sie zeichne den Gang der Weltgeschichte vor, indem sie das alltägliche, vorphilosophische Seinsverständnis der Menschen bestimme, dass die Philosophen nur nachträglich auf den Begriff bringen. Der Einfluss, den die Philosophen auf dieses vorontologische Seinsverständnis (und auf die Weltgeschichte) ausüben, mag gewaltig sein, er bleibe aber immer auf der Ebene der Weltgeschichte und sei somit selbst von der Seinsgeschichte bestimmt. Heidegger interessiert sich für die Philosophen nicht insofern sie Teil der Weltgeschichte sind, sondern insofern in ihnen die Seinsgeschichte zum Ausdruck komme. Das bedeutet auch, dass er sich weder für ihre Lehre noch für ihre Philosophie interessiert, sondern einzig und allein für die ›Grundstellung‹, die er in ihnen erkennen will. Wenn den Philosophen in Heideggers Geschichtsphilosophie eine entscheidende und unabdingbare Rolle zukommt, dann weder, weil in ihren Lehren das Geschehen der Weltgeschichte zum Ausdruck kommt noch, weil ihre Lehren das Geschehen der Weltgeschichte bestimmen würden. Nur im Verhältnis von der zweiten zur dritten Ebene der Geschichte komme ihnen eine notwendige Rolle zu: Es bedürfe der Lehren der Philosophen nur, weil auf der Ebene des ›Seinsgeschickes‹ die Geschichte und ihre Betrachtung ineinander fallen, weil sich im ›Seinsgeschick‹ die Geschichte des Seins, die bis dahin im Verborgenen verlaufen sei, ›lichten‹ müsse, weil sie sich an ihren ›Grundstellungen‹ oder ›Epochen‹ zeigen müsse. Für Heidegger sind sie nur insofern relevant, als in ihnen eine ›Epoche‹ zum Ausdruck kommt.

Die in den Grundstellungen oder Epochen auf den Begriff gebrachten unterschiedlichen Weisen, in denen ›es‹ Sein ›gebe‹, durchlaufen selbst eine geschichtliche Entwicklung. Um die Grundstellungen und ihre Entwicklung begreifen zu können, um die Philosophiegeschichte als Seinsgeschichte begreifen zu können, muss Heidegger ein Prinzip zugrunde legen, das er grundsätzlich nicht aus der Philosophiegeschichte gewinnen kann: weder aus den Lehren der Philosophen noch aus der bloßen Betrachtung ihrer Abfolge. Die Vorstellung, dass die Philosophie sich aus sich heraus oder aus einem für die Philosophie einsichtigen Prinzip entwickle, ist für Heidegger selbst noch eine ›philosophische‹ Vorstellung. Weil sie selbst noch Teil der Geschichte der Philosophie ist, kann sie diese Geschichte nur beschreiben, ihren Sinn aber nicht verstehen.

73. Zum ›Seinsgeschick‹

In Heideggers Augen ist die ›Betrachtung‹ und ›Auslegung‹ der ›Weltgeschichte‹, die ich in Anlehnung an seinen Sprachgebrauch als ›Historie‹ bezeichne, gegenüber der Betrachtung der ›Seinsgeschichte‹ etwas Unwesentliches und Nachträgliches (auch wenn sie in der und für die Weltgeschichte äußerst wichtig sein mag). Die Historie sei von der Erfahrung des Seins bestimmt und sie könne als solche das Geschehen der Weltgeschichte nur im Horizont der ›Anwesenheit‹ begreifen und die drei Dimensionen der Zeit nur nachträglich, durch das eigene Vorstellen miteinander verbinden. Für Heidegger ist die Historie das »vorstellende Herstellen der ›Geschichte‹, der vergangenen und je heutigen für das Heute und die Zukunft« (66:182; vgl. 65:493). Als ›Herstellen‹ befinde sie sich bereits in der Nähe dessen, was Heidegger als ›Historismus‹ bezeichnet, nämlich die »Vergegenwärtigung des Vergangenen – und Erklären aus dem Vor-vergangenen; Flucht in einen Anhalt im Vergangenen; *rechnen auf Auswege aus der Gegenwart*« (49:10). Wenn die Historie »die *Technik* dessen [ist], was sich nicht maschinenhaft betreiben lässt« (69:100), dann sei der Historismus die Vollendung dieser Technik – eine Vollendung, die erst im Moment der Vollendung der Philosophiegeschichte möglich werde. Eine ›Historie‹, die der Gefahr des Historismus entginge, wäre nur auf der Grundlage eines ›Denkens‹ möglich, das nicht mehr ›rechnerisch‹ oder ›technisch‹ verfahre. Das ἱστορεῖν ist für Heidegger als nachträgliches ›Erkunden‹ und ›Begreifen‹ seiner Definition nach metaphysisch.

Die Betrachtung oder die Auslegung der ›Seinsgeschichte‹, die ich als ›Geschichte der Philosophie‹ bezeichne, ist für Heidegger gegenüber der Betrachtung des ›Seinsgeschickes‹ etwas Wesentliches. Die dritte Ebene der Geschichte, das ›Seinsgeschick‹, könne es nur geben, wenn die ›Seinsgeschichte‹ als solche erscheine – und das tue sie in Heideggers Auslegung der Geschichte der Philosophie. Aus diesem Grund spricht Heidegger davon, dass die Auslegung der Philosophiegeschichte als Seinsgeschichte »inbegrifflich« ist (vgl. 69:115). Das Interpretandum und die Interpretation seien selbst Teil des ›Ereignisses‹ oder des ›Seinsgeschickes‹, das als Interpretans präsentiert wird. Die Grundstellungen oder Epochen der Seinsgeschichte seien keine ›Begriffe‹, sie gehen nicht aus einem

›Erkunden‹ der Philosophiegeschichte hervor, sie entspringen, so die Behauptung, dem Ereignis selbst – was voraussetze, dass die Auslegung schon in das Ereignis ›eingesprungen‹ sei, dass sie die ›Wahrheit des Seins‹ bereits erkannt habe (vgl. 71:264).

Das ›Denken‹ erkenne in den Epochen der Philosophiegeschichte weder ein Gleiches, das ihnen gemein sei, noch verknüpfe es diese im Sinne eines metaphysischen Begründens. Es versuche die Epochen weder zu begreifen noch zu »errechnen« (14:139). Es bedürfe nicht der »Krücken des fortlaufenden Zusammenhanges von Ursache und Wirkung« (45:113). Heidegger verneint zwar nicht, dass es so etwas wie »Überlieferung von Epoche zu Epoche« gibt, doch dürfe diese Überlieferung nicht vorgestellt werden »wie ein Band, das sie verknüpft, sondern die Überlieferung kommt jedesmal aus dem Verborgenen des Geschickes« (10:135).

In den verschiedenen Epochen zeige sich also nicht etwas Allgemeines und Gleiches, sondern es »offenbart« sich ein Selbes auf verschiedene Weisen (15:432; vgl. 10:91; 14:11f.; 51:71). Die Philosophen erfahren »*das Selbe*, aber nicht das ›Gleiche‹« (88:219), allerdings ohne es als das Selbe zu denken. Das Denken des Selben sei deshalb keine bloße »Wiederholung« des »Gleichen«, sondern eine »Wieder-holung«, eine »Rückgewinnung des Verhältnisses zu dem *Selben*« (69:22) – eine Rückgewinnung, die ›in‹ der Interpretation durch Heideggers Philosophie, aber, gemäß der Selbstpräsentation, nicht ›durch‹ sie zustande kommt.

Weil sich in allen Epochen ›das Selbe‹ ereigne, könne man die ganze Seinsgeschichte auch als eine einzige ἐποχή verstehen. In Anlehnung an die ursprüngliche Bedeutung des griechischen Wortes meine diese ›Epoché‹ dann »nicht einen Zeitabschnitt im Geschehen, sondern den Grundzug des Schickens« (14:13), genauer gesagt das »lichtende Ansichhalten mit der Wahrheit seines Wesens« (5:337). Das Ereignis halte mit seinem Wesen an sich, indem es die Philosophie hervorbringe, die das Ereignis erfahre, ohne es zu denken. Das Ereignis oder die Wahrheit des Seins ›lichte‹ sich, indem sie Heideggers Philosophie bestimme, die zeige, dass die Erfahrung der Anwesenheit, die das Ganze der Epoche kennzeichne, das Ereignis dieser Anwesenheit verberge.

Auf der dritten Ebene der Geschichte »geschieht nichts« (70:173) – außer dieser Interpretation. Es gibt für Heidegger keine Entwicklung, die sich betrachten oder auslegen ließe. Aber es ereigne sich etwas, nämlich die ›Wahrheit des Seins‹, in der die Epoche der Anwesenheit sich als solche zeige. Wenn Heidegger auf dieser Ebene einen Unterschied zwischen Geschichte und Geschichtsbetrachtung behauptet, so fällt diese Unterscheidung mit der phänomenologischen Geste zusammen, also mit der Behauptung, dass die Sache seines Denkens etwas von diesem Denken radikal Unterschiedenes sei.

74. Zur ›Seinsgeschichte‹

Auch wenn sich für Heidegger auf der Ebene des ›Seinsgeschicks‹ alle ›Epochen‹ als das Selbe entpuppen, das ›Ereignis‹, das Wesen der Geschichte mithin »ungeschichtlich, besser geschichtslos« (14:50) sei, so gebe es doch, zumindest auf der Ebene der Interpretation, eine gewisse Entwicklung. Auf der Ebene der Seinsgeschichte »überdecken sich [die Epochen] in ihrer Folge, so dass die anfängliche Schickung von Sein als Anwesenheit auf verschiedene Weise mehr und mehr verdeckt wird« (14:13). Auf dieser Ebene geschehe also etwas, das sich betrachten und erzählen lasse: Es gebe eine Geschichte, die einen Anfang und ein Ende habe. Sie zeige sich aber nur, wenn das Interpretandum, die Geschichte der Philosophie insgesamt, im Sinne jener einen ›Epoché‹ verstanden werde.

Heideggers Geschichte von der sich steigernden Verdeckung vollzieht sich in vier Schritten (vgl. 66:78), die ich in den folgenden Kapiteln als den ›Anfang‹, das ›Ende des Anfangs‹, als ›Anfang vom Ende‹ sowie als ›Ende‹ bezeichnen werde. Nach Heideggers Lehre entsprechen diesen vier notwendigen Epochen der Seinsgeschichte auf der Ebene der Philosophiegeschichte vier ›Grundstellungen‹: 1.) die Vorsokratiker, 2.) Platon und Aristoteles, 3.) Descartes und 4.) Nietzsche. Der wichtigste Umbruch dieser Geschichte liege in der Mitte, zwischen der zweiten und der dritten Epoche, oder zwischen den *anciens* und den *modernes* und falle mit dem Einbruch des Christentums in diese Geschichte zusammen. Heidegger erklärt diesen Hauptunterschied einmal so, »dass die eine Erfahrung, die frühere, das Seiende als von sich her anwesendes versteht. Für die neuzeitliche Erfahrung ist etwas nur seiend, insofern es von mir vorgestellt wird« (ZS:129).

Entscheidend für Heideggers Geschichtsphilosophie ist, dass sich in den Lehren der Philosophen unterschiedliche Erfahrungen der Wahrheit oder des Seins des Seienden aussprechen: Einmal sei etwas seiend, wenn es sich von sich her zeige, einmal, wenn ich es vorstelle. Werden diese Lehren nun in einer aneignenden Auslegung als Zeichen für das Ausbleiben des Ereignisses interpretiert, so zeige sich in ihnen eine Erfahrung der Wahrheit des Seins. Diese Erfahrung durchlaufe vier verschiedene Grundstellungen bevor sie ihren Lauf vollende und von Heideggers Philosophie als solche gedacht werden könne. Die Philosophiegeschichte als Seinsgeschichte sei »die Geschichte der Verbergung und des Entzugs dessen, das Sein gibt« (14:50). In den Grundstellungen werde die Sache des Denkens erfahren, aber nicht gedacht. In der ›anfänglichen Schickung‹ entziehe und verberge sie sich, so dass im Lauf der Zeit sogar die Erfahrung dieses Entzugs vergessen werde. Erst mit der »Einkehr des Denkens in das Ereignis« komme diese »Geschichte des Entzugs« zu ihrem Ende (14:50).

Die Geschichte der Philosophie beginnt laut Heidegger mit einer »anfänglichen Schickung«. Die Wahrheit des Seins zeige sich den vorsokratischen Philosophen als Unverborgenheit von Seiendem als solchen und werde deswegen als Wahrheit des Seienden begriffen. Die Wahrheit des Seins werde dabei zwar erfahren, aber nicht in ihrem Wesen, also als ›Schickung‹ des Ereignisses, sondern lediglich als unbegründete ›Entbergung‹ des Seienden gedacht. Der entscheidende und alles weitere bestimmende Aspekt des ersten Anfangs besteht für Heidegger im Entzug der Wahrheit des Seins: Das Sein offenbare sich am Seienden, ohne dass diese Offenbarung selbst als solche gesehen werden könne. Die Wahrheit des Seins werde erfahren, besser gesagt, sie werde in ihrer ersten Grundstellung erfahren, ohne dass sie als eine solche gedacht werde. Sie werde als die grundlose, sich selbst entziehende Entbergung des Seienden oder als die ›Unverborgenheit‹ (ἀλήθεια) des Seienden gedacht.

Bei Platon und Aristoteles beginne sich diese Erfahrung der Wahrheit zu wandeln, allerdings ohne dass sie bereits in Vergessenheit geraten sei. Das Seiende werde nicht mehr nur in seinem Entbergen erfahren, sondern zugleich als das bereits Entborgene. Die Wahrheit des Seienden werde demnach nicht mehr nur als das sich entziehende Entbergen, sondern auch als Grund für die Anwesenheit des Seienden erfahren. Das Seiende als das Anwesende, bereits Entborgene zeige sich nicht mehr nur von sich selbst her, sondern es zeige sich auch für das eigene Vernehmen oder Sehen. Das Sein müsse demnach als das zuvor Vernommene oder Gesehene begriffen werden, als εἶδος, als vorgängiger Anblick, der den Ausblick auf das Seiende eröffne.

Mit dieser Vorrangstellung des Seienden sei bei Platon und Aristoteles bereits die Erfahrung der Wahrheit als *adaequatio* angelegt. Schon bei Platon werde das Sein oder die Wahrheit im Sinne der Idee als das höchste Seiende gedacht. Das Seiende werde zunehmend als das Wahre erfahren und die Wahrheit als ein Sichrichten nach diesem Wahren begriffen. Ob sich dieser Wandel der Erfahrung der Wahrheit allein aus der Erfahrung der *anciens* erklären lasse oder ob dazu ein anderer, nicht-griechischer Ursprung angenommen werden müsse, gilt es im Folgenden zu klären.

Durch die Erfahrung der Wahrheit als Sichrichten nach dem Seienden könne die Wahrheit bei den *modernes* als Leistung eines Subjektes verstanden werden. Dadurch, dass die Wahrheit auf die Seite des Vernehmens geschlagen und dieses dadurch als Leistung eines Subjekts verstanden werde, müsse die Unwahrheit als eine Verfehlung, als ein Fehler, kurz gesagt als das Falsche erscheinen. Die Wahrheit könne diesem Begriff zufolge immer verfehlt werden und müsse deshalb gesichert werden. Die Wahrheit als *adaequatio* werde daher mit Descartes zur *certitudo*. Wenn es nun in erster Linie darum gehe, die Wahrheit zu sichern, diese aber eine Leistung des Subjekts darstelle, so müsse es in erster Linie darum gehen, das Subjekt als *fundamentum inconcussum* zu sichern.

Die Subjektivität des Subjekts, seine Selbstvergewisserung radikalisiere sich schließlich in der letzten Grundstellung, die bei Hegel, Marx und Nietzsche erreicht sei. Auch wenn Heidegger immer wieder behauptet, dass sich die Geschichte der Philosophie in den drei Denkern auf jeweils unterschiedliche Weise vollende, so steht dennoch außer Frage, dass sie sich in der für Heideggers Spätphilosophie entscheidenden Weise nur bei Nietzsche vollende. Wenn das Seiende im Horizont des Strebens nach Gewissheit erscheine, so bedeute das in letzter Konsequenz, dass »das Wesen alles Seienden im Vorhinein als Wert angesetzt wird« (6.1:485). Die

Wahrheit des Seienden werde dementsprechend als das Prinzip der Wertsetzung oder als Wille zur Macht erfahren. Die vollkommene Absicherung des Subjekts könne es nur geben, wenn sich dessen Wille im Voraus des Seienden bemächtigt und es in einen für das eigene Wollen günstigen Wert verwandelt habe. Das Prinzip der Selbstbestimmung der Philosophie scheint hier an seinen Höhepunkt gelangt und die Möglichkeit eines Bestimmtwerdens durch die Sache des Denkens, durch die ›Wahrheit des Seins‹ vollkommen in Vergessenheit geraten. Als phänomenale Geschichte, also als Geschichte der Philosophie ist die Seinsgeschichte für Heidegger damit beendet.

75. Zur Auslegung anderer Philosophen

Für die Selbstpräsentation von Heideggers Philosophie ist es von entscheidender Wichtigkeit, den Eindruck zu vermitteln, dass sie die eben skizzierte Seinsgeschichte nicht einfach erzähle, sondern aus einem Gespräch mit den Philosophen der Vergangenheit gewinne – aus einem Gespräch, in dem letztlich die Wahrheit des Seins zu Wort komme. Das Interpretans der Interpretation der Philosophiegeschichte als Seinsgeschichte sei nicht Heideggers Philosophie, sondern ihre Sache, die Wahrheit des Seins, die sich zugleich, auf verborgene Weise, in der Philosophiegeschichte ausdrücke. Das Gespräch mit den Philosophen sei daher »immer und nur Besinnung auf den Maßstab (die Wahrheit des Seyns)« (94:279), wobei ›Besinnung‹ nichts anderes bedeute als die »Anstimmung der Grundstimmung« (66:49), in welcher sich die Philosophie von ihrer Sache bestimmen lasse.

Für Heideggers Auslegung der Lehre eines Philosophen folgt daraus, dass sie von sich behaupten muss, im Gespräch das ›anzustimmen‹, was den Philosophen zu seiner Lehre bestimmt habe, das zum Ausdruck zu bringen, was der Philosoph erfahren habe, ohne es selbst gedacht zu haben. Wenn Heidegger behauptet, es sei unmöglich einen »Denker aus ihm selbst zu verstehen«, da »kein Denker [...] sich selbst versteht« (8:188), so meint er damit, dass kein Philosoph das Wesen, also den Sinn und die Bestimmung seiner Philosophie verstehe. Und auf dieses verborgene ›Wesen‹ kommt es Heidegger an, auf den »einen *einzigen* Gedanken« (6.1:427), den die Philosophen angeblich gedacht haben, ohne ihn ausdrücklich zu denken. Alles andere, ihre Philosophie und ihre Lehre, interessiert Heidegger nur insofern, als sich darin jene ungedachte Erfahrung der Wahrheit des Seins, jene Epoche der Seinsgeschichte ausspreche. Philosophie und Lehre eines Philosophen sind nur als Ausdruck der ›Grundstellung‹ von Interesse, als »Ansicht und Urteil eines Menschen« sind sie für Heidegger bloßes »Außenwerk« (6.2:187).[133] Die »Ansichten« der Philosophen, und dazu gehören auch die Ansichten über ihre eigene Philosophie und Lehre, sind nach Heideggers Lehre nicht nur uninteressant, sondern ebenso unzugänglich. Die zugrundeliegende Erfahrung der Wahrheit des Seins, in der die ›Ansichten‹ eines Philosophen begründet seien, könne Heideggers Philosophie schon deswegen nicht machen, weil das Entscheidende an dieser Erfahrung gerade sei, dass sie nicht als solche gedacht werde. Diese Erfahrung sei die Grenze einer Philosophie, sie begrenze die Möglichkeiten, die ihrem Denken gegeben seien und sie grenze sie von den anderen Grundstellungen ab. In jenen »ihm zugemessenen Grenzen« verstehe sich jeder Philosoph selbst »immer am besten« (12:127) und es gebe keine Möglichkeit, die »Philosophen der Vergangenheit so zu verstehen, wie diese sich selbst verstanden« (Meier 1996: 19f.).

Da die überlieferten Texte, und die darin enthaltenen ›Ansichten‹ der Philosophen uninteressant und unverständlich seien, könne und müsse die Auslegung »die Sache nicht nur dem Text entnehmen, sie muss auch, ohne darauf zu pochen, un-vermerkt Eigenes aus ihrer Sache dazu geben« (5:213). Der Unterschied zwischen Heideggers Lehre und seiner Philosophie besteht hier nur darin, darauf zu beharren, dass die Sache ›auch‹ den Texten entnommen sei und dass sie selbst nur etwas Eigenes ›dazu gebe‹. Die folgende Rekonstruktion von Heideggers Auslegung der Philosophiegeschichte interessiert sich dementsprechend weniger für die ›Ansichten‹ der Philosophen, als vielmehr für jenes ›Eigene‹, das Heidegger ›un-vermerkt dazu gibt‹, weil es den Philosophen fehle.

Was der Philosophie seit ihrem ersten Anfang fehlte, das ist, so Heideggers Grundthese über die Geschichte der Philosophie, ›das Denken‹, ein Denken also, das sich ausdrücklich von seiner Sache bestimmen lasse. Dieses Denken habe mit dem Beginn der Philosophie noch nicht angefangen. Der Anfang des Denkens sei vielmehr das, »was in der wesenhaften Geschichte zuletzt kommt« (54:2). Zu Beginn, bei den vorsokratischen Philosophen,[134] »erscheint der Anfang in einer eigentümlichen Verhüllung« (54:2). Das, was sich am Ende der Geschichte als ein Fehlendes, als ein Mangel ihrer Erfahrung offenbare, erscheine den ›anfänglichen Denkern‹ keineswegs als Mangel, sondern als Fülle, sogar als Überfluss: »Zum Geheimnis des ersten Anfangs gehört es, so viel Helle um sich zu werfen, dass es einer nachhinkenden Aufklärung nicht bedarf« (47:206). Sie seien von der Offenbarung der ›Wahrheit des Seienden‹, von der Tatsache, »dass im Scheinen von Sein das Seiende erscheint«, völlig eingenommen und in »Erstaunen« versetzt (11:14).

Es sei die »Bestimmung« der ›anfänglichen Denker‹ gewesen, sich von der »Wahrheit des Seins« bestimmen zu lassen, ohne nach ihr zu fragen.[135] Sie haben jedoch nicht aus einem Mangel heraus nicht gefragt und nicht gedacht, »sondern aus der ursprünglichen Kraft zum Standhalten in der ihnen auferlegten Bestimmung« (45:122; vgl. 8:171). Sie haben der Erfahrung der ›Wahrheit des Seins‹ standgehalten, indem sie die ›Wahrheit des Seienden‹ gedacht haben. Die ›Wahrheit des Seins‹ verberge sich gewissermaßen hinter der ›Wahrheit des Seienden‹. Gleichzeitig sei diese Verbergung am Anfang der Philosophie aber auch notwendig, damit sie sich am Ende der Philosophiegeschichte zeigen könne. Der Unterschied zwischen diesen beiden ›Wahrheiten‹ oder ›Sachen‹ verberge sich – er werde erfahren, aber nicht gedacht.

Die ungedachte Erfahrung der ›Wahrheit des Seins‹ bestehe demnach im Denken der ›Wahrheit des Seienden‹: Die vorsokratischen Philosophen erfahren die Verbergung der Wahrheit des Seins, indem sie die Verbergung der Wahrheit des Seienden denken. Das Seiende werde als das »Anwesende, anwesend in die Unverborgenheit« (5:349), nicht nur erfahren, sondern auch gedacht. Genauer gesagt erfahren und denken die drei ›anfänglichen Denker‹ laut Heidegger »das Aufgehen [des Seienden] in das Unverborgene und das Untergehen in die Verbergung« (54:99). Das Sein oder die Wahrheit des Seienden werde als ›Unverborgenheit‹ (ἀλήθεια) gedacht, die das Seiende anwesen lasse, die das Seiende aufgehen und untergehen lasse, sich aber selbst verberge (vgl. 55:142; 66:367). Weil sich das Sein oder die Wahrheit hinter dem Seienden verberge, sei der Verlust dieser Erfahrung im ersten Anfang bereits angelegt. Nur im ersten Anfang, in einem flüchtigen Moment des Erstaunens, sei das Seiende als Aufgehendes und Untergehendes erfahren und gedacht. Die Erfahrung der Anwesenheit im Sinne der »Anwesung« und des »Hervorgangs« des Seienden sei stets im Begriff, sich in eine Erfahrung der Anwesenheit im Sinne der »fortwährenden Beständigkeit« zu verwandeln (51:113). Weil sich das Sein oder die Wahrheit verberge, »rückt das Seiende in den Vorrang und lässt das Sein zum Nachtrag und zum bloßen Allgemeinen werden« (67:7). Weil sich das Sein verberge, sei es im Begriff, der Vergessenheit anheimzufallen. Weil das Seiende im Vordergrund stehe, sei es im Begriff als Beständiges und Vorhandenes erfahren zu werden. Da Heidegger jedoch um jeden Preis vermeiden will, den Eindruck einer notwendigen oder gar dialektischen Entwicklung zu erwecken, muss er den ›ersten Anfang‹ als einen erfüllten Moment darstellen, als eine Epoche, in der die ganze weitere Entwicklung angelegt ist, ohne notwendig aus ihr hervorzugehen. Während die Entwicklung der Seinsgeschichte für Heideggers Philosophie systematisch notwendig ist, wird diese Notwendigkeit auf der Ebene der Selbstpräsentation ständig verschleiert.

Zusammenfassend schreibt Heidegger den ›anfänglichen Denkern‹ also eine in sich ruhende Erfahrung der Wahrheit des Seins zu, die zwar wesentlich defizient sei, zugleich aber diesen Mangel nicht erfahre, weil sie ihre eigene Erfahrung als Wahrheit des Seienden denke (vgl. 54:129; 65:332). Im Begriff der ἀλήθεια als Unverborgenheit, Aufgehenlassen oder φύσις des Seienden (vgl. 10:161) seien die anderen Epochen oder Grundstellungen bereits angelegt. Der Grund dafür, dass sich diese Epochen aus ihm entwickelt haben, liege aber gerade nicht im Gedachten, sondern im ungedacht Erfahrenen, in der ἀλήθεια als Unverborgenheit des Seins.

Erst mit Platon und Aristoteles beginnt für Heidegger die ›Philosophie‹ im engeren Sinne, also die Philosophie als ›Metaphysik‹: »Das Denken wird jetzt erst zur ›Philosophie‹. Heraklit und Parmenides waren noch keine ›Philosophen‹« (11:15).[136] Im Kern handle es sich bei diesem entscheidenden, epochemachenden Übergang um einen Wandel in der Erfahrung und im Denken der Wahrheit des Seienden. Während die ›anfänglichen Denker‹ das Seiende noch als etwas erfahren hätten, das sich von sich her zeige, das sich ›entberge‹, also aus der Verborgenheit hervortrete und deswegen in Erstaunen versetze, machten Platon und Aristoteles, obwohl ihr Denken noch von den vorsokratischen Philosophen bestimmt sei, bereits eine andere Erfahrung. Für Platon und Aristoteles sei das Seiende schon nicht mehr das Anwesende im Sinne eines sich gerade ›Entbergenden‹, sondern im Sinne eines bereits ›Entborgenen‹. Das Anwesende sei hier genauer gesagt erfahren und begriffen »als das *Beständige* und in seiner Beständigkeit *ständig Anwesende* und als Anwesendes sich Zeigendes und als Sichzeigendes den Anblick Bietendes – kurz: als Anblick, ἰδέα« (45:68). Das, was zuvor als Auftreten, als ›Entbergung‹ oder als φύσις erfahren und gedacht worden sei (die ἀλήθεια), gerate nun »unter das Joch der ἰδέα« (6.2:417). Doch was ist unter dieser Unterjochung der Unverborgenheit zu verstehen?

Das bereits und beständig Anwesende habe sich laut Heidegger nicht mehr in seinem Auftreten, in seinem ›Dass-sein‹, sondern in seinem Aussehen, in seinem ›Was-sein‹ gezeigt. Das Denken dieses Seienden verstehe sich dementsprechend als ›Vernehmen‹ und ›Sehen‹ dieses Anblicks (vgl. 7:140; 6.2:417f.). Das Sein im Sinne des Aufgehens und Vergehens (die φύσις) werde zu einem bloßen »Nachklang« (9:300). Der Anblick des Seienden sei für die Philosophie in den Vordergrund gerückt: »Der Philosoph ist nur ein Denker, wenn er ein [...] Seher und kein Gaffer und Rechner und kein bloßer Redner ist« (45:94). Und das, was der Philosoph sehe oder vernehme, sei gerade nicht das jeweilige einzelne Seiende, sondern der reine Anblick, das reine ›Was-sein‹: das Sein als ἰδέα (vgl. 55:253; 87:231). Das Sein im Sinne der ἰδέα werde jedoch keineswegs als ein bloßer ›Nachklang‹ erfahren, sondern trage vielmehr bereits *»den Charakter der ›Bedingung der Möglichkeit‹«* (6.2:245).

Zusammenfassend besteht das für die ganze weitere Geschichte der Philosophie (im Sinne der Metaphysik) entscheidende ›Ereignis‹ laut Heidegger in einem »Einsturz des Wesens der Wahrheit« (94:426). Mit diesem ›Einsturz‹ sei die ganze weitere Geschichte der Metaphysik bereits vorgezeichnet (ohne dass sie sich deswegen notwendig entwickeln würde). Bei Platon und Aristoteles werde die Wahrheit als ἀλήθεια, als Unverborgenheit des Seienden zur Wahrheit als ὁμοίωσις, als Richtigkeit und Sichrichten nach dem Seienden (vgl. 45:105). Diese neue Erfahrung und dieses neue Denken der Wahrheit seien nur aufgrund der Erfahrung und des Denkens der Vorsokratiker möglich. Dieser ›Grund‹ werde jedoch durch den ›Einsturz‹ der Wahrheit »*verschüttet*« (45:100) und gerate von da an in Vergessenheit. Das Seiende erscheine von nun an als Anblick. Das Vernehmen entwickle sich dementsprechend zu einem ›Sehen‹, das sich nach diesem Anblick richte (vgl. 71:11).

Der Einsturz der Wahrheit, die ›Seinsvergessenheit‹ und somit die ganze weitere Entwicklung der ›Metaphysik‹, scheint für Heidegger einerseits in der griechischen Philosophie angelegt zu sein. Andererseits spricht er immer wieder davon, dass dieses für alles Weitere entscheidende ›Ereignis‹ einen ganz ›äußerlichen‹ Grund habe, nämlich die Übersetzung des griechischen Denkens in die lateinische Sprache und somit in das »römische und christliche und neuzeitliche« Denken (45:105; vgl. 9:286). Dann wiederum bekräftigt er, dass »diese Übersetzung und diese Umdeutung« nur deshalb »ansetzen und die Übermacht gewinnen« konnte, weil das »Wesen der ἀλήθεια nicht ursprünglich genug entfaltet« gewesen sei (45:113). Wie lässt sich dieser Widerspruch auflösen? Liegt der Grund dafür, dass die Wahrheit zur Richtigkeit und die Philosophie zum Betrachten, zur Theorie ›verfallen‹ sei, in der Philosophie und ihrer Sache oder wird die Geschichte der Philosophie von außen, durch die »Sophistik« (11:15), durch »Christentum und Wissenschaft« (97:75) beeinflusst? Die Frage ist, ob »das Römische, das Judentum und das Christentum die beginnende, sprich die griechische Philosophie vollkommen verändert und verfälscht hat« (Payen 2016: 356), oder ob sie für Heidegger nichts weiter sind als »ein Epiphänomen, das für die geschickliche und epochale Seinsgeschichte keine nennenswerte Rolle spielt« (Nancy 2006: 15). Handelt es sich beim Verfall der Philosophie zur Metaphysik um eine »Selbstentfremdung« (55:228), gar um eine »Selbstvernichtung« (97:20) oder liegt für Heidegger das »Vernichtende« (97:75), das »Prinzip der Zerstörung« (97:20) außerhalb des ersten Anfangs, außerhalb Griechenlands? In Rom? Oder gar in Jerusalem?

78. Athen und Jerusalem

Folgt man Heideggers Lehre, so zeigt sich der erste Anfang der Seinsgeschichte in den Fragmenten der ›anfänglichen Denker‹. Er ist und bleibt dann an die Erfahrung der Wahrheit gebunden, die in der und mit der griechischen Sprache gemacht wurde. Diese Erfahrung der »φιλοσοφία bestimmt auch den innersten Grundzug unserer abendländisch-europäischen Geschichte« (11:9; vgl. 68:9). Die griechische Sprache und die in und mit dieser Sprache gemachte Erfahrung bestimmen demnach die gesamte weitere Seinsgeschichte und somit mittelbar die gesamte Weltgeschichte. Und so wie der erste Anfang in der griechischen Sprache zum Ausdruck komme, so zeige sich der ›andere Anfang‹ nur in der deutschen Sprache. Da die Seinsgeschichte wesentlich Seinsgeschick sei, da sie erst im ›anderen Anfang‹ wirklich angefangen werde, gibt es in Heideggers Philosophie ein »absolutes Privileg der deutschen Sprache« (Derrida 1988d: 82). Das Seinsgeschick kann sich für Heidegger nur auf Deutsch ›ereignen‹ oder ›ausdrücken‹, weil es nur in einer deutschen Philosophie, nur in einer Philosophie, die ein ›eigentliches‹ Deutsch spreche, also nur in seiner eigenen Philosophie, zu Wort kommen könne.

Wenn sich das Ereignis für Heidegger nur in seiner Philosophie ›ausdrücken‹ kann, wenn es sich nur in seiner Philosophie ›benennen‹ kann, dann kann seine Philosophie den ersten Anfang und die Entwicklung der ›Seinsgeschichte‹ nicht mit Notwendigkeit bestimmen, dann muss sie sich vielmehr selbst von diesem ersten Anfang bestimmen lassen, dann muss der Anfang und die Entwicklung dieser Geschichte als etwas Schicksalhaftes erscheinen. Weil sich Heideggers Philosophie in diesem Sinne präsentiert, muss sie behaupten, dass der Anfang der Philosophie bei den ›anfänglichen Denkern‹ sich nicht näher begründen lasse, dass der Anfang aus äußeren Umständen wie dem »griechischen Klima«

hervorgehe, das die vorsokratischen Philosophen »zu der Frage nach dem Anwesenden als Anwesendem zwingt« (15:331). Und sie muss behaupten, dass sich auch der entscheidende Schritt in der Entwicklung, der Übergang von den *anciens* zu den *modernes* nicht begründen lasse, dass sich der Übergang zwischen den Epochen nicht als notwendige oder gar dialektische Bewegung begreifen lasse. Der Übergang zwischen den Hauptepochen, der in der »Romanisierung« (54:62) des griechischen Denkens phänomenal werde, erscheint dann als ein Eingriff des Schicksals, der sich nur nachträglich begreifen lasse, als Eingriff eines unbegreiflichen ›alttestamentlichen Gottes‹ (vgl. 54:59). Wenn sich das Ereignis in Heideggers Philosophie nicht nur ›ausdrückt‹ oder ›benennt‹, wenn es sich in ihr ›ereignet‹, oder vielmehr mit ihr identisch ist, wenn das »Nennen« selbst das ist, »was zu denken gibt« (Derrida 1988d: 86), dann darf es keine äußere Macht geben, die sich dem ›Denken‹ entzieht und dennoch die Seinsgeschichte bestimmt, dann darf in der ›Romanisierung‹ nichts geschehen, was nicht schon im ›ersten Anfang‹ angelegt war.

Aus diesem Unterschied zwischen der Selbsterörterung und der Selbstpräsentation lässt sich erklären, warum Heidegger den alles entscheidenden Übergang zwischen der Platonisch-Aristotelischen Antike und der Cartesianischen Neuzeit bewusst im Dunkeln gelassen hat:

> [D]as ursprünglich griechische Wesen der Philosophie wird in der Epoche seines neuzeitlich-europäischen Waltens von Vorstellungen des Christentums geleitet und beherrscht. Die Herrschaft dieser Vorstellungen ist durch das Mittelalter vermittelt. Gleichwohl kann man nicht sagen, die Philosophie werde dadurch christlich, d.h. zu einer Sache des Glaubens an die Offenbarung und die Autorität der Kirche. (11:10)

Wie kommt es dazu, dass »Vorstellungen des Christentums« herrschend werden, ohne dass sich die Philosophie der »Offenbarung« und der »Autorität der Kirche« unterwirft, ohne dass in der Seinsgeschichte eine andere, nicht-griechische Macht waltet? Das Entscheidende an der Romanisierung, an der Übersetzung der griechischen Philosophie in das »römische Dasein« (7:48), ist für Heidegger der »*Wandel des Wesens der Wahrheit*« (54:62). Er geschehe »im Verborgenen« und sei dennoch oder gerade deswegen das »eigentliche Ereignis in der Geschichte« (54:62). Genauer gesagt verberge er sich in oder hinter dem Phänomen der Übersetzung griechischer Worte ins Lateinische – eine Übersetzung, die das, »was die griechischen Worte sagen, mit einem Schlag zum Verschwinden« bringe (7:48). Die griechischen Worte konnten jedoch nur deswegen mit einem Schlag verstummen, weil das ›römische Dasein‹ sich »von seinem Wesensbeginn an niemals im Bereich der ἀλήθεια« bewegt habe (54:61). Die römische Welt sei nicht die Welt der Unverborgenheit, sondern die Welt des »Imperiums«. Dem ›römischen Dasein‹ gehe es, im krassen Gegensatz zu den Griechen, nicht um das erstaunte Zurücktreten vor dem Sichzeigen des Seienden, sondern um den »Befehl im Sinne des Gebots« (54:59). Sie haben ihre ganze Welt, ihr Imperium, befehlsmäßig eingerichtet, weil sie selber einem »befehlenden Gott« gehorcht haben (54:59). Heidegger gesteht dem ›römischen Dasein‹ dabei durchaus zu, dass es ihm um Wahrheit zu tun war, nur habe es das Wesen der Wahrheit als »Richtigkeit im Sinne der richtunggebenden, einrichtenden Sicherung der Sicherheit der Herrschaft« erfahren (54:74).

Die rhetorische Strategie mit der Heidegger den offenkundigen Widerspruch zwischen der systematisch notwendigen Entwicklung der Geschichte und der epochalen und schicksalhaften Präsentation derselben zu verdecken sucht, ist höchst aufschlussreich. Einerseits sei der epochemachende Wandel der Wahrheit im griechischen ersten Anfang (sprich im Übergang von den Vorsokratikern zu Platon und Aristoteles) bereits angelegt, andererseits müsse er von einer äußeren und äußerlichen Macht vollzogen werden – von einer Macht, die jedoch nichts neues hinzufüge, sondern nur das vollziehe, was sich ohnehin »bereits innerhalb des Griechentums anbahnt« (54:77), was »bereits im griechischen Denken mitvorbereitet« sei (7:48). Nur weil die Romanisierung des griechischen Denkens bereits vollständig im griechischen Denken angelegt sei, könne die »aus anderem Ursprung stammende veritas als rectitudo«, also die römische Erfahrung der Wahrheit, »wie geschaffen [sein], das Wesen der ἀλήθεια in der fortan ›repräsentativen‹ Gestalt der ὁμοίωσις in sich aufzunehmen.« (54:73).

Dieser andere Ursprung, der die ganze weitere Geschichte bestimme, ohne ihr etwas Wesentliches hinzuzufügen, liegt für Heidegger im Christentum. Innerhalb desselben unterscheidet er dabei zwischen »dem Glauben (welcher der Dimension des Denkens wesentlich fremd bleibt) und der Onto-Theologie (die sich wesentlich auf das griechische Denken reduzieren lässt)« (Zarader 2013: 23). Im Gegensatz zu Zarader, die diese Unterscheidung in ihrem originellen und scharfsinnigen Buch verfolgt, denke ich allerdings nicht, dass Heidegger diese Unterscheidung benutzt, um die »Bibel auf den (griechischen) Text des Neuen Testaments« zu reduzieren und dadurch den hebräischen Text des Alten Testaments für bedeutungslos zu erklären (vgl. Zarader 2013; Di Cesare 2016: 358). Ich denke vielmehr, dass Heidegger jenen ›anderen Ursprung‹, der die notwendige ›Selbstvernichtung‹ der Seinsgeschichte ausgelöst habe und somit letztlich für die »modernen Systeme der totalen Diktatur« (97:438) und für seine eigene Verfehlungen verantwortlich gemacht werden könne, gerade im alltestamentarischen Text und in der ›jüdischen‹ Erfahrung der Wahrheit verortet, die in diesem Text zum Ausdruck komme. Wenn Heidegger erklärt, das Christentum habe »mit dem Abendland nichts zu tun, weil es das Griechentum verleugnet« (97:144), dann zielt er damit, trotz der Betonung des »paulinisch-gnostisch-römisch-hellenistischen« Aspekts (97:144), auf den hebräischen Ursprung ab. Was sich im Christentum nicht auf die ›Onto-Theologie‹, also auf die griechische Philosophie reduzieren lasse – der Glaube an einen geoffenbarten Gott –, finde seinen Ursprung in Jerusalem. Auf der Ebene der Lehre und der Selbstpräsentation stehen sich zwei Ursprünge gegenüber: ein reiner Ursprung der Philosophie in Athen und ein reiner Ursprung des Glaubens in Jerusalem. Was dieser Gegensatz für Heideggers Auseinandersetzung mit der Offenbarungsreligion bedeutet, lässt sich nur ermessen, wenn man nicht aus den Augen verliert, dass Heidegger auf der Ebene der Selbsterörterung nur einen Ursprung annimmt – und der liegt weder in Jerusalem noch in Athen, sondern in Todtnauberg.

79. Der Anfang vom Ende bei Descartes

Der Anfang vom Ende der Philosophiegeschichte stellt sich gemäß der Lehre vom doppelten Ursprung nicht minder zwiespältig dar als das Ende des Anfangs. Einerseits entspringt für Heidegger die Grundstellung von Descartes der »Befreiung des Menschen, in der er sich aus der Verbindlichkeit der christlichen Offenbarungswahrheit und der kirchlichen Lehre zu der sich auf sich selbst stellenden Gesetzgebung für sich selbst befreit« (5:107), andererseits sei sie nichts weiter als »eine Abart des bisherigen Wesens der Wahrheit, nämlich der Richtigkeit (rectitudo) des Vorstellens« (5:244; vgl. 88:84). Ob nun als »Befreiung aus der offenbarungsmäßigen Heilsgewissheit« (5:107) oder als »neuzeitliche Gestalt der ›Wahrheit‹« (46:107), das epochemachende Ereignis bestehe in der »Auslegung der Wahrheit als Gewissheit«, die »historisch mit der ersten ›Meditation‹ von Descartes auf[tritt]« (15:292). Dieser Wandel in der Wahrheit oder im Sein des Seienden (und nicht die vermeintliche Entdeckung der Subjektivität) »bestimmt« die »neue Epoche des Entzugs«, die gemeinhin als Neuzeit bezeichnet wird (10:83). Die »Subjektivität« und die »Subjekt-Objektbeziehung« finde umgekehrt ihren Grund in der »Wesensgeschichte« der Wahrheit (90:60; vgl. 5:106; 67:182).

Diese These versucht Heidegger in einer durchaus ›eigenwilligen‹ Descartes-Auslegung zu entwickeln oder zu erhärten, in einer Auslegung, die sich auf einzelne ›Hauptworte‹ oder ›Grundsätze‹ beschränkt. Dieses für die aneignende Auslegung typische Verfahren entspringt allerdings keiner romantischen Vorliebe für das Fragmentarische, sondern dem radikalen Desinteresse an der Lehre und der Philosophie der jeweils untersuchten Philosophen. Heidegger interessiert sich weder für ihre Lehre noch für ihre Philosophie, sondern einzig für ›das Denken‹, das sich in ihnen ausspreche, ohne dass sie es aussagen. Wenn Heidegger ein Wort oder einen Satz eines Philosophen interpretiert, geht es gerade darum, ihn in einem anderen, ›tieferen‹ Zusammenhang zu denken, als es der Philosoph in seinem Werk, in seiner Lehre und in seiner Philosophie getan hat. Gemäß diesem Ansatz besagt der Grundsatz des *Cogito ergo sum* dann Folgendes: »Das Vor-stellen [...] setzt das Sein als Vor-gestelltheit und die Wahrheit als Gewissheit« (48:202).

Die *cogitatio*, die Heidegger als »Vor-stellen« begreift, sei wesentlich »›zweifeln‹ im Sinne des Vorgehens auf das je Unbezweifelbare« (48:217), ziele also darauf ab, »etwas absolut Sicheres und Gewisses bereitzustellen« (ZS:142f.). Das Vorstellen als ein »Vorgehen in den erst zu sichernden Bezirk des Gesicherten« (5:108) müsse dabei nicht nur diesen Bezirk, sondern auch sich selbst absichern, indem es zur ›Methode‹ werde (vgl. 48:181). Die *cogitatio* als ›Methode‹ oder ›Verfahren‹ zur Sicherung des Seienden sei ein »Berechnen« oder ein »Rechnen«, das »auf« und »mit« dem Seienden rechne (7:52). Um auf und mit dem Seienden rechnen zu können, müsse das *cogito cogitans* als »fundamentum inconcussum veritatis« gesetzt werden (vgl. 5:106; vgl. 48:187). Nur dann könne das *cogito cogitatum* so begegnen, dass es durch die und in der Begegnung »auf seinen Grund gesetzt und gestellt« sei, also »als sicher Stehendes, d. h. als Gegenstand« erscheine (10:41f.). Kurz gesagt werde das Seiende als das Vorgestellte eines vorstellenden Subjekts erfasst: Je zuverlässiger es der Vorstellung entspreche, desto ›seiender‹ sei es.

Da aber die Welt selbst erst abgesichert werden müsse, da sie erst in einen ›Bezirk des Gesicherten‹ verwandelt werden müsse, da das Seiende zunächst keineswegs zuverlässig der Vorstellung und dem rechnenden Vorgehen entspreche, sei das Vorgehen stets im Begriff, »Welteroberung und Weltherrschaft« zu werden (48:232). Die letzte Konsequenz der Cartesianischen Grundstellung bestehe in dem Willen, die Welt beherrschbar und berechenbar zu machen, sie zu erobern und zu beherrschen. Das erstaunte Zurücktreten vor der Unverborgenheit im ›ersten Anfang‹ habe sich endgültig in ein »Ergreifen und Begreifen« des Seienden verwandelt: »Nicht das Anwesende waltet, sondern der Angriff herrscht« (5:108).

80. Das Ende bei Nietzsche

Diese letzte Konsequenz könne jedoch, laut Heidegger, von der Cartesianischen Grundstellung, in der die Erfahrung der Wahrheit des Seienden als Gewissheit zum Ausdruck komme, weder gesehen noch gezogen werden. Diese letzte Grundstellung der abendländischen Geschichte könne »noch nicht erfahren, dass das ego cogito als Prinzip selbst noch in einem Fundamentaleren bedingt bleibt«

(67:182). Descartes könne nicht sehen, dass sein oberster Wert, die Gewissheit, einer »Wertsetzung« entspringe. Diese fundamentalere Erfahrung sei erst möglich, »wenn die Metaphysik den Willen zur Macht als die Wirklichkeit alles Wirklichen erfährt und in solcher Erfahrung das Prinzip aller Wertsetzung prinzipiell übernimmt« (67:182). Dadurch dass Nietzsche die Wahrheit des Seienden als eine Setzung und mithin als etwas Geschichtliches denke, bringe er sich in ein ausdrückliches Verhältnis zur Geschichte der Metaphysik (nicht aber zur Philosophie- und Seinsgeschichte): »Die Metaphysik des Willens zur Macht deutet alle ihr voraufgegangenen metaphysischen Grundstellungen im Lichte des Wertgedankens« (6.2:245). Dass sie nur »im Lichte des Wertgedankens«, im Lichte von Nietzsches eigener Erfahrung erscheinen können, bedeute, dass sie »nicht in der ihnen eigenen Wahrheit zum Wort« kommen (48:118). Nietzsche versuche also nicht, das ›Selbe‹ auf dieselbe Weise zu denken. Zu einem wirklichen ›Gespräch‹ komme es nur, wenn die früheren Philosophen als »Grundstellungen« in der »Wesensgeschichte« verortet werden (87:115), wenn man also, wie Heidegger, erkenne, dass die »eigentliche Philosophie Nietzsches«, die sich in seinen veröffentlichten Schriften ausspreche, ohne dass sie von Nietzsche selbst zur »Gestaltung« gebracht wurde, selbst in einer »Grundstellung« bestehe (43:11).

Diese »Grundstellung« der Seinsgeschichte, die nicht von Nietzsche, sondern von Heideggers Auslegung zur »Gestaltung« gebracht wird, gründe in der Erfahrung der Wahrheit des Seienden als »Wille zur Macht«: genauer gesagt mache der »Wille zur Macht« den »Grundcharakter des Seienden« (in späteren Texten spricht Heidegger vom »Was-sein«) aus, während die Wahrheit oder das »Sein des Seienden« (das »Dass-sein«) als »ewige Wiederkehr des Gleichen« verstanden werde (6.1:16; vgl. 6.1:416; 6.2:8). Das Seiende habe für Nietzsche den Grundcharakter des Werdens, das sich einem Willen zur Macht verdanke, der als solcher ein Wille zur fortwährenden Machtsteigerung sei (vgl. 6.1:6,56 f.). Auch diese eigene Erfahrung der ›Wahrheit des Seienden‹ müsse von Nietzsche »im Lichte des Wertgedankens«, also als Setzung gedacht werden: »Der Wille zur Macht ist daher als dieses erkannte und d. h. gewollte Prinzip zugleich das Prinzip einer neuen Wertsetzung« (5:231). Diese neue »Wertsetzung«, mit der zum ersten Mal das Prinzip, das die gesamte Geschichte der Metaphysik bestimmt habe, explizit gemacht worden sei, sei der Kern und der Ursprung dessen, was Nietzsche selbst als »Umwertung aller Werte« bezeichnet habe (vgl. 6.1:485). Nietzsches neue, explizite Wertsetzung stehe in einer »Gegenbewegung« zur Geschichte der Metaphysik, die von der impliziten Wertsetzung bestimmt sei – in einer Bewegung, die »jedoch notwendig wie alles Anti- im Wesen dessen verhaftet [bleibt], wogegen sie angeht« (5:217).

Die bisherige Geschichte der Metaphysik habe ihre Werte nicht explizit als Werte, sondern als »Wahrheit«, als eine »wahre und eigentlich wirkliche Welt« gesetzt (5:216). Das, was seit Platon als das höchste und eigentlich seiende Seiende gesetzt worden sei, die obersten Werte, haben seit ihrer ersten, impliziten Setzung zunehmend ihre »verbindliche, […] schöpferische Kraft« verloren (43:30). Dieses »Ereignis, dass die obersten Werte sich entwerten« (6.1:159), bezeichne Nietzsche als Nihilismus. Die bereits in der Metaphysik angelegte Bewegung der Entwertung wolle Nietzsche durch seine eigene »Umwertung aller Werte«, durch die Ansetzung des Willens zur Macht als Prinzip der Wertsetzung, zur Vollendung bringen (vgl. 5:226). Der von Nietzsche beschriebene Nihilismus, der Prozess der Umkehrung und der damit einhergehenden Entwertung der obersten Werte (vgl. 44:185), stelle jedoch nur ein Symptom des »eigentlichen Nihilismus« dar (67:210). Der »eigentliche« oder »wesentliche« Nihilismus bestehe in der »Geschichte, in der es mit dem Sein selbst nichts ist« (6.2:304), in einer ›Seinsgeschichte‹, in der die Wahrheit des Seins sich entziehe, in einer Geschichte, die sich in Nietzsches Metaphysik vollende, ohne jedoch in und von dieser Metaphysik gedacht oder überwunden werden zu können.

Für Nietzsche beginne die Bewegung des Nihilismus in dem Moment, in dem Platon die höchsten Werte als »Wahrheiten« (und nichts als Werte) gesetzt habe – diese Setzung, diese Festsetzung des Werdens, sei zwar ein »Irrtum« (46:138), aber ein für die Machtsteigerung und das Werden notwendiger Irrtum. Die Setzung sei notwendig, »damit je ein Übersteigbares sei« (6.1:373), das durch die »Kunst«, durch das »Schaffende« überwunden werden könne (6.1:70). Dem metaphysischen Philosophen, der auf der »Wahrheit« beharre, stelle Nietzsche dementsprechend den »Künstler-Philosophen« (43:86) entgegen, der das Prinzip der Machtsteigerung im

Kampf von Wahrheit und Kunst bejahe. Diese Bejahung bezeichne Nietzsche auch als Gerechtigkeit: »*Gerechtigkeit* nimmt die Wahrheit (als das Feste) in das *Werden des Lebens* zurück, macht den Irrtum als unbeständigen zugleich unschädlich« (46:139; vgl. 48:265). Nur durch die so verstandene »Gerechtigkeit« könne der Mensch den »Geist der Rache« überwinden, den »Widerwillen«, der sich dem Werden entgegensetze, indem er gegen das »Vergehenlassen des Gehens im Vergangenen« aufbegehre (8:106 f.). Der ›Augenblick‹ der Erlösung vom »Widerwillen«, der Höhepunkt der Geschichte der Metaphysik sei gekommen, wenn der Wille »die ständige Wiederkehr des Gleichen will« (8:107; vgl. 6.1:278; 44:59 f.).

Auch wenn Nietzsche die Bewegung des Nihilismus vollendet habe, so habe er dennoch »das *Wesen* des Nihilismus nie erkannt« (5:264; vgl. 6.2:44 f.). Für Nietzsche falle die Bewegung des Nihilismus mit der Geschichte der Metaphysik oder des Platonismus zusammen. Er erkenne jedoch nicht, dass die Metaphysik nur »eine Epoche der Geschichte des Seins« (5:265) sei und begreife daher auch den Anfang dieser Geschichte »nur im Lichte von jenem, was schon ein Abfall vom Anfang und die Stillstellung des Anfangs« sei (44:230). Weil er den Anfang der Metaphysik für den ›ersten Anfang‹ und für das ›Wesen‹ der Metaphysik halte, bleibe er von dem ungedachten ›Wesen‹ der Geschichte der Metaphysik »abhängig« (87:6). Die vermeintliche »Überwindung der Metaphysik« sei lediglich eine »Gegenbewegung« (6.1:24), eine »Umkehrung« und »Verkehrung« (5:209) oder eine »*Umdrehung*« (87:10), die wie alles Revolutionäre »in die Gegnerschaft gefesselt« bleibe: »Gegnerschaft aber ist Knechtschaft« (77:51).

Weil Nietzsche das Wesen der Metaphysik, die Verborgenheit und Vergessenheit der Wahrheit des Seins, nicht erkannt habe, sei die »Überwindung« nur eine »Vollendung der Metaphysik«, die »dadurch gekennzeichnet [ist], dass die in ihr waltende und sie tragende Seinsvergessenheit *unbedingt* wird« (69:35). Mit Nietzsches Philosophie sei das »Ende der abendländischen Philosophie als Metaphysik« (87:175), oder einfach nur das »Ende der Philosophie« erreicht, das allerdings nicht das Ende des Denkens bedeute (7:81; vgl. 14:73). Da die Seinsvergessenheit unbedingt werde, könne die Wahrheit des Seins nicht einmal mehr erfahren und als Sein des Seienden gedacht werden: Die Seinsgeschichte als phänomenale, als Philosophiegeschichte, sei vollendet, ohne beendet zu sein. Die Vollendung biete vielmehr den Grund »für eine vermutlich lang andauernde Ordnung der Erde« (7:81). Das Ende der Philosophie sei der »Beginn der im abendländisch-europäischen Denken gegründeten Weltzivilisation« (14:73). Oder, wie Heidegger seine eigenwillige seinsgeschichtliche Interpretation auf den Punkt bringt: Nietzsches »›Gerechtigkeit‹ wird nur die unbedingte Erdherrschaft des Menschen gerecht« (6.2:13).

B. Die Gegenwart

81. Macht und Machenschaft

Mit der Entfaltung von Nietzsches ›Grundstellung‹ zu einem »planetarisch-interstellaren Weltzustand« (4:177) vollendet sich für Heidegger die Bewegung dessen, was er als Seinsgeschichte bezeichnet. Die ursprüngliche ›Verborgenheit‹ der Wahrheit des Seins hinter der ›Wahrheit des Seienden‹ habe im Laufe dieser Geschichte zu einer zunehmenden ›Vergessenheit‹ geführt. In der Gegenwart habe sich diese ›Vergessenheit‹ zu einem Zustand der totalen ›Seinsverlassenheit‹ gesteigert, in dem selbst das Vergessen noch vergessen sei: Die Wahrheit des Seins gebe es nun nicht einmal mehr als Entzug, also insofern sie die Wahrheit des Seienden ›gebe‹ und sich darin ›verberge‹. Die aus dem ›Willen zur Macht‹ resultierende Selbstermächtigung des Menschen, seine Erdherrschaft oder Machenschaft »vernichtet die Möglichkeit der Wahrheit des Seienden« (69:71). In dem Moment, in dem die Philosophiegeschichte beendet sei und die Seinsgeschichte nicht mehr phänomenal werde, trete sie in eine lange Phase der unscheinbaren »Verendung« ein (65:411; vgl. 71:68; 94:314). Sie ›verende‹ genauer gesagt, indem sie in der ›Weltgeschichte‹ aufgehe, in der Geschichte des menschlichen Verhaltens, die so zu einer Geschichte der ›Machenschaft‹ werde: Sie verende als »Ermächtigung der Macht in das Unbedingte der Machenschaft« (69:191).

Weil sich das Seiende in dieser Geschichte nicht mehr von sich her zeige, gebe es anstelle der ›Wahrheit‹ nur noch eine ›Machbarkeit‹ des Seienden: »Die Machbarkeit besteht darin, dass das Seiende plan- und berechenbar und als so Vorgestelltes jederzeit herstellbar wird« (69:185). Wo immer das Seiende noch nicht als ›Machbares‹, als plan- und berechenbarer Gegenstand erscheine, müsse es unterworfen, berechenbar und nutzbar gemacht werden: »Die Erde und ihre Atmosphäre wird zum Rohstoff. Der Mensch wird zum Menschenmaterial« (5:289). Diese immer totaler werdende »Herstellung des Seienden selbst (der Natur *und* der Geschichte) in die berechenbare Machbarkeit« bezeichnet Heidegger als das Wesen der Technik (66:173). Die moderne Technik stehe nicht im Dienst der Menschen, sondern das Seiende im Ganzen, also die Natur und die Geschichte und auch die Menschen selbst, stehen umgekehrt im Dienst der Technik: Sie verwandeln sich in bloße Mittel für eine Machtsteigerung, die kein Subjekt mehr kenne und nur sich selbst diene. Die moderne Technik entfalte so »einen eigenen Herrschaftscharakter« (55:53), der »zuletzt in die äußerste Phase der Verwüstung des unterworfenen, schrankenlosen Machtkreises« führe (66:20).

82. Das ›Ge-Stell‹

Während sich Heidegger anfangs, in den Vorlesungen und Manuskripten der späten 1930er Jahre, insbesondere im Umkreis seiner Ausführungen zu Nietzsche, durchweg der Rede von der sich steigernden ›Macht‹, von der dazu nötigen ›Machbarkeit‹ und von der in diesem Prozess sich ausbreitenden ›Machenschaft‹ bedient, wird das Wortfeld des ›Machens‹ für die begriffliche Fassung der Technik und der von ihr beherrschten Gegenwart nach dem Ende des Krieges zugunsten desjenigen des ›Stellens‹ aufgegeben. Auch wenn Heidegger bereits in den früheren Texten darauf hinwies, dass die »Macht« von den »Machthabern« nie »gehabt« werde, sondern vielmehr ein Produkt des »erstanfänglichen Wesens des Seins als φύσις« darstelle (69:62–65), klang in der Rede von der »Machenschaft« immer noch eine Vorstellung durch, die mit dem Standpunkt der Spätphilosophie schwer vereinbar war, da sie einen allzu ›metaphysischen‹ oder ›philosophischen‹ Anschein erweckte. Sie erweckte den Eindruck, als hätte Heidegger selbst den Standpunkt eingenommen, den er Nietzsches Philosophie zuschreibt, als würde er die ›Ermächtigung der Macht‹ für das Produkt einer ›Wertsetzung‹ halten, als wäre sie ein Produkt der heimlichen ›Machthaber‹ (der ›Philosophen‹), und könnte durch eine ›Umwertung‹ rückgängig gemacht oder überwunden werden. Nach dem Ende des Zweiten Weltkrieges galt es für Heideggers Philosophie, diesen Anschein um jeden Preis zu verhindern.

Während Heidegger bis 1945 der metaphysischen ›Macht‹ eine philosophische ›Herrschaft‹ entgegenstellte, ist er nun rhetorisch darum bemüht, dem philosophischen ›Setzen‹, ›Stellen‹ und ›Legen‹ eine denkerische ›Gelassenheit‹ entgegenzusetzen.[137] Während Heidegger die Rolle seiner Philosophie in der und für die gesellschaftliche und politische Realität anfangs ausgesprochen ambivalent bestimmte, macht er nach Kriegsende klar, dass sein Kampf um und für die ›Wahrheit des Seins‹ nicht nur keine konkreten politischen Feinde kenne, sondern gar kein Kampf sei, dass es vielmehr darauf ankomme, von dem »Angriff auf das Seiende« abzulassen, in dem das »Wesen der Technik« begründet sei: »Der Angriff auf das Seiende besteht schon darin, dass das Verhältnis zu ihm ›Griff‹-Charakter bekommt, der sich neuzeitlich zur Vergegenständlichung entfaltet. Das Seiende wird gestellt« (an Karl Jaspers, 21.9.1949: 187). Das so verstandene ›Stellen‹ des Seienden habe seine Wurzel in der Vorrangstellung des Seienden, also im ersten Entzug der Wahrheit des Seins, der sich seit Platon zum begreifenden Vorstellen eines Gegenstandes gewandelt habe: »Die Bedeutung ist die des *Anhaltens* zu etwas, wobei das, was zu etwas angehalten wird, gleichzeitig gezwungen wird, eine bestimmte Gestalt anzunehmen, eine Rolle zu spielen und zwar jene, durch die es, künftig auf sie eingeschränkt, in so bestimmter Gestalt erscheint« (15:391). Alles, was sich dem gegenständlichen Vorstellen entziehe, müsse in der Gegenwart, in der die Vergegenständlichung »unbedingt wird und nichts mehr zulassen kann, was, außer ihr seiend, noch ›sein‹ kann« (73:854), mit Zwang in diese Gestalt gebracht werden: »Stellen sagt jetzt: herausfordern, anfordern, zum Sichstellen zwingen. Dieses Stellen geschieht als die Gestellung« (79:27).

Das Seiende im Ganzen müsse durch den »Grundakt des Bestellens« als »Grund-Bestand« sichergestellt werden (79:43), es müsse im Voraus so eingerichtet werden, dass alles Seiende nur noch als Bestand für eine im Voraus berechnete Nutzung erscheine.[138] Durch das vollständige ›Bestellen‹ des Seienden werde die Vergegenständlichung zwar »unbedingt«, zugleich aber »vernichtet [sie] sich selbst« (73:854), weil es in letzter Konsequenz nichts mehr gebe, was sich bestellen ließe: »Die Natur, die dem Anschein nach der Technik gegenüber steht, ist bereits aus dem Wesen der Technik her in den Bestand des Ge-Stells als Grundbestand eingestellt« (79:43). Wenn das Vorstellen und Bestellen an sein Ziel komme, werde alles »ersetzbar« und »auswechselbar« (79:37; vgl. 15:369) und »rückt in den Grundzug des Gleich-Gültigen« (79:25). Nicht zuletzt – und das ist der entscheidende Punkt an der neuen Begrifflichkeit – werde die Position des Subjekts und des Objekts des Vorstellens und Bestellens auswechselbar und damit ununterscheidbar und hinfällig. Der neuzeitliche Mensch, der sich aus dem Seienden im Ganzen herausgestellt habe, um es zu beherrschen »und damit auch [...] als der sich durchsetzende Hersteller aufsteht und diesen Aufstand zur unbedingten Herrschaft einrichtet« (5:289), könne zu dem völlig Gleichgültigen nur noch stehen, »indem er ihm verfällt« (79:25). Diesen Zustand der völligen Unterschiedslosigkeit, der vollendeten Herrschaft der Technik, des sich vollendenden Bestellens des Seienden im Ganzen bezeichnet Heidegger bekanntermaßen als »Ge-Stell« (79:32). Das ›Ge-Stell‹, das Heidegger zum Wesen der Gegenwart erklärt, verweise einerseits als Produkt und Vollendung der Seinsvergessenheit auf die Vergangenheit (vgl. 79:52), als »Vorerscheinung des Ereignisses« und als »dasjenige, das diesen [also Heideggers] Versuch notwendig macht« (14:41) andererseits auch auf eine Zukunft und nicht zuletzt auf den alles entscheidenden ›Augenblick‹, in dem zum ersten Mal der ›Versuch‹ gemacht werde, diese Zeitsstruktur zu denken. Doch was bedeutet diese allgemeine Interpretation der Gegenwart als ›Ge-Stell‹ für die aneignende Auslegung der gesellschaftlichen und politischen Situation, in der sich Heideggers Philosophie befindet?

83. »Was geschieht, ist schon geschehen«

Wenn Heidegger eine Lehre aus seinem Engagement für den Nationalsozialismus gezogen hat, so bestand sie zweifellos darin, sich nicht mehr derart unmittelbar in das »Wirrnis des jetzigen Weltgeschickes« zu verstricken (5:372). Er sah sich gezwungen, eine verflüchtigende Perspektive auf die gesellschaftliche und politische Realität einzunehmen, in der das Zeitgeschehen und die politische Weltlage als von weither, vom ›Verenden‹ der Seinsgeschichte her bestimmt erscheinen, von einem Ende her, das bereits in der Philosophie von Descartes seinen ersten Ausdruck gefunden habe. Alles, selbst die scheinbar einzigartigsten, epochemachenden Geschehnisse der Weltgeschichte bringen in dieser Perspektive nichts Neues: »Die Atombombe ist längst explodiert; nämlich in dem

Augenblick, als der Mensch in den Aufstand gegenüber dem Sein trat und das Sein von sich aus stellte und zum Gegenstand seines Vorstellens machte. Dieses seit Descartes« (15:433; vgl. 5:294; 79:4). Und genau dasselbe lasse sich auch von den Konzentrationslagern (vgl. 97:59) und von den beiden Weltkriegen behaupten (vgl. 90:232; 96:173). Alles, was geschehe, sei dasselbe, und alles, was »geschieht ist schon geschehen« (6.2:351). Was in all dem oberflächlichen »Getöse und Getobe der ›Weltgeschichte‹« (97:36) eigentlich geschehe, sei das Ereignis oder die Wahrheit des Seins.

Da das Seiende vollends von der Wahrheit des Seins verlassen worden sei, werde das bloße, bedeutungslose Geschehen, die ›Machenschaft‹ der Menschen oder die Politik, total: Es »entsteht der Schein, als sei alles im Wesen ›politisch‹ und dieses Wesen selbst das Erste alles menschlichen Seins« (96:7). Die einzige bedeutsame Bewegung, die sich in der Weltgeschichte erkennen lasse, bestehe gerade in der ›Verendung‹ der Seinsgeschichte, in der total werdenden und sich zur ›Seinsverlassenheit‹ steigernden ›Seinsvergessenheit‹. Diese Totalisierung führe dazu, dass die ›abendländische‹ Geschichte zu einer globalen Weltgeschichte werde – ein Prozess, den Heidegger als ›Planetarisierung‹ bezeichnet und an dessen Ende er die »Bestimmung der überall gleichen, die ganze Erde überdeckenden Seinsverlassenheit des Seienden« sieht (96:261). Was in Europa als Seinsverborgenheit begann, breite sich als Seinsvergessenheit über die ganze Erde aus, insbesondere aber in die »›neuen‹ Welten« Amerika und Russland, in denen freilich nichts wahrhaft Neues geschehe, sondern nur ein »breitester und flachster Auslauf« des Endes festgestellt werden könne (97:143). Wenn diese Mächte mit dem Ende des Zweiten Weltkrieges zurück nach Europa drängten, handele es sich dabei um eine »ins Riesenhafte losgelassene Rückflut des neuzeitlich Europäischen über Europa«, um eine »Selbstzerstörung« Europas (97:37; vgl. 97:230). Diese planetarischen Vorgänge, die »den Planeten umdüstern« (an Elisabeth Blochmann, 3.3.1947: 93), führten das »Abendland« in eine lang andauernde »Weltnacht« (97:143).

Wenn alle Geschehnisse und Vorgänge der Weltgeschichte im Grunde Ausdruck ein und derselben planetarischen Bewegung sind, dann lassen sich die jeweiligen politischen Akteure und ihre Interessen in der entscheidenden Hinsicht nicht mehr voneinander unterscheiden. Ob es sich nun um eine »imperialistisch-kriegerische« oder um eine »menschheitlich-pazifistische Denkweise« (96:133), ob es sich um »demokratische« oder »faschistische ›Ideale‹« (97:44), ob es sich um »Diktatur« oder »Anarchie« (98:7) handle, es sei immer nur »Schwindel« (97:146) und »Vorwand« (96:133), hinter dem sich der eigentliche Vorgang verberge: die »Vernutzung des Seienden in die Selbstsicherung [...] der Seinsverlassenheit« (7:91). Alle »Gesinnungen« und alle »Geschehnisse«, selbst die »Weltkriege« und der »Weltfriede« seien nur »machenschaftliche Veranstaltungen«, die weder »Mittel« noch selbst »Zwecke und Ziele« sein könnten (66:28), sondern nur »Folgen dessen, dass [...] sich die Leere ausbreitet« (7:92). Überhaupt sei der Weltkrieg »nicht wie Clausewitz noch denkt, die Fortsetzung der Politik mit anderen Mitteln«, sondern offenbare vielmehr, dass Politik in der Gegenwart »selbst nur eine ihrer selbst nicht mehr mächtige Vollzieherschaft unbeherrschter metaphysischer Entscheidungen« sei (96:141).

84. Zum Begriff des Politischen

Heideggers nivellierender und verflüchtigender Auslegung der Weltgeschichte liegt also eine radikale Neubestimmung des Begriffs des Politischen zugrunde. Hatte Heidegger Carl Schmitts Begriff des Politischen während seines Engagements noch als »liberal« kritisiert, weil das Politische für ihn nicht das Schicksal, sondern nur eine »Sphäre« unter anderen sei (vgl. 86:174), so behauptet er in seiner Spätphilosophie, die »Sphäre des ›Politischen‹« sei »längst durch andere Seinsverhältnisse überspielt« (an Karl Jaspers, 8.4.1950: 202). Genauer gesprochen sei die »*neue Politik* [...] *eine innere Wesensfolge der Technik*« (94:472). Als »Wesensfolge der Technik« sei diese Politik jedoch gerade nichts Unwesentliches, sondern als die »allein angemessene Grundform der gewaltmäßigen Sammlung aller Machtmittel und Gewaltwege« (96:43) vielmehr »seinsgeschichtlich notwendig« (94:472).

Doch nicht nur die »neue«, auch die »alte« Politik lasse sich »*nicht politisch bestimmen*« (53:99). Für die *anciens* habe die Rolle der Politik zwar nicht in der Einrichtung der ›Machenschaft‹ sondern in der Einrichtung des »geschichtlichen Aufenthaltes des

Menschen inmitten des Seienden« bestanden (53:101), doch auch hier sei nicht die Politik, sondern das »Geschick des Seyns« das Schicksal gewesen (97:131). Nicht die Politik sei das Schicksal, sondern das Schicksal sei auf je unterschiedliche Weise politisch, indem es »das *Gemeinwesen* des Menschen *angeht*« (97:131). Doch was bedeutet diese merkwürdige Formulierung? Macht es einen Unterschied, ob die Politik das Schicksal, oder das Schicksal politisch sei? Und was folgt daraus für Heideggers Philosophie, die dieses ›Schicksal‹, das ›Seinsgeschick‹, ausdrücklich zu ihrer Sache macht?

Während für Heideggers Frühphilosophie die Politik nicht zu ihrer Sache gehören konnte und sie gerade deswegen ihr Schicksal werden musste, ist die Sache der Spätphilosophie wesentlich politisch – und Heideggers Philosophie kann vorgeben, vor diesem politischen Schicksal zurückzutreten und es von sich her erscheinen zu lassen. Die Politik erscheint als etwas Notwendiges und Schicksalhaftes, ohne dass sich daraus die Notwendigkeit ergibt, selbst politisch zu sein. Es sei notwendig und schicksalhaft, dass es die ›neue‹ Politik und die verschiedenen ›Weltanschauungen‹ gebe und doch sei diese Politik für sich genommen sinn- und bedeutungslos. Eine Bedeutung komme ihr nur als die Gegenwart des Ereignisses zu, als die vollkommene Seinsverlassenheit, als welche sie von Heideggers Philosophie interpretiert wird. Auch wenn sie diese Politik und die verschiedenen Weltanschauungen zum Thema ihrer aneignenden und nivellierenden Auslegung macht, will sie sich niemals »zu der Aufgabe und dem Anspruch herabwürdigen, eine ›Weltanschauung‹ sei es zu errichten, sei es eine herrschende zu ›begründen‹ und ›auszugestalten‹« (94:300). Sie müsse die schicksalhafte Notwendigkeit von Weltanschauungen begreifen und sie müsse sich durch die Sphäre des Politischen und der Weltanschauungen bewegen, sie dürfe aber niemals die Politik oder eine Weltanschauung zu ihrer Sache machen, sie dürfe selbst »nie ›Weltanschauung‹ sein« (94:284). Vielmehr müsse sie sich gleichgültig durch die Sphäre des Gleichgültigen bewegen.

Weil die Sphäre der neuen Politik, die Heidegger auch als ›Öffentlichkeit‹ bezeichnet (vgl. 9:317), eine Sphäre des Gleichgültigen sei, stehe Heideggers Philosophie den gleichgültigen Weltanschauungen nicht nur gleichgültig gegenüber, sondern gar in einer »Gegnerschaft«, die aber zugleich eine »Zusammengehörigkeit« sei (94:300,446). Die Gegnerschaft gelte allerdings nicht einer bestimmten Weltanschauung, sie sei keine Parteinahme, sondern gelte der Weltanschauung als solcher. Die Weltanschauungen gehen notwendig aus der Sache der Philosophie hervor, aber nicht als Aufgabe, sondern als Thema der aneignenden Interpretation. Wenn Heideggers Philosophie in die Weltgeschichte eintrete, dann nicht, um die Welt gemäß einer bestimmten ›Weltanschauung‹ zu ›verändern‹, sondern um eine neue Welt zu ›begründen‹ (vgl. 95:227). Sie müsse zwar in der Weltgeschichte und in der Öffentlichkeit handeln, dürfe sich aber nie den Zwecken und Zielen der Weltanschauungen verschreiben. Und weil ihre eigenen Zwecke und Probleme ganz anderer Natur seien, müsse ihr »Fragen und Sagen« wesentlich »unverständlich« bleiben (65:437). Wie in der ersten Auslegung des Höhlengleichnisses entscheidet hier nicht die Philosophie, sondern das Schicksal über die eigene Verständlichkeit und somit über die eigene Wirksamkeit (vgl. 66:353). Nur sei dieses Mal das Schicksal die Sache der Philosophie. Diese Verständlichkeit selbst bewerkstelligen zu wollen hieße, die eigene Sache, also das Schicksal im Sinne des Seinsgeschicks, selbst zu bestimmen, anstatt sich von ihr bestimmen zu lassen – es käme mithin einem »Selbstmord der Philosophie« gleich (65:435).

Und dennoch, obwohl die Sphäre des Politischen gleichgültig sei, obwohl sie sinn- und bedeutungslos sei, obwohl jede Tat und jede Meinung gleich viel bedeute, behauptet Heidegger bis zum Ende des Zweiten Weltkrieges, dass es für den »geistigen, handelnden Menschen« in der Gegenwart »zwei Möglichkeiten« gebe: »entweder draußen auf der Kommandobrücke eines Minensuchers zu stehen oder das Schiff des äußersten Fragens gegen den Sturm des Seyns zu drehen« (96:160). Mit dem Ende des Krieges hingegen gibt er diese denkwürdige Alternative auf und proklamiert: »Wir brauchen keine Technik und keine Politik, keine Kultur und keine Moral« (97:52). Was sind die Gründe für diesen Sinneswandel? Ist er in der neuen politischen Lage und der dadurch erforderlichen neuen Politik gegründet? Oder beruht er auf einer philosophischen Neubestimmung des Verhältnisses von Politik und Philosophie im Allgemeinen?

Die grundsätzliche Ambivalenz, die sich dem unaufgelösten Widerspruch zwischen der Selbsterörterung und der Selbstpräsentation verdankt, erlaubt es Heideggers Philosophie, eine opportunistische Politik zu verfolgen. Während auf der Ebene der Selbsterörterung die ganze Weltgeschichte einem einzigen Ursprung entstammt, einer einzigen ›seinsgeschichtlichen‹ Bewegung gehorcht, gibt es auf der Ebene der Selbstpräsentation die Möglichkeit eines doppelten Ursprungs und die Möglichkeit zweier gegenläufiger Bewegungen in der Weltgeschichte. Während auf der Ebene der Selbsterörterung alle politischen Meinungen und Weltanschauungen im strengen Sinne gleich-gültig sind, kann es auf der Ebene der Selbstpräsentation Meinungen und Weltanschauungen geben, die der ›seinsgeschichtlichen‹ Bewegung förderlich sind – und solche, die ihr hinderlich sind. Während sich auf der Ebene der Selbsterörterung alles politische Handeln verbietet, gibt es auf der Ebene der Selbstpräsentation die Möglichkeit, »auf der Kommandobrücke eines Minensuchers zu stehen«.

Die Frage, welche Meinungen oder Weltanschauungen der ›seinsgeschichtlichen‹ Bewegung nun förderlich oder hinderlich seien, lässt sich nicht ohne Weiteres beantworten. Für Heideggers Philosophie steht es nie infrage, dass diese ›seinsgeschichtliche‹ Bewegung zu Ende gebracht werden müsse, dass die Verfallsgeschichte bis in ihre äußersten Konsequenzen voranschreiten müsse, damit so etwas wie ein ›anderer Anfang‹ möglich werden könne. Wenn Heidegger die Möglichkeit eines anderen Ursprungs annimmt, der in einem gewissen Sinne für den Beginn der Verfallsgeschichte verantwortlich sei, so muss er dieses Prinzip im Folgenden radikal bejahen. Das Feindbild ist also interessanterweise weniger das vermeintlich jüdische »Prinzip der Zerstörung« (97:20), sondern jegliche Gegenwehr gegen diese Zerstörung, jeglicher Versuch, das unwiderruflich verunreinigte Abendland vor der Zerstörung zu bewahren.

In der Zeit bis zum Ende des Zweiten Weltkrieges identifiziert Heidegger das »planetarisch« gewordene Prinzip der sich zur Seinsverlassenheit steigernden Seinsvergessenheit, jenes Prinzip der Machenschaft, der »leeren Rationalität und Rechenfähigkeit«

(96:46) und der »Entwurzelung alles Seienden« (96:243) in erster Linie mit dem »Judentum«. Im Anschluss an die Behauptung eines zweiten Ursprungs in Jerusalem präsentiert Heidegger die durch die ›Seinsgeschichte‹ vorgezeichnete und notwendig gemachte »Entwurzelung alles Seienden« als ein ›jüdisches‹ Prinzip. Dieses vermeintliche Prinzip werde auf der Ebene der Weltgeschichte von den selbst ›entwurzelten‹, ›weltlosen‹, ›bodenlosen‹ (vgl. 95:97), in der Diaspora lebenden »Juden« (96:56), vom »internationalen Judentum« (96:133) oder »Weltjudentum« (96:262) umgesetzt und verwirklicht. Sie seien prädestiniert dafür, diese »Aufgabe« (96:243) zu übernehmen, weil sie schon am längsten nach jenem Prinzip lebten (vgl. 96:56). Die ambivalente Rede von einem doppelten Ursprung erlaubt es, die Seins- und Weltgeschichte als einen Kampf zwischen einem ›jüdischen‹ und einem ›griechischen‹ Prinzip darzustellen. Doch worum geht es Heidegger, wenn er die Seinsgeschichte entgegen der systematischen Notwendigkeit auf diese Weise präsentiert? Handelt es sich dabei wirklich um einen »seinsgeschichtlichen Antisemitismus« (Trawny 2014a: 11),[139] wie der Herausgeber der Schwarzen Hefte behauptet?

Auf der Ebene der Selbsterörterung kann es einen doppelten Ursprung der Seinsgeschichte ebenso wenig geben wie einen Kampf von zwei Prinzipien, die um den Ausgang der Seins- und Weltgeschichte ringen. Während für Heideggers Philosophie die ganze Weltgeschichte, alles Seiende, alle Geschehnisse, Meinungen und Weltanschauungen gleich viel oder gleich wenig gelten, spricht seine Lehre eine andere Sprache. So wie seine Lehre allgemein dem Zweck dient, die Wahrheit des Seins zur Sache seiner Philosophie zu erklären, so dienen die seltenen Aussagen über ›politische‹, ›weltgeschichtliche‹ Akteure, Geschehnisse oder Weltanschauungen dazu, Heideggers eigene Rolle in dieser Geschichte zu rechtfertigen. Denn auch wenn Heidegger sich bereits von seinem aktiven Engagement für den Nationalsozialismus abgewendet hat, distanzierte er sich selbst dann nicht öffentlich vom Nationalsozialismus, als sich das ›Barbarische‹ längst nicht mehr verneinen ließ. Ab 1936 erklärte Heidegger den Nationalsozialismus zu etwas bloß »Organisatorischen«, zu einem Teil der allgemeinen Machenschaft (an Kurt Bauch, 29.12.1936: 37). Um begründen zu können, warum seine stillschweigende Mittäterschaft der Wahrheit des

Seins diene, musste Heidegger auf die Lehre vom doppelten Ursprung zurückgreifen. Gemäß dieser Lehre entstamme der Nationalsozialismus jenem anderen Ursprung in Jerusalem und die systematische Vernichtung der Juden sei daher nichts anderes als ihre »Selbstvernichtung« (97:20). Ebenso wie das »Prinzip der Zerstörung« selbst, gelte es auch dessen letzte Konsequenz bedingungslos zu affirmieren, allerdings nicht mehr, wie in der Zwischenphase, aus politischer Überzeugung, sondern aus einer philosophischen ›Einsicht‹ in die Notwendigkeit der vollkommenen Zerstörung, vor deren Hintergrund erst das rettende Ereignis auftreten kann: »Aus der vollen Einsicht in die frühere Täuschung über das Wesen und die geschichtliche Wesenskraft des Nationalsozialismus ergibt sich erst die Notwendigkeit seiner Bejahung und zwar aus denkerischen Gründen« (95:408). Da der Fehler seines Engagements gerade kein ›politischer‹ gewesen sei, da er lediglich die seinsgeschichtliche Rolle des Nationalsozialismus »verkannt und unterschätzt« habe (95:408), deswegen könne aus der Einsicht in diesen Fehler keine politische Opposition folgen.

86. Irre und Schuld

Mit dem Ende des Krieges musste Heidegger seine Selbstpräsentation erneut verändern: Weil er nicht länger davon ausgehen konnte, dass der Nationalsozialismus unmittelbar (wie er es zur Zeit des Engagements suggerierte) oder mittelbar (wie er ab 1936 behauptete) die Wahrheit des Seins vorbereitete, weil er den Weltkrieg und die Shoah nicht mehr ohne Weiteres als ein notwendiges Übel präsentieren konnte, musste Heidegger diese Akteure, Geschehnisse und Weltanschauungen von nun an in die gleichgültige Bewegung der Seinsvergessenheit einschreiben. Die ambivalente Vorstellung eines doppelten Ursprungs und eines doppelten Geschichtsprinzips, die Heidegger zwischenzeitlich für die Selbstpräsentation seiner Philosophie mobilisierte, musste von nun an dem systematisch notwendigen, nivellierenden und verflüchtigenden Blick auf die Weltgeschichte und die gesellschaftliche und politische Realität weichen: »Jegliches rückt in den Grundzug des Gleich-Gültigen« (79:25). Alle Akteure, Weltanschauungen und Geschehnisse seien gleichgültig: Die »Fabrikation von Leichen in Gaskammern und Vernichtungslagern«, die »Blockade und Aushungerung von Ländern« (79:24) und die »Atombombe« seien das »Selbe«, nämlich der »letzte Auswurf« der Seinsgeschichte (79:4).

Diese Einebnung der Weltgeschichte dient Heidegger zugleich als Grundlage für die Rechtfertigung und Entschuldigung seines ›Engagements‹, zu der er sich nach dem Kriegsende genötigt sah. In dieser Rechtfertigung erscheinen die Shoah und der Weltkrieg als Ausdruck der äußersten Seinsverlassenheit, des »äußersten Unwesens der Wahrheit« (73:64), das Heidegger als »Irre« bezeichnet. Diese »Irre« der »Wahrheit des Seins« bestimme das Weltgeschehen indem es das Seiende »beirrt« (5:337). Das Handeln der Menschen und insbesondere sein eigenes Engagement lasse sich daher »moralisch-politisch nicht erklären; alle Perspektiven der Beschuldigung und Entschuldigung tragen zu kurz« (97:44). Wenn Heidegger geirrt habe, so sei es »kein politischer« Irrtum (97:274), sondern eine »Irrnis« seines Denkens gewesen, eines Denkens also, dass sich von seiner Sache bestimmen lasse. Wer so denke wie er, wer sich von der Sache seines Denkens bestimmen lasse, wer »groß *denkt*«, der könne nicht nur, sondern »muss groß irren« (97:179). Wenn sein Denken zu einem bestimmten Moment »rücksichtslos«, vielleicht »sogar un-menschlich« werden musste, dann nur umwillen der »Sache selbst« (97:190). Heidegger will sein ›Engagement‹ nicht als »moralisch-politische« Verfehlung, sondern als ein »Opfer des Denkens« verstanden wissen (97:111). Sein ›Engagement‹, das »Schicksal des Denkers«, sei genauer gesagt nur eine »undurchschaubare Folge« des »Opfers des Denkens«, das im Verkennen der »seinsgeschichtlichen Rolle« der nationalsozialistischen Bewegung von der Wahrheit des Seins »ereignet« worden sei (97:111). Der »Irrtum« oder die »Irre« sei nicht nur notwendig, sondern »das verborgenste Geschenk der Wahrheit« (95:14), die äußerste »Gefahr« (79:54), aus der erst die Einsicht, seine eigene Einsicht, in die Wahrheit entspringen könne. Obwohl das ›Engagement‹ in moralisch-politischer Hinsicht gleichgültig sei, müsse es auf der alles entscheidenden Ebene des Seinsgeschickes geradezu als Segen betrachtet werden.

Die Tatsache, dass ein explizites Geständnis seiner Schuld fehlt, dass Heidegger nach 1945 kein »öffentliches, *allen* verständliches

Gegenbekenntnis« (16:431) abgelegt hat, wurde gemeinhin als ein »Schweigen« interpretiert (vgl. Beistegui 1998: 146; Derrida 1988c; Levinas 1988).[140] Ob man nun Feigheit, Scham, Bösartigkeit oder Anstand als Grund für dieses Schweigen annahm, letzten Endes konnten oder wollten all jene Interpret_innen, die vom Schweigen sprachen, nicht sehen, dass Heidegger nicht geschwiegen hat. Er hat nicht geschwiegen, weder zu seiner Schuld noch zur Shoah oder zum Krieg. Er hat alles gesagt und es gibt keine Anzeichen dafür, dass er etwas zurückgehalten hätte. In der Rede vom Schweigen drückt sich vielmehr die Hoffnung vieler Interpret_innen aus, dass das Gesagte nicht alles gewesen sein möge, dass sich hinter dem Gesagten noch ein anderes, »menschlicheres« Antlitz verberge.

Auf der Ebene der Selbsterörterung kann Heidegger in seinem früheren Engagement lediglich einen Fehler und eine Inkonsequenz erkennen, die es zu überwinden gelte. Auf der Ebene der Selbstpräsentation hingegen schreibt Heidegger diesen Fehler der Sache seines Denkens zu, von der es sich bestimmen lassen habe. Wenn Heidegger sich jemals »schämte«, wie er in jenem berühmten Brief an Karl Jaspers behauptete (7.3.1950: 196), so deutet diese Scham keineswegs auf ein verborgenes Schuldbewusstsein, sondern vielmehr auf ein Bewusstsein des philosophischen Scheiterns. Heidegger war sich keiner moralischen Schuld bewusst und in der Shoah und im Weltkrieg sah er keine moralische Verirrung der Menschen, sondern eine notwendige Verirrung seines Denkens, die er der »Irre« der Wahrheit des Seins zuschrieb. Nur weil die Sache seines Denkens ihn in die Irre geführt habe, könne sich diese »Irre« nun als solche zeigen – in der Selbstauslegung seines Engagements und seines ›Denkweges‹.[141] Diese »Irre« konnte sich nur noch steigern, indem man seiner Auslegung der Dinge – also der Wahrheit des Seins – die Anerkennung verweigert habe. Der Höhepunkt der »Irrnis« war für Heidegger daher nicht mit der vermeintlichen »Selbstvernichtung« der »Juden«, sondern mit der »Selbstvernichtung [...] der Deutschen« erreicht, die er in seinem Lehrverbot am Werk sah (97:63). Diese »Selbstvernichtung« sei noch extremer als diejenige der »Juden«: Das »deutsche Volk und Land« seien nicht nur »ein einziges *Kz*«, sondern gar ein Konzentrationslager, »wie es ›die Welt‹ noch nie ›gesehen‹ hat« (97:100).[142] Was für Heidegger noch ungeheuerlicher ist als die Konzentrationslager, was »nicht einmal am Greuelhaften der ›Gaskammern‹ gemessen werden« könne, das ist »die *Verkennung* dieses Geschickes« (97:99f.) – die Nichtanerkennung seiner »Erkenntnis«.

87. Not und Notwendigkeit

In Heideggers Auslegung ist die Gegenwart durch eine planetarische Ausbreitung der Technik bestimmt, genauer gesagt durch die Ausbreitung des ›Wesens der Technik‹, die er wahlweise als ›Machenschaft‹ oder als ›Ge-Stell‹ bezeichnet. Durch diese Ausbreitung werde der absolute Vorrang des Seienden und somit die Seinsvergessenheit »in das unumschränkte Recht« gesetzt (66:39). Weil das ›Wesen der Technik‹, also die ›Machenschaft‹ oder das ›Ge-Stell‹ »seine eigene Verstellung« betreibe (79:61), gerate die Welt in einen Zustand der ›Seinsverlassenheit‹, in dem selbst die Vergessenheit (die ›Philosophie‹) vergessen werde.

Die Ausbreitung des Wesens der Technik, das ›Ge-Stell‹, führe einerseits dazu, dass die Wahrheit des Seins vollkommen in Vergessenheit gerate und stelle somit die größte »Gefahr« für die Wahrheit dar, andererseits sei aber diese Ausbreitung selbst eine Folge der Wahrheit und ihrer Geschichte (79:69). In der »Gefahr kehrt sich das Sein [...] gegen die Wahrheit seines Wesens« (79:71). Die Wahrheit des Seins, die präsentierte Sache seines Denkens wende sich in der Gegenwart gegen sich selbst und erzeuge so die größte Gefahr. Das »Gefährlichste der Gefahr« bestehe wiederum darin, dass »die Gefahr sich als die Gefahr, die sie ist, verbirgt« (79:54). Denn wenn die Gefahr sich verberge, dann »verhüllt sich auch *die* Not« (79:56), die Notwendigkeit eines anderen Anfangs. Und in der Verhüllung der Not, in der »Notlosigkeit« bestehe wiederum »die eigentliche Not« (79:56).

Zusammengefasst besteht laut Heidegger das eigentliche Vergessen in der Vergessenheit des Vergessens, die eigentliche Gefahr in der Verborgenheit der Gefahr und die eigentliche Not in der Verhüllung der Not, in der Notlosigkeit. Doch welches Problem verbirgt sich hinter dieser ebenso verwirrenden wie redundanten Vermehrung der Begrifflichkeit? Der erste und entscheidende Schritt über die Epoche der Metaphysik hinaus kann gemäß der Systematik der Spätphilosophie nur in einer Einsicht bestehen, genauer gesagt in der Einsicht, über die Heideggers Philosophie zu verfügen meint. Weil diese Einsicht unvermittelt sein müsse, durch nichts vorbereitet sein und »nur aus seinem eigenen Grunde« entspringen könne (an Rudolf Bultmann, 2.10.1939: 201), muss Heideggers Philosophie auf der Ebene der Selbstpräsentation die größte Anstrengung aufwenden, um diese systematische Notwendigkeit als unentscheidbare und unauflösbare Spannung darzustellen, die sich aus der eigenen zurücktretenden Haltung gegenüber ihrer Sache ergebe. Obwohl für Heideggers Gegenwartsdiagnose kein Zweifel daran bestehen kann, dass in der vollkommenen Seinsverlassenheit nicht der geringste Anklang eines anderen Anfangs vernehmbar sein kann, dass der Einblick in die Wahrheit des Seins sich nur »jäh« ereignen kann (79:73), behauptet Heidegger, dass sich »trotz allem [...], trotz Tod und Tränen, trotz Leiden und Greuel, trotz Not und Qual« (an Karl Jaspers, 8.4.1950: 203), im Jammertal der Gegenwart »nicht nichts« ereigne, dass sich ein erster »Anklang« eines »anderen Anfangs« zeige (71:75). Da er sich freilich nicht offen zeigen könne, sondern selbst wiederum verborgen sein müsse, werde dieser »Anklang« nur als »lautlose Stimme« vernehmlich (71:78). Und wer könnte diesem Anklang besser seine lautlose Stimme leihen als der »Dichter«, der für Heidegger nur dann ein Dichter ist, wenn sein Gedicht »ungesprochen« bleibe (12:33)?

C. Die Zukunft

88. Dichten und Denken

Auch wenn die Gegenwart vom Sein verlassen und durch die Not der Notlosigkeit in größter Gefahr sei, gibt Heidegger dennoch vor, in einem Hölderlin-Vers bereits den Anklang einer neuen Zeit zu vernehmen: »Wo aber Gefahr ist, wächst / Das Rettende auch« (Hölderlin [1808] 1951: 165). Dieses Zukunftsversprechen, dieser erste Anklang einer Rettung aus der größten Gefahr, stammt, wenn man Heideggers Worten Glauben schenkt, aus der Vergangenheit. Hölderlin habe jenen ersten Anklang eines anderen Anfangs »vorausgestiftet«, er habe das Ereignis, also die Sache von Heideggers Philosophie in einem »ersten Nennen und Sagen« in der Vergangenheit »vorausspringend« gestiftet (an Elisabeth Blochmann, 21.12.1934: 83). Hölderlin sei der Dichter der Zukunft, weil in seinem Gedicht erstmals die Gegenwart als »*dürftige* Zeit« angeklungen habe, die vom »Nochnicht des Kommenden« gezeichnet sei und als solche die Zukunft durch einen Anklang, eine Vorwegnahme, ja durch ein Versprechen dieses Kommenden eröffne (4:47). Hölderlin stimme »durch sein Wort« eine neue Zeit an – »die Zeit der entflohenen Götter und des kommenden Gottes« (4:47) – eine Zeit, die »im strengen Sinne seine Zeit«, sprich »Hölderlins Zeit« sei (4:76). Weil Hölderlins ›Gedicht‹ zunächst »ungesprochen«, weil es im ›Gesprochenen‹ seiner Gedichte verborgen bleibe, sei ›seine Zeit‹ jedoch gerade nicht seine, sondern Heideggers Gegenwart: Damit seine Zeit komme, damit »Hölderlins Wort hörbar wird«, bedürfe es der »Vorbereitung der Philosophie« (65:422; vgl. 70:155). Hölderlin könne nur dann »der vorausstiftende Dichter sein«, wenn »die Denker […] diesem einzigen, wohl in den anderen Anfang vorausbestimmten Dichter das bislang Unvordenkliche *vor-denken* und seiner Dichtung erst den Zeit-Raum öffnen. Sonst bleibt sein Wort unhörbar« (70:159).

Es scheint, als seien Dichter und Denker wechselseitig aufeinander verwiesen und würden sich wechselseitig voraussetzen und bedingen. Das Denken scheint die Dichtung als das erste Anzeichen eines anderen Anfangs vorauszusetzen, die Dichtung aber umgekehrt das Denken als ihren »Wegbereiter« (45:190). Das Denken denke dem Dichten zugleich »vor« (71:306) und »nach« (94:299). Auf der Ebene der Selbstpräsentation sind das Dichten und das Denken also »gleichursprünglich« (94:216). Sie können sich nicht wechselseitig bestimmen (vgl. 71:327; 76:377), sie können sich aber »begegnen« (15:431), wenn sie sich beide von der Wahrheit des Seins bestimmen lassen (vgl. 12:185; 71:327). Wenn es zu einer Begegnung oder einem »Gespräch« kommen könne, dann nicht weil sie »miteinander« oder »zueinander« sprechen, sondern weil sie »vom Selben« sprechen, »und zwar aus der Zugehörigkeit zum Selben« (5:332; vgl. 9:362f.). Den Grund dafür, warum sie nicht »miteinander« oder »zueinander« sprechen können, gilt es für Heideggers Philosophie um jeden Preis zu verbergen. Deswegen präsentiert sie ihren ausgesprochen eigenwilligen Monolog mit Hölderlins Dichtung stets so, dass es ihrer Auslegung ausschließlich darum gehe, »sich selbst überflüssig zu machen« (4:8; vgl. 52:36), dass sie lediglich eine »*Beigabe* zum Gedicht« (53:2), oder ein »sich selbst vernichtendes Hinzeigen auf ›den Dichter‹« (97:5) sei.

Auch wenn es ganz für sich spreche, bleibe dennoch das »Gedicht eines Dichters« stets »ungesprochen« (12:33). Die Dichter seien zwar »zum Zeigen berufen«, sie haben »das zu Zeigende [...] erfahren« (53:192), damit sie aber wahrhaft Zeichen sein können, damit sie ein Anklang des anderen Anfangs sein können, müssen sie gedeutet werden. Für sich genommen seien ihre Gedichte »ein tempelloser Schrein, worin das Gedichtete aufbewahrt ist« (4:7,194), damit das Gedichtete oder das Gedicht zum Vorschein komme, »bedarf jede einzelne Dichtung bereits einer Erläuterung« (12:34). Und weil alles Dichten »in seinem Grunde ein Denken« sei (5:328f.), könne diese Erläuterung nur das Denken geben (vgl. 75:9). Für sich genommen ist die Dichtung für Heidegger unwesentlich. Wesentlich werde sie erst durch die »Begegnung« oder das »Gespräch« mit dem Denken, durch die Auslegung, die den Tempel oder das Haus errichte, in dem die Gedichte und mit ihnen die Menschen »wohnen« können. Die Dichter »stecken erst nur den Baugrund ab und fest, auf dem das Haus gebaut werden muss [...]. Sie sind nicht die Zimmerleute, die gar schon das Richtfest feiern dürfen« (4:148). Die »Zimmerleute«, die den »Tempel« oder das »Haus des Seins« errichten,[143] die also die Sprache der Gedichte zum Sprechen bringen, sind nach

Heideggers Lehre die Denker (tatsächlich gibt es für Heidegger nur einen Dichter und deswegen auch nur einen Denker). Doch obwohl es das Haus errichte, »schafft das Denken nie das Haus des Seins« (9:359). Der Urheber des Hauses und somit der Autor des Gedichtes ist gemäß der Selbstpräsentation weder der Dichter noch der Denker, sondern der Sachverhalt, dass beide sich von derselben Sache bestimmen haben lassen.

89. Das Eigene und das Fremde

Innerhalb von Heideggers Spätphilosophie lassen sich zwei relativ klar unterschiedene Phasen der Auseinandersetzung mit der Kunst im Allgemeinen und der Dichtung im Besonderen ausmachen.[144] Die erste Phase hebt mit dem Beginn der Spätphilosophie an und bringt bis Anfang der 1940er Jahre eine umfangreiche Hölderlin-Interpretation hervor, die mit den zahlreichen Manuskripten und den Nietzsche-Vorlesungen aus dieser Zeit in engem Zusammenhang steht. Die zweite Phase setzt um das Jahr 1950 ein und macht auch andere Dichter, etwa Georg Trakl, Stefan George oder Johann Peter Hebel zum Thema. Wenn ich in dieser Untersuchung die Frage nach Heideggers Verhältnis zur Kunst und zur Dichtung auf die Frage nach seiner Beziehung zu Hölderlin verenge, so aus dem Grund, dass Hölderlin in Heideggers Augen der Dichter ist, der als einziger »von der dichterischen Bestimmung getragen ist, das Wesen der Dichtung eigens zu dichten« (4:34). Einzig Hölderlins Dichtung kommt laut Heidegger die geschichtliche Bestimmung zu, das »Rettende« zur Sprache zu bringen. Alle anderen großen Dichter, die Heidegger zum Gegenstand macht, »verdienen« zwar »eine Schätzung«, seien aber Hölderlins »geschichtlicher Bestimmung nirgends nahe und gewachsen« und können daher »überhaupt nicht in Vergleich gesetzt werden« (95:281). Allein Hölderlin sei der »Vor-gänger der Dichter in dürftiger Zeit. Darum kann auch kein Dichter dieses Weltalters ihn überholen« (5:320; vgl. 53:172). Und wenn Heidegger ihn als »Vor-gänger der Dichter« oder als »Dichter des Dichters« bezeichnet, so meint er damit nicht, dass Hölderlin das Wesen der Dichtung und des Dichters dichte, so dass dieses Allgemeine in Zukunft in Gestalt eines anderen Dichters konkret werden könne, sondern dass er »jenen einzigen« Dichter dichte, »der er selbst ist« (75:331). Dieser Dichter, Hölderlin selbst, ist nur deswegen zukünftig und ein »Vor-gänger« seiner selbst, weil er laut Heidegger wesentlich einer ›denkerischen‹ Auslegung bedarf.

In der Systematik von Heideggers Spätphilosophie ist Hölderlins Dichtung eine ganz bestimmte Rolle oder »Stelle« zugedacht (vgl. 95:66). Genauso wie die Philosophie und die Technik erscheint sie als ein Phänomen, als ein Zeichen, das der Auslegung bedarf, um seinem Wesen gerecht zu werden: um auf die Abwesenheit (der Sache) von Heideggers Philosophie zu verweisen. Nur in Heideggers Auslegung sei Hölderlins Dichtung ein ›Anklang‹ und verweise auf den ›anderen Anfang‹: »Sollte diese Auslegung [...] ein Irrtum bleiben, dann müsste auch Hölderlin in die Metaphysik eingerechnet werden« (70:158). Wenn er in die Metaphysik eingerechnet werden müsste, so hätte der Dichter der Dichter und somit die Dichtung, ja die Kunst insgesamt, mit dieser Rettung nichts mehr zu schaffen. Und das hieße für Heideggers Philosophie, dass es überhaupt keine Kunst im wesentlichen Sinne gäbe.

Heideggers Interpretation präsentiert sich stets so, als würde sie lediglich die Selbstverortung von Hölderlins Dichtung sichtbar machen, als würde sie nur darauf hinweisen, welche Rolle sich Hölderlins Dichtung in der dichterisch erfahrenden Geschichte des Geistes zuschreibe. Es lässt sich jedoch zeigen, dass Heideggers aneignende Auslegung Hölderlins Dichtung tatsächlich in das ›Seinsgeschick‹ und somit in die Selbsterörterung seiner eigenen Philosophie einschreibt. Glaubt man Heideggers Worten, so weiß Hölderlin »nicht nur, *was* das Gesetz der Geschichtlichkeit der deutsch-abendländischen Geschichte sagt«, sondern auch »*wie* dieses Gesetz *allein* erfahren werden kann« – nämlich ausschließlich durch den Dichter (53:170). Gemäß dieser Selbstpräsentation wird »Heidegger [...] nie darauf verzichtet haben, die Möglichkeit der Geschichte (Geschichtlichkeit) an die Möglichkeit eines oder des Volks zu binden. Was bekanntlich immer mitbedeutet haben wird: an die Möglichkeit einer Kunst (einer *Dichtung*), einer Sprache und eines Mythos (einer *Sage*, das heißt eines Bezugs zu den Göttern)« (Lacoue-Labarthe 1990: 162). Doch setzt Heidegger tatsächlich, wie Philippe Lacoue-Labarthe behauptet, ein Volk, also ein bestimmtes Seiendes voraus, das sich vermittels seiner Kunst, seiner Sprache und seines »Mythos« selbst bestimmt? Schreibt sich Heideggers Philosophie tatsächlich in eine Geschichte ein, in welcher der ›Geist‹ eines Volkes die Voraussetzung für das ›Ereignis‹ darstellt?

In Heideggers Auslegung erfährt und dichtet Hölderlin eine ›Geistesgeschichte‹, in welcher die geschichtliche, geistige Welt eines Volkes durch die Erfahrung und die Dichtung der Dichter vorgezeichnet und ermöglicht wird: »Das dichterische Wohnen der Dichter geht dem dichterischen Wohnen der Menschen vorauf« (4:91). Das »Wohnen« der Dichter und ihrer Völker bezeichnet nichts anderes als das Aussprechen der Sprache, die Heidegger bekanntlich zum »Haus des Seins« erklärt. Die Dichter wohnen also, indem sie das ›Wort des Seins‹ aussprechen, indem sie zugleich empfangen und geben: Sie gründen und beseelen die Wirklichkeit, seien aber zugleich selbst vom »dichtenden Geist begeistert« (4:90f.; vgl. 53:160). Der Dichter erfahre und dichte den »Geist« und das geistige »Geschick« seines Volkes, er erfahre und dichte seine eigene Rolle in dieser Geistesgeschichte, die darin bestehe, seinem Volk eine Welt zu eröffnen und somit die Weltgeschichte zu begründen und zu bestimmen: »Dichtung ist die Ursprache eines geschichtlichen Volkes« (4:43).

Ein Volk sei für Hölderlin dann »geschichtlich«, wenn es seine »Stelle« in der dichterisch erfahrenen Geistesgeschichte einnehme, wenn es »dichterisch wohne«, wenn es die vom Dichter gestiftete »Wesensstätte« (4:88) bewohne und so seinem Geschick entspreche. Es vermag kaum zu überraschen, dass diese Geschichte nur zwei »Stellen« – den Anfang und das Ende – und daher nur zwei »geschichtliche Völker« kennt, die diese Stellen einnehmen. Diese beiden Völker – die »Griechen« und die »Deutschen« – stehen als Anfang und Ende der Geschichte in einem wesentlichen Verhältnis zueinander, das Heidegger als »Zwiesprache« bezeichnet (52:139; 53:80). Das, was beide Völker bestimme und unterscheide, ihr »Eigenes«, »Natürliches« (4:88) oder »Heimisches« (4:129) erhalten sie von ihren Dichtern. Das Eigene oder Natürliche der Griechen sei das »*Feuer vom Himmel*« (4:88), das »zu Zeigende« (4:162), oder auch das »Darzustellende«, nämlich »die Geschichte, das Werden im Vergehen, das Kommen des Festes« (52:146). Das Eigene oder Natürliche der Deutschen sei hingegen die »*Klarheit der Darstel-*

lung« (4:88). Ihr jeweils »Eigenes« oder »Natürliches« – Inhalt beziehungsweise Form der Darstellung – sei den Griechen und den Deutschen jedoch nicht als Ausgangspunkt, sondern als Bestimmung aufgegeben. Am Beginn ihrer jeweiligen Geschichte seien sie »gerade nicht daheim« (4:87). Das Eigene bleibe ihnen »lange Zeit [...] fremd« (53:24) und müsse erst angeeignet werden, wozu sie zunächst »durch das ihnen Fremde hindurch« (4:87) müssen. Das »Wesensgesetz des Geschickes« bestehe daher in der »Liebe zum Unheimischen umwillen des Heimischwerdens« (4:87). Aus diesem Wesensgesetz bestimme sich nicht nur das Verhältnis zwischen Griechen und Deutschen, sondern auch das Verhältnis zwischen Dichtern und Denkern. Denn der Denker »denkt in das Unheimische«, wo er »*zu Hauß*« sei (4:129), der Dichter hingegen dichte das »Heimische« (4:129). Bei den Griechen habe die Dichtung am Anfang gestanden, sie haben die Erfahrung des Darzustellenden gemacht, also des Eigenen, das sie sich aber erst in der »Ausfahrt« (53:165) ins Fremde haben aneignen müssen. Am Beginn seien sie vom »Übermaß des Geschickes« derart überwältigt gewesen, dass sie es und sich nicht haben fassen oder zur Darstellung bringen können: »Ihre Größe wurde es, das sich Fassenkönnen gelernt zu haben [...], um dadurch erst im Eigenen ›zu Hauß‹ zu sein« (53:169).

Auf der Ebene dieser ›Geistesgeschichte‹, die mit der Ebene der Selbstpräsentation vor dem Ende des Zweiten Weltkrieges zusammenfällt, schließt sich der Kreis der Geschichte. Die griechische Epoche dieser Geschichte vollendet sich, ohne auf jene andere (deutsche) Epoche zu verweisen. Und ebenso wie sich die Bewegung der Geschichte des griechischen Volkes bei den Griechen abschließe, so sei der griechische Dichter (Homer) in dieser ›dichterisch erfahrenen‹ Geschichte nicht auf eine denkerische Auslegung angewiesen, sondern habe sich die »Nüchternheit« selbst angeeignet (52:184). Während Homer von seiner Ausfahrt in die Fremde zurückkehre und das Darzustellende zur Darstellung bringe, beginne mit der Ausfahrt der griechischen Denker (die in der Fremde zuhause seien) eine lange Irrfahrt.

Das, was den Griechen das Fremde gewesen sei, also die Nüchternheit oder die Klarheit der Darstellung, stelle für die Deutschen den Ausgangspunkt oder das ›Eigene‹ dar, die Erfahrung des Darzustellenden hingegen das ihnen ›Fremde‹ (vgl. 4:88). Da die bisherigen deutschen Philosophen zu einer Ausfahrt in das ihnen Fremde nicht in der Lage gewesen seien, blieben sie dem griechischen (oder metaphysischen) Denken verhaftet. Ein genuin ›deutsches‹ Denken steht für Heidegger noch aus. Erst am Ende der Geschichte des deutschen Volkes trete mit Hölderlin ein Dichter auf, der in die Fremde fahre und die Erfahrung der ›Wahrheit des Seins‹ wiederhole. Zur dichterischen Erfahrung der Wahrheit des Seins, die Heidegger in Anlehnung an Hölderlins Sprachgebrauch als ›Feuer‹ bezeichnet, gehöre die Einsicht, dass dieses Feuer »selbst aus der Fremde in die Heimat zurückgebracht werden muss, damit dort das Eigene, das Vermögen der klaren Darstellung, im Bezug auf das Feuer seine Wesenskräfte löse, um sie in das Darzustellende zu binden« (4:94; vgl. 52:145; 53:169). Der Dichter kehre also in seine Heimat zurück und eigne sich das ihm vorgegebene Vermögen der Darstellung erneut an, indem er das Fremde als das Fremde erfahre (vgl. 52:139f.; 53:24). Diese Erfahrung des Fremden sei nur nach der Rückkehr in die Heimat als Andenken an die vollbrachte Ausfahrt möglich (vgl. 4:96). Erst in der andenkenden Rückkehr aus der Fremde eigne sich der Dichter sein Eigenes an und lerne den ›freien‹ Gebrauch desselben (vgl. 52:145). Obwohl der freie Gebrauch des Eigenen als ›Andenken‹ auf die Fremde und auf die Vergangenheit bezogen sei, diene die andenkende Rückkehr ausschließlich der Gründung einer eigenen Zukunft und Heimat (vgl. 52:194). Durch das »Heimischwerden im Eigenen« (4:87) gehe der Dichter seinem Volk voraus: »Das dichtende Wohnen der Dichter geht dem dichterischen Wohnen der Menschen vorauf« (4:91). Weil der Dichter in seiner Dichtung eine zukünftige Erfahrung seines Volkes vorwegnehme, spricht Heidegger auch davon, dass das Wesen der Dichtung »*prophetisch*« sei (4:114). Doch worin besteht diese zukünftige Erfahrung, die in Hölderlins Dichtung erstmals ausgesprochen und prophezeit werde? Oder, wie Heidegger es ausdrückt: »Was sagt Hölderlins Dichtung?« (4:195).

In der Antwort, die Heidegger auf diese Frage gibt, zeigt und verbirgt sich zugleich das Verhältnis seiner Philosophie zur Dichtung und zur Kunst im Ganzen: »Ihr Wort ist das Heilige. Dies Wort sagt von der Flucht der Götter« (4:195). Hölderlins Dichtung spreche genauer gesagt das Wesen der Gegenwart aus, die als »dürftige Zeit« durch den »Fehl Gottes« (5:269) gekennzeichnet sei und kündige dadurch »den Zeit-Raum eines Erscheinens der Götter« an (4:114). Hölderlins ›Prophetie‹ sei demnach weniger eine ›Vorhersage‹ des erneuten Erscheinens eines Gottes, als vielmehr die ›Voraussage‹ einer »Ortschaft« (4:114) oder »Wesensstätte der Geschichte«, in der ein solche Erscheinung überhaupt möglich sei (4:88; vgl. 71:330). Hölderlins Dichtung entspringe zwar selbst der Erfahrung eines Gottes – Hölderlin sei »ausgesetzt den Blitzen des Gottes« (4:44) – und seine Aufgabe bestehe gerade darin, die so empfangenen »Winke« in sein Volk »weiter zu winken« (4:46), für die »Bereitung der Ankunft der Götter« (71:219) müsse der Dichter jedoch »darauf verzichten, das Wort als den darstellenden Namen für das gesetzte Seiende unter seiner Herrschaft zu haben« (12:215). Er müsse kurz gesagt darauf verzichten, das Erscheinen des Gottes vorwegzunehmen. Er müsse darauf verzichten, den Zeitpunkt, den Ort oder die Gestalt des kommenden Gottes zu bestimmen oder zu nennen. Hölderlins »stiftendes Nennen der Götter« (4:42), das nur das »voraufgründende Wort des Heiligen« voraussage (4:114), müsse daher vom »Nennen« der »jüdisch-christlichen« Propheten unterschieden werden, die »sogleich [...] den Gott« vorhersagten (4:114). Doch was bezweckt Heidegger mit dieser Unterscheidung zwischen einem Vorhersagen, einem bestimmenden Nennen und einem Voraussagen, einem stiftenden Nennen? Warum beharrt Heidegger auf dem Unterschied zwischen der Prophetie der Propheten und derjenigen der Dichter?

Im Unterschied zum Vorhersagen der Propheten nenne das »stiftende Nennen« die Götter gerade nicht. Der Dichter nenne vielmehr nur das »Heilige«. Dieses »Heilige« bezeichnet für Heidegger wiederum dasselbe wie das »Ereignis«, also die »Ortschaft« oder »Wesensstätte« der eigentlichen Geschichte. Der Dichter nenne die Sache des Denkens, die Sache von Heideggers Philosophie. Das Ereignis – Heidegger bezeichnet es im Umfeld seiner Hölderlin-Interpretationen auch als das »Brautfest«, auf dem sich

Menschen und Götter vereinen – bringe den Dichter (in diesem Kontext bezeichnet Heidegger ihn auch als »Halbgott«) erst hervor (vgl. 4:103). Der Dichter prophezeie demnach den Moment seiner eigenen Geburt, den Moment, in dem er als Dichter, als »Zeichen« (4:115), als »Beseeler« (53:150) oder als »Gründer der Geschichte eines Menschentums« (4:106) erst geboren werde. Auf der Ebene der Selbstpräsentation fällt dieser Moment, in dem der Dichter seinem Wesen gerecht werde, mit dem Moment des »Sagens« zusammen (53:160), mit dem Moment, in dem der Dichter von seiner Ausfahrt zurückgekehrt sei und das »Denken als Denken des Dichters in sein eigenes Wesen gefunden hat und in dem freien Gebrauch des Eigenen, d.h. in die Klarheit der Darstellung gekommen ist« (52:192). In diesem Moment lasse sich der Dichter begeistern und beginne die »eigentliche Geschichte« (52:77). Der Dichter beginne also den anderen Anfang und prophezeie ihn zugleich für die Zukunft. Wie lässt sich dieser Widersinn begreifen?

Auf der Ebene der Selbstpräsentation ist Hölderlins Dichtung ein ›Zeichen‹, das seine Bestimmung vom Schicksal und vom Geist des deutschen Volkes und durch die ›Winke‹ der Götter erhält. Heideggers Philosophie könne vor diesem »Zeichen«, das sich von sich her zeigt, nur zurücktreten, und hoffen, dass es seinem Volk den Weg weise. Laut dieser Erzählung ist Hölderlins Dichtung das Werk des Geistes des deutschen Volkes, der in Hölderlins Dichtung weltliche Gestalt annimmt, sich veräußerlicht und verkörpert (vgl. 4:162), um schließlich zur Volksseele zu werden. Ob diese Beseelung von Erfolg gekrönt sei, hänge nicht am Propheten und auch nicht an seinem Jünger (sprich an Heidegger), sondern liege allein in der Hand eines Gottes.

Auf der Ebene der Selbsterörterung hingegen ist Hölderlins Dichtung nur in Heideggers eigener Auslegung ein ›Zeichen‹. Das »Brautfest« oder das »Ereignis«, dem der Dichter als ›Beseeler‹ und als ›Zeichen‹ entspringe und mit dem die ›eigentliche Geschichte‹ anfange, ist nichts anderes als Heideggers aneignende Auslegung. Sollte seine Auslegung – »das Erdenken des Seyns im Nachdenken des Gedichteten« – ein »Irrtum« bleiben, sollte seine Auslegung keine Anerkennung erfahren und das deutsche Volk beseelen, »dann müsste auch Hölderlin in die Metaphysik eingerechnet werden« (70:158). Hölderlins »stiftendes Nennen« der Götter sage zwar das »Heilige« und dieses »Sagen« sei selbst schon das »Ereignis des Heiligen« (4:76f.), doch eben nur dann, wenn dem »Vor-gänger der Dichter« (5:320) ein Denker ›nachdenkt‹ und so das ›Seyn‹, also das Ereignis, ›erdenkt‹.

Doch wenn für Heidegger das eigentliche ›Sagen‹ nicht in Hölderlins Dichtung, sondern in seiner Auslegung derselben geschieht, gemäß der diese Dichtung seine zukünftige denkerische Auslegung verspricht, dann muss das ›stiftende Nennen‹ und die Rede vom ›Geist des deutschen Volkes‹ einen anderen Sinn haben als das deutsche Volk zu beseelen und ihm eine geistige Heimat zu geben. In der Spätphilosophie gibt es die ›Geistesgeschichte‹ nur noch auf der Ebene der Selbstpräsentation. Heidegger hält sich keineswegs für den Jünger eines Propheten, der einem auserwählten Volk angehört. Vielmehr hält er ›sein‹ Volk deswegen für auserwählt, weil es seine Sprache spricht und Hölderlin nur deswegen für einen Propheten, weil er seine Philosophie voraussagt.[145]

D. Der Augenblick

91. Von der Sprache

Die vierte Dimension der Zeit, jener ›Augenblick‹, auf den für Heidegger die anderen drei Dimensionen der Zeit verweisen, jener ›Augenblick‹, der sie trage und zusammenhalte, ist nichts anderes als die Selbstbestimmung von Heideggers Philosophie, die sich in der aneignenden Auslegung der anderen drei Dimensionen realisiert: »Die denkerische Frage nach der Wahrheit des Seyns ist der Augenblick, der den Übergang trägt« (65:20). Wenn sich das Versprechen eines Übergangs aus der seinsverlassenen, durch die Seinsgeschichte bestimmten Gegenwart in eine andere Zukunft erfüllen soll, müsse die ›Philosophie‹ von der Bestimmung ihrer Sache ablassen und so zu einem ›Denken‹ werden, das sich als letzte Konsequenz der radikalen Selbstbestimmung selbst bestimmen lasse, das genauer gesagt auf die »Stimme des Seyns« höre (66:320). Das Denken müsse seine Stimme erheben, aber so dass in der eigenen Stimme nur die »Be-Stimmung« durch die »Sache des Denkens« zu hören sei (73:1333). Genauso wie die Philosophie »das eigens vollzogene Entsprechen [ist], das spricht, insofern es auf den Zuspruch des Seins des Seienden achtet« (11:21), müsse auch das Denken ein »eigens vollzogenes Entsprechen« sein, ein solches allerdings, das nicht bereits die Sache als das Sein des Seienden bestimmt habe, das sich also in einem viel radikaleren Sinne bestimmen lasse. Diese radikale »Be-Stimmung« meint nichts anderes als die bereits aus der Frühphilosophie bekannte »Stimmung«, also das »Gestimmtsein« (43:117) oder die »Gestimmtheit« (11:21).

Dass die Sprache das »Haus des Seins« (9:313) sei und dass sie »den Menschen [...] bestimmt in seiner Bestimmung« (74:122), all das gilt nach Heidegger nur dann, wenn der Mensch der Sprache »entspricht«, wenn er sich dazu entscheidet, auf die »Stimme des Seyns« zu hören (66:320). Diese Entscheidung, dieses »Entsprechen« sei »notwendig und immer, nicht nur zufällig und bisweilen, ein gestimmtes« (11:21). Der Mensch könne sich nur dann für das Entsprechen entscheiden, wenn er dazu bestimmt werde: »Nur Ereignete vermögen zu entscheiden« (66:321; vgl. 66:113; 69:62). Um

»er-eignet« zu werden, um »eigentlich« und seiner Bestimmung gerecht zu werden, müsse sich der Mensch in ein Verhältnis zur Sache des ›Denkens‹, zum Ereignis bringen, was ihm nur durch den »Absprung« aus dem »metaphysischen« und »alltäglichen Denken« gelingen könne, durch einen Absprung, der zugleich ein »Einsprung« in das »denkende Denken« sei (68:74; 79:122).

Auf der Ebene der Selbsterörterung gibt es keinen Übergang, »*kein* stetiges und unversehentliches Hinübergleiten« aus der alltäglichen oder metaphysischen Zeit in den anderen Anfang (68:74). Es gelte daher, durch die Auslegung der alltäglichen oder metaphysischen Zeit vom Interpretandum abzuspringen und zugleich in einem Akt radikaler Selbstbestimmung in den Augenblick oder das Ereignis einzuspringen. Dieser »Sprung des Denkens« lasse jedoch »das, wovon er abspringt nicht hinter sich, sondern eignet es sich auf eine ursprüngliche Weise an« (10:88 f.). Nur in der aneignenden Auslegung ist das Interpretandum ein Absprungsort, ein Zeichen, das schon auf seine Interpretation verweist. So zeige sich etwa die Geschichte der Philosophie »erst dann und nur dann als Geschick des Seins, wenn wir *aus dem Sprung her* auf das Ganze des abendländischen Denkens zurückblicken« (10:132). Diese radikale Selbstbestimmung, gemäß der das ›Denken‹ nur durch einen Sprung beginnen und die Sache des Denkens nur unter Voraussetzung dieses Sprungs erscheinen oder sich ereignen kann, steht in offenem Widerspruch zu der phänomenologischen Geste, die für Heideggers gesamte Lehre tragend ist. Es kann daher nicht verwundern, dass die Rede vom Sprung »zugleich anzeigen [soll], dass hier doch eine Vorbereitung möglich und notwendig« sei (45:203; vgl. 10:139). Eine solche Vorbereitung ist allerdings nur dann möglich, wenn das Interpretandum, also die alltägliche oder metaphysische Zeit, »Fingerzeige« bereithalte, die, »wenngleich verhüllt« auf die Interpretation verweise (10:90).

Das »Zeigende« in diesen »Fingerzeigen« kann auf der Ebene der Selbstpräsentation freilich nicht vom Interpretandum, von der Geschichte als dem Thema von Heideggers Philosophie, sondern nur von ihrer präsentierten Sache ausgehen. Heideggers Philosophie muss sich so präsentieren, als ließe sie sich in der Interpretation ihres Themas von ihrer Sache bestimmen. Doch wie kann die Sache einen »Fingerzeig« geben, der den Absprung aus der alltäglichen oder metaphysischen, aus der dreidimensionalen Zeit vorbereite, wenn das Wesen dieser Zeit wesentlich »verhüllt«, »verborgen« und »vergessen« sei? Wie kann das Ereignis »zeigen« ohne sich bereits zu zeigen? Heideggers Antwort auf diese Frage, das Kernstück der phänomenologischen Geste, dreht sich um den Begriff der Stimmung: Seine Philosophie könne sich von ihrer Sache, vom Ereignis bestimmen lassen, indem sie seiner lautlosen Stimme gehorche. Die ›Stimmung‹, genauer gesagt die ›Grundstimmung des Denkens‹ sei demnach »der Name für das Stimmende der Stimme des Seyns«, eine Stimme, die nicht spreche, indem sie sich verlautbare, sondern indem sie befehle (71:222). Das Hören sei daher auch kein akustisches Vernehmen, sondern ein »Hören als Horchen des Gehorchens eines anfänglichen Gehorsams« (71:222).

Wie in der Frühphilosophie beschreibt Heidegger auf der Ebene der Selbstpräsentation einen Zirkel: Der Sprung in die Philosophie, in seine Philosophie setze eine Stimmung voraus, die wiederum jenen Sprung voraussetze. Ob die vermeintlich gehorsame Philosophie oder ihre vermeintlich gebietende Sache am Anfang stehe, lasse sich nicht entscheiden: Einerseits sei das »Gehörte nur hörbar als ein schon *Erhorchtes*«, andererseits sei »aber der Ton zugleich Anstoß *des Erhorchens*« (85:138). Sowohl der Sprung als auch die Stimmung werden als unmittelbar und jäh (vgl. 65:22; 68:74; 79:122), zugleich aber als vermittelt und lange vorbereitet präsentiert (vgl. 45:203; 65:395f.).

92. Erstaunen und Erschrecken

Im Unterschied zur Frühphilosophie wird die Grundstimmung der Philosophie nicht mehr als ein ahistorisches, existenziales Phänomen beschrieben, das sich zwar ›zunächst und zumeist‹ nicht zeige, im Grunde aber jederzeit aufsteigen könne. Im Gegensatz zur Angst, die mit dem Dasein immer schon »da« sei (9:117), ist die Grundstimmung der Philosophie in der zweiten Phase nur in jenem Augenblick möglich, in dem Vergangenheit, Gegenwart und Zukunft durch die philosophische oder denkerische Interpretation in ein Verhältnis zueinander gebracht werden, oder wie Heidegger sagen würde, einen ›Sachverhalt‹ ausmachen.

Der erste Anfang der Philosophie war Heidegger zufolge von der Grundstimmung des »Erstaunens« getragen, die mit dem Beginn der Metaphysik, also bei Platon und Aristoteles in ein »Sichwundern« umgeschlagen sei (vgl. 71:222; 11:22f.).[146] Der Beginn der neuzeitlichen Philosophie bei Descartes gehe wiederum auf die Grundstimmung des Zweifels zurück, die Heidegger als »positive Zustimmung zur Gewissheit« interpretiert (11:24), während das Ende der Philosophiegeschichte von der Stimmung oder Bestimmung des »Nihilismus« getragen sei (vgl. 6.2:231). Das »Ausbleiben des Seins«, in dem das »Wesen des Nihilismus« bestehe (6.2:347), produziere in der Gegenwart eine allgemeine »Gleichgültigkeit« (vgl. 79:25), eine vollständige Verschlossenheit gegenüber der Wahrheit des Seins, die Heidegger deswegen auch nicht explizit als Stimmung bezeichnet. Die »Not«, von der Heidegger ausdrücklich sagt, dass sie den Menschen der Gegenwart bestimme, »indem sie ihn *durchstimmt*« (45:153), werde erst in und durch Heideggers Auslegung bestimmend, sodass die »eigentliche Not« gerade in der »Notlosigkeit« (79:56) oder eben in der Gleichgültigkeit gegenüber der Sache des Denkens bestehe.

Die Zukunft, die als Seinsversprechen in Gestalt von Hölderlins Dichtung in die Gegenwart einbreche, sei wiederum von der »stimmenden Grundstimmung des Festlichen« getragen, die Heidegger als »Liebe« bezeichnet (52:188). Die »Liebe« zwischen Menschen und Göttern bringe den Halbgott, also den Dichter hervor. Als »Liebe« bezeichnet Heidegger auch das »Wesensgesetz des Geschickes, durch das der Dichter in die Gründung der Geschichte des ›Vaterlandes‹ eingeht« (4:87) – in eine Gründung, die sich freilich ohne Heideggers Auslegung nicht denken lässt. In diesen unterschiedlichen Stimmungen werde die Zeit auf eine unausdrückliche Weise von der Wahrheit des Seins bestimmt. In der und durch die aneignende Auslegung soll diese dreifache Bestimmung ausdrücklich gemacht und zugleich erfüllt werden.

Vergangenheit, Gegenwart und Zukunft waren für Heidegger immer schon von der Seinsvergessenheit, Seinsverlassenheit und vom Seinsversprechen durchstimmt, doch diese Stimmung konnte erst in dem Augenblick bestimmend werden, in dem sie ausgesprochen wurde. Erst in der Auslegung, die diese Bestimmung offenlegt, erfüllen die drei Dimensionen der Zeit ihre Bestimmung, nämlich als Zeichen auf die abwesende Wahrheit des Seins zu verweisen, die mit Heideggers Philosophie identisch ist. Um diese Identität zu verbergen schreibt sich Heideggers Philosophie selbst auch eine Grundstimmung zu, in der und durch sie von ihrer Sache bestimmt werde.

Wie in der Frühphilosophie dient die Rede von einer Grundstimmung der eigenen Philosophie nur einem Zweck: zu verbergen, dass es zwischen der gleichgültigen, seinsverlassenen Gegenwart und dem ereignishaften Augenblick keinen Übergang, sondern nur einen selbstbestimmten, grundlosen Sprung geben kann. So legt Heidegger nahe, dass es nicht der Satz oder Sprung, sondern die »Not« der Seinsverlassenheit sei, die in den anderen Anfang »versetze« (vgl. 45:169f.). Doch Heidegger lässt an keinem Punkt eine Auflösung des Zirkels von Sprung und Stimmung zu, denn auch die Not komme nur »zur Nötigung in der Grundstimmung des *Erschreckens*« (45:197). Er lässt unentschieden, ob die Not in die Grundstimmung des Erschreckens versetze oder nötige, oder ob diese Not erst durch das und im Erschrecken, das Heidegger als »Grundstimmung des anderen Anfangs« bezeichnet (45:197), als solche erfahren und erkannt werden kann. Das Erschrecken wiederum scheint eindeutig auf einen Moment zu verweisen, in dem sich etwas ereigne, in dem sich etwas unverhofft und jäh von sich her zeige und so in den ›anderen Anfang‹ versetze. Andererseits lasse sich die Stimmung des Erschreckens selbst wiederum nur als Aspekt der »Verhaltenheit« begreifen, in der das »Erschrecken« und die »Scheu« »ursprünglich einig und zusammengehörig« seien (45:2; vgl. 65:13).

Da in der Rede von der ›Verhaltenheit‹ immer noch die Vorstellung einer Haltung anklingt, die in sich selbst Halt findet, wird dieses Wort mit der Radikalisierung der Selbstpräsentation nach dem Ende des Zweiten Weltkrieges durchgängig zugunsten der Rede von der »Gelassenheit« aufgegeben. In einer Reihe von Anmerkungen zu den im elften Band der Gesamtausgabe versammelten Texten treibt Heidegger diese Radikalisierung in ihre letzte Konsequenz und löst den ansonsten für die Selbstpräsentation tragenden Zirkel von Sprung und Stimmung, von Selbst- und Fremdbestimmung zugunsten der Fremdbestimmung auf. Während der Haupttext noch auf dem »Sprung« und der »brückenlosen Einkehr« beharrt

(11:41), notiert sich Heidegger später: »Weder *Sprung* [...] noch *Einkehr* [...] weil schon von Ereignis in Ereignis eingelassen« (11:96).

93. Einblick und Einblitz

In ihrer reifsten Phase behauptet Heideggers Spätphilosophie, dass ein anderer Anfang, ein Denken, das sich von seiner Sache, der Wahrheit des Seins radikal bestimmen lasse, nicht von einer Selbstbestimmung, von einem Sprung oder einer selbst vollzogenen Kehre oder Einkehr, sondern nur von dieser Sache selbst ausgehen könne. Das Denken könne von sich aus nicht einmal in die entsprechende Haltung oder Stimmung gelangen. Selbst die Gelassenheit und die Verhaltenheit, das Warten und das Zurücktreten vor dem Phänomen müssten noch aus der Sache hervorgehen und in sie »eingelassen« sein, um das Sich-zeigen des Phänomens nicht durch eine antizipatorische Bestimmung zu verunmöglichen. Da jede Antizipation das Ereignis, also das reine Sichzeigen der Wahrheit des Seins verhindern würde, könne es sich nur wie ein Blitz aus heiterem Himmel und in finsterster Nacht ereignen.

Nichts an der Geschichte der Philosophie, an der technischen Gegenwart oder an der Hölderlinschen Dichtung verweise von sich aus auf den Augenblick, in dem sich das Wesen von Vergangenheit, Gegenwart und Zukunft lichte – »niemand weiß, wann und wie« er sich ereignen werde (12:253). Der Sprung aus der technischen Gegenwart sei nur als plötzlich gewährter Einblick in das Wesen der Dinge möglich: »Erst wenn Einblick sich ereignet, lichtet sich das Wesen der Technik als Ge-Stell« (79:76). Statt als selbstbestimmte »Einsicht«, die der Philosophie, der Wissenschaft oder einem alltäglichen Verstehen innerhalb ihres, durch ihre Selbstbestimmung und die Bestimmung ihrer Sache vorgegebenen Horizonts möglich sei, gelte es vielmehr den »Einblick als Einblitz« zu verstehen (79:75). Ohne die Einsicht, dass die präsentierte Sache von Heideggers Philosophie – also das ›Ereignis‹ oder der Augenblick, in dem sich der »Einblitz des Rettenden in die Gefahr« ereignet (76:322) und der andere Anfang »erweckt« werde (73:1303) – ein »Einblick« ist, lässt sich der Sinn der Selbstbestimmung von Heideggers Philosophie nicht begreifen. Ohne die Einsicht, dass das Wort »Ereignis«

letztlich nichts anderes bedeutet als »er-äugen, d. h. erblicken, [...] aneignen« (11:45; 79:125), bleibt Heideggers Philosophie genauso im Dunkeln, wie sie es von der ereignislosen, gleichgültigen Welt behauptet.

Schon im ersten Anfang der Philosophie erkennt Heidegger ein »Blitzen«, das »jäh, in einem zumal, alles Anwesende ins Lichte seines Anwesens« hervorbringe (7:227), das genauer gesagt, das »Erscheinende [...] von ihm selbst her zum Scheinen, zum gelichteten Sichzeigen« bringe (7:218 f.). Doch jener erste Blitz »verlosch« ebenso jäh, wie er aufgeschienen war, denn »niemand fasste seinen Strahl und die Nähe dessen, was er er-leuchtete« (7:233). Weil die Griechen nur den ›Anblick‹, nicht aber den ›Einblick‹ festhalten konnten, konnte es erst dazu kommen, dass dieser Blitz in der vom Wesen der Technik, vom »Ge-Stell« beherrschten Gegenwart vollkommen vergessen und verstellt werde. »Und dennoch«, trotz der vollkommenen, sich selbst vergessenden und verstellenden Seinsverlassenheit der Gegenwart, behauptet Heidegger, »lichtet sich der Lichtblick [...], blitzt Wahrheit des Seins. Dann nämlich, wenn das Gestell sich in seinem Wesen als die Gefahr lichtet, d. h. als das Rettende« (11:122). Doch wo und wann sollte es sich lichten, wenn nicht in Heideggers Philosophie, die das ›Gestell‹ als die ›Gefahr‹ und als das ›Rettende‹ interpretiert? Wo und wann, wenn nicht in Heideggers aneignender Auslegung der unphilosophischen Zeit? Was könnte jener Einblitz, der in das Dunkel hereinbreche und erstmals einen »*Einblick in das was ist*« (79:74) gewähre und dadurch alles, was ist, »der bloßen Bestellbarkeit entzöge und es in sein Eigenes zurückbrächte« (12:253), anderes sein als Heideggers Philosophie, der es um ihr eigenes Sein, um eben diese aneignende Interpretation, um diesen Einblick geht – um einen Einblick, der weder Theorie, weder Betrachtung des Anblicks der Welt noch Praxis, noch »›Revolution‹ im Seienden ohne Verwandlung des Seyns« sein will (95:18)? [147]

Der Unterschied zwischen Heideggers Philosophie und seiner Lehre fällt mit der Behauptung einer von der eigenen Philosophie verschiedenen Sache zusammen: mit der Behauptung eines Ereignisses, das nicht mit dem eigenen Einblick in die Welt identisch sei, eines Blitzes, den der Philosoph nicht selbst wie ein Gott in die Welt schleudert, sondern von dem er getroffen oder »erblitzt« werde (94:464). Der Philosoph muss sich demnach stets als »Getroffener« und »Fassender« präsentieren, der demütig eine »Schenkung« der Wahrheit des Seins entgegennehme (94:464). Die präsentierte Selbstbestimmung seiner Philosophie als frommer und demütiger Dienst an der und für die Wahrheit des Seins erlaubt auch, jegliche politischen Ambitionen von sich zu weisen, ohne dass die eigene Philosophie deshalb »wie das gleichgültige, spielerische Meinen eines hilflosen Sonderlings« wirkt (94:469). Denn der Dienst sei keineswegs nur »Unterwerfung und Gefolgschaft«, sondern vielmehr selbst eine Art von »Herrschaft« (94:430). Im Dienst ihrer Sache müsse die Philosophie herrschen und herrschend werden, ohne jedoch nach politischer Macht oder Führung zu streben. Ihre Sache erfordere das Herrschend-werden, »das *Er*-denken – das denkerische Durchsetzen – eines Wandels des Seins« (94:256), sie »bedarf« jedoch »nicht der Macht« (66:193; vgl. 94:451). Der Philosoph solle kein politischer Führer, wohl aber ein »Herrscher und Wächter« sein (97:22). Er strebe daher nicht die »öffentliche Gewaltherrschaft« der »Mächtigen« (97:22) an, er könne und wolle nicht »unmittelbar führen« (94:276), sondern versuche vielmehr »in der Geschichte des Menschen eine verborgene Herrschaft aufzurichten«, die »allem Verhalten neue Blickbahnen und allem Entscheiden neue Maßstäbe bereitstellt« (45:3; vgl. 13:18). Aus dieser Selbstpräsentation folgt die in den ersten Jahren von Heideggers Spätphilosophie geradezu lehrsatzhaft wiederholte Definition: »Philosophie ist das unmittelbar nutzlose, aber gleichwohl herrschaftliche Wissen« (13:18; 45:3,5,30; 65:36,43; 94:277).

Die behauptete Herrschaft der Philosophie präsentiert Heidegger allerdings als die Herrschaft ihrer Sache, genauer gesagt die Anerkennung und »Würdigung« (65:76; 66:16f.) der »Herrschaft des Ereignisses« (47:11). Das ›herrschaftliche Wissen‹ sei daher ein

»*Fragen nach der Wahrheit des Seyns*« (45:5) und der Denker nichts weiter als ein »großes Kind – das groß fragt« (94:412). Weil es sich selbst von seiner Sache bestimmen lasse (vgl. 94:492), die »niemals Macht« sein könne (66:192), sei das Fragen politisch unschuldig (vgl. 94:348). Doch was ist der Grund für diese Selbstbestimmung? Kommt darin wirklich, wie Otto Pöggeler behauptet, Heideggers »Gegensatz und Widerstand gegen den Nationalsozialismus« zum Ausdruck (1988: 47)? Und warum gibt Heidegger nur kurze Zeit später die Rede von der ›Herrschaft‹ des Ereignisses und somit der Philosophie wieder auf und behauptet das glatte Gegenteil: »Das Seyn in seiner Würde bedarf nicht der Herrschaft« (69:135; vgl. 67:71). Zieht er mit dieser neuerlichen Kehrtwende nun endgültig die Lehre aus dem »Fehler des Nationalsozialismus« (Di Cesare 2016: 227)?

Tatsächlich zog Heidegger 1936 und (etwa zwei Jahre später erneut) eine Lehre, nur zog er sie nicht aus dem »Fehler des Nationalsozialismus«, sondern aus dem Fehler seines Engagements. Seine ›philosophische Politik‹ sollte in Zukunft als unpolitisch erscheinen, als frei von politischen Macht- oder Führungsansprüchen. Dass die Rede vom ›herrschaftlichen Wissen‹ der Philosophie diesem Ziel nicht sonderlich zuträglich war, muss Heidegger bald eingesehen haben, zumal der Widerspruch bereits in den *Beiträgen zur Philosophie* offen zutage trat: Einerseits sollte die ›Herrschaft‹ als Gegenbegriff zur politischen Macht fungieren, andererseits sprach Heidegger auch von der »Herrschaft über die frei (d. h. bodenlos und eigensüchtig) gewordenen Massen«, die »mit den Fesseln der ›Organisation‹ errichtet und gehalten« werden müsste (65:61) und behauptete nicht zuletzt, dass »beide Herrschaftsformen […] gewollt und *zugleich* bejaht werden« müssten (65:62). Der Begriff des ›herrschaftlichen Wissens‹ mag für seine Philosophie und für die aneignende Auslegung, in der sie sich realisiert, angemessen gewesen sein, für seine Lehre und seine Selbstpräsentation, für den Versuch, die Sache seiner Philosophie zu verbergen, war er es nicht. Bei der Abkehr von dieser Rhetorik handelte es sich demnach um einen Prozess der Klärung und Reifung der Lehre und der Selbstpräsentation.

Gemäß der ausdrücklichen Selbstbestimmung zu Beginn der zweiten Phase von Heideggers Philosophie sollen die Philosophen »Wächter und Herrscher sein«, mit der erwähnten Einschränkung, dass ihre Herrschaft keine »öffentliche Gewaltherrschaft von Mächtigen« sein dürfe (96:34). Ebenso wenig sollen Heideggers ›Wächter‹ im Sinne der *Politeia* als ein politischer Stand von Philosophenherrschern verstanden werden. Sie sollten keine Wächter des politischen Geschehens, sondern »Wächter der Wahrheit des Seyns« sein (65:297; vgl. 69:104). Ihre »Wächterschaft« lenke nicht die »Machenschaft« der Weltgeschichte, sondern sei »der Grund einer anderen Geschichte« (65:240 f.). Ihre Aufgabe bestehe darin, die »Wahrheit des Seins« im Seienden, also in der Weltgeschichte zu »bergen« und »einzurichten« (65:241), indem sie ein »Volk zum Volk einer Philosophie macht« (65:43) und so dem Ereignis eine »Stätte« errichte (69:117).

Weil sich die Rede von den ›Herrschern‹ und ›Wächtern‹ nur schwer von der Vorstellung einer politischen Philosophenherrschaft trennen lässt, wird sie im reifen Stadium der Spätphilosophie zugunsten der Rede vom ›Hirten‹ aufgegeben. Der Philosoph präsentiert sich nun nicht mehr in Analogie zur weltlichen, sondern zur geistlichen Macht: Er sei kein »Herr des Seienden«, sondern »Hirt des Seins« (9:331). Von den unzähligen Assoziationen, die sich mit dem Bild des Hirten verknüpfen lassen, scheint Heidegger besonders diejenige des ›Oberhirten‹ wecken zu wollen. So wie die oberste geistliche Autorität Statthalter oder Stellvertreter Jesu Christi (*Vicarius Iesu Christi*) ist, so schreibt Heidegger, dass der Hirt »nur Hirt des Seins werden kann, insofern er der Platzhalter des Nichts bleibt« (5:348). Der »Hirt des Seins« werde »gerufen« (9:342) und »gebraucht« (ZS:223), er handle im Auftrag der Wahrheit des Seins und nicht des Seienden. Weil der Hirte des Seins in erster Linie der »Hüter der Lichtung des Ereignisses« (ZS:223) und nicht seiner Herde sei, sei er auch »nicht auf die Herde angewiesen« (97:383).[148]

Die »Sorge« des Hirten gelte allein der »Lichtung des Ereignisses«, dem Sichzeigen der Wahrheit des Seins (9:331). Damit das Ereignis phänomenal werden könne, müsse es in der Welt erscheinen, müsse es sich in ein Seiendes, »in ein je Weiliges, in dieses, in jenes Ding« (79:13) einrichten. Doch was muss vor sich gehen, damit das Ding nach Heidegger nicht nur Teil der Welt ist, sondern eine neue Welt eröffnet und eine neue Geschichte beginnt? Es bedarf keiner Veränderung, keiner Revolution, sondern eines neuen Blicks auf das Gegebene: Es bedarf der Philosophie, die einen Einblick nimmt und gewährt, in das, was ist, und die Geschichte der Verdunklung erleuchtet und beendet.

96. Besinnung

Der »Einblick in das was ist« entspringt für Heidegger jedoch nicht dem Betrachten der Dinge oder des Gegebenen, sondern einer »Besinnung« der Philosophie auf ihre Sache, einer Besinnung, die »notwendig Selbstbesinnung« (65:48) sei: »Die Besinnung der Philosophie auf sich selbst *ist* sie selbst, ist das vom Seyn ereignete Denken« (66:57). Nur indem sich die Philosophie besinne, indem sie sich auf sich selbst besinne, könne sie dem »Immer-noch-Anderen« dienen, »das zu bereiten es eigentlich gilt« (65:52; vgl. 66:49,53). Und umgekehrt gelte auch: Gerade weil ihre Sache das radikal Andere sei, radikal anders als alles, was sie sei und was für sie sei, dürfe sie sich nicht von dem bestimmen lassen, was ist, sondern müsse sich dem »Sachverhalt« stellen, dass »was Philosophie ist und wie sie jeweils ist, sich nur aus ihr selbst bestimmt« (6.1:14).

Diese radikale Selbstbestimmung, das Thema der vorliegenden Arbeit, die Heidegger in seiner Spätphilosophie als »Besinnung« bezeichnet, gelte es streng von der Vorstellung einer bloßen »Selbstbespiegelung« (79:140), von einer nachträglichen »Reflexion« auf das Philosophieren oder einer »*Philosophie der Philosophie*« zu unterscheiden (94:476; vgl. 73:512). Die Frage, die am Anfang der Philosophie zu stehen habe, sei nicht die Frage, was und wie die Philosophie als Gegebenes sei, sondern »wo die Philosophie, der die Besinnung gilt, steht« (94:476). Je radikaler diese Besinnung zur ersten Frage gemacht werde, »umso entschiedener muss über ›Inhalte‹ und ›Formen‹ hinweg nach dem Ansatz und der Schrittrichtung der *Fragebewegung* gefragt werden, denn diese selbst und nur sie schafft und fügt den denkerischen Raum, auf dessen Beherrschung es allein ankommt« (94:502).

Philosophie im strengen Sinne des Wortes bedeutet für Heidegger radikale Selbstbestimmung: eine Besinnung, die einen beherrschbaren Raum »schafft und fügt«, eine Besinnung, die ausgehend von dem Ort, an dem sie steht und in der Richtung, die sie einschlägt, einen Raum erschließt, in dem sie sich und ihr Vorgehen erst verorten kann. Wenn für Heidegger die Frage »*Wo stehen wir?*« die erste Frage der Philosophie ist, so fragt sie gerade nicht nach einem »›Ort‹ innerhalb eines vermeintlich bekannten und übersehbaren Geschichtsraumes, der vermeintlich an sich vorhanden ist« (94:443). Die von Heidegger postulierte Besinnung ist kein »Zuschauen gegenüber einem Schauspiel von Zwangsläufigkeiten« (67:164). Die Antwort auf die Frage »*Wo stehen wir?*«, der Einblick in die Not und Notwendigkeit der Gegenwart, in die »äußerste Seinsverlassenheit« (67:164), sei keine neutrale Betrachtung, sondern eine Verwandlung der bloßen Gegenwart in den Augenblick: »Geschichtliche Besinnung verwandelt die Geschichte und muss diese Verwandlung auch wissen« (66:371). Und diese Verwandlung orientiert sich nicht am Verlauf der Geschichte. Die »Wegrichtung« lässt sich Heideggers Philosophie nicht von ihrem Thema, sondern nur von ihrer Sache vorgeben: »Eine Wegrichtung einschlagen, die eine Sache von sich aus schon genommen hat, heißt in unserer Sprache sinnan, sinnen. Sich auf den Sinn einlassen, ist das Wesen der Besinnung« (7:63). Was aber diese Sache ist, worum es Heideggers Philosophie geht, und welche Haltung sie zu dieser Sache einnimmt, ob sie sich von ihr bestimmen lässt oder sie umgekehrt selbst bestimmt, war gerade die Frage dieser Untersuchung, die sich in einem vermeintlich »leeren Schweifen« um die Selbstbestimmung von Heideggers Philosophie gedreht hat. Obwohl sich Heideggers Philosophie ihrem eigenen Bekunden nach um sich selbst dreht, gibt es eine Entwicklung, einen Anfang und ein Ende, deren Sinn und Wegrichtung die vorliegende Untersuchung sichtbar machen wollte: Je radikaler sie sich selbst bestimmt, »umso reiner schwingt sie in dieser Kehre um sich selbst, um so weiter hinaus gedrängt, bis an den Rand des Nichts, ist dann auch der Umkreis dieses Kreises« (6.1:14).

VI.
ZUR FRAGE NACH DER OFFENBARUNGSRELIGION

Man fragt doch immer am Ende, wozu dient das Philosophieren und der Endzweck desselben?

Immanuel Kant

97. Glauben und Denken

Vom Anfang bis zum Ende ihrer Entwicklung scheint Heideggers Philosophie eine Sache aus dem größer werdenden Kreis ihrer aneignenden Auslegung stets ausgeschlossen zu haben: den Glauben an einen geoffenbarten Gott. Die Abkehr von Husserls Philosophie, von jener als unphilosophisch empfundenen ›Beruhigung‹ bei der ›Gewissheit‹, die den Beginn ihrer Entwicklung markiert, ist zugleich eine Abkehr von der katholischen Theologie und vom Offenbarungsglauben im Allgemeinen.[149] Die Herausforderung, welche die Theologie und der Offenbarungsglaube für seine Philosophie darstellt, hat Heidegger durch diese Abkehr jedoch so wenig hinter sich gelassen, dass er fast 20 Jahre später, in einem *Rückblick* von 1937/38 schreiben konnte, dass auf seinem »ganzen bisherigen Weg verschwiegen die Auseinandersetzung mit dem Christentum mitging« (66:415). Während der ersten Phase seiner Philosophie brachte Heidegger sein »Denken über die Offenbarung«, wie sich Leo Strauss ausdrückt, tatsächlich »eher durch Schweigen oder durch die Tat als durch die Rede zum Ausdruck« ([1965/68] 1996: 19).[150] Doch worin besteht dieses beredte Schweigen und die »Tat«, in der Heideggers »Denken über die Offenbarung« zum Ausdruck kommt, bevor er ab Mitte der 1930er Jahre das Schweigen bricht und den Taten Worte folgen lässt?

Strauss zufolge besteht es darin, dass er in *Sein und Zeit* und in den Vorlesungen dieser Zeit dem »griechischen Verständnis vom Mensch« ein »biblisches Verständnis« gegenübergestellt und »das menschliche Leben im Lichte des ›Seins zum Tode‹, der ›Angst‹, des ›Gewissens‹ und der ›Schuld‹« interpretiert habe ([1965/68] 1996: 24). Heidegger sei zwar gewillt gewesen »die letzten Relikte christlicher Theologie aus der Philosophie [zu] vertreiben, wie etwa die Vorstellungen der ›ewigen Wahrheiten‹ und des ›idealisierten absoluten Subjekts‹«, um so dem »Geist der Rache« zu entkommen, er sei aber gerade dadurch in der entscheidenden Hinsicht »viel mehr Christ als Nietzsche« geblieben (21, 24). Sein »Atheismus aus intellektueller Redlichkeit«, sein vermeintlich radikal endliches Denken, überwinde zwar die Orthodoxie, könne aber »nicht über die Tatsache hinwegtäuschen, dass seine Grundlage ein Akt des Willens, des Glaubens« sei (53).

Und tatsächlich legt Heideggers Philosophie in ihrer Selbstpräsentation größten Wert darauf, sich vom Glauben als einer »Möglichkeit des sich Haltens an Offenbarung, an irgendwelche Bekundung ihres Besitzes und der Besitzmöglichkeiten« abzugrenzen, und zwar nicht, »weil sie [diese Möglichkeit] voraussetzungslos sein will, sondern weil sie ursprünglich in einer Voraushabe steht – des Faktischen« (61:2). In diesem Sichhalten an Offenbarung sieht Heidegger den Kern des Christentums (und der Offenbarungsreligionen im Allgemeinen). Alles, was über diese »Existenzmöglichkeit« (9:66) oder »Existenzweise« (9:52) hinausgehe, alles, was der »gläubig-christlichen Welt- und Lebensanschauung« zugerechnet werden könne (80.1:182), sei in hohem Maße »von Philosophie und der Lage des jeweiligen theoretischen Bewusstseins überhaupt« abhängig (60:310; vgl. 9:63). Von all dem, was sich am Christentum im Grunde auf die Philosophie reduzieren lasse, will Heidegger eine reine »Christlichkeit« (9:51), eine reine »christliche Lebenserfahrung« (60:72) isolieren, »die, nach dem eigenen – dieser Existenzweise wesentlich zugehörigen – Zeugnis, nicht aus dem Dasein und nicht durch es aus freien Stücken gezeitigt wird, sondern aus dem, was in und mit dieser Existenzweise offenbar wird, aus dem Geglaubten« (9:52). Diese genuine Religiosität, die er in unverfälschter Form nur im Urchristentum und bei Luther zu erkennen vermag, gehe auf eine »*absolute Umwendung*«, auf eine »*Hin*wendung zu Gott« (60:94) zurück, welche die »Kraft des Menschen« übersteige (60:122). Diese »Wiedergeburt« (9:63), dieses »Gewordensein«, das den Kern des Offenbarungsglaubens ausmache, sei kein »beliebiges Vorkommen im Leben, sondern es wird ständig miterfahren« (60:94). Die »Wiedergeburt« werde »ständig miterfahren«, doch meint dieses ›ständig‹ so viel wie ›zunächst und zumeist‹ oder so viel wie ›immer schon‹? Die reine Christlichkeit scheint nur in ebenso flüchtigen wie epochalen Augenblicken der Geschichte möglich. In dem Augenblick, in dem sich diese reine Erfahrung ereigne, scheint sie bereits an die Weltgeschichte zu verfallen. In dem Augenblick, in dem der christliche Glaube auftrete, werde er bereits zu einem Teil der Geschichte des Christentums, »zu deren Geschehen die Theologie selbst an ihrem Teil beitragen soll« (9:54). Weil das Christentum nie reine Erfahrung, sondern stets auch ein »weltgeschichtliches Ereignis« (9:51) gewesen sei, weil selbst die reine Innerlichkeit des Glaubens nur in der Geschichte möglich gewesen sei, musste sie eine »gläubig-christliche Welt- und Lebensanschauung« ausbilden (80.1:182), die wiederum eine »begriffliche Selbstinterpretation der gläubigen Existenz« (9:56) erfordert habe – eine Selbstauslegung, die sich der Metaphysik bedient habe.

Die Theologie mag sich zwar der Metaphysik bedienen, in ihrem Wesen sei sie jedoch Selbstauslegung des Glaubens. Und weil der Glaube »sich selbst immer nur gläubig« verstehe (9:53), besitze die Philosophie »kaum einen berechtigten Maßstab der Kritik« (60:323). Denn die Philosophie stelle ebenso wie der Glaube ein »menschlich-übermenschlich Erstes und Letztes« (32:61) oder eine »Grundmöglichkeit der Existenz« dar, allerdings eine Grundmöglichkeit »völlig anderer Art« (an Elisabeth Blochmann, 8.8.1928: 25). Genauer gesagt stünden sich die Existenzmöglichkeit der Philosophie als »freie Selbstübernahme des ganzen Daseins« (9:66) und die Existenzform des Glaubens, »in der das Dasein zum Knecht geworden, vor Gott gebracht und so wieder-geboren ist« (9:53) unvermittelbar gegenüber. Sie stünden sich nach Heideggers oft zitierter Formulierung so unversöhnlich gegenüber, dass »die Philosophie gar nicht erst unternimmt, jenen Todfeind in irgendeiner Weise bekämpfen zu wollen« (9:66). Der Gegensatz zwischen den beiden Existenzformen sei so absolut, dass die Philosophie weder willens noch in der Lage sei, der Herausforderung der Offenbarungsreligion zu begegnen. Ob das Unvermögen von Heideggers Philosophie, der gewissermaßen hilflose Atheismus, der sich in dieser Konzeption ausspricht, jedoch tatsächlich seinen Grund in der »intellektuellen Redlichkeit« findet, in einem »Glauben« an die radikale Diesseitigkeit und Endlichkeit, der sich heroisch den Glauben an einen geoffenbarten Gott versagt, oder ob jene Redlichkeit im Streben nach der Wahrheit des Seins und jenes Pathos der Endlichkeit nicht vielmehr Teil einer Selbstpräsentation ist – diese von Strauss aufgeworfene Frage lässt sich nur beantworten, wenn man Heideggers zweite Antwort auf die Herausforderung der Offenbarungsreligion in Betracht zieht.

Das Unvermögen der Frühphilosophie, des Offenbarungsglaubens durch eine aneignende Auslegung Herr zu werden, kommt auch in Heideggers Bestimmung der Sache des Glaubens zum Ausdruck. Der »höchste Gegenstand der Religion« ist für Heidegger gerade das, was für die Frühphilosophie das Jenseits der Grenze ihrer Selbsterörterung ausmacht: die »*Geschichte* im eigentlichsten Sinne« (60:322). Der Offenbarungsglaube erscheint bezeichnenderweise als eine Perspektive, die Menschheit »als eine lebendige Gemeinschaft der Einzelnen anzuschauen, in ihr das abgesonderte Dasein zu verlieren« (60:322). Die Theologie stelle dementsprechend, als begriffliche Klärung und Selbstauslegung dieser Perspektive, eine »historische Wissenschaft« dar (9:56). Während das »Denken« von sich behauptet, sich nur um die ahistorische Geschichtlichkeit, um das existenziale Transzendieren des Daseins zu sorgen, wird dem »Glauben« eine Sorge um die existenzielle, um die gesellschaftliche und politische Realität zugeschrieben. Wenn »Religion« (womit der ›reine Glaube‹ gemeint ist) für Heidegger wesentlich »*Nachfolge*« ist (Petzet 1983: 186), wenn sie wesentlich ein Bewusstsein der Geschichte ist, dann muss sie als schicksalhafter »Todfeind« erscheinen (9:66) – ein Todfeind, dem er mit den Mitteln seiner Frühphilosophie nichts entgegensetzen kann.

In der Zwischenphase schreibt Heidegger die Offenbarung als ein schicksalhaftes Ereignis in das nicht minder schicksalhafte Geschehen der Volksgeschichte ein und behauptet, die »Blitze der Götter« könnten nur einschlagen, wenn »die heimatliche Erde und das Volk als dieses in den Gewitterraum zu stehen kommt« (39:100). Doch er gibt jenem völkischen Schicksal seine eigene Philosophie gleich mit anheim, so dass das »Denken« der Herausforderung des Glaubens umso weniger gewachsen ist.

Erst in der Spätphilosophie sieht sich Heidegger in der Lage, das geschichtliche Bewusstsein des Christentums in dem Raum zu verorten, den die Selbsterörterung erschlossen hat. Zu diesem Zweck greift er die Unterscheidung zwischen dem reinen Glauben, der reinen Christlichkeit auf der einen und der Metaphysik, der Kultur und der Theologie des Christentums auf der anderen Seite wieder auf. Doch während der (notwendige und unablässige) Abfall von der »Existenzmöglichkeit« des reinen Glaubens in der ersten Phase grundsätzlich reversibel und eine Rückkehr zur reinen Christlichkeit grundsätzlich immer möglich zu sein schien, erscheint die Unterscheidung zwischen Glaube und Metaphysik, zwischen Christlichkeit und Christentum nun als eine geschichtliche und unumkehrbare Entwicklung.

Der Beginn dieser Entwicklung fällt für Heidegger unmittelbar mit dem Auftreten des urchristlichen Glaubens zusammen. Es mag zwar auch bei den Griechen bereits »Götter« gegeben haben, doch diese Götter seien nichts anderes gewesen als »das in das Seiende hereinblickende Sein selbst« (54:164). Ein vom Sein der Philosophen unterschiedener Gott sei erst in dem Augenblick aufgetreten, in dem der Gott des Christentums sich offenbart habe. In dem flüchtigen Moment seines Auftretens habe er sich jedoch zugleich wieder entzogen. Er entziehe sich, genauer gesagt, »indem er in die Philosophie kommt« (8:12), wie Heidegger in einer wichtigen Marginalie zu seiner Vorlesung *Was heißt Denken?* anmerkt. In dem Moment, in dem die »Christlichkeit«, der »Glaube an Christus in Christus« in die Seins- und Philosophiegeschichte einbreche, gebe es bereits das »Christentum«, also die »Metaphysik, die den Glauben als Wissen ausgibt« (97:204). Der Moment des Auftretens des Glaubens sei zugleich der Moment der Vermischung mit dem Denken (vgl. dazu: 67:95; 96:11), der Moment des unumkehrbaren Abfalls vom reinen Glauben (vgl. 98:102). Das »Christentum«, das durch diesen Abfall und diese Vermischung zur Herrschaft gelangt sei, sei von Anfang an »ein Notbehelf« und immer schon im Begriff, »jede Kraft des Schaffens« zu verlieren (95:185). In dem Moment, in dem der christliche Gott »in die Philosophie« komme, werde er zur letzten Begründung des Seienden, zur »Causa sui«, zu einem »Gott der Philosophie« und zu »diesem Gott kann der Mensch weder beten, noch kann er ihm opfern« (11:77). So wie das ›Denken‹ mehr und mehr zur bloßen ›Philosophie‹ verfalle, so wie sich das Sein zunehmend entziehe, verberge und in Vergessenheit gerate, so verfalle auch der christliche Glaube zunehmend zum bloßen Christentum und treibe den Gott in die Flucht.

Die »Flucht der Götter« (65:237) sei eine Flucht vor der Selbstermächtigung der Menschen, die den Glauben (und das Denken) zugunsten einer Gleichgültigkeit, einer Unentschiedenheit von

Glauben und Denken aufgegeben hätten. Diese Selbstermächtigung präsentiert Heidegger jedoch zugleich als radikale Ohnmacht, denn selbst wenn die Menschen durch ihre Selbstermächtigung Gott getötet hätten, so hätten sie doch nur den Gott des Christentums, den Gott der Metaphysik und nicht den Gott des reinen Glaubens getötet: »Der Gott als Wert gedacht, und sei er der höchste, ist kein Gott. Also ist Gott nicht tot« (13:154). Der Gott, dem der Mensch sich »opfern« könne, sei nicht tot, er sei geflohen vor der Ohnmacht des Christentums, das in der Gegenwart »jede Macht der Ursprünglichkeit verloren« habe (94:523). Er habe sich nur entzogen – und er »braucht uns« für seine Rückkehr (94:472). Doch wen meint dieses »wir«? Die Menschen im Allgemeinen? Den alltäglichen Menschen, den Menschen als »animal rationale« (70:132), so wie ihn die Metaphysik hervorgebracht hat? Nein, die »Götter brauchen nicht den Menschen, aber sie benötigen das Seyn«, das Ereignis der Wahrheit des Seins (66:255). Der Mensch, jener neue Mensch, den die Götter »brauchen«, sei, ebenso wie jene Götter selbst, ein Produkt des Ereignisses: »Weder erschaffen die Götter die Menschen noch erfindet der Mensch die Götter. Die Wahrheit des Seyns entscheidet ›über‹ beide, indem es nicht über ihnen waltet, sondern zwischen ihnen sich und damit erst sie selbst zur Ent-gegnung ereignet« (66:235; vgl. 65:477). Jenes »wir«, auf das das Ereignis angewiesen sei, fällt weder mit den bisherigen noch mit den zukünftigen Menschen zusammen. Auf der Ebene der Selbstpräsentation meint das »wir« vielmehr die ›Dichter und Denker‹, die gemeinsam den Boden bereiteten für das Ereignis des »Göttlichen« und »Heiligen«, das wiederum die Voraussetzung für die »Ankunft der Götter« (12:228) sei: »Die einzige Möglichkeit einer Rettung sehe ich darin, im Denken und Dichten eine Bereitschaft vorzubereiten für die Erscheinung des Gottes oder für die Abwesenheit des Gottes im Untergang« (16:671). Das Denken und das Dichten bereiten demütig die Bereitschaft für die Ankunft vor, ohne selbst über die Ankunft oder das Ausbleiben jener zukünftigen Götter – Heidegger unterscheidet die »kommenden Götter« und den »letzten Gott«, dessen »Vorboten« erstere seien (vgl. 69:211; 71:229; 96:136) – entscheiden zu können. Es gebe also einen Unterschied zwischen dem Ereignis, zwischen der »Augenblicksstätte der Entscheidung« (65:230), die das Denken und Dichten vorbereiten und jenem letzten Gott, jenem »anderen Anfang unermesslicher Möglichkeiten« (65:411), um dessentwillen sie ihre vorbereitende Arbeit am »Haus des Seins« verrichten.[151] Das Ereignis sei »nicht selbst der Gott« (69:61) und umgekehrt sei der letzte Gott »nicht das Ereignis selbst, wohl aber seiner bedürftig« (65:409).

Das »Ereignis« wird als unabdingbare, aber nicht hinreichende Voraussetzung für die Ankunft der kommenden Götter und des letzten Gottes präsentiert (vgl. 54:167; 65:438). Im Augenblick des Ereignisses »wandelt« sich »das Menschen- und Götterwesen zumal« (70:131), ohne dass es bereits Seiendes, dass es bereits Menschen und Götter gebe, die diesem neuen, zukünftigen Wesen entsprechen könnten. Wenn jene Götter, deren Ankunft Heideggers Philosophie voraussagt und verspricht, des Ereignisses bedürften und wenn das Ereignis »nur im Er-denken seine Wahrheit findet, dieses Denken aber die Philosophie (im anderen Anfang) ist, dann bedürfen ›die Götter‹ […] der Philosophie« (65:439).

So sehr die Vermischung des Glaubens mit der Philosophie als Metaphysik die Flucht der Götter bewirkt habe, so sehr bedürfe die Ankunft der zukünftigen Götter einer »Philosophie (im anderen Anfang)«, eines Denkens, das sich nicht mit dem Glauben vermische, das sogar »als Denken die Kluft zum Glauben *ist*« (97:205). Dieses »gott-lose Denken, das den Gott der Philosophie, den Gott als Causa sui preisgeben muss« (11:77), das endgültig aufgehört habe, an ein Seiendes zu glauben, das aufgehört habe, »christliche Philosophie« (97:204) zu sein, sei »dem göttlichen Gott vielleicht näher« (11:77) als das Christentum und als die anderen vom reinen Glauben abgefallenen Formen der Offenbarungsreligion.

Der reine Glaube und das reine Denken seien zwar »zwei abgründig verschiedene Bereiche« (8:181; vgl. 98:7), doch scheinen sie nun, ganz im Gegensatz zur Frühphilosophie, auf eine durchaus ungleiche Weise voneinander verschieden zu sein. Der Glaube sei vom Denken durch eine Kluft getrennt, weil er das Denken »nicht nötig« habe (15:437), weil er sich nicht um das Denken »kümmert«, weil das Denken und »die Trennung von ihm etwas Gleichgültiges« sei (97:204). Damit es aber überhaupt so etwas wie Glauben geben könne, sei das Denken des Ereignisses oder besser gesagt das Denken als Ereignis sehr wohl vonnöten, weil die »Erfahrung

Gottes und seiner Offenbarkeit […] in der Dimension des Seins sich ereignet« (15:437).

Das Denken hingegen steht dem Glauben nur noch scheinbar gleichgültig gegenüber. Heidegger behauptet zwar immer wieder, dass der Streit zwischen Glaube und Denken »nicht innerhalb und nicht durch menschliches Wollen geschlichtet« werden könne (97:206; vgl. 40:9), doch aufmerksame Leser_innen wissen, dass das Interesse oder die Sorge des Denkens keineswegs als »menschliches Wollen« gelten soll, weder als ein Wollen des alten noch des zukünftigen Menschen. Das Denken sorge sich um die Trennung oder die Kluft zwischen Denken und Glauben, die nicht »irgendwo im Unbestimmten« verlaufe, sondern mit dem Denken identisch sei (97:199). Das Denken lasse zwar »Gott Gott ›seyn‹« (97:357), es spreche zwar »nie zu Gott«, aber es sage »die Gottheit der Götter« (97:467) und schaffe dadurch die Voraussetzung für das Auftreten der Götter – und für die zukünftigen Menschen, die jenen kommenden Göttern entsprechen sollen, indem sie an sie glauben. In seiner Sorge um den Abgrund zwischen dem Denken und dem Glauben, zwischen der Wahrheit des Seins und der Wahrheit des Seienden (der Offenbarung Gottes), müsse das Denken »gar noch die Götter übertreffen; denn diesen und ihrem mühelosen Gelingen bleibt der Abgrund (das Seyn) versagt« (95:57).

99. Das Versprechen

Während ihrer gesamten Entwicklung war Heideggers Philosophie darum bemüht, den Anschein zu erwecken, dass sie vor dem ›Phänomen‹ des Offenbarungsglaubens als einer ›Grundmöglichkeit‹ der menschlichen Existenz zurücktrete, dass sie dieses Phänomen nur von gewissen Sedimenten befreien will, damit es sich von sich her, unverstellt und rein zeigen kann. Da der vergangene Glaube nicht mehr und der zukünftige Glaube noch nicht möglich sei, gelte es, die Gegenwart in eine »Augenblicksstätte der Entscheidung über Nähe und Ferne des letzten Gottes« zu verwandeln (65:239). Dieses Ereignis der Verwandlung, das Heideggers Philosophie durch ihre aneignende Auslegung der Zeit zu realisieren vorgibt, soll einen zukünftigen Menschen schaffen, der Heideggers Philosophie anerkennt, der das »Wissen« von Heideggers Philosophie anerkennt, jenes »wesentliche Wissen«, das »ursprünglicher [ist] als jedes Glauben, das immer nur auf ein Wahres geht« (65:369). Obwohl der Glaube dem Denken gegenüber gleichgültig sei, bleibe er doch auf das Wissen – Heidegger definiert es als das »Sichhalten« in der »Lichtung der Verbergung« des Ereignisses (65:369) – angewiesen: Der Glaube sei sogar selbst »ein Wissen, aber niemals ein Denken« (97:204). Er sei genauer gesagt das »Wissen« um ein Seiendes, ein Wissen, das allerdings nie frage, wie dieses Seiende sich zeigen konnte, ein Wissen, das nicht vor dem Phänomen zurücktrete, sondern sich an ihm festhalte, ein »Sichhalten« also, das nicht, wie das Denken in sich selbst, sondern an einem anderen Seienden Halt finde. Der Glaube müsse, solle und könne nicht denken. Und doch setze er das Denken als seine Möglichkeitsbedingung voraus. Seit der Glaube an die alte Offenbarung nicht mehr und solange der Glaube an eine neue Offenbarung noch nicht möglich sei, solange sich kein neuer Gott offenbart habe, müsse der Glaube daher an das Denken glauben: daran, dass das Denken jenen Möglichkeitsraum offenhalte, in dem schließlich ein Gott erscheinen könne.

Heideggers Philosophie verlegt die radikale und wechselseitige Trennung von Glauben und Denken also in die Zukunft. Die Trennung sei das Produkt der Offenbarung eines künftigen Gottes, ein Produkt an dem Heideggers Philosophie ein genuines Interesse habe. Sie behauptet genauer gesagt, dass das, worauf es ihr bei ihrer Sorge um das Ereignis, um die Wahrheit des Seins stets ankomme, nichts anderes sei als diese Offenbarung und die aus ihr resultierende Trennung. Und sie muss es auch behaupten. Denn die Behauptung jenes Gottes, jenes »kommenden« oder »letzten« Gottes, der »das äußerste Wagnis des Seyns« darstelle (94:314), ist nichts anderes als die Behauptung, dass das Ereignis nicht mit der eigenen Philosophie identisch sei. Heideggers Philosophie muss behaupten, dass es ihr letztlich auf etwas ankomme, was nicht mit ihrem eigenen Sein identisch ist. Jener Gott, um dessentwillen das Ereignis da sei, sei gerade das Andere und Unbeherrschbare am Ereignis, das sich nicht aneignen lasse, das sich nur von sich her zeige und sich daher weder versprechen noch voraussagen lasse.

Und doch prophezeit Heideggers Philosophie diesen Gott. Ihre Prophezeiung bezieht sich jedoch nicht auf die Umstände, den

Zeitpunkt oder die Gestalt seines Erscheinens, nicht auf den Gott als Seiendes, sondern auf die »Gottheit der Götter« (97:467). Sie präsentiert sich als reines Versprechen und als reine Voraussage. Dieser reinen Prophezeiung könne man nicht entsprechen, indem man an ein bestimmtes Seiendes glaubt. Man könne ihr nur entsprechen, indem man ihre (präsentierte) Haltung imitiert. Sie gebietet also einen Glauben, aber einen Glauben, der durch seine Haltung und nicht durch seinen Gegenstand bestimmt zu sein scheint. Tatsächlich gebietet sie den Glauben an die Selbstpräsentation, sie gebietet ihre eigene Anerkennung als das Denken, das sich demütig unter das »menschliche Sinnen und Trachten« rechnet, das »keine unmittelbare Veränderung des jetzigen Weltzustandes bewirken« könne oder wolle: »Nur noch ein Gott kann uns retten« (16:671).

Die eigene bescheidene Rolle könne nur darin bestehen, »eine Bereitschaft vorzubereiten für die Erscheinung des Gottes« (16:671). Diese Bereitschaft oder dieser Glaube findet seinen Halt in der Gewissheit, dass das Denken wahr ist. Der zukünftige Gläubige muss den Denker als Propheten anerkennen. Er muss an das Denken glauben. Es ist ein befremdlicher Glaube, den Heidegger den zukünftigen Menschen vorschreibt, jenen »Zukünftigen« oder »Künftigen«, die es »vorzubereiten« gelte und die in »opfernder Verhaltenheit« den »letzten Gott« erwarten sollen (65:395). Diese reine Erwartung, dieser reine Glaube wäre in dem Moment zerstört, in dem er sich auf einen bestimmten Gegenstand, auf ein bestimmtes Seiendes oder einen bestimmten Gott richten würde, er wäre in dem Moment zerstört, in dem ein Gott »erscheinen« würde. Diese zukünftigen Menschen »stehen im herrschaftlichen als dem wahrhaften Wissen« (65:395). Aus diesem Wissen, das sie nicht denken, sondern nur glauben, müssten sie austreten, wenn sich die Prophezeiung erfüllen würde. In dem Moment, in dem sie an etwas glauben würden, würden sie aufhören zu glauben. Sie würden ihr Fundament verlassen: das Wissen, das »Sichhalten in der Wahrheit des Seins«. Sie müssen also in einer reinen, ungerichteten und unerfüllbaren Erwartung verharren, in einem reinen Glauben an Heideggers leere Prophezeiung, in dem seine philosophische Politik an ihr Ziel gelangt.

Welche Lehre lässt sich nun aus dem hier verhandelten und untersuchten ›Fall Heidegger‹ ziehen? Lässt sich dieser Fall überhaupt in ein Bild bringen? Lässt sich sein Engagement für den Nationalsozialismus mit dem Platonischen Höhlengleichnis begreifen, das für die Selbstpräsentation seiner Philosophie eine so entscheidende Rolle spielte? Lässt sich die Abkehr vom Engagement und die damit einsetzende Spätphilosophie tatsächlich im Sinne einer »Rückkehr aus Syrakus« interpretieren, wie es Gadamer einst nahelegte (vgl. Gadamer 1988: 8)? Oder müsste man nicht ein neues Gleichnis finden? Oder zumindest, weil es in der Philosophie schwerlich etwas ganz Neues geben kann, das alte Gleichnis ein wenig modifizieren?

Müsste man sich Platons Höhle mit Blick auf den ›Fall Heidegger‹ nicht ohne Ausgang vorstellen, ohne Außenwelt und ohne eine Sonne, die von sich aus leuchtet und alles, was zwischen Himmel und Erde liegt, ja sogar das, was unter der Erde liegt, hervorbringt? Und müsste man sich den Aufstieg, den der Philosoph seinen Mitgefangenen verspricht, nicht vielmehr als eine katastrophale Irrfahrt ins Dunkel der Höhle vorstellen, auf der der Philosoph die Höhlenbewohner nur scheinbar führt, tatsächlich aber blind seinem Schicksal in die Arme läuft? Und müsste man sich nicht schließlich die Rückkehr von dieser Irrfahrt so vorstellen, dass der Philosoph gerade nicht geläutert ist, sondern an seinem Versprechen der Außenwelt festhält und behauptet, dass der Weg zum Ausgang aus der Höhle durch ein Beben verschüttet worden und die Befreiung nur deswegen misslungen sei, dass es jederzeit ein weiteres Erdbeben geben könne, das den Ausgang wieder freilegen werde und dass sie seinen Worten Glauben schenken müssen, damit sie im entscheidenden Moment bereit sein würden, ihm in Richtung Freiheit zu folgen?

Auch wenn eine solche Modifikation das alte Gleichnis vielleicht noch schiefer und umständlicher macht, als es ohnehin schon war, so zeigt es zumindest an, warum sich die Frage nach dem Interesse des Philosophen genau in dem Moment stellt, in dem er sich vom ›Schattenspiel‹ abwendet. Es zeigt an, dass der Philosoph gleich am Anfang des Weges, wenn er sich auf seine Irrfahrt begibt, anstatt sich dem menschengemachten Feuer zuzuwenden und die Schattenspieler nach dem Sinn ihres Tuns zu fragen, eine richtungsweisende Entscheidung trifft. Es zeigt kurz gesagt, warum sich die Frage ›Was ist Philosophie?‹ nicht erst am Ende der Reise stellt. Das Irren ist nicht das Schicksal oder das Wesen des Menschen oder der Philosophie, sondern das Ergebnis einer Entscheidung.

Danksagung

Mein großer Dank gilt Johannes Kleinbeck, Marcus Coelen und Hannah Schurian, die auf vielfältige, oft implizite Weisen dieses Buch geformt haben. Nicht minder bin ich Dennis Yücel und Hannes Kerber dankbar, die dieser Arbeit durch die kritische Lektüre der Entwürfe und des Manuskripts auf ausdrücklichere Weise zu ihrer jetzigen Gestalt verholfen haben. Auch Prof. Wilhelm Vossenkuhl, Prof. Vinzenz Hediger und Prof. Martin Saar möchte ich herzlich für die Unterstützung während der Arbeit an dieser Untersuchung danken. Nicht zuletzt bin ich aber Prof. Heinrich Meier zu tiefer Dankbarkeit verpflichtet, ohne dessen wohlwollende Kritik und weitsichtigen Rat dieses Buch nicht existieren würde.

BIBLIOGRAPHIE

1. Werke und Dokumente von und zu Heidegger

A. Gesamtausgabe

Frankfurt am Main ab 1975. 4 Abteilungen.

I. Abteilung. Veröffentlichte Schriften 1910–1976

Bd. 1: *Frühe Schriften.* Hg. v. Friedrich-Wilhelm von Herrmann. 1978.

Bd. 3: *Kant und das Problem der Metaphysik.* Hg. v. Friedrich-Wilhelm von Herrmann. 1991.

Bd. 4: *Erläuterungen zu Hölderlins Dichtung.* Hg. v. Friedrich-Wilhelm von Herrmann. 1981.

Bd. 5: *Holzwege.* Hg. v. Friedrich-Wilhelm von Herrmann. 1977.

Bd. 6.1: *Nietzsche. Erster Band.* Hg. v. Brigitte Schillbach. 1996.

Bd. 6.2: *Nietzsche. Zweiter Band.* Hg. v. Brigitte Schillbach. 1997.

Bd. 7: *Vorträge und Aufsätze.* Hg. v. Friedrich-Wilhelm von Herrmann. 2000.

Bd. 8: *Was heisst Denken?* Hg. v. Paola-Ludovica Coriando. 2002.

Bd. 9: *Wegmarken.* Hg. v. Friedrich-Wilhelm von Herrmann. 1976.

Bd. 10: *Der Satz vom Grund.* Hg. v. Petra Jaeger. 1997.

Bd. 11: *Identität und Differenz.* Hg. v. Friedrich-Wilhelm von Herrmann. 2006.

Bd. 12: *Unterwegs zur Sprache.* Hg. v. Friedrich-Wilhelm von Herrmann. 1985.

Bd. 13: *Aus der Erfahrung des Denkens. 1910–1976.* Hg. v. Hermann Heidegger. 1983.

Bd. 14: *Zur Sache des Denkens.* Hg. v. Friedrich-Wilhelm von Herrmann. 2007.

Bd. 15: *Seminare.* Hg. v. Curd Ochwadt. 1986.

Bd. 16. *Reden und andere Zeugnisse eines Lebensweges. 1910–1976.* Hg. v. Hermann Heidegger. 2000.

II. Abteilung. Vorlesungen 1919–1944

Bd. 17: *Einführung in die phänomenologische Forschung.* WiSe 1923/24. Hg. v. Friedrich-Wilhelm von Herrmann. 1994.
Bd. 18: *Grundbegriffe der aristotelischen Philosophie.* SoSe 1924. Hg. v. Mark Michalski. 2002.
Bd. 20: *Prolegomena zur Geschichte des Zeitbegriffs.* SoSe 1925. Hg. v. Petra Jaeger. 1979.
Bd. 21: *Logik. Die Frage nach der Wahrheit.* WiSe 1925/26. Hg. v. Walter Biemel. 1976.
Bd. 22: *Die Grundbegriffe der antiken Philosophie.* SoSe 1926. Hg. v. Franz-Karl Blust. 1993.
Bd. 23: *Geschichte der Philosophie von Thomas von Aquin bis Kant.* WiSe 1926/27. Hg. v. Helmuth Vetter. 2006.
Bd. 24: *Die Grundprobleme der Phänomenologie.* SoSe 1927. Hg. v. Friedrich-Wilhelm von Herrmann. 1975.
Bd. 25: *Phänomenologische Interpretation von Kants Kritik der reinen Vernunft.* WiSe 1927/28. Hg. v. Ingtraud Görland. 1977.
Bd. 26: *Metaphysische Anfangsgründe der Logik im Ausgang von Leibniz.* SoSe 1928. Hg. v. Klaus Held. 1978.
Bd. 27: *Einleitung in die Philosophie.* WiSe 1928/29. Hg. v. Otto Saame u. Ina Saame-Speidel. 1996.
Bd. 29/30: *Die Grundbegriffe der Metaphysik. Welt – Endlichkeit – Einsamkeit.* WiSe 1929/30. Hg. v. Friedrich-Wilhelm von Herrmann. 1983.
Bd. 31: *Vom Wesen der menschlichen Freiheit. Einleitung in die Philosophie.* SoSe 1930. Hg. v. Hartmut Tietjen. 1982.
Bd. 32: *Hegels Phänomenologie des Geistes.* WiSe 1930/31. Hg. v. Ingtraud Görland. 1980.
Bd. 34: *Vom Wesen der Wahrheit. Zu Platons Höhlengleichnis und Theätet.* WiSe 1931/32. Hg. v. Hermann Mörchen. 1988.
Bd. 35: *Der Anfang der abendländischen Philosophie. Auslegung des Anaximander und Parmenides.* SoSe 1932. Hg. v. Peter Trawny. 2012.

Bd. 36/37: *Sein und Wahrheit. 1. Die Grundfrage der Philosophie. 2. Vom Wesen der Wahrheit.* SoSe 1933 und WiSe 1933/34. Hg. v. Hartmut Tietjen. 2001.

Bd. 38: *Logik als die Frage nach dem Wesen der Sprache.* SoSe 1934. Hg. v. Günter Seubold. 1998.

Bd. 39: *Hölderlins Hymnen »Germanien« und »Der Rhein«.* WiSe 1934/35. Hg. v. Susanne Ziegler. 1980.

Bd. 40: *Einführung in die Metaphysik.* SoSe 1935. Hg. v. Petra Jaeger. 1983.

Bd. 42: *Schelling: Vom Wesen der menschlichen Freiheit (1809).* SoSe 1936. Hg. v. Ingrid Schüßler. 1988.

Bd. 43: *Nietzsche: Der Wille zur Macht als Kunst.* WiSe 1936/37. Hg. v. Bernd Heimbüchel. 1985.

Bd. 44: *Nietzsche metaphysische Grundstellung im abendländischen Denken: Die ewige Wiederkehr des Gleichen.* SoSe 1937. Hg. v. Marion Heinz. 1986.

Bd. 45: *Grundfragen der Philosophie. Ausgewählte »Probleme« der »Logik«.* WiSe 1937/38. Hg. v. Friedrich-Wilhelm von Herrmann. 1992.

Bd. 46: *Zur Auslegung von Nietzsches II. Unzeitgemäßer Betrachtung. »Vom Nutzen und Nachteil der Historie für das Leben«.* WiSe 1938/39. Hg. v. Hans-Joachim Friedrich. 2003.

Bd. 47: *Nietzsches Lehre vom Willen zur Macht als Erkenntnis.* SoSe 1939. Hg. v. Eberhard Hanser. 1989.

Bd. 48: *Nietzsche: Der europäische Nihilismus.* 2. Trimester 1940. Hg. v. Petra Jaeger. 1986.

Bd. 49: *Die Metaphysik des deutschen Idealismus. Zur erneuten Auslegung von Schelling: Philosophische Untersuchungen über das Wesen der menschlichen Freiheit und die damit zusammenhängenden Gegenstände (1809).* 1. Trimester 1941 und SoSe 1941. Hg. v. Günter Seubold. 1991.

Bd. 51: *Grundbegriffe.* SoSe 1941. Hg. v. Petra Jaeger. 1991.

Bd. 52: *Hölderlins Hymne* »Andenken«. WiSe 1941/42. Hg. v. Curd Ochwadt. 1982.

Bd. 53: *Hölderlins Hymne »Der Ister«.* SoSe 1942. Hg. v. Walter Biemel. 1984.

Bd. 54: *Parmenides.* WiSe 1942/43. Hg. v. Manfred S. Frings. 1982.

Bd. 55: *Heraklit. 1. Der Anfang des abendländischen Denkens. 2. Lo-*

gik. Heraklits Lehre vom Logos. SoSe 1943 und SoSe 1944. Hg. v. Manfred S. Frings. 1979.

Bd. 56/57: *Zur Bestimmung der Philosophie. 1. Die Idee der Philosophie und das Weltanschauungsproblem. 2. Phänomenologie und transzendentale Wertphilosophie.* Kriegsnotsemester 1919 und SoSe 1919. Hg. v. Bernd Heimbüchel. 1987.

Bd. 58: *Grundprobleme der Phänomenologie (1919/20).* WiSe 1919/20. Hg. v. Hans-Helmuth Gander. 1993.

Bd. 59: *Phänomenologie der Anschauung und des Ausdrucks. Theorie der philosophischen Begriffsbildung.* SoSe 1920. Hg. v. Claudius Strube. 1993.

Bd. 60: *Phänomenologie des religiösen Lebens. 1. Einleitung in die Phänomenologie der Religion. 2. Augustinus und der Neuplatonismus. 3. Die philosophischen Grundlagen der mittelalterlichen Mystik.* WiSe 1920/21 und SoSe 1921. Hg. v. Matthias Jung, Thomas Regehly und Claudius Strube. 1993.

Bd. 61: *Phänomenologische Interpretationen zu Aristoteles. Einführung in die phänomenologische Forschung.* WiSe 1921/22. Hg. v. Walter Bröcker und Käte Bröcker-Oltmanns. 1985.

Bd. 63: *Ontologie. (Hermeneutik der Faktizität).* SoSe 1923. Hg. v. Käte Bröcker-Oltmanns. 1988.

III. Abteilung. Unveröffentlichte Abhandlungen. Vorträge – Gedachtes

Bd. 64: *Der Begriff der Zeit.* Hg. v. Friedrich-Wilhelm von Herrmann. 2004.

Bd. 65: *Beiträge zur Philosophie. (Vom Ereignis).* Hg. v. Friedrich-Wilhelm von Herrmann. 1989.

Bd. 66: *Besinnung.* Hg. v. Friedrich-Wilhelm von Herrmann. 1997.

Bd. 67: *Metaphysik und Nihilismus.* Hg. v. Hans-Joachim Friedrich. 1999.

Bd. 68: *Hegel.* Hg. v. Ingrid Schüßler. 1993.

Bd. 69: *Die Geschichte des Seyns.* Hg. v. Peter Trawny. 1998.

Bd. 70: *Über den Anfang.* Hg. v. Paola-Ludovika Coriando. 2005.

Bd. 71: *Das Ereignis.* Hg. v. Friedrich-Wilhelm von Herrmann. 2009.

Bd. 73: *Zum Ereignis-Denken.* Hg. v. Peter Trawny. 2013.

Bd. 74: *Zum Wesen der Sprache und zur Frage nach der Kunst.* Hg. v. Thomas Regehly. 2010.

Bd. 75: *Zu Hölderlin. Griechenlandreisen.* Hg. v. Curt Ochwadt. 2000.

Bd. 76: *Leitgedanken zur Entstehung der Metaphysik, der neuzeitlichen Wissenschaft und der modernen Technik.* Hg. v. Claudius Strube. 2009.

Bd. 77: *Feldweg-Gespräche (1944/45).* Hg. v. Ingeborg Schüßler. 1995.

Bd. 78: *Der Spruch des Anaximander.* Hg. v. Ingeborg Schüßler. 2010.

Bd. 79: *Bremer und Freiburger Vorträge.* Hg. v. Petra Jaeger. 1994.

IV. Abteilung. Hinweise und Aufzeichnungen

Bd. 80.1: *Vorträge. Teil 1: 1915 bis 1932.* Hg. v. Günther Neumann. 2016.

Bd. 82: *Zu eigenen Veröffentlichungen.* Hg. v. Friedrich-Wilhelm von Hermann. 2018.

Bd. 85: *Vom Wesen der Sprache.* Hg. v. Ingrid Schüßler. 1999.

Bd. 86: *Seminare. Hegel – Schelling.* Hg. v. Peter Trawny. 2011.

Bd. 87: *Nietzsche. Seminare 1937 und 1944.* Hg. v. Peter von Ruckteschell. 2004.

Bd. 88: *Seminare (Übungen) 1937/38 und 1941/42. 1. Die metaphysischen Grundstellungen des abendländischen Denkens. 2. Einübung in das philosophische Denken.* Hg. v. Alfred Denker. 2008.

Bd. 90: *Zu Ernst Jünger.* Hg. v. Peter Trawny. 2004.

Bd. 94: *Überlegungen II–VI (Schwarze Hefte 1931–1938).* Hg. v. Peter Trawny. 2014.

Bd. 95: *Überlegungen VII–XI (Schwarze Hefte 1938/39).* Hg. v. Peter Trawny. 2014.

Bd. 96: *Überlegungen XII–XV (Schwarze Hefte 1939–1941).* Hg. v. Peter Trawny. 2014.

Bd. 97: *Anmerkungen I–V (Schwarze Hefte 1942–1948).* Hg. v. Peter Trawny. 2015.

Bd. 98: *Anmerkungen VI–IX (Schwarze Hefte 1948/49–1951).* Hg. v. Peter Trawny. 2018.

Bd. 99: *Vier Hefte I und II (Schwarze Hefte 1947–1950).* Hg. v. Peter Trawny. 2019.

B. Briefwechsel

Arendt, Hannah. 1992. *Briefe 1925 bis 1975.* Hg. v. Ursula Ludz. Frankfurt am Main: Klostermann.

Bauch, Kurt. 2010. *Briefwechsel 1932–1975.* Hg. v. Almuth Heidegger. (=*Martin Heidegger Briefausgabe.* Hg. v. Alfred Denker u. Holger Zaborowski. Abt. II. Bd. 1) Freiburg: Alber.

Blochmann, Elisabeth. 1989. *Briefwechsel 1918–1969.* Hg. v. Joachim W. Storch. Marbach am Neckar: Deutsche Schillergesellschaft.

Bultmann, Rudolf. 2009. *Briefwechsel 1925–1975.* Hg. v. Andreas Großmann u. Christof Landmesser. Frankfurt am Main: Klostermann.

Heidegger, Elfriede. 2005. *»Mein liebes Seelchen!« Briefe Martin Heideggers an seine Frau Elfriede.* Hg. v. Gertrud Heidegger. München: Deutsche Verlags-Anstalt.

Heidegger, Friedrich und Johanna. 2013. *Briefwechsel mit seinen Eltern (1907–1927). Briefe an seine Schwester (1921–1967).* Hg. v. Jörg Heidegger u. Alfred Denker. (=*Martin Heidegger Briefausgabe.* Hg. v. Alfred Denker u. Holger Zaborowski. Abt. I. Bd. 1) Freiburg: Alber.

Heidegger, Fritz. 2016. »Ausgewählte Briefe.« In: Homolka Walter u. Arnulf Heidegger (Hgg.): *Heidegger und der Antisemitismus. Positionen im Widerstreit*: 15–175. Freiburg / Basel / Wien: Herder.

Jaspers, Karl. 1990. *Briefwechsel 1920–1963.* Hg. v. Walter Biemel u. Hans Saner. Frankfurt am Main: Klostermann.

Marcuse, Herbert. 1990. »Briefwechsel.« In: *Befreiung denken – Ein politischer Imperativ. Ein Materialienband zu Herbert Marcuse.* Hg. v. Peter-Erwin Jansen: 135–139. Offenbach: Verlag 2000.

C. Andere Dokumente und Quellen

Denker, Alfred u. Zaborowski, Holger, Hg. 2009. *Heidegger und der Nationalsozialismus.* Bd. 1. *Dokumente.* Freiburg / München: Alber.

Heidegger, Martin. (1927) 1967. *Sein und Zeit.* Tübingen: Niemeyer.

– 2006. *Zollikoner Seminare. Protokolle – Zwiegespräche – Briefe.* Hg. v. Medard Boss. Frankfurt am Main: Klostermann.

– [1985]. *De l'origine de l'œuvre d'art.* Zweisprachige Ausgabe. Hg. u. übers. v. Emmanuel Martineau. O. O.

– 2012. *Der Ursprung des Kunstwerkes. Mit der ›Einführung‹ von Hans-Georg Gadamer und der ersten Fassung des Textes.* Hg. v. Friedrich-Wilhelm von Herrmann. Frankfurt am Main: Klostermann.

– 2018. »Was ist Metaphysik. Urfassung.« Hg. v. Dieter Thomä. In: *Philosophy Today* 62 (3): 733–751.

Heidegger, Arnulf. 2017. »Zur Entstehungsgeschichte der Gesamtausgabe von Martin Heidegger.« In *Seefahrten des Denkens: Dietmar Koch zum 60. Geburtstag.* Hg. v. Alina Noveanu, Julia Pfefferkorn u. Antonino Spinelli: 147–154. Tübingen: Narr.

Held, Klaus. 2019. *Marbach-Bericht über eine neue Sichtung des Heidegger-Nachlasses.* Frankfurt am Main: Klostermann.

Martin, Bernd, Hg. 1988. *Martin Heidegger und das dritte Reich. Ein Kompendium.* Darmstadt: Wissenschaftliche Buchgesellschaft.

Michalka, Wolfgang, Hg. 1993. *Deutsche Geschichte 1933–45. Dokumente zur Innen- und Außenpolitik.* Frankfurt am Main: Fischer.

Petzet, Heinrich Wiegand. 1983. *Auf einen Stern zugehen. Begegnungen und Gespräche mit Martin Heidegger 1929–1976.* Frankfurt am Main: Societäts Verlag.

Sauer, Wolfgang. 1960. »Die Mobilmachung der Gewalt.« In *Die nationalsozialistische Machtergreifung. Studien zur Errichtung des totalitären Herrschaftssystems in Deutschland 1933/34.* Hg. v. Karl Dietrich Bracher, Wolfgang Sauer u. Gerhard Schulz: 685–965. Wiesbaden: Verlag für Sozialwissenschaften.

Schneeberger, Guido, Hg. 1962. *Nachlese zu Heidegger. Dokumente zu seinem Leben und Denken.* Bern: Suhr.

Schulz, Gerhard 1960. »Die Anfänge des totalitären Maßnahmenstaates.« In *Die nationalsozialistische Machtergreifung. Studien zur Errichtung des totalitären Herrschaftssystems in Deutschland 1933/34.* Hg. v. Karl Dietrich Bracher, Wolfgang Sauer u. Gerhard Schulz: 371–683. Wiesbaden: Verlag für Sozialwissenschaften.

2. Literaturverzeichnis

Adorno, Theodor W. 2003. »Jargon der Eigentlichkeit. Zur deutschen Ideologie.« In *Gesammelte Schriften*. Bd. 6. Hg. v. Rolf Tiedemann: 413–523. Frankfurt am Main: Suhrkamp.

Allemann, Beda. 1969. »Martin Heidegger und die Politik.« In *Heidegger. Perspektiven zur Deutung seines Werks*. Hg. v. Otto Pöggeler: 246–260. Köln / Berlin: Kiepenheuer & Witsch.

Althusser, Louis. 2010. *Materialismus der Begegnung*. Hg. u. übers. v. Franziska Schottmann. Zürich: diaphanes.

– 2020. *Was tun?* Übers. v. Oliver Precht. Wien / Berlin: Turia + Kant.

Anders, Günther. 2001. »Die Schein-Konkretheit von Heideggers Philosophie.« In *Über Heidegger*. Hg. v. Gerhard Oberschlick: 72–115. München: Beck.

Arendt, Hannah. 1992. »Martin Heidegger ist 80 Jahre alt.« In: Hannah Arendt und Martin Heidegger: *Briefe 1925 bis 1975*. Hg. v. Ursula Ludz: 179–192. Frankfurt am Main: Klostermann.

Aubenque, Pierre. 1988. »Noch einmal Heidegger und der Nationalsozialismus.« In *Die Heidegger Kontroverse*. Hg. v. Jürg Altwegg: 126–144. Frankfurt am Main: Athenäum.

Bast, Rainer A. 1986. *Der Wissenschaftsbegriff Martin Heideggers*. Stuttgart: frommann-holzboog.

de Beistegui, Miguel. 1998. *Heidegger and the Political. Dystopias*. London / New York: Routledge.

Biemel, Walter. 1988. »Erinnerungen an zwei Jahre in Freiburg (1942–1944).« In *Martin Heidegger und das dritte Reich. Ein Kompendium*. Hg. v. Bernd Martin: 118–121. Darmstadt: Wissenschaftliche Buchgesellschaft.

Bourdieu, Pierre. 1988a. *Die politische Ontologie Martin Heideggers*. Übers. v. Bernd Schwibs. Frankfurt am Main: Suhrkamp.

– 1988b. »Zurück zur Geschichte.« In *Die Heidegger Kontroverse*. Hg. v. Jürg Altwegg: 155–162. Frankfurt am Main: Athenäum.

Bröcker, Walter. 1982. »Heideggers letztes Wort über Parmenides.« In *Philosophische Rundschau* 29: 72–76.

de Campos, Haroldo. 2007. »Randbemerkungen zu einer Pessoa-Analyse.« Übers. v. Jörg Dünne. In: Roman Jakobson: *Poesie der Grammatik und Grammatik der Poesie. Sämtliche Gedichtanalysen*. Bd. 2. *Analysen zur Lyrik von der Romantik bis zur Moderne*. Hg. v.

Hendrik Birus u. Sebastian Donat: 667–686. Berlin / New York: De Gruyter.

Caputo, John D. 1993. *Demythologizing Heidegger.* Bloomington / Indianapolis: Indiana University Press.

Carman, Taylor. 2013. »The Question of Being.« In *The Cambridge Companion to Heidegger's Being and Time*. Hg. v. Mark A. Wrathall: 84–99. New York: Cambridge University Press.

Di Cesare, Donatella. 2015. »Das Sein und der Jude. Heideggers metaphysischer Antisemitismus.« In *Heidegger, die Juden, noch einmal.* Hg. v. Peter Trawny u. Andrew J. Mitchell: 55–74. Frankfurt am Main: Klostermann.

– 2016. *Heidegger, die Juden, die Shoah.* Frankfurt am Main: Klostermann.

Cohen-Halimi, Michèle u. Francis Cohen. 2016. *Der Fall Trawny. Zu den* Schwarzen Heften *Heideggers.* Übers. v. Oliver Precht. Wien / Berlin: Turia + Kant.

Cristin, Renato. 2012. »Phänomenologische Ontologie. Heideggers Auseinandersetzung mit Husserl (1916–1928).« In *Heidegger und Husserl.* Hg. v. Rudolf Bernet, Alfred Denker u. Holger Zaborowski: 43–68. Freiburg / München: Alber.

Dastur, Françoise. 2000. »The Critique of Anthropologism in Heidegger's Thought.« In *Appropriating Heidegger.* Hg. v. James E. Faulconer u. Mark A. Wrathall: 119–134, Cambridge: Cambridge University Press.

– 2003. *Heidegger et la question anthropologique.* Paris: Peeters Leuven.

Derrida, Jacques. 1972 .»Positions. Entretien avec Jean-Louis Houdebine et Guy Scarpetta.« In *Positions*: 51–133. Paris: Les Éditions de Minuit.

– 1988a. »Antwort auf ein Interview von Bourdieu.« In *Die Heidegger Kontroverse.* Hg v. Jürg Altwegg: 163–165. Frankfurt am Main: Athenäum.

– 1988b. »Die Hölle der Philosophie.« In *Die Heidegger Kontroverse.* Hg v. Jürg Altwegg: 83–93. Frankfurt am Main: Athenäum.

– 1988c. »Heideggers Schweigen.« In *Antwort. Martin Heidegger im Gespräch.* Hg. v. Günter Neske u. Emil Kettering: 157–162. Pfullingen: Klett-Cotta.

– 1988d. *Vom Geist. Heidegger und die Frage.* Übers. v. Alexander García Düttmann. Frankfurt am Main: Suhrkamp.

– 1990a. »Différence sexuelle, différence ontologique (Geschlecht I).« In *Heidegger et la question. De l'esprit et autres essais*: 145–172. Paris: Flammarion.
– 1990b. »La main de Heidegger (Geschlecht II).« In *Heidegger et la question. De l'esprit et autres essais*: 173–222. Paris: Flammarion.
– 1990c. »Qui a peur de la philosophie?« In *Du droit à la philosophie*: 111–279. Paris: Galilée.
– 1994. »L'oreille de Heidegger. Philopolémologie (Geschlecht IV).« In *Politiques de l'amitié*: 343–419. Paris 1994: Galilée.
– 2013. *Heidegger: la question de l'Être et l'Histoire. Cours de l'ENS-Ulm 1964–1965*. Hg. v. Thomas Dutoit. Paris: Galilée.
– 2018. *Geschlecht III. Sexe, race, nation, humanité*. Paris: Seuil.
Farías, Victor. 1988. *Heidegger und der Nationalsozialismus*. Übers. v. Klaus Laermann. Frankfurt am Main: Fischer.
Faye, Emmanuel. 2009. *Heidegger. Die Einführung des Nationalsozialismus in die Philosophie. Im Umkreis der unveröffentlichten Seminare zwischen 1933 und 1935*. Übers. v. Tim Trzaskalik. Berlin: Matthes & Seitz.
Ferraris, Maurizio. 2016. »Die Katze aus dem Sack lassen.« Übers. v. Pieke Biermann. In *Martin Heideggers »Schwarze Hefte«*. Hg. v. Marion Heinz u. Sidonie Kellerer: 383–396. Frankfurt am Main: Suhrkamp.
Fichte, Johann Gottlieb. (1794) 1971a. »Einige Vorlesungen über die Bestimmung des Gelehrten.« In *Fichtes Werke*. Bd. VI *(= Zur Politik und Moral)*. Hg. v. Immanuel Hermann Fichte: 289–346. Berlin: De Gruyter.
– (1796/97) 1971b. »Grundlage des Naturrechts nach Prinzipien der Wissenschaftslehre.« In *Fichtes Werke*. Bd. III *(= Zur Rechts- und Sittenlehre I)*. Hg. v. Immanuel Hermann Fichte: 1–385. Berlin: De Gruyter.
Figal, Günter. 2003. *Martin Heidegger zur Einführung*. Hamburg: Junius.
Fried, Gregory. 2000. *Heidegger's Polemos. From Being to Politics*. New Haven / London: Yale University Press.
– 2016. »Epochale Polemik. Nach den Schwarzen Heften mit und gegen Heidegger denken.« Übers. v. Larissa Berger u. Gertrud Lüdenbach. In *Martin Heideggers »Schwarze Hefte«*. Hg. v. Marion Heinz u. Sidonie Kellerer: 366–382. Frankfurt am Main: Suhrkamp.

Gabriel, Markus. 2016. »Heideggers antisemitische Stereotypen.« In *Heidegger und der Antisemitismus. Positionen im Widerstreit*. Hg. v. Walter Homolka u. Arnulf Heidegger: 220–231. Freiburg / Basel / Wien: Herder.

Gadamer, Hans-Georg. 1983. *Heideggers Wege. Studien zum Spätwerk*. Tübingen: Mohr Siebeck.

– 1988. »Zurück von Syrakus. Heidegger und Frankreich.« In *Stuttgarter Zeitung*. 15. 2. 1988: 8.

Givsan, Hassan. 1998. *Eine bestürzende Geschichte. Warum Philosophen sich durch den ›Fall Heidegger‹ korrumpieren lassen*. Würzburg: Königshausen u. Neumann.

Glazebrook, Trish. 2012. »Why Read Heidegger on Science?« In *Heidegger on Science*. Hg. v. Trish Glazebrook: 13–26. Albany: State University of New York Press.

Grosser, Florian. 2011. *Revolution denken. Heidegger und das Politische 1919 bis 1969*. München: C. H. Beck.

Grün, Bernd. 2001. »Martin Heidegger als Gleichschaltungsrektor. Eine vergleichende Studie anhand der Rektoratsreden des Jahres 1933.« In *Martin Heidegger. Ein Philosoph und die Politik*. Hg. v. Gottfried Schramm u. Bernd Martin: 76–109. Freiburg: Rombach.

Habermas, Jürgen. 1988. »Heidegger – Werk und Weltanschauung.« In: Victor Farías: *Heidegger und der Nationalsozialismus*. Übers. v. Klaus Laermann: 11–37. Frankfurt am Main: Fischer.

Hegel, Georg Wilhelm Friedrich. 1969. *Jenaer Realphilosophie*. Hg. v. Johannes Hoffmeister. Hamburg: Meiner.

– (1830) 1986a. *Enzyklopädie der philosophischen Wissenschaften im Grundrisse. Erster Teil* (= *Werke*. Bd. 8. Hg. v. Eva Moldenhauer u. Karl Markus Michel). Frankfurt am Main: Suhrkamp.

– (1806/07) 1986b. *Phänomenologie des Geistes* (= *Werke*. Bd. 3. Hg. v. Eva Moldenhauer u. Karl Markus Michel). Frankfurt am Main: Suhrkamp.

– (1837) 1986c. *Vorlesungen über die Philosophie der Geschichte* (= *Werke*. Bd. 12. Hg. v. Eva Moldenhauer u. Karl Markus Michel). Frankfurt am Main: Suhrkamp.

Heinz, Marion. 2009. »Volk und Führer. Untersuchungen zu Heideggers Seminar *Über Wesen und Begriff von Natur, Geschichte und Staat* (1933/34).« In *Heidegger und der Nationalsozialismus*. Bd. II.

Interpretationen. Hg. v. Alfred Denker u. Holger Zaborowski: 55–75. Freiburg / München: Alber.
– 2016. »Seinsgeschichte und Metapolitik.« In *Martin Heideggers »Schwarze Hefte«*. Hg. v. Marion Heinz u. Sidonie Kellerer: 122–143. Frankfurt am Main: Suhrkamp.
Held, Klaus. 2016. »Heidegger und das ›Politische‹.« In *Heidegger und der Antisemitismus. Positionen im Widerstreit.* Hg. v. Walter Homolka u. Arnulf Heidegger: 257–268. Freiburg / Basel / Wien: Herder.
Hochkeppel, Willy. 1893. »Heidegger, die Nazis und kein Ende.« In: *Die Zeit.* Nr. 19 vom 06.05.1983: 49.
Hölderlin, Friedrich. 1951. *Sämtliche Werke. Große Stuttgarter Ausgabe.* Bd. 2.1. *Gedichte nach 1800. Text.* Hg. v. Friedrich Beissner. Stuttgart: Kohlhammer.
Hühnerfeld, Paul. 1961. *In Sachen Heidegger. Versuch über ein deutsches Genie.* München: List.
Janicaud, Dominique. 2001. *Heidegger en France.* Bd. I. *Récit.* Paris: Hachette Littératures.
Jähnig, Dieter. 1989. »Die ›Kehre‹ in Heideggers Verständnis der Geschichte.« In *Destruktion und Übersetzung. Zu den Aufgaben der Philosophiegeschichte nach Martin Heidegger.* Hg. v. Thomas Buchheim: 101–125. Weinheim: VCH.
Jaspers, Karl. 1977. *Philosophische Autobiographie.* München: Piper.
– 1978. *Notizen zu Martin Heidegger.* Hg. v. Hans Sauer. München: Piper.
Jonas, Hans. 1988. »Heideggers Entschlossenheit und Entschluss.« In *Antwort. Martin Heidegger im Gespräch.* Hg. v. Günter Neske u. Emil Kettering: 221–229. Pfullingen: Klett-Cotta.
– 2003. *Erinnerungen.* Hg. v. Christian Wiese. Frankfurt am Main: Insel.
Kant, Immanuel. 1968. *Werkausgabe.* Hg. v. Wilhelm Weischedel. Frankfurt am Main: Suhrkamp.
– »Die Metaphysik der Sitten.« In Kant 1968. Bd. VIII: 305–634. (*MS*)
– »Idee zu einer allgemeinen Geschichte in weltbürgerlicher Absicht.« In Kant 1968. Bd. XI: 33–50. (*AG*)
– *Kritik der reinen Vernunft.* (= Kant 1968. Bde. III–IV). (*KrV*)
– *Kritik der Urteilskraft.* (= Kant 1968. Bd. X). (*KU*)

– »Kritik der praktischen Vernunft.« In Kant 1968. Bd. VII: 103–302. (*KpV*)
– »Logik. Ein Handbuch zu Vorlesungen.« In Kant 1968. Bd. VI: 417–583. (*L*)
– »Über ein vermeintes Recht aus Menschenliebe zu lügen.« In Kant 1968. Bd. VIII: 637–643. (*ML*)
– »Über Pädagogik.« In Kant 1968. Bd. XII: 691–761. (*P*)
– »Zum ewigen Frieden.« In Kant 1968. Bd. XI: 191–251. (*ZF*)
Kisiel, Theodore. 1995. »Heidegger's ›Gesamtausgabe‹. An International Scandal of Scholarship.« In: *Philosophy Today* 39 (1): 3–15.
Lacoue-Labarthe, Philippe. 1990. *Die Fiktion des Politischen. Heidegger, die Kunst und die Politik*. Übers. v. Thomas Schestag. Stuttgart: Schwarz.
– 2015. *Der wahre Schein*. Übers. v. Marcus Coelen. Wien / Berlin: Turia + Kant.
Lettow, Susanne. 2016. »Heideggers Politik des Rassenbegriffs. Die Schwarzen Hefte im Kontext.« In *Martin Heideggers »Schwarze Hefte«*. Hg. v. Marion Heinz u. Sidonie Kellerer: 234–250. Frankfurt am Main: Suhrkamp.
Levinas, Emmanuel. 1932. »Martin Heidegger et l'ontologie.« In *Revue philosophique de la France et de l'étranger* 113 (1–2): 395–431.
– [1932] 2006a. »Martin Heidegger et l'ontologie.« In *En découvrant l'existence avec Husserl et Heidegger*: 77–109. Paris: Vrin.
– [1940] 2006b. »L'ontologie dans le temporel.« In *En découvrant l'existence avec Husserl et Heidegger*: 111–128. Paris: Vrin.
– [1949] 2006c. »De la description à l'existence.« In *En découvrant l'existence avec Husserl et Heidegger*: 129–151. Paris: Vrin.
– [1961] 1990. *Totalité et infini*. Paris: Le Livre de Poche.
– [1961] 2008. *Totalität und Unendlichkeit. Versuch über die Exteriorität*. Übers. v. Nikolaus Krewani. Freiburg / München: Alber.
– 1988. »Das Diabolische gibt zu denken.« In *Antwort. Martin Heidegger im Gespräch*. Hg. v. Günter Neske u. Emil Kettering: 101–105. Pfullingen: Klett-Cotta.
Lévi-Strauss, Claude. 1978. *Traurige Tropen*. Übers. v. Eva Moldenhauer. Frankfurt am Main: Suhrkamp.
– 1992. »Jean-Jacques Rousseau, Begründer der Wissenschaften vom Menschen.« In *Strukturale Anthropologie II*. Übers. v. Eva Molden-

hauer, Hanns-Henning Ritter u. Traugott König: 45–56. Frankfurt am Main Suhrkamp.
– 2009. *Tristes tropiques.* Paris: Terre Humaine Poche.
Losurdo, Domenico. 1995. *Die Gemeinschaft, der Tod, das Abendland. Heidegger und die Kriegsideologie.* Übers. v. Erdmuthe Brielmayer. Stuttgart / Weimar: J. B. Metzler.
Löwith, Karl. 1960. *Heidegger. Denker in dürftiger Zeit.* Göttingen: Vandenhoeck & Ruprecht.
– 1986. *Mein Leben in Deutschland vor und nach 1933. Ein Bericht.* Stuttgart: J. B. Metzler.
Lukács, Georg. 1951. *Existentialismus und Materialismus.* Berlin: Aufbau-Verlag.
Lyotard, Jean-François. 1988. *Heidegger et »les juifs«.* Paris: Galilée.
Martin, Bernd. 1988. »Martin Heidegger und der Nationalsozialismus. Der historische Rahmen.« In *Martin Heidegger und das dritte Reich. Ein Kompendium.* Hg. v. Bernd Martin: 14–50. Darmstadt: Wissenschaftliche Buchgesellschaft.
Marx, Karl. (1843). »Zur Kritik der Hegelschen Rechtsphilosophie.« In MEW. Bd. 1: 203–333.
– (1843/44). »Zur Kritik der Hegelschen Rechtsphilosophie. Einleitung.« In MEW. Bd. 1: 378–391.
Mbembe, Achille. 2014. *Kritik der schwarzen Vernunft.* Übers. v. Michael Bischoff. Frankfurt am Main: Suhrkamp.
Mehring, Reinhard. 1992. *Heideggers Überlieferungsgeschick. Eine dionysische Selbstinszenierung.* Würzburg: Königshausen u. Neumann.
– 2016a. »Die politische Abteilung der Gesamtausgabe. Zum Geltungsanspruch der Schwarzen Hefte.« In *Martin Heideggers »Schwarze Hefte«.* Hg. v. Marion Heinz u. Sidonie Kellerer: 291–309. Frankfurt am Main: Suhrkamp.
– 2016b. *Heideggers »große Politik«. Die semantische Revolution der Gesamtausgabe.* Tübingen: Mohr Siebeck.
Meier, Heinrich: 1996. *Die Denkbewegung von Leo Strauss. Die Geschichte der Philosophie und die Intention des Philosophen.* Stuttgart: J. B. Metzler.
– 2000. *Warum Politische Philosophie?* Stuttgart : J. B. Metzler.
Meyer, Thomas. 2016. »Heidegger aus der Sicht eines Ideenhistorikers.« In *Heidegger und der Antisemitismus. Positionen im Wider-*

streit. Hg. v. Walter Homolka u. Arnulf Heidegger: 300–309. Freiburg / Basel / Wien: Herder.

Müller, Arnulf. 2008. *Weltanschauung – eine Herausforderung für Martin Heideggers Philosophiebegriff.* Stuttgart: Kohlhammer.

Müller, Max. 1988. »Martin Heidegger – Ein Philosoph und die Politik. Ein Gespräch.« In *Antwort. Martin Heidegger im Gespräch.* Hg. v. Günter Neske u. Emil Kettering: 190–220. Pfullingen: Klett-Cotta.

Nancy, Jean-Luc. 2006. »Athéisme et monothéisme.« In *Heidegger – le danger et la promesse.* Hg. v. Gérard Bensussan u. Joseph Cohen: 7–24. Paris: Editions Kimé.

– 2015. »Heideggers Banalität.« In *Heidegger, die Juden, noch einmal.* Hg. v. Peter Trawny u. Andrew J. Mitchell: 11–42. Frankfurt am Main: Klostermann.

Nolte, Ernst. 1992. *Martin Heidegger. Politik und Geschichte im Leben und Denken.* Frankfurt am Main: Propyläen.

Olafson, Frederick. 1990. »Irrtum oder Verrat an der Philosophie? Fragen an Herbert Marcuse zu Martin Heidegger.« In *Befreiung denken – Ein politischer Imperativ. Ein Materialienband zu Herbert Marcuse.* Hg. v. Peter-Erwin Jansen: 123–134. Offenbach: Verlag 2000.

Ott, Hugo. 1988a. »Heidegger und der Nationalsozialismus.« In *Heidegger und die praktische Philosophie.* Hg. v. Annemarie Gethmann-Siefert u. Otto Pöggeler: 64–77. Frankfurt am Main: Suhrkamp.

– 1988b. *Martin Heidegger. Unterwegs zu seiner Biographie.* Frankfurt am Main / New York: Campus Verlag.

Palmier, Michel. 1968. *Les écrits politiques de Heidegger.* Paris: L'Herne.

Payen, Guillaume. 2016. *Martin Heidegger. Catholicisme, révolution, nazisme.* Paris: Perrin.

Pessoa, Fernando. 2015. *Livro do desassossego.* Hg. v. Jerônimo Pizarro. Lissabon: Tinta da China.

Pöggeler, Otto. 1983. *Der Denkweg Martin Heideggers.* Pfullingen: Klett-Cotta.

– 1988. »Heideggers politisches Selbstverständnis.« In *Heidegger und die praktische Philosophie.* Hg. v. Annemarie Gethmann-Siefert u. Otto Pöggeler: 17–63. Frankfurt am Main: Suhrkamp.

– 1990. *Philosophie und Nationalsozialismus – am Beispiel Heideggers.* Opladen: Westdeutscher Verlag.

– 1991. »Heidegger und die politische Philosophie.« In *Zur philosophischen Aktualität Heideggers.* Bd. 1. *Philosophie und Politik.* Hg. v. Dietrich Papenfuss u. Otto Pöggeler: 328–350. Frankfurt am Main: Klostermann.
– 1992a. »Den Führer führen? Heidegger und kein Ende.« In *Neue Wege mit Heidegger*: 203–254. Freiburg / München: Herder.
– 1992b. »Heideggers politische Verstrickung.« In *Neue Wege mit Heidegger*: 255–273. Freiburg / München: Herder.
– 1992c. »Wege vom Ereignis her.« In *Neue Wege mit Heidegger*: 17–62. Freiburg / München: Herder.
– 1996. »Von Nietzsche zu Hitler?« In *Annäherungen an Martin Heidegger. Festschrift für Hugo Ott zum 65. Geburtstag.* Hg. v. Hermann Schäfer: 81–101. Frankfurt / New York: Campus Verlag.
Polt, Richard. 2009. »Jenseits von Kampf und Macht. Heideggers heimlicher Widerstand.« In *Heidegger und der Nationalsozialismus.* Bd. II. *Interpretationen.* Hg. v. Alfred Denker u. Holger Zaborowski: 155–186. Freiburg / München: Alber.
Precht, Oliver. 2016. »Irrsal und Wirrsal. Vom Fall Trawny zum Fall Heidegger.« In: Michèle Cohen-Halimi und Francis Cohen: *Der Fall Trawny. Zu Heideggers Schwarzen Heften.* Übers. v. Oliver Precht: 67–90. Wien / Berlin: Turia + Kant.
Richardson, William J. 1963. *Heidegger. Through Phenomenology to Thought.* Den Haag: Martinus Nijhoff.
– 2012. »Heidegger's Critique of Science« In *Heidegger on Science.* Hg. v. Trish Glazebrook: 27–44. Albany: State University of New York Press.
Rockmore, Tom. 1992. *On Heidegger's Nazism and Philosophy.* Berkeley / Los Angeles: University of California Press.
– 1996. »Die geschichtliche Kehre oder Otts Verdienst im Fall Heidegger.« In *Annäherungen an Martin Heidegger. Festschrift für Hugo Ott zum 65. Geburtstag.* Hg. v. Hermann Schäfer: 9–22. Frankfurt / New York: Campus Verlag.
Rousseau, Jean-Jacques. (1755) 2008. *Diskurs über die Ungleichheit. Discours sur l'inégalité.* Hg. u. übers. v. Heinrich Meier. Paderborn: Schöningh.
– (1781) 1990. *Essai sur l'origine des langues.* Hg. v. Jean Starobinski. Paris: Folio.

Rorty, Richard. 1991. »Philosophy as Science, as Metaphor, and as Politics.« In *Essays on Heidegger and Others*: 9–26. Cambridge: Cambridge University Press.

Rosales, Alberto. 1991. »Heideggers Kehre im Lichte ihrer Interpretationen.« In *Zur philosophischen Aktualität Heideggers*. Bd. 1. *Philosophie und Politik*. Hg. v. Dietrich Papenfuss u. Otto Pöggeler: 118–140. Frankfurt am Main: Klostermann.

Rothman, Joshua. 2016 »Is Heidegger Contaminated by Nazism?« In *The New Yorker*: 28.4.2016 (https://www.newyorker.com/books/page-turner/is-heidegger-contaminated-by-nazism, 25.11.2019).

Safranksi, Rüdiger. 2001. *Ein Meister aus Deutschland. Heidegger und seine Zeit*. Frankfurt am Main: Fischer.

Schmidt, Gerhardt. 2001. »Heideggers philosophische Politik.« In *Martin Heidegger. Ein Philosoph und die Politik*. Hg. v. Gottfried Schramm u. Bernd Martin: 217–236. Freiburg: Rombach.

Schmitt, Carl. (1922) 2009. *Politische Theologie. Vier Kapitel zur Lehre von der Souveränität*. Berlin: Duncker & Humblot.

Schürmann, Reiner. 1982. *Le principe d'anarchie. Heidegger et la question de l'agir*. Paris: Éditions du Seuil.

Sloterdijk, Peter. 2016. »Heideggers Politik: Das Ende der Geschichte vertagen.« In *Was geschah im 20. Jahrhundert? Unterwegs zu einer Kritik der extremistischen Vernunft*: 209–252. Frankfurt am Main: Suhrkamp.

Sommer, Christian. 2015. »Heidegger, politische Theologie.« In *Heidegger, die Juden, noch einmal*. Hg. v. Peter Trawny u. Andrew J. Mitchell: 43–53. Frankfurt am Main: Klostermann.

Sternad, Christian. 2014. »Den Tod als Tod vermögen. Zum Tod des Tieres aus phänomenologischer Sicht.« In *Tierstudien* 5: 47–58.

Strauss, Leo. (1956) 1995. »Existentialism.« In *Interpretation* 22 (3): 303–321.

– (1970) 1997. »A Giving of Accounts.« In *Jewish Philosophy and the Crisis of Modernity*. Hg. v. Kenneth Hart Green: 457–466. New York: State University of New York Press.

– (1971) 1986. »Philosophy as Rigorous Science and Political Philosophy.« In *Studies in Platonic Political Philosophy*: 29–37. Chicago: University of Chicago Press.

– (1965/68) 1996. »Vorwort zur amerikanischen Ausgabe (1965/1968).« In *Gesammelte Schriften*. Bd. 1. *Die Religionskritik Spinozas und zugehörige Schriften*. Hg. v. Wiebke u. Heinrich Meier: 5–54. Stuttgart: J. B. Metzler.

Schwan, Alexander. 1965. *Politische Philosophie im Denken Heideggers*. Köln / Opladen: Westdeutscher Verlag.

Tezuka, Tomio. 1989. »Eine Stunde bei Heidegger.« In *Ex oriente lux. Heideggers Werk unter ostasiatischem Einfluss*. Hg. v. Reinhard May: 61–80. Stuttgart: Franz Steiner.

Thomä, Dieter. 2013. »Die Kehre. Was wäre, wenn es sie nicht gäbe?« In: *Heidegger-Handbuch. Leben – Werk – Wirkung*. Hg. v. Dieter Thomä: 102–108. Stuttgart / Weimar: J. B. Metzler.

Trawny, Peter. 2010. *Adyton. Heideggers esoterische Philosophie*. Berlin: Matthes & Seitz.

– 2014a. *Heidegger und der Mythos der jüdischen Weltverschwörung*. Frankfurt am Main: Klostermann.

– 2014b. *Irrnisfuge. Heideggers An-archie*. Berlin: Matthes & Seitz.

– 2016. *Martin Heidegger. Eine kritische Einführung*. Frankfurt am Main: Klostermann.

Velkley, Richard. 2009. »Heidegger, Strauss und der Nationalsozialismus.« Übers. v. Christina Kotte. In *Heidegger und der Nationalsozialismus*. Bd. II. *Interpretationen*. Hg. v. Alfred Denker u. Holger Zaborowski: 235–241. Freiburg / München: Alber.

Viveiros de Castro, Eduardo. 2016. »Die relativ Eingeborenen.« In *Die Unbeständigkeit der wilden Seele*. Übers. v. Oliver Precht: 306–343. Wien / Berlin: Turia + Kant.

Wolin, Richard. 1991. *Seinspolitik. Das politische Denken Martin Heideggers*. Übers. v. Rainer Forst. Wien: Passagen

– 2016. »Vernunftkritik nach den Schwarzen Heften.« Übers. v. Pieke Biermann. In *Martin Heideggers »Schwarze Hefte«*. Hg. v. Marion Heinz u. Sidonie Kellerer: 397–415. Frankfurt am Main: Suhrkamp.

Zaborowski, Holger. 2010. *Eine Frage von Irre und Schuld. Martin Heidegger und der Nationalsozialismus*. Frankfurt am Main: Fischer.

Zarader, Marlène. 2013. *La dette impensée. Heidegger et l'héritage hebraïque*. Paris: Vrin.

ANMERKUNGEN

1 Haroldo de Campos an Roman Jakobson vom 14.7.1968 (Haroldo de Campos 2007: 676).

2 Die hier aufgeworfene Frage nach dem Verhältnis von Philosophie und Dichtung hängt eng mit dem Gegenstand der folgenden Untersuchung zusammen. Sie kann aber in dieser Arbeit nur in einer engen und voraussetzungsreichen Perspektive (nämlich in der Perspektive von Heideggers Philosophie) betrachtet werden. Sofern nicht anders angegeben, stammen in der folgenden Untersuchung alle Übersetzungen vom Autor.

3 Im Folgenden werden alle Zitate der Heidegger-Gesamtausgabe durch Angabe des Bandes, gefolgt von der Seitenzahl ausgewiesen. Lediglich *Sein und Zeit* (SZ) und die *Zollikoner Seminare* (ZS) werden nach den Einzelausgaben zitiert.

4 »Viel zu wenig wird beachtet, welche eigentümliche Problematik darin liegt, dass die Philosophie sich aus sich selbst zu bestimmen hat« (27:15; vgl. 29/30:6; 58:1; 60:7; 80:229).

5 Ohne an dieser Stelle bereits die Gründe benennen zu können, sei darauf hingewiesen, dass Heidegger insbesondere auch die ›Furcht‹ oder die ›Flucht‹ vor dem Tod als »Beruhigung« bezeichnet (20:436).

6 Für Heidegger ist Philosophie »das Gegenteil aller Beruhigung und Versicherung« (29/30:28).

7 Da Heideggers Philosophie ein Interesse daran hat, ihr Interesse zu verbergen, unterzieht sie diese Entwicklung einer bemerkenswerten Selbstinterpretation, gemäß der sich hier eine Radikalisierung der phänomenologischen Grundintention (die sich in der Maxime ›zu den Sachen selbst‹ ausspricht) vollzieht. In dieser Selbstauslegung erscheint Heideggers Frühphilosophie als Erfüllung der Grundintention einer ganzen Tradition, die von Descartes über Kant bis Husserl reicht. Sie präsentiert sich als ein »Hineinfragen in die Subjektivität des Subjekts« (3:214), als ein »*Zu-Ende-fragen*, bzw. *in den Anfang hineinfragen*«, das »bestimmt ist von dem radikal ergriffenen Sein des phänomenologischen Prinzips – der Sache selbst« (20:186).

8 Ich halte den Versuch, Heideggers Philosophie als ein »rastloses Experimentieren« zu begreifen, das »oft die entscheidenden Gedanken« in der »Auseinandersetzung mit anderen Philosophen« gewinnt (Figal 2003: 9), für grundsätzlich verfehlt. Ich bin der Ansicht, dass alle Versuche, Heideggers Philosophie aus irgendwelchen philosophischen ›Einflüssen‹ oder ›Traditionslinien‹ zu erklären, zum Scheitern verurteilt sind und die Sache mehr verdunkeln als erhellen. Unabhängig davon, wie viel Interessantes derartige

Untersuchungen zutage fördern mögen, gilt: Die Beziehung zu anderen Philosophien (diese Beziehung wird weiter unten als *aneignende Auslegung* begrifflich entfaltet) lässt sich nur ausgehend davon begreifen, worum es Heideggers Philosophie geht. Die Gründe dafür, warum meiner Ansicht nach jeder Versuch, die umgekehrte Richtung einzuschlagen, zum Scheitern verurteilt ist, seien hier kurz angegeben, um im weiteren Verlauf der Untersuchung ihre Bestätigung zu finden: Die mit größtem Nachdruck betonte Verbundenheit mit der philosophischen Tradition ist Teil der Selbstpräsentation von Heideggers Philosophie (und also ihrer philosophischen Politik). Sie kann daher nichts erklären, sondern bedarf vielmehr selbst der Erklärung. Heideggers Philosophie kennt immer schon die wesentlichen Ergebnisse der Auseinandersetzung mit anderen Philosophen. Sie begegnet in dieser Auseinandersetzung immer nur sich selbst. Womit freilich nicht bezweifelt ist, dass sich die Person Martin Heidegger intensiv mit der Geschichte der Philosophie beschäftigte.

9 Von den zahlreichen Stellen, in denen sich Heideggers Philosophie so erklärt, sei hier exemplarisch nur auf eine besonders exponierte, nämlich auf die erste Seite von *Sein und Zeit* verwiesen. Der Konsens in der Heidegger-Literatur lässt sich folgendermaßen zusammenfassen: »The fundamental question of Heidegger's thinking, early and late, is the question of being, or more precisely the question concerning the meaning of being.« (Carman 2013: 84).

10 Im Original: »permet la saisie, la domination de l'étant« (Levinas [1961] 1990: 36).

11 Im Folgenden werden alle Kant-Zitate nach den in den Endnoten 25 und 26 angegebenen Siglen, gefolgt von der Seitenzahl der Werkausgabe von Weischedel, zitiert.

12 Vgl. zu diesem ganzen Komplex auch das Kapitel 24 der vorliegenden Untersuchung, in dem die Frage der Anerkennung auf der Ebene von Heideggers ›Lehre‹ verhandelt wird.

13 Wesentlich diskreter reiht sich auch Richard Wolin in diese vermeintlich aufklärerische Tradition ein, wenn er von einer »zivilisationsfeindlichen Vernunftkritik« spricht (2016: 412).

14 Später scheint sich Trawny von dieser Metapher distanziert zu haben (vgl. Rothman 2016).

15 Heidegger wendet diese Strategie auch auf den Titel der anderen bekannten Aufsatzsammlung *Holzwege* an: »Der Holzweg ist [...] unumgänglich, wenn das Denken auf den Weg gebracht werden soll« (98:321).

16 »Wie kann es sein, dass jemand, der wegen seiner engen Verbindung mit dem Nationalsozialismus sogar verurteilt war und mehrere Jahre Lehrverbot bekommen hatte, diese Hefte der Finsternis zur Veröffentlichung nach der Publikation seiner sämtlichen Werke freigibt?« (Ferraris 2016: 384). Die in der Heidegger-Forschung immer wieder vorgebrachte Behauptung, diese ›Hefte der Finsternis‹ seien ausgearbeitete philosophische Werke, gar Hauptwerke oder die Krönung des Werkes, ist derart abwegig, dass man nicht umhin

kommt, hinter ihr ganz anders gelagerte Interessen zu vermuten. Bei Donatella Di Cesare beispielsweise scheint sie in erster Linie der Rechtfertigung der These vom ›seinsgeschichtlichen Antisemitismus‹ zu dienen (vgl. Di Cesare 2016: 29 f.). Vgl. zu dieser Frage auch das 85. Kapitel der vorliegenden Untersuchung.

17 Vgl. dazu auch die unfreiwillig komische Überlegung, ausgerechnet seine *Vier Hefte*, deren Stil so eindeutig ihren Autor verrät wie wenige andere Texte, anonym erscheinen zu lassen, »um deutlich zu machen, daß der Verfasser vergessen werden muß« (99:155)

18 Mehring geht davon aus, dass die ersten beiden Abteilungen der Gesamtausgabe in erster Linie der Vorbereitung eines »anderen Denkens« dienen, das sich in der dritten Abteilung verwirkliche. Die vierte Abteilung, der auch die *Schwarzen Hefte* angehören, diene vor allem der Verbreitung dieses ›esoterischen‹ Denkens – sie diene genauer gesagt der Schulbildung, ja der Herausbildung eines neuen Menschentyps, des ›Heideggerianers‹ (vgl. dazu: Mehring 2016b: 295). Schwer vereinbar mit seiner Interpretation ist Hermann Heideggers Aussage, sein Vater habe nur den Plan der Gesamtausgabe »für die Abteilungen I und II festgelegt« (16:834). In einem Treffen mit dem Verleger zur Vorbereitung der Gesamtausgabe wurde der Charakter der vierten Abteilung folgendermaßen festgehalten: Sie »enthält Aufzeichnungen und Zusätze zu den veröffentlichten Schriften« (Arnulf Heidegger 2017: 150). Die Tatsache, dass die *Schwarzen Hefte* erst »ganz am Schluss der Erstellung der Gesamtausgabe veröffentlicht werden sollten« und bis dahin unter Verschluss gehalten, »gleichsam doppelt sekretiert« werden sollten, gründet daher schwerlich darin, dass hier die letzte, entscheidende Wendung von Heideggers Denken zurückgehalten werden sollte (vgl. 94:530 f.; 97:520). Insgesamt drängt sich folgender Einwand auf: Wenn die vierte Abteilung das Zentrum des Werks darstellen soll, warum hat Heidegger ihr dann nicht bei der Planung der Gesamtausgabe die größte Aufmerksamkeit gewidmet?

19 Ob man diesem Eindruck durch den jüngst vorgelegten *Marbach-Bericht über eine neue Sichtung des Heidegger Nachlasses* entgegenwirken konnte, der ausgehend vom Skandal der *Schwarzen* Hefte, die in den Worten des Berichts »antisemitisch klingende [!] Äußerungen enthielten« (Held 2019: 25), nach weiteren »problematischen Stellen« im Nachlass fahndet, darf bezweifelt werden.

20 Bekanntlich verwendet Heidegger selbst den Begriff der ›Erörterung‹, insbesondere in Bezug auf seine Trakl-Auslegung. Anders als Derrida bin ich der Ansicht, dass man, um diesen Begriff auf Heideggers eigenes Denken und auf seine »Selbst-Präsentation« (Derrida 2018: 39) zurückzuwenden, keineswegs von Heideggers Lehre vom Wesen der Ortschaft und des Ortes ausgehen sollte.

21 Heidegger schreibt rückblickend auf *Sein und Zeit*: »Es sieht so aus, als werde hier das Da-sein wie etwas Vorhandenes beschrieben und zergliedert [...]. Das ist *phänomenologische Täuschung*« (82:45).

22 Was für ›die Franzosen‹ gilt, muss erst recht für die Menschen aus Ostasien gelten. Vgl. dazu die viel zitierte Stelle aus dem Spiegel-Interview: »Das bestätigen mir heute immer wieder die Franzosen. Wenn sie zu denken anfangen, sprechen sie deutsch; sie versichern, sie kämen mit ihrer Sprache nicht durch« (16:679).

23 »Die philosophische Anthropologie kann nicht Grunddisziplin der Philosophie sein; weder ist sie eindeutig aus dem Begriff der Philosophie bestimmt, noch aber kann sie – was sie gerade als Grunddisziplin müsste – die Probleme der Philosophie selbst erst bestimmen« (28:20).

24 Der Vollständigkeit halber sei erwähnt, dass Heidegger eine philosophische Anthropologie im Sinne einer »thematischen existenzialen Anthropologie«, die sich von seiner eigenen Daseinsanalyse und nicht von ihrem Thema bestimmen lässt, durchaus für möglich hielt (SZ:301).

25 Zu den kleinen, politischen Schriften, die in Bezug auf die wichtigste Frage, in Bezug auf die Frage der Selbstbestimmung der Philosophie, das Herz seines Werks bilden, rechne ich insbesondere die Einleitung zur *Logik* (L), die *Metaphysik der Sitten* (MS), *Die Religion innerhalb der Grenzen der bloßen Vernunft* (R), die Vorlesung *Über Pädagogik* (P), die Schriften »Idee zu einer allgemeinen Geschichte in weltbürgerlicher Absicht« (AG), »Beantwortung der Frage: Was ist Aufklärung?« (WA), »Mutmaßlicher Anfang der Menschengeschichte« (AM), »Was heißt: sich im Denken orientieren?« (DO), die Friedensschrift (ZF) und den sehr wichtigen kurzen Text »Über ein vermeintes Recht aus Menschenliebe zu lügen« (ML).

26 Zu den großen Schriften rechne ich neben den drei Kritiken (zitiert als KrV, KpV und KU), die *Prolegomena* und die *Grundlegung zur Metaphysik der Sitten*.

27 Einen wichtigen Hinweis auf die Grundunterscheidung zwischen Lehre und Philosophie gibt Kant im letzten Satz der *Kritik der praktischen Vernunft* (vgl. KpV:302).

28 Die Aufgabe, die hier freilich nur gestellt und nicht in Angriff genommen werden kann, besteht, grob gesagt, darin, die drei Kritiken nicht länger so zu betrachten, wie Kant den bestirnten Himmel und das moralische Gesetz (und in ihnen die tierische und die vernünftige Seite des Menschen) zu betrachten vorgab, nämlich »mit immer neuer und zunehmender Bewunderung und Ehrfurcht« (KpV:300). Man müsste sie stattdessen so wie das Treibgut betrachten, das Kant immer wieder faszinierte. Allerdings nicht so wie das Strandgut aus der *Kritik der Urteilskraft*, das berühmte Sechseck und die Uhr, die zwar als Zwecke betrachtet werden und den Rückschluss auf einen Uhrmacher nahelegen, aber nicht als Mittel zu einem Zweck (vgl. KU:317,322). Man müsste sie eher so betrachten wie das Treibholz in »Zum ewigen Frieden«: Denn mehr als alle anderen Naturphänomene, schreibt Kant dort, »erregt die Vorsorge der Natur durch das Treibholz Bewunderung« (ZF:220) und zwar gerade nicht, insofern es selbst Zweck ist, sondern insofern es einem Zweck dient, insofern

es der »Menschheitsgeschichte in weltbürgerlicher Absicht« dient, indem es auch die isolierten, auf Inseln lebenden Völker, an diesem wertvollen Rohstoff teilhaben lässt. Man müsste an die drei Kritiken die kritische, philosophische Frage richten, welche Absicht Kant mit dieser Lehre verfolgt, was ihr Sinn ist und was ihr Zweck. Man müsste den großen Hauptwerken ihren Ort in dem von den kleinen politischen und anthropologischen Schriften eröffneten Raum zuweisen. Man müsste Kants Philosophie als politisches Projekt in seiner kosmopolitischen Geschichte der Menschheit verorten.

29 Das an sein kosmopolitisches Publikum gerichtete »Sapere aude!« (WA:53) gilt in einem viel radikaleren Sinn für den Philosophen, der sich als »Selbstdenker« (L:449) nie auf die Tradition verlassen darf.

30 Nicht ohne Grund schreibt Heidegger in einer späteren »Auseinandersetzung« mit *Sein und Zeit*: »Irreführend ist freilich die ›phänomenologische‹ Verkleidung« (82:140).

31 Dass Heidegger *Sein und Zeit* einmal als »große Unvorsichtigkeit« (an Elisabeth Blochmann vom 20.12.1935: S. 88) bezeichnet hat, bedeutet nicht, dass das Buch ein ›Versehen‹ war, das Heidegger »so gewiss nicht gewollt« hat (Figal 2003: 94). Heidegger war nicht etwa deswegen ›unvorsichtig‹, weil er plötzlich ein neues, unausgereiftes Projekt verfolgte, sondern weil er das Projekt der Selbsterörterung in einem radikaleren Sinne ›präsentierte‹, weil er mit diesem Buch das Wagnis einging, auf die Interpretation anderer Philosophen weitgehend zu verzichten und die phänomenologische Geste in ihrer Reinform zu präsentieren.

32 Nicht nur Heidegger selbst verwendet diesen Begriff, auch in der apologetischen Literatur erfreute und erfreut er sich großer Beliebtheit. Was im Folgenden als ein Wechsel des Themas und als eine Radikalisierung der Selbsterörterung interpretiert wird, ist zugleich eine Radikalisierung der phänomenologischen Geste: Die Sache, die Wahrheit des Seins, soll sich nicht mehr nur im ›Horizont‹ des Menschen zeigen, sondern umgekehrt ganz von sich aus und aus sich selbst heraus den ›Horizont‹ des Menschen bestimmen. Aus dem Übergang von der ›Geschichtlichkeit‹ des Menschen zur ›Geschichte‹ des Seins ergibt sich gemäß der Selbstpräsentation und der apologetischen Reproduktion derselben auch ein neues Verhältnis zur philosophischen Tradition, ein Übergang von der »Destruktion« zur »Konfrontation« (Jähnig 1989: 110).

33 Das klassische Beispiel für eine solche ›intellektuelle Biographie‹, die letzten Endes, weil sie die Frage nach der Sache von Heideggers Philosophie nicht stellt, zumeist der Selbstauslegung verpflichtet bleibt, stellt das Buch *Der Denkweg Martin Heideggers* (1983) von Otto Pöggeler dar. Diese unkritische Nacherzählung interpretiert Heideggers Werk als einen »Denkweg«, dessen ›Schritte‹ Gegenstand einer bildreichen Erzählung werden können. Dass Heideggers Werk ein Kontinuum im Sinne eines Denkweges darstellt, diese folgenreiche These meint Pöggeler durch die Betrachtung der Verwendung des Wortes *Ereignis* belegen zu können. »Dass dieses Wort viel früher gebraucht

und dann erst einmal zurückgedrängt wurde, dass es später anders bestimmt wurde als 1936, könnte gerade eine Kontinuität zeigen« (Pöggeler 1992c: 19). Die von Pöggeler in seiner motivischen und biographischen Nacherzählung des »Denkweges« gefundene Kontinuität berührt die Frage eines möglichen Umbruchs in Heideggers Denken in keiner Weise.

34 Der von Bourdieu diagnostizierte ›Kurzschluss‹ verhindert, dass Adorno in seiner Interpretation des ›philosophischen Feldes‹ die zentrale begriffliche Opposition zwischen Eigentlichkeit und Uneigentlichkeit zu fassen bekommt: Die Grenze verläuft hier nicht zwischen einer herrschenden und einer beherrschten Klasse, sondern zwischen Heideggers Philosophie und ihrem anderen.

35 Mit derartigen »Tabus« sah sich Adorno beispielsweise in dem ein Jahr vor seiner Polemik erschienenen Buch *Der Denkweg Martin Heideggers* von Otto Pöggeler konfrontiert: »Ein Verständnis für Heideggers Denken kann nur wach werden, wenn der Leser der Schriften Heideggers bereit ist, alles Gelesene jeweils als einen Schritt zu jenem zu Denkenden hin zu verstehen, zu dem Heidegger unterwegs ist.« (Pöggeler 1983: 8).

36 Den wohl bedeutendsten Versuch einer solchen materialistischen Interpretation unternahm Georg Lukács (1951: 7–32).

37 Denn letzten Endes kommt es darauf an, die Alternative »zwischen einer ›externen‹ Geschichtsschreibung oder Soziologie einerseits, die im allgemeinen unfähig sind, sich mit jenen Philosophemen zu messen, die sie erklären wollen, und der ›Kompetenz‹ einer ›internen‹ Lektüre andererseits, die wiederum blind ist für die politisch-historische Einordnung und vor allem für die Pragmatik des Diskurses« zu überwinden (Derrida 1988b: 86).

38 Schon deswegen muss eine pragmatistische Lesart, wie sie in den Vereinigten Staaten am Prominentesten von Richard Rorty oder Hubert L. Dreyfus verfolgt wird, eine Lesart, die Heideggers Philosophie als eine Art Theorie der Praxis begreifen will, das Wesentliche verfehlen. Da ihr Umgang mit dem Interpretandum aber meist selbst pragmatisch ist, da sie die Tradition »wie einen Werkzeugkasten« benutzen, wird sie dieser Einwand wohl wenig kümmern (Rorty 1991: 9).

39 Die Frage lautet genauer: »Ist Philosophie *entweder* Wissenschaft *oder* Weltanschauung, oder ist Philosophie *sowohl* Wissenschaft *als auch* Weltanschauung, oder ist Philosophie *weder* Wissenschaft *noch* Weltanschauung?« (27:9).

40 Die ausdrückliche Auseinandersetzung mit Marx, insbesondere mit den Thesen ad Feuerbach und der Forderung der Weltveränderung, beginnt kurz nach dem Ende des Zweiten Weltkrieges. Vgl. dazu insbesondere: 9:339 f.; 13:211 f.; 14:71; 15:394 und Heideggers denkwürdigen Fernsehauftritt (transkribiert in: Neske und Kettering 1988: 22).

41 In der letzten Konsequenz erkennt diese Verflüchtigung, die Marx der deutschen Philosophie unterstellt, im Menschen nichts weiter als einen Philo-

sophen und in der Geschichte nichts weiter als die Geschichte der Philosophie. Mit Althusser gesprochen, der die Kritik an diesem »alten Idealismus« erneuert, lautet ihre »erste und letzte Wahrheit«: »*Alles ist Philosophie*« (Althusser 2020: 102).

42 Schon in seinem ersten Essay zu Heideggers Philosophie, von dem im nächsten Kapitel noch die Rede sein wird, erkennt Levinas, dass für Heidegger der »Übergang vom impliziten und uneigentlichen zum expliziten und eigentlichen Verstehen das fundamentale Drama der menschlichen Existenz darstellt« (Levinas [1932] 2006a: 83).

43 Herbert Marcuse bemerkte ebenfalls, »dass Heideggers ›Konkretheit‹ zum größten Teil ein Ausdruck des Scheins war, eine falsche Konkretheit, dass seine Philosophie tatsächlich sehr abstrakt war und sich von der Realität weg bewegte, eher der Realität auswich«. Und weiter: »›Dasein‹ ist für Heidegger eine soziologisch und eben auch biologisch ›neutrale‹ Kategorie (Geschlechtsunterschiede bestehen nicht!)« (Olafson 1990: 124f.). In eine ähnliche Richtung, allerdings ohne die begriffliche Schärfe, zielt auch Günther Anders (2001: 72–115).

44 Der Aufsatz erschien zuerst 1932 in der *Revue philosophique de la France et de l'étranger* und wurde in einer deutlich bearbeiteten Fassung wiederveröffentlicht in der selbst beständig erweiterten Aufsatzsammlung *En découvrant l'existence avec Husserl et Heidegger*. Die Bedeutung dieses Textes, der sich zur Aufgabe macht, die »wahre Intention« von Heideggers Philosophie, »das, was ihr am teuersten ist« (395) aufzudecken, kann man schwerlich überschätzen. Aus der Kenntnis verschiedener Vorlesungsmanuskripte und -mitschriften stellt Levinas zu einer Zeit, in der nur sehr wenige Texte öffentlich zugänglich waren, die entscheidende Frage nach der wahren, von der präsentierten unterschiedenen Intention von Heideggers Philosophie. Eine Frage, die heute, trotz der Masse an veröffentlichten Texten, kaum mehr von Interesse zu sein scheint. Dass Heidegger den Text kannte, darf als gesichert gelten, empfahl er doch seinem Verleger Klostermann bereits 1931 »eine größere Abhandlung«, die Levinas zu schreiben gedachte (an Vittorio Klostermann vom 21. 8. 1931; zitiert nach: Mehring 2016b: 255). Es ist daher nicht abwegig anzunehmen, dass nicht nur Heidegger entscheidenden Einfluss auf Levinas ausgeübt hat, sondern dass auch umgekehrt Levinas einiges zur endgültigen Klärung der ersten Phase der Selbsterörterung von Heideggers Philosophie beigetragen hat. Dominique Janicaud hat auf die Bedeutung des Textes für die Heidegger-Rezeption hingewiesen (2001: 31).

45 »Das Phänomen der Welt, genauer gesagt die Struktur des ›In-der-Welt-seins‹ stellt die Form dar, in der sich das Verstehen von Sein vollzieht. [...] Jedes Erscheinen eines bestimmten Dings setzt die Welt voraus« (Levinas [1932] 2006a: 90).

46 »Heidegger behält den Begriff der Transzendenz für [...] diesen Sprung über das Seiende hin zum Sein vor« (Levinas [1932] 2006a: 95).

47 Vgl. zu den Begriffen ›Erschlossenheit‹ und ›Entdecktheit‹: SZ:87,220,297; 24:102. In derselben Bedeutung, aber vertauscht, spielt dieses Begriffspaar auch eine wichtige Rolle in: 20:348 f.

48 Vgl. zu diesem doppelten Begriff von Welt: 27:248–304.

49 Dem Wesen seiner aneignenden, verflüchtigenden Auslegung entsprechend, interessiert sich Heidegger nur für die allgemeine Struktur der ›Faktizität‹. Die »realen Machtverhältnisse«, durch die dem ›Dasein‹ ebenso bestimmte Möglichkeiten entzogen werden, »sind in Heideggers Philosophie nicht der Rede wert« (Anders 2001: 93).

50 In der Erstfassung heißt es nicht minder treffend: »Der Mensch ist immer schon in seine Möglichkeiten geworfen, in Bezug auf die er immer schon diese oder jene Entscheidung getroffen hat, die er immer schon ergriffen oder ausgelassen hat« (Levinas 1932: 414).

51 Zur Geschichte des Begriffes der Weltanschauung und zu seiner Verwendung vgl. die sehr ausführliche und informative Studie von Arnulf Müller (2008).

52 Diese interessengeleitete Interpretation muss zum Gegenstand der Kritik gemacht werden, will man das Verhältnis von Heideggers Philosophie zum Nationalsozialismus verstehen. Nur wenn man sie vollkommen außer Acht lässt, kann man ohne Weiteres von einer »*Verweltanschaulichung*« von Heideggers Philosophie sprechen, wie sie Habermas für die Zeit nach 1929 unterstellt (Habermas 1988: 18). Habermas möchte belegen, dass Heidegger sich ab diesem Zeitpunkt von rechtskonservativem Gedankengut beeinflussen ließ, dass es gar »in die Herzkammern der Philosophie« (18) Heideggers vorgedrungen sei. Diese These versucht Habermas mit drei fragwürdigen Argumenten zu belegen: Erstens beschäftige sich Heidegger ab dieser Zeit verstärkt mit Nietzsche und Hölderlin; zweitens beschäftige er sich wieder mit der Frage nach der Rolle der Universität und scheint einen Bruch mit der akademischen Philosophie vollzogen zu haben und drittens, und dies ist letztlich das entscheidende Argument, »öffnete sich Heidegger auch auf dem Katheder für Gegenwartsdiagnosen rechtskonservativer Herkunft« (19). Als einzigen Beleg für diese These verweist Habermas auf eine Stelle aus der Vorlesung *Grundbegriffe der Metaphysik*, in der Heidegger die »rechtskonservativen« Gegenwartsdiagnosen von Spengler, Ziegler, Klages und Scheler (den Habermas in seiner Aufzählung nicht erwähnt) mit je einem Absatz bedenkt – um zu zeigen, wie diese geläufigen Diagnosen nur für einen Hinweis auf den Ort zu gebrauchen seien, an dem die »eigentliche Auseinandersetzung zu geschehen hat«: nämlich mit der Philosophie Nietzsches (29/30:107). Heidegger geht abschließend von der These aus (ohne diese belegen zu wollen), dass keine dieser vier Deutungen »die richtige ist, weil keine richtig sein kann, sofern sie das Wesen der Philosophie *Nietzsches* verfehlen, die ihrerseits auf merkwürdigen Fundamenten ruht, von denen sich zeigt, dass ihnen in der Tat eine recht vulgäre und metaphysisch höchst fragwürdige ›Psychologie‹ zugrunde liegt«

(29/30:111; vgl. auch: 80:256ff.). Dass sich Habermas gezwungen sieht, diese explizite Ablehnung als »Öffnung« zu interpretieren, zeigt, wie unzureichend sein Ansatz ist, um Heideggers Weltanschauung zu erklären.

53 Seit der Erstveröffentlichung des klassisch gewordenen Aufsatzes »Heidegger's Critique of Science« von William J. Richardson Jahr (1968, wiederveröffentlicht 2012) hat sich in der Heidegger-Forschung weitgehend die Ansicht durchgesetzt, Heideggers Denken der Wissenschaft sei stets am Paradigma der modernen Physik, an ihrem ›exakten‹ und ›experimentellen‹ Charakter orientiert gewesen (vgl. dazu: Glazebrook 2012: 13–26). Ich denke hingegen, dass die Betonung der ›Vergegenständlichung‹ als ›Grundakt‹ der Wissenschaft nicht gleichbedeutend ist mit einer Orientierung an der modernen Physik. Diese Gleichsetzung wird in der Literatur stets dadurch gewonnen, dass Gedanken aus der Früh- und Spätphilosophie auf undifferenzierte und ungerechtfertigte Weise vermischt werden. Tatsächlich gelangt Heideggers Philosophie aus prinzipiellen Gründen, die weiter unten ausgeführt werden, erst in ihrer zweiten Phase zu einem Begriff der spezifisch ›modernen‹, technischen Wissenschaft. Der Begriff der ›Vergegenständlichung‹ ist hingegen unbestimmter, allgemeiner und lässt sich nicht ohne Weiteres mit der ›Exaktheit‹ der Methode in Verbindung bringen. Wesentlich differenzierter in dieser Hinsicht ist die bisher umfangreichste Studie zum Wissenschaftsverständnis des frühen Heidegger von Rainer A. Bast (1986).

54 Man mag an dieser Stelle eines der berühmten Beispiele erwarten, mit denen sich Heideggers Philosophie immer wieder ihre vermeintlich unschuldige, tatsächlich aber verhängnisvolle ›Anschaulichkeit‹ und ›Eingängigkeit‹ verschafft. Doch die Rede etwa von dem notorischen Hammer, der in dem Moment ›auffällig‹ oder ›thematisch‹ werde, in dem er aufhört, reibungslos seine Funktion zu erfüllen, verdankt sich keineswegs nur einem Interesse, das ›theoretisch‹ Entwickelte ›anschaulich‹ zu machen oder zu ›vermitteln‹. Da die vermeintlichen Beispiele in erster Linie dazu dienen, den Anschein zu erwecken, das über das alltägliche, über das vorphilosophische und über das wissenschaftliche Leben Gesagte ließe sich ganz von den Phänomenen, vom reinen Sich-Zeigen der Dinge leiten, ohne dass ihnen in Wahrheit irgendeine tragende Rolle zukommt (nicht einmal für die ›Darstellung‹ oder ›Vermittlung‹), verzichte ich auf ihre Verwendung und auf ihren rhetorischen Effekt, den ich eingangs im Sinne der ›phänomenologischen Geste‹ beschrieben habe.

55 Bemerkenswerterweise fehlt ausgerechnet diese zentrale Formulierung in der jüngst veröffentlichten Urfassung (bei der es sich meines Erachtens um den tatsächlich vorgetragenen Text handeln muss) der Antrittsvorlesung »Was ist Metaphysik?«. Dort heißt es lediglich: »In der Sachlichkeit des wissenschaftlichen Fragens liegt eine Unterwerfung der Wissenschaft unter das Seiende; aber diese Dienstleistung ist der Grund der Möglichkeit zu ihrer Führerschaft« (Heidegger 2018: 735).

56 Hier allerdings noch in einer sehr vorläufigen Begrifflichkeit, die auch

der Augustinus-Interpretation geschuldet ist. Die menschliche Existenz, das »Leben«, wird verstanden als »tentatio« und »bildet die Möglichkeit des Sichverkennens und -gewinnens« aus (60:246). Damit sind bereits wesentliche Züge der Interpretation aus *Sein und Zeit* vorgezeichnet, wo das »verfallende« Leben als »versuchend-beruhigendes« und daher auch als »entfremdend« charakterisiert wird (SZ:178).

57 Die Vorstellung von einem Ursprung, der im Anfang vorenthalten ist, spielt bekanntermaßen auch in der Spätphilosophie eine entscheidende Rolle. Genauer gesagt kündigt die Notwendigkeit, die Unterscheidung zwischen dem Eigentlichen und dem Uneigentlichen geschichtlich zu denken, die Grenze und den Zusammenbruch der Frühphilosophie an (vgl. dazu: Derrida 1988: 90ff.).

58 Die unmögliche Modalität des ›zumeist auch immer, aber doch nicht notwendig oder ständig‹, verweist auf den für Heideggers Philosophie fundamentalen Unterschied und Widerspruch zwischen der Selbstpräsentation und der Selbsterörterung.

59 Die Philosophie im Sinne des ›ausdrücklichen Transzendierens‹ ist also die Voraussetzung für und nicht, wie Françoise Dastur behauptet, »Ausdruck des eigentlichen Daseins« (2003: 37). An dieser Formulierung zeigt sich das Grundproblem ihrer gesamten Interpretation der Frühphilosophie. Sie folgt der Selbstpräsentation dahingehend, dass der Übergang aus der ›uneigentlichen‹ in die ›eigentliche‹ Existenz unabhängig von Heideggers Philosophie geschehen könne und interpretiert infolge dessen das ›Explizitmachen‹ der Philosophie nicht als das Wesen dieses Übergangs (und somit der ganzen menschlichen Existenz), sondern als bloß nachträgliche Reflexion auf das Geschehene.

60 Deswegen kann Caputo zurecht sagen, dass die »Entschlossenheit den Zufall in Schicksal verwandelt« (1993: 80).

61 In seinem Aufsatz »An Introduction to Heideggerian Existentialism«, der auf engstem Raum die Grundprobleme von Heideggers Philosophie und ihrer Entwicklung tiefer durchdringt als fast alle anderen Auslegungen, weist Leo Strauss auf diesen entscheidenden Punkt hin: Heideggers Philosophie »beruft sich auf eine gewisse Erfahrung, auf die Angst als Grunderfahrung, in deren Licht man alles verstehen muss. Diese Erfahrung zu machen ist eine Sache, sie als die Grunderfahrung zu verstehen ist eine andere. Das bedeutet, dass ihr fundamentaler Charakter nicht von der Erfahrung selbst verbürgt ist. Er kann nur durch eine Erörterung [argument] verbürgt werden. Diese Erörterung kann unsichtbar sein, weil sie in dem, was unsere Zeit allgemein anerkennt, impliziert ist« (Strauss [1956] 1995: 307). Strauss zeigt weiterhin, dass die Angst als Grundstimmung gerade deswegen ein ›geschichtliches‹, also ein ›existenzielles‹ und kein ›existenziales‹ Phänomen ist, weil sie in ihrem fundamentalen Charakter von der philosophischen, aneignenden Auslegung abhängt.

62 Tatsächlich zeigt sich an dieser Stelle der Sinn der rhetorischen Ersetzung des ›immer schon‹ durch das ›zunächst und zumeist‹: Sie soll suggerieren, dass es ›Ausnahmezustände‹ gibt, in denen die beunruhigenden Phänomene der Angst, der Langeweile und des Gewissenrufes von sich aus auftreten. Sie soll suggerieren, dass der ›Einsprung‹ in die Philosophie von diesen Ausnahmesituationen abhängig ist, während gemäß der Systematik von Heideggers Philosophie der Einsprung und mit ihm die unbegründete und sich selbst begründende Selbsterörterung vorausgesetzt ist, damit der Ausnahmezustand als solcher erfahren werden kann, damit er etwa als ›Aufbruchsstimmung‹ (vgl. das 44. Kapitel der vorliegenden Untersuchung) bestimmend werden kann.

63 Nicht zu verwechseln mit dem Vortrag »Vom Wesen der Wahrheit«, den Heidegger zu verschiedenen Anlässen hielt und mehrfach überarbeitete (9:177–202; 80:327–428).

64 Die Interpretation der Zeitlichkeit und Geschichtlichkeit der menschlichen Existenz führte Heideggers Philosophie also, wenn auch aus anderen als den präsentierten Gründen, in eine Sackgasse. Aus diesem Grund verhandle ich die Frage der Zeit, genauer gesagt der ›ekstatischen‹ Zeitlichkeit nicht im Rahmen meiner Interpretation der Frühphilosophie. Da Heideggers ›Lehre‹ von den vier ›Ekstasen‹ der Zeit erst in seiner Spätphilosophie ›sachdienlich‹ und für die Selbsterörterung relevant wird, werde ich sie erst im fünften Hauptteil dieser Untersuchung ausführlich interpretieren.

65 Wenn Heidegger im Moment der Rektoratsübernahme schreibt, dass er »das erste Mal *gegen* die innere Stimme« (94:110) handle, ist das durchaus glaubwürdig. Die Frage ist nur, was sich in dieser ›inneren Stimme‹ ausspricht: Ist es wirklich die ›Wahrheit des Seins‹?

66 Die bibliographischen Angaben zu allen Briefwechseln finden sich im entsprechenden Abschnitt des Literaturverzeichnisses.

67 Die Übung findet sich in dem von Denker und Zaborowski herausgegebenen Band *Heidegger und der Nationalsozialismus* (Bd. I: *Dokumente*). Die restlichen bibliographischen Angaben lassen sich den Unterpunkten B.) und C.) der Bibliographie entnehmen. Abgesehen von den nicht eben zahlreichen neuen Materialien sind die beiden letztgenannten Untersuchungen in einer Weise interessengeleitet, dass man sie, mit einem Wort von Ernst Nolte, zur Kategorie der »Denunziationsliteratur« rechnen muss (Nolte 1992: 99).

68 Ich denke dabei insbesondere an die Erinnerungen von Heinrich Wiegand Petzet (1983) und Karl Jaspers (1978). Eine besondere Stellung kommt der für den ganzen Diskurs so wirkmächtigen Quelle zu, in der Willy Hochkeppel sich an eine Erinnerung von Karl Jaspers erinnert (1983: 49). Vgl. dazu ausführlich das 52. Kapitel der vorliegenden Untersuchung. Die ebenfalls viel zitierten Erinnerungen von Karl Löwith (1986), Max Müller (1988) und Hans Jonas (2003) scheinen mir hingegen mit den überlieferten Fakten und der Anlage und Entwicklung von Heideggers Philosophie übereinzustimmen. Einen

Sonderfall stellen die Erinnerungen von Herrmann Möhrchen dar, von denen er in der Fernsehsendung *Der Zauberer von Meßkirch* (ausgestrahlt im WDR am 23.1.1989) berichtet (zitiert nach: Pöggeler 1990: 24f.). Hier wechseln Licht und Schatten: Während es plausibel erscheint, dass die ›Abwehr‹ des Kommunismus ein zentrales Anliegen für Heidegger und ein wichtiger Grund für das Votum für den Nationalsozialismus war, fällt es schwer zu glauben, dass er die Verteidigung der »individuellen Persönlichkeits-Kultur« als Grund dafür angab.

69 Die liberalen Heideggerianer halten nicht an der Lehre, sondern nur an der Selbstpräsentation fest, die aber in dem Moment, in dem sie wirklich zur Sache der Philosophie wird, eine ganz andere Lehre erfordert. So besehen sind Jean-Luc Nancy und Philippe Lacoue-Labarthe in einem viel radikaleren Sinn ›Heideggerianer‹ als es selbst die kritiklosesten Apologet_innen sein konnten, in einem viel radikaleren Sinn sogar als Heidegger selbst.

70 Die erste Ausarbeitung wurde 2012 in der von Friedrich Wilhelm von Herrmann besorgten Ausgabe veröffentlicht (Heidegger 2012). Die zweite Ausarbeitung findet sich in der zweisprachigen Ausgabe von Emmanuel Martineau (Heidegger 1987).

71 Dieser strukturellen Unfähigkeit von Heideggers Philosophie entspricht im Leben des Philosophen eine mangelnde politische Bildung: »Wenn sein Mangel an ökonomischer und politischer Bildung offenkundig war, so war es sein unzureichendes Verständnis des konkreten Lebens eines Staates und der internationalen Beziehungen in noch höherem Maße« (Payen 2016: 151). Ähnlich fasst auch Hermann Möhrchen seine Erinnerungen an Martin Heidegger zusammen: »Verstehen tut er nicht viel von Politik. […] Mit politischen Einzelfragen beschäftigt er sich wohl kaum« (zitiert nach: Pöggeler 1990: 24f).

72 Vgl. zu Strauss' Interpretation von Heideggers ›Engagement‹ auch den Aufsatz von Velkley (2009). Auf denselben Sachverhalt zielt auch Heinrich Meier, wenn er schreibt, Heidegger sei »in einem präzisen Verstand ›Vorsokratiker‹ geblieben« (2000: 29).

73 Die etwa von Pierre Aubenque (1988) oder Klaus Held (2016) vertretene Vorstellung eines bloßen ›Apolitismus‹ von Heideggers Frühphilosophie, die das ›Engagement‹, das sich ausschließlich »aus der Eigenart, der Psychologie und der Soziologie« des Philosophen ergeben habe, weder notwendig gemacht noch verhindert habe, greift zu kurz. Dass Heideggers Zustimmung zum Nationalsozialismus kein »philosophischer Akt« war, ist nur die eine Seite der Wahrheit: Es gilt zu zeigen, warum sie ihrem Gehalt nach ›unphilosophisch‹, ihrer Haltung nach aber ›philosophisch‹ war, zumindest ›philosophisch‹ im Sinne Heideggers (Aubenque 1988: 136). Heideggers Philosophie ist politisch, obwohl sie nicht ›das Politische‹ denkt, obwohl sie keine Politische Philosophie im anspruchsvollen Sinne des Wortes ist. Sie denkt zumindest insofern politisch, als sie um die Notwendigkeit ihres politischen ›Engagements‹ weiß.

74 Ich sehe keine Anzeichen dafür, dass Heidegger, wie Otto Pöggeler es

will, »Nietzsches Diagnose der weltpolitischen Situation angenommen und in ihrem Rahmen sich engagiert« hätte. Selbst wenn das der Fall gewesen wäre, wäre eine derartige vulgärnietzscheanische ›Diagnose‹ kein Argument gegen Heideggers ›Blindheit‹ – ebenso wenig wie die Tatsache, dass sich Heidegger »bei der Reichspräsidentenwahl von 1932 gegen den nationalkonservativen Hindenburg und für Hitler, den Revolutionär ausgesprochen« hatte (Pöggeler 1991: 341).

75 Sicherlich übte gerade die in der ganzen nationalsozialistischen Bewegung, insbesondere aber bei der SA allgegenwärtige Rede vom ›Erwachen‹ Deutschlands oder des deutschen Volkes große Anziehungskraft auf Heidegger aus. Wie sehr das sogenannte ›Sturmlied‹, dem die Losung ›Deutschland erwache!‹ entstammt und das den nationalen Aufbruch als ein Glockenläuten beschwört, das das deutsche Volk aus dem Schlaf oder dem Traum und ›zum Sturm‹ läutet, bei dem Küstersohn verfing, lässt sich nicht abschließend klären, doch man kann leicht den Eindruck gewinnen, dass es in dem berüchtigten Schlusssatz der Rektoratsrede (»Alles Große steht im Sturm«) widerhallt. In jedem Fall liegt Sloterdijk falsch, wenn er behauptet, Heideggers Rede vom ›Erwachen‹ des Daseins habe mit den »Weckrufen zur Mobilisierung nationaler oder proletarischer Potentiale nichts zu tun« – tatsächlich steht sie in engstem Zusammenhang mit seiner späteren Rede vom ›Erwachen‹ des deutschen Volkes (Sloterdijk 2016: 223).

76 Vgl. dazu auch folgende sehr aufschlussreiche Briefstelle: »Das gegenwärtige Geschehen hat für mich – gerade weil vieles dunkel und unbewältigt bleibt – eine ungewöhnliche sammelnde Kraft. Es steigert den Willen u. die Sicherheit im Dienste eines großen Auftrags zu wirken und am Bau einer volklich gegründeten Welt mitzuhelfen« (an Elisabeth Blochmann, 30.3.1933: S. 60).

77 Das früheste eindeutige Zeugnis dieser Sympathie stellt der jüngst veröffentlichte Brief an seinen Bruder dar, in dem sich der ›Rausch‹ der ›Aufbruchsstimmung‹ bereits anzukündigen scheint, wenn Heidegger schreibt, dass »Deutschland erwacht« und dass mit der nationalsozialistischen Bewegung »Rettung und Untergang Europas und der abendländischen Kultur« auf dem Spiel stünden (an Fritz Heidegger, 18.12.1931: 21f.). Ein Jahr später betont er gegenüber Bultmann, dass er zwar entgegen anderslautender Gerüchte kein Parteimitglied sei, die Bewegung aber »v.a. auch durch die entsprechende Stimmabgabe bei den Wahlen – nicht erst seit gestern« unterstütze (an Rudolf Bultmann, 16.12.1932: 192). Vgl. zur Frage der Sympathie für den Nationalsozialismus vor der Machtergreifung insbesondere: Payen 2016: 264–292. Dass er grundsätzlich mit der ›Bewegung‹, zumindest mit bestimmten Strömungen innerhalb derselben und insbesondere mit ihrem ›Führer‹ sympathisierte, hielt ihn jedoch nicht davon ab, bestimmte andere Strömungen, Akteure und Institutionen des Nationalsozialismus zu kritisieren (so etwa in den Briefen an seine Frau vom 18. u. 20.6.1932: 178–180).

78 Bereits 1932 wurde Heidegger, wie er in einem Brief an seine Frau berichtet, zu einer Tagung der *Deutschen Studentenschaft* eingeladen (an Elfriede Heidegger, 18.6.1932: 178; vgl. dazu auch: Ott 1988b: 28). Vgl. auch die Stellungnahme der *Deutschen Studentenschaft* zur Rektoratsübernahme in *Der Alemanne* vom 24.4.1933 (in: Schneeberger 1962: 16).

79 Nolte benutzt die Rede vom »nationalen Sozialismus«, um Heideggers Weltanschauung vom »Nationalsozialismus« abzugrenzen: »Heidegger war kein Nationalsozialist, der andere Völker überwältigen wollte, und er war erst recht kein Radikalfaschist, der den welthistorischen Prozess durch konkrete Urheber bewirkt sein ließ und eine Heilung durch Vernichtung erstrebte« (Nolte 1992: 297).

80 Gerhardt Schmidt benutzt die Rede vom »Hitlerismus« ebenfalls, um Heidegger vom »Nationalsozialismus« abzugrenzen: »Heidegger war gar kein Nationalsozialist, sondern Hitlerist. Er hatte sich verrannt, vielleicht weil er die erklärten Ziele Hitlers nicht gut genug kannte, eher wohl deswegen, weil er sie für bloßes Spielmaterial hielt« (2001: 230).

81 Die Spezifizierung seines Nationalsozialismus soll keineswegs nahelegen, Heidegger habe einen »Privatnationalsozialismus« (16:381) vertreten (eine der wirkmächtigsten apologetischen Strategien) oder gar einen ›Privathitlerismus‹ – letzteres scheint Otto Pöggeler nahezulegen (1996: 99). Zumindest in den Jahren 1933–34 war Heidegger Nationalsozialist im gemeinsten Sinn des Wortes: Er hing weder einem ›privaten‹, noch einem ›esoterischen‹ oder ›geistigen‹ Nationalsozialismus an.

82 Oft wurde diese Bestimmung so interpretiert, dass in dem betreffenden Paragraphen von *Sein und Zeit* (§ 74) plötzlich die Weltanschauung des Philosophen durchbricht. So als gäbe es hier eine »Leerstelle«, die Heidegger in Ermangelung einer politischen Philosophie mit seiner privaten Weltanschauung fülle (vgl. Pöggeler 1991: 344). In diesem Sinne argumentiert etwa Faye (2009: 16, 34). Auch Marion Heinz ist der Ansicht, dass Heideggers Philosophie eine »vermittelnde Instanz« ist, die »in weltanschaulich neutrale philosophische Begriffe [...] Inhalte rechter Ideologie« einführt (2016: 129, 135, 139).

83 Zur Rolle, die das Begriffspaar ›Gemeinschaft‹ und ›Gesellschaft‹ in Heideggers Lehre spielt, vgl. Domenico Losurdo (1995: 54).

84 Diese Argumentation ist mit einer merkwürdigen apologetischen Strategie verbunden, die behauptet, dass das »Denken des Seins [...] nicht an eine bestimmte Sprache gebunden« sei (Trawny 2014a: 76) und dass Heideggers Identifikation des ›geschichtlichen Daseins‹ mit dem deutschen Volk, dem ›Geist‹ seiner Philosophie – seiner reinen, unkontaminierten Philosophie, die es wiederherzustellen gelte – widerspreche. Wenn es bei Heidegger während seines Engagements so etwas wie eine Geschichtsphilosophie gab, so schrieb er sicherlich keine ›Seinsgeschichte‹, sondern vielmehr so etwas wie eine ›Volksgeschichte‹.

85 Auch in einem Brief an Viktor Schwoerer vom 2.10.1929 ist in demselben

Sinne von einer »wachsenden Verjudung im weiteren u. engeren Sinn« die Rede, die das »deutsche Geistesleben« entkräfte und verhindere, dass »echte bodenständige Kräfte und Erzieher« an die Macht kommen (zitiert nach: Payen 2016: 632). In dieselbe Kerbe schlägt auch ein Brief an Kurt Bauch vom 7.2.1935, in dem das akademische Publikum folgendermaßen charakterisiert wird: »Versprengte Juden, Halbjuden, sonst Missglückte, Jesuiten und Schwarze in Laiengestalt und einige Schöngeister« (18).

86 Payen betont, dass Heidegger, beeinflusst durch sein konservativ-katholisches Umfeld schon früh eine Abneigung gegen die »Dekadenz der Städte« entwickelt habe, »die von den Übeln einer dekadenten ›Epoche der oberflächlichen Kultur und der Rastlosigkeit‹ ergriffen und vom Geist des Genusses, des Luxus und des gottlosen Materialismus korrumpiert sind« (2016: 78). Vgl. dazu auch Heideggers Brief an seine Eltern vom 29.1.1922: 51.

87 Vgl. dazu exemplarisch Heideggers explizite Absage an die ›städtische Welt‹: »Schöpferische Landschaft: Warum bleiben wir in der Provinz?« (13:9–13).

88 Heidegger begegnete diesem Stereotyp des ›Jüdischen‹ in erster Linie im akademischen Umfeld, weshalb er auch im Winter 1932/33 an Hannah Arendt schrieb, dass er »in Universitätsfragen genauso Antisemit [sei] wie vor 10 Jahren« (16:68), dass dieser ›kulturelle‹ Antisemitismus aber gerade kein »enragierter« (16:68) Antisemitismus sei, kein Antisemitismus also, der sich gegen die Juden als solche richte und gegen sie persönlich vorgehe, sondern nur gegen das ›Jüdische‹. In diesem Brief findet sich erstmals die nach dem Zweiten Weltkrieg von Heidegger und seinen Apologeten (bis heute) angewandte Verteidigungsstrategie der ›jüdischen Freunde‹, die den Vorwurf des Antisemitismus widerlegen sollen. Abgesehen von den opportunistischen Zwecken, die meistens mit dieser ›Argumentation‹ verfolgt werden, lässt sich allgemein mit Guillaume Payen erwidern: »Der Wert, den man individuell einer Person zuerkennt, kann dazu führen, dass man ihre Zugehörigkeit zur jüdischen ›Rasse‹ als nachrangig betrachtet, oder sie sogar verdrängt, obwohl man sie ansonsten für ein absolutes und universales Übel erachtet« (Payen 2016: 363). Was geschah, wenn ein Jude nicht Heideggers Freund war, lässt sich nirgends besser als in seiner vernichtenden ›Begutachtung‹ des jüdischen Philosophen Richard Hönigswald nachvollziehen (vgl. 16:312f.).

89 »Ich kam gerade von Basel, wo im Sommer 1929 der 16. Zionistenkongress stattgefunden hatte. Als ich ihm von dem Kongress erzählte, ließ er sich von mir in ein paar Worten erklären, was Zionismus überhaupt sei. Er hatte keine Ahnung und sagte: ›Zionistenkongress – was tut man da? Das spielt sich wohl alles in einem großen Zelt ab?‹ Worauf ich erwiderte: ›Nein, es gibt ein Kongressgebäude, in dem man auch wohnt, ein Hotel.‹ Er hatte also ganz eigentümlich primitive Vorstellungen und malte sich einen Zionistenkongress irgendwie als eine Art Heerlager mit Zelten aus. Er hatte keine Ahnung, was ein politischer Kongress ist!« (Jonas 2003: 120f.).

90 So ist meines Erachtens auch die Stelle aus der 1933/34 gehaltenen Übung »Über das Wesen von Natur, Geschichte und Staat« zu lesen, in der von den »semitischen Nomaden« die Rede ist. Letzteren würde die »Natur unseres deutschen Raumes« nicht deshalb nicht »offenbar« werden, weil sie anderer Natur seien, sondern weil sie eine andere Kultur haben, ein anderes »spezifisches Wissen« von der Natur (vgl. Denker und Zaborowski 2009: 82).

91 Die Einzelheiten zu diesem Fall sind bei Hugo Ott (1988a: 67f.) und Bernd Martin (1988: 22f.) nachzulesen.

92 »›Man muss sich einschalten‹, sagte er angesichts der schnellen Entwicklung der nationalsozialistischen Realität« (Jaspers 1977: 100).

93 Pöggeler versucht aus dieser Beobachtung ein apologetisches Argument zu konstruieren: »In der Tat konnte Heidegger – eher ein Hitlerist denn ein Nationalsozialist – der Partei erst beitreten, als er glaubte, dass der ›Führer‹ der Bewegung als Reichskanzler das volle Risiko des Handelns tragen und sich über das obsolete Programm der Partei erheben werde« (1996: 90). Der ›Hitlerismus‹ steht freilich in keinerlei Gegensatz zum Nationalsozialismus und Heidegger hält das Parteiprogramm auch keineswegs für obsolet, wenn er auch zu einzelnen Punkten dieses Programms eine kritische Haltung eingenommen haben mag. Gerade das ›Parteiprogramm‹ sollte ja in seinen Augen von nun an unmittelbarer oder mittelbarer Ausdruck des Willens des ›Führers‹ sein. Es kommt für Heidegger darauf an, »die ganze Bewegung nicht von unten betrachten, sondern vom Führer aus und seinen großen Zielen« (16:93).

94 Es gibt gute Gründe, Jaspers' berühmt gewordener Formulierung, Heidegger habe den »Führer erziehen« wollen, die in der Erinnerung von Willy Hochkeppel zum Versuch, den Führer zu »führen« geworden ist, mit einiger Skepsis zu begegnen (vgl. Jaspers 1978: 20; Hochkeppel 1983: 49). Reinhard Mehring hat die These vom ›Führen des Führers‹ sicherlich am Weitesten getrieben, wenn er schreibt, Heidegger sehe im Nationalsozialismus »wohl eher seine Diskurspolizei, in Hitler mehr den obersten Polizisten des philosophischen Führers«, und wenn er Heideggers Selbstverständnis so zusammenfasst: »Heidegger selbst und allein ist der führende Philosoph und Philosophenkönig« (1992: 83). Einzig Hassan Givsan ist in diesen Fragen vollkommen klar und erkennt, dass Jaspers mit seiner Interpretation »den Anfang einer Legende, eines Mythos« (1998: 56) geschaffen hat: den Mythos eines Scheiterns von Heideggers politischer Strategie, die ganz andere, mit den Zielen der Nationalsozialisten gar unvereinbare Zwecke verfolgte.

95 Otto Pöggeler bemerkt zurecht, dass die Rektoratsrede und Jaspers *Notizen zu Martin Heidegger* »eher die Formulierung nahe[legen], Heidegger habe die [und nicht ›den‹] neuen Führer ›erziehen‹ wollen« (1992a: 204).

96 In der Heidegger-Literatur wurde und wird immer wieder der Versuch gemacht, zwischen der weltlichen, also politischen Führung und einer ›geistigen‹ Führung zu unterscheiden. Mit dieser Unterscheidung verkennt man, wie Payen vollkommen zurecht bemerkt, »das zutiefst ideologische Wesen«

des Nationalsozialismus, der eine »totale Revolution« erfordert habe, die eben auch geistig war, »denn den Geist zu verwandeln war die Voraussetzung dafür, einen neuen Menschen und eine neue Gesellschaft zu formen« (Payen 2016: 313).

97 Heidegger wusste, dass der ›Führer‹ nicht auf ihn angewiesen war, dass er »von seinem Volk nichts ›erbittet‹, sondern es in die Entscheidung stellt und vor seinen Auftrag bringt« (Pöggeler 1992a: 216). Er erhörte nicht seine Bitte, sondern gehorchte seinem Befehl. Im Gegensatz zu Ernst Röhm hatte der linientreue Heidegger daher die Warnung von Rudolf Hess nicht nötig: »Adolf Hitler [...] braucht keine Krücken« (zitiert nach: Sauer 1960: 904).

98 Diese Vorstellung eines nur ›geistigen‹ Nationalsozialismus hält sich bis heute: »Heidegger war selbstverständlich weder ein vulgärer Nationalsozialist noch ein üblicher nationalsozialistischer Akademiker [...], sondern er verstand sich als avant-gardistischer, ultrarevolutionärer ›Nationalsozialist des Geistes‹, der das Wesen dieser ›Bewegung‹ denkt, dessen als notwendig betrachtetes Übergangsmoment zur neuen Wirklichkeit auflösende Vernichtung ist: Werden im Vergehen« (Sommer 2015: 51).

99 Heute ließe sich hinzufügen, dass diese äußerst wichtige Beobachtung nur für die reifere Phase von Heideggers Frühphilosophie gilt und dass die Worte ›Geist‹ und ›geistig‹ in den frühen Freiburger Vorlesungen (insbesondere in: GA 56/57–60) häufig ohne Anführungszeichen verwendet werden (wenn auch meist in einem ganz anderen Sinn).

100 Seit den ersten Anfängen der Heidegger-Debatte zeichnet sich die entscheidende Alternative zwischen einer geistigen Selbstbehauptung oder einer blinden Gefolgschaft ab. Michel Palmier hat bereits 1968 den Grundsatz der Apologetik folgendermaßen formuliert: »*Man kann zu keinem Augenblick von einer Abdankung des Geistes angesichts der Gewalt oder von einer servilen und blinden Unterwerfung gegenüber Hitler sprechen*« (1968: 113).

101 Man könnte, etwas vereinfachend sagen, dass Heideggers Philosophie sich sukzessive von ihrer Dienststellung gegenüber der Partei, dem ›Führer‹ und zuletzt der ›Bewegung‹ befreite. Schon früh hat Max Müller diese Zusammenhänge relativ genau erkannt: »In Bezug auf die Partei hatte er das schon 1934 eingesehen. Aber den Glauben, dass mit dem sogenannten ›Führer‹ eben doch noch etwas zu machen sei, auch wenn seine Gefolgschaft nichts tauge, hat er viel länger beibehalten, als er selbst es sich später eingestand. Er setze nicht auf die Partei, sondern auf eine Person und auf die Richtung, auf die ›Bewegung‹« (Müller 1988: 198).

102 Das beweist schon die von Karl Löwith überlieferte Anekdote, nach der Heidegger 1936 bei einem privaten Treffen in Rom ohne Not (und ohne jegliches Feingefühl) offen sein Parteiabzeichen zur Schau trug (1986: 57).

103 Die Hauptgründe für die Niederlegung des Rektorats scheinen mir in der Überbeanspruchung durch organisatorische und bürokratische Angelegenheiten und in der schleppenden Durchsetzung des ›Führerprinzips‹ an der

Universität zu liegen, die auf Widerstände des akademischen Establishments, der katholischen Kirche und bestimmter Strömungen innerhalb der nationalsozialistischen Hochschulpolitik stieß. Abgesehen davon, dass es auch mit der *Deutschen Studentenschaft* und der SA, die in gewissen Punkten selbst Heidegger etwas übereifrig schienen, zu Reibungen kam (vgl. Martin 1988: 34f.), stellte der Röhm-Putsch vom 30.6.1934 und die damit einhergehende Entmachtung der SA und des ›revolutionären‹ Flügels der nationalsozialistischen Bewegung für Heidegger sicherlich eine Enttäuschung dar. Doch diese Enttäuschung bezog sich zunächst keineswegs, wie Heidegger und seine Apologet_innen glauben machen wollten, auf den ›Führer‹ oder auf die ›Bewegung‹ insgesamt, sondern nur auf bestimmte Kräfte innerhalb derselben. Heidegger und seine Anhänger_innen haben äußerst erfolgreich behauptet, dass er nach dem Röhm-Putsch das Vertrauen in Hitler verloren habe und dass er auch zuvor *Mein Kampf* nie gelesen habe, sondern Hitler nur nach seinem Handeln beurteilt habe: Der Bereinigungsausschuss jedenfalls glaubte diese nachweislich falsche Version der Geschichte (Martin 1988: 199). Insgesamt bin ich im Gegensatz zu Ernst Nolte der Ansicht, dass sich die Niederlegung des Rektorats sehr wohl in erster Linie aus ›äußerlichen Querelen‹ erklären lässt (vgl. Nolte 1992: 282).

104 Ob deshalb die Erinnerung einer anonymen Studentin, dass Heidegger das Rektorat bereits 1934 als »größte Dummheit seines Lebens« bezeichnet habe – eine Erinnerung, die Petzet selbst wiederum nur aus seinem Gedächtnis zitiert –, glaubhaft ist, sei dahingestellt (vgl. Petzet 1983: 43).

105 Heidegger verfälschte bekanntermaßen den ursprünglichen Satz »Was heute vollends als Philosophie des Nationalsozialismus herumgeboten wird, aber mit der inneren Wahrheit und Größe dieser Bewegung nichts zu tun hat […]«, in dem er nachträglich eine vermeintliche Erklärung einschob: »(nämlich mit der Bewegung der planetarisch bestimmten Technik und des neuzeitlichen Menschen)« (40:208). Mit dieser Erklärung versuchte Heidegger den Standpunkt, den er ab 1936 eingenommen hat, in das Jahr 1935 vorzuverlegen – eine Strategie, die dem größeren Ziel diente, auch den Beginn des Engagements, die Rektoratsübernahme in diesem Licht erscheinen zu lassen.

106 Richard Polt behauptet tatsächlich, anhand »der persönlichen Schriften, die nun in der dritten Abteilung der Gesamtausgabe veröffentlicht werden«, ließe sich »nachweisen«, dass Heidegger »›geistigen Widerstand‹ gegen die Nazis geleistet« habe (2009: 156). Ganz abgesehen von der Frage, ob man diese in besagten Konvoluten enthaltene ›Kritik‹ überhaupt als Kritik bezeichnen sollte, halte ich den Versuch, unveröffentlichte Schriften als Beweis dafür heranzuziehen, dass die veröffentlichten Texte und die Vorlesungen Heideggers ›geistigen Widerstand‹ bezeugen, für absurd. Falls es bei Heidegger so etwas wie eine ›innere Emigration‹ gegeben hat, so kann man diese sicherlich nicht als ›Widerstand‹ bewerten. Aufgrund seines internationalen Ansehens stärk-

ten seine Parteimitgliedschaft und seine öffentliche Linientreue das nationalsozialistische System bis zum Schluss.

107 Bezeichnenderweise sieht sich Petzet in seiner Verteidigungsrede gezwungen, von einer »allmählichen *unsichtbaren* Einkreisung« Heideggers zu sprechen (1983: 51; meine Hervorhebung).

108 Aus diesem Grund kann man auch nicht behaupten, dass für Heideggers Spätphilosophie der Nationalsozialismus »vom Wege abgekommen war, ohne es zu bemerken« (Farías 1988: 338). Es mag sein, dass Heidegger in den Kriegsjahren die Parteiführung als »Verbrecher« bezeichnete – doch welchen Sinn hat ein solches Urteil über die gesellschaftliche und politische Realität, wenn alle anderen ›realen‹ Möglichkeiten genauso ›verbrecherisch‹ sind (vgl. Biemel 1988: 119)?

109 Insbesondere das Wort ›Seyn‹, das zum ersten Mal in der Vorlesung vom Sommersemester 1932 (GA 35) auftaucht, wird in der Zwischenphase gerade nicht im Sinne des ›Ereignisses‹, sondern im Sinne von ›Sein des Seienden‹ verwendet, wie sich an zahllosen Stellen belegen lässt. Da sowohl in der vorangegangenen (GA 39) als auch in der nachfolgenden Vorlesung (GA 42) durchgängig ›Seyn‹ steht, liegt der Verdacht nahe, dass die durchgängige Verwendung von ›Sein‹ in den beiden Vorlesungen *Einführung in die Metaphysik* (GA 40) und *Die Frage nach dem Ding* (GA 41) ein Ergebnis der späteren Überarbeitung im Zuge der Einzelveröffentlichungen ist. Zu diesem Zeitpunkt konnte Heidegger nicht entgangen sein, dass in den genannten Vorlesungen der Zwischenphase nirgends ein Begriff von ›Seyn‹ im Sinne des ›Ereignisses‹ vorlag, die altertümliche Schreibweise also nur Verwirrung stiftete. Die darauf folgende Schelling-Vorlesung (GA 42) aus dem Sommersemester 1936 wurde zwar ebenso einzeln veröffentlicht, aber eben nicht von Heidegger selbst zur Veröffentlichung bearbeitet, weswegen man dort auch die altertümliche Schreibweise ›Seyn‹ vorfindet. Diese einfachen Zusammenhänge stellten nicht wenige Interpretationen vor unüberwindbare Schwierigkeiten.

110 Vgl. dazu auch folgende Stelle aus einem Brief an Kurt Bauch: »der Nationalsozialismus wäre schön *als barbarisches Prinzip* – aber es sollte nicht so bürgerlich sein« (an Kurt Bauch, 7.6.1936: 29f.).

111 Nicht zufällig spielt diese Anekdote auch in Hegels Geschichtsphilosophie eine zentrale Rolle. Sie dient der Illustration (oder der ›Erfahrung‹) von Hegels Grundthese über die ›römische‹ Welt, die die ›griechische‹ und die ›germanische‹ Welt zueinander in Beziehung setze. In Hegels Wiedergabe der Episode sagt Napoleon, der freilich die römische und romanische Welt repräsentiert, im Gespräch mit Goethe, »dass wir kein Schicksal mehr hätten, dem die Menschen unterlägen, und dass an die Stelle des alten Fatums die Politik getreten sei«. Dieser Übergang aus der griechischen in die römische Welt beruhe auf einer Entmachtung des Geistes, die »alle Lebendigkeit erstickt« und die »Natürlichkeit des Geistes« zerstört (Hegel [1837] 1986c: 339). Auf Heideggers Verhältnis zu Hegels Geschichtsphilosophie werde ich

im Zusammenhang von Heideggers Spätphilosophie ausführlicher zurückkommen.

112 Vgl. dazu auch Heideggers aufschlussreiche Bemerkungen zur Zweideutigkeit in dem später hinzugefügten »Zusatz« zum Kunstwerkaufsatz: 5:59f.

113 Diese Analogie ist meines Erachtens der Grund für die erneute Auslegung von Kant und Schelling (in GA 41 und 42).

114 Wenn Heidegger schreibt: »[D]er große Anfang der abendländischen Philosophie kommt nicht aus dem Nichts, sondern er wurde groß, weil er seinen größten Gegensatz, das Mythische überhaupt und das Asiatische im Besonderen zu überwinden [...] vermochte« (42:252), verlegt er keineswegs den ›Anfang‹ der Geschichte in eine mythische Vorzeit: Der absolute Anfang besteht gerade im Aufbrechen der Unterscheidung von *mythos* und *logos*.

115 »Eine wesentliche Weise, wie die Wahrheit sich in dem durch sie eröffneten Seienden einrichtet [...], ist die Nähe dessen, was schlechthin nicht ein Seiendes ist, sondern das Seiendste des Seienden« (5:49).

116 Diese Formulierung des für den Kunstwerkaufsatz zentralen ›Streits zwischen Welt und Erde‹ ist meines Erachtens den Formulierungen der offiziellen Fassung an Klarheit überlegen. Abgesehen von der Zweideutigkeit, die alle Schriften dieser Zeit kennzeichnet, muss man sagen, dass der veröffentlichte Text im Gegensatz zu den beiden früheren Ausarbeitungen einen Rückschritt darstellt und dass die neuen Passagen – die Auslassungen zum ›Riss‹ und zum ›Ding‹, die ihren Ursprung in der Beschäftigung mit Kants Lehre von den Grundsätzen in GA 41 haben – dem Text nichts Wesentliches hinzufügen.

117 Heidegger verwirft also die inkonsequente Rede vom ›zweiten Anfang‹, mit der er zumindest zeitweise sympathisierte (vgl. exemplarisch: 94:234).

118 Diese apologetische Strategie der Selbstpräsentation wird in der Heidegger-Literatur ständig reproduziert, so beispielsweise bei Richardson (1963: 207).

119 Einen ähnlichen Gedanken verfolgt wohl auch Löwith, wenn er davon spricht, dass der »Denkweg in sich selbst dialektisch umschlägt« (Löwith 1960: 136).

120 Vgl. dazu Gregory Fried, der diese »offizielle Geschichte« als einer der wenigen Interpreten infrage stellt: »I will reject as simplistic and misleading the ›official story‹ of the role of the Kehre. But as this story goes, after his ›reversal‹, Heidegger turns away from any such subjectivistic arrogance and turns toward ›release‹ (*Gelassenheit*), a kind of pious openness that waits upon Being« (2000: 67).

121 Einen Überblick über die Debatte geben Thomä (2013) und Givsan (1998).

122 Vgl. auch Löwiths treffende Formulierung: »Die Forderung von ›Sein und Zeit‹, sein eigenstes Da zu übernehmen, verwandelt sich in die umgekehrte Forderung, sich ›loszulassen‹ in das, worin wir schon eingelassen sind: in das Gehören zum Sein« (1960: 27).

123 Auch wenn der ahistorische Begriff des ›Sinns von Sein‹ zugunsten der Rede vom ›Ereignis‹ oder vom ›Seyn‹ aufgegeben wird, wird er dennoch bisweilen ganz im Sinne der ›Kehre‹ uminterpretiert: »Der Sinn ist der gelichtete Bereich, worin eine Sache ihr Wesen entfaltet und zugleich verwahrt. Der Sinn ist es, aus dem her eine Sache ihr Wesen wahrt und hält und hütet. Der Sinn ist es, aus dem her eine Sache mit dem in ihr verborgenen Wesen an sich hält: das Verhaltene – *der Verhalt einer Sache*: der Sach-Verhalt« (7:63).

124 Diese Selbstpräsentation findet sich ständig in der apologetischen Literatur reproduziert. Vgl. exemplarisch: »Die Zugehörigkeit der Philosophie zum ›Ereignis‹ unterliegt nicht der Entscheidung des Philosophen. Das Denken und Sagen dieser Philosophie muss, bevor es dieses Denken und Sagen werden konnte, vorher bereits von jenem ›Ereignis‹ *angesprochen* worden sein« (Trawny 2010: 43).

125 Die Bände 77 und 97 der Gesamtausgabe bieten ein eindrucksvolles Zeugnis der verzweifelten, chaotischen und überstürzten Versuche einer Neuausrichtung der Rhetorik und der Selbstpräsentation.

126 Der Text *Aus einem Gespräch von der Sprache* wurde nach Heideggers eigener Angabe 1953/54 (12:259) verfasst, die Begegnung mit Tomio Tezuka fand Ende März 1954 statt. Unabhängig von der Frage des Zeitpunktes, lässt Tezuka in seiner kurzen Rekapitulation durchblicken, dass der veröffentlichte Text kaum etwas mit dem tatsächlichen stattgefundenen Gespräch zu tun hatte (vgl. Tezuka 1989).

127 Deswegen schreibt Heidegger: »Metaphysik ist sachgemäßer und deutlicher gedacht: Onto-Theo-Logik« (11:66).

128 Diese doppelte Abgrenzung hat Heideggers Philosophie auch in ihrer zweiten Phase nicht aufgegeben. Sie wurde vielmehr als ein gelöstes Problem vorausgesetzt. Um nur eine von unzähligen möglichen Stellen anzuführen, in denen der späte Heidegger dieses Ergebnis seiner Frühphilosophie bestätigt: »Die Philosophie ist etwas völlig anderes als die ›Weltanschauung‹ und sie ist grundverschieden von aller ›Wissenschaft‹« (45:3).

129 Der erste eindeutige Hinweis auf die Konzeption der vierdimensionalen Zeit findet sich in einer »Auseinandersetzung« mit *Sein und Zeit*, die wohl auf das Jahr 1936 datiert: »Sie hat nicht eine und nicht drei, sondern vier ›Dimensionen‹. Die Vierte aber ist die Erste. [...] Zunächst in ›Sein und Zeit‹ die Frage nach der ›Einheit‹ der drei Ekstasen gar nirgends erörtert – denn von keiner aus die Einheit, jenes Erste, zu fassen« (82:250).

130 Heidegger spricht immer dann von einer ›Verfugung‹, wenn er wesentliche, ›sachliche‹ Zusammenhänge (›Sachverhalte‹) präsentieren will, immer dann also, wenn »ein Wesen dem anderen wechselweise sich fügt«, wenn »sich beide ursprünglich einander fügen, weil sie zueinander verfügt sind« (11:14). Diese Zusammenhänge seien nur durch die ›Sache‹, nicht aber aus einem ›Grund‹ erklärlich. Das, was die Verfugung ›verfüge‹, sei die ›Wahrheit des Seins‹ (vgl. 65:4) und nicht das begründende Denken.

131 So behauptet Heidegger beispielsweise mit Nachdruck, dass die Vorlesungen »*alle* [...] *wissentlich* Vordergrund, ja meist sogar ein Verstecken« bleiben (94:257; vgl. auch: 66:421 und das 9. Kapitel der vorliegenden Untersuchung).

132 Die wichtigsten Aufsätze aus dem ebenfalls zu Lebzeiten veröffentlichten Band *Vorträge und Aufsätze* (GA 7) werden allerdings im Folgenden nach der Version der sogenannten *Bremer Vorträge* (79:3–77) zitiert, da in den *Vorträgen und Aufsätzen* nur drei der vier Vorträge enthalten sind und somit ihr systematischer Zusammenhang verdunkelt wird.

133 Dementsprechend sei es auch ein »Missverständnis des Denkens«, nach »Abhängigkeiten und Einflüssen zwischen den Denkern zu fahnden« (5:369) – jener eine, einzige Gedanke, den die Philosophen denken, ohne ihn zu denken, sei nur von der Sache abhängig.

134 Wenn Heidegger von den »anfänglichen Denkern« spricht, meint er allerdings nicht die vorsokratischen Philosophen im Allgemeinen, sondern immer nur und ausschließlich Anaximander, Parmenides und Heraklit (vgl. 54:2).

135 Diese unausdrückliche Bestimmung ist nichts anderes als die ›Grundstimmung‹ des ›Erstaunens‹. Vgl. zu dem wichtigen Begriff der Grundstimmung die Kapitel 37, 91 und 92 der vorliegenden Untersuchung.

136 Wie bereits erwähnt, ist Heideggers Terminologie in diesem Punkt schwankend: Mal begreift er diese Grenze als Unterschied zwischen der ›Philosophie‹ und der ›Metaphysik‹ (z. B.: 67:89), mal als Unterschied zwischen dem ›Denken‹ und der ›Philosophie‹ (z. B.: 78:13; vgl. dazu auch: 14:69). Um der Klarheit willen verwende ich im Folgenden den Begriff ›Denken‹ nur für Heideggers Selbstpräsentation, den Begriff ›Philosophie‹ für die gesamte Philosophiegeschichte (von den Vorsokratikern bis Nietzsche), den Begriff ›Metaphysik‹ schließlich für die Philosophiegeschichte seit Platon und Aristoteles.

137 Vgl. zu diesen wichtigen Begriffen die Kapitel 64 und 94 der vorliegenden Untersuchung.

138 Ein entscheidender Faktor für diese ›Bestellung‹ sei die moderne, also naturwissenschaftliche Wissenschaft, die untrennbar mit dem Wesen der Technik verbunden sei (vgl. 8:16; 79:43).

139 Seine deutlichste Bestimmung findet der Begriff des »seinsgeschichtlichen Antisemitismus« nicht bei Trawny, sondern bei Jean-Luc Nancy, der diese Redeweise ebenfalls für »durch und durch gerechtfertigt« hält (2015: 21). Weil Heidegger aus philosophischen Gründen gezwungen sei, das Ende der Seinsgeschichte mit einer konkreten Gestalt, mit einem Seienden zu identifizieren, sei er gezwungen gewesen, sich einer unphilosophischen ›Geschichte‹ zu bedienen und die ›Banalität‹ in die Philosophie einzuführen. Wenn Heidegger diesen freien Platz mit ›den Juden‹ identifiziere, so stelle er zwar nicht sein Denken in den Dienst des Antisemitismus, er mache sich aber, so Nancy, »den banalen Müll zu seinen höheren Zwecken zueigen« (28 f.). Aufgrund eines philosophischen Fehlers, aufgrund eines Abfalls von einer imaginierten reinen

Lehre, einer reinen Geschichte, die keiner konkreten Gestalten bedürfe, halte demnach eine der Philosophie fremde Banalität in Heideggers Denken Einzug. Diese Banalität kontaminiere »nicht wenige Dimensionen seines Denkens« (Trawny 2014a: 99). Donatella Di Cesares Konzept des »metaphysischen Antisemitismus« meint in der entscheidenden Hinsicht dasselbe: Auch sie behauptet einen »philosophischen Irrtum«, einen »Kompromiss mit der Metaphysik«, der dazu führe, dass der Antisemitismus »eine philosophische Relevanz« annehme (Di Cesare 2015: 74, 55; vgl. 2016: 9). Wesentlich radikaler ist noch die von Lyotard vertretene Auffassung, dass Heideggers These vom doppelten Ursprung dazu diene, ein »anderes Denken zu eliminieren«, ein Denken, das nicht dem Sein, sondern einem Gesetz verpflichtet sei (Lyotard 1988: 134).

140 Alle drei Interpreten stimmen darin überein, dass Heidegger »schweige«, dass er etwas nicht sage, dass er das Eingeständnis seiner Schuld und das moralische Urteil über die Shoah und den Weltkrieg nur nicht ausspreche (obwohl es ihm in irgendeiner Weise gegeben sei). Für Beistegui liegt der Grund dafür in einer Unfähigkeit des seinsgeschichtlichen Denkens. Für Derrida in einem gewissen Anstand, der sich eine allzu leichte, mühelose Absolution verbiete. Levinas hingegen sieht in dem vermeintlichen Schweigen »das Zeugnis vollständiger Verschlossenheit der Seele gegenüber Sensibilität und wie eine Zustimmung zu dem Entsetzlichen« (1988c: 104).

141 So schreibt etwa Trawny, dass das »Ereignis der Wahrheit [...] notwendigerweise zugleich das Ereignis der Irre« sei. Auf der Suche nach dieser Wahrheit nehme der Philosoph eine »an-archische Freiheit«, eine »Freiheit von Verantwortung und Schuld« in Anspruch. Werde der Philosoph auf seiner Wahrheitssuche in die Irre geführt, so handle es sich um ein tragisches Geschehen: »So wie Ödipus nicht schuldig sein kann, mit seiner Mutter geschlafen zu haben, ist der Irrende nicht schuldig, im Wechselspiel von Verborgenheit und Offenheit gescheitert zu sein« (2014b: 32, 50).

142 Ebenso suggeriert Heidegger in einem Brief an Marcuse, dass der »Terror«, den die Alliierten angeblich gegen die »Ostdeutschen« verübten, nicht nur mit den Verbrechen der Nationalsozialisten zu vergleichen, sondern gar noch extremer als diese sei, da »alles, was seit 1945 geschieht, der Weltöffentlichkeit bekannt ist, während der blutige Terror der Nazis vor dem deutschen Volk tatsächlich geheimgehalten worden« sei (an Marcuse, 20.1.1948: 137). In einem Brief an seinen Bruder Fritz Heidegger aus der Karwoche 1946 schreibt Heidegger sogar explizit, dass das »Schicksal, das im Osten unseres Vaterlandes daherrollt«, seiner Ansicht nach »alle organisierten Greueltaten von Verbrechern übersteigt und unabhängig geschieht [...] von dem, was wir zwischen 1933 und 45 ›erlebten‹« (138). Zur »Durchführung der Vernichtung« bedienen sich die Alliierten, so behauptet Heidegger in einer erstmals im sogenannten *Marbach-Bericht* veröffentlichten Notiz, dabei der »Kz-Propaganda« als einer willkommenen Möglichkeit, »von allem anderen abzulenken« (Held 2019: 33).

143 »Die Sprache ist der Bezirk (templum), d.h. das Haus des Seins« (5:310).

144 Für den späten Heidegger ist »Kunst im Wesen genommen [...] Dichtung« (94:216). Das Bildliche und Bildende bleibt daher für die aneignende Auslegung unwesentliches Beiwerk. Die seltenen Betrachtungen zur bildenden Kunst – etwa der äußerst aufschlussreiche Text »Über die Sixtina« (13:119–121) – bleiben, wie Heidegger selbst betont, »Spekulationen«, wobei »speculari auch ein Schauen [meint], aber ein unsinnliches« (13:120, vgl. Lacoue-Labarthe 2015).

145 Wenn Heidegger die Deutschen nach 1936 für das »Herz der Völker« hält, dann weil sie das »*denkend*-dichtende Volk« seien, das durch Heideggers Lehrverbot Gefahr laufe, sich selbst zu vernichten (97:63). Dass Heideggers Wort nicht gehört werden könnte, stelle die größte Gefahr dar. Für jedes andere Volk stelle bereits die jeweils eigene, »unphilosophische Sprache« ein »gefährliches Hindernis« dar (Petzet 1983: 176). Das ›gefährliche Hindernis‹ ist dabei nichts anderes als die vermeintliche Unmöglichkeit, die ›deutsche‹ Philosophie in eine ›unphilosophische‹ Sprache zu übersetzen.

146 Heideggers Terminologie ist in diesem Punkt schwankend. Häufig fällt die Rede vom ›Erstaunen‹ auch dann, wenn er von Platon oder Aristoteles spricht. Der Begriff scheint dann als Oberbegriff für die Bestimmung oder Stimmung der gesamten griechischen Philosophie verwendet zu werden.

147 Heidegger war sich stets darüber im Klaren, dass sich diese Schlussfolgerung aus der systematischen Interpretation seiner Philosophie aufdrängt: »Im Sagen des Anfangs klingt es oft und oft nur so, als sei das Denken über den Anfang gemeint, als sei das Denken das Anfangende« (70:55). Die phänomenologische Geste, die Heideggers gesamtes Werk trägt, ist nichts anderes als der Versuch, diese Schlussfolgerung zu einem »Schein« zu erklären – durch die unablässige Behauptung, »dass Anfang und anfänglich nur ist das Sein« (70:55).

148 Die wahre Herde dieses Hirten seien »die Gedanken der zu denkenden Welt« – diese erst noch zu denkenden Gedanken kann der Hirt, um im Bild zu bleiben, nicht schon ›haben‹ und deswegen auch nicht ›bewachen‹: die »Schafe sind irrig« (98:240). Das ›Hüten‹ müsste demnach im Sinne eines Wartens auf der Lichtung verstanden werden.

149 Mit Hugo Ott kann man diese doppelte Abkehr auf das Jahr 1918 ansetzen (1988b: 64ff.).

150 Heidegger hebt dieses beredte Schweigen sogar selbst hervor: »Wir philosophieren, indem wir nach dem Wesen der Wahrheit fragen. Aber ist damit das Glauben nicht schon ausgeschlossen? Allerdings, und doch handeln wir auch vom Glauben, und sogar vom Verhältnis zu ihm, – indem wir von ihm schweigen« (80.1:379).

151 Der »letzte Gott« ist deswegen der »letzte«, weil er die äußerste Grenze, das »äußerste Wagnis der Wahrheit des Seyns« (94:314) darstellen soll, die äußerste Grenze mithin von Heideggers Philosophie. Nach diesem letzten Gott kann es für Heidegger keinen weiteren mehr geben, würde er doch ein neues Denken, ein anderes Denken als sein eigenes voraussetzen.